Johannes Willms

Der
Mythos Napoleon

*Verheißung * Verbannung * Verklärung*

Klett-Cotta

Klett-Cotta

www.klett-cotta.de

© 2020 by J. G. Cotta'sche Buchhandlung

Nachfolger GmbH, gegr. 1659, Stuttgart

Alle Rechte vorbehalten

Printed in Germany

Cover: Rothfos & Gabler, Hamburg

unter Verwendung eines Fotos von

© Deutsches Historisches Museum/ S. Ahlers

Gesetzt von C.H.Beck.Media.Solutions, Nördlingen

Gedruckt und gebunden von GGP Media GmbH, Pößneck

ISBN 978-3-608-96371-7

Bibliografische Information der Deutschen Nationalbibliothek

Die Deutsche Nationalbibliothek verzeichnet diese Publikation in der

Deutschen Nationalbibliografie; detaillierte bibliografische

Daten sind im Internet über http://dnb.d-nb.de abrufbar.

Inhalt

Vorwort

———

A m 5. Mai 2021 jährt sich der Todestag Napoleons zum zwei-
hundertsten Mal. Am Abend dieses Tages wird der französische Militärbischof in der Pariser Kirche St. Louis des
Invalides wie jedes Jahr ein Seelenamt für den Verstorbenen lesen.
Vermutlich werden die Bänke des Kirchenschiffs, von dessen Decke in
dichter Reihung Fahnen der Regimenter herabhängen, die französische Soldaten seit den Kriegen Ludwigs XIV. erbeuteten, bis auf den
letzten Platz gefüllt sein. Der große öffentliche Zuspruch wird einmal
mehr zeigen, dass das Erbe Napoleons an die Zukunft Frankreichs so
weit reicht, wie es umstritten ist.

Das vorliegende Buch, Frucht einer mehr als drei Jahrzehnte wäh-
renden Beschäftigung seines Autors mit Napoleon, sucht die Voraussetzungen für die so lang anhaltende Faszination dieses Mannes zu
ergründen, die er trotz seines eklatanten Scheiterns behauptet. Mit
der Revolution von 1789 hatte Frankreich die große Chance, dank der
schieren Modernität ihres Anspruchs zur europäischen Führungs-
macht zu werden. Diese Erwartung wurde jedoch rasch enttäuscht, als
die Dymamik der Revolution in eine Aporie der Selbstzerfleischung
einmündete. Das schuf eine unübersichtliche Konstellation, die Napoleon geschickt dazu nutzte, mit Entschlossenheit und Glück eine

Machtstellung zu erobern, die er damit rechtfertigte, die Revolution zu vollenden. Das gelang ihm, allerdings um den Preis eines unauflösbaren Widerspruchs, der darin bestand, dass er das Versprechen der Revolution auf Freiheit und Selbstbestimmung enttäuschte und eine Diktatur errichtete, die von ihm flugs als Kaisertum kostümiert den damals in Europa gängigen dynastischen Herrschaftstechniken anverwandelt wurde. Als unumschränkter Herrscher nutzte Napoleon die von der Revolution entfesselten innovativen Kräfte dazu, Frankreich den Rang einer europäischen Hegemonialmacht zu verschaffen. Der erwies sich jedoch als die Hybris seines imperialen Machtwahns, dessen unvermeidliches Scheitern Folgen hatte, die Frankreich seither nicht mehr verwinden sollte.

Selbstredend ist die Wirkungsgeschichte Napoleons vor dem Hintergrund der Französischen Revolution viel komplexer, wie jede der zahllosen ihm gewidmeten Biographien zeigt. Sie illustrieren aber stets nur, um mit Schiller zu sprechen, wie sehr sein Charakterbild, von der Parteien Gunst und Hass verwirrt, in der Geschichte schwankt.[1] Dieses stete Gegeneinander von Bewunderung und Ablehnung im Urteil von Person und Handeln Napoleons stützt sich jeweils auf Anschauungen und Meinungen, die quellenkritisch zu rechtfertigen sind. Für dieses Verfahren gilt indes die skeptische Maxime Goethes: »Die Pflicht des Historikers ist zwiefach: erst gegen sich selbst, dann gegen den Leser. Bei sich selbst muss er genau prüfen, was wohl geschehen sein könnte, und um des Lesers willen muss er festsetzen, was geschehen sei. Wie er mit sich selbst handelt, mag er mit seinen Kollegen ausmachen; das Publikum muss aber nicht ins Geheimnis hineinsehen, wie wenig in der Geschichte als entschieden ausgemacht kann angesprochen werden.«[2]

Im Lichte dieser Maxime unternimmt die vorliegende Darstellung den Versuch, die Bedingungen der Möglichkeit für die unvermindert anhaltende, wenn auch kontroverse Faszination zu ergründen, die dem historischen Phänomen Napoleon eigentümlich ist. Dies geschieht in drei Schritten. Zunächst wird dargestellt, wie es Bonaparte gelang, seinen eigenen Mythos zu entwickeln, der als die Voraussetzung dafür beschrieben wird, die Macht in und über Frankreich an sich zu reißen und diese nach seiner Verpuppung zum Kaiser Napoleon bis zu seinem Untergang zu behaupten. In einem zweiten Schritt wird gezeigt, wie sowohl im Widerspruch zu den Intentionen seiner siegreichen Gegner wie zu seinem eigenen Scheitern die Verbannung Napoleons nach St. Helena seiner Verklärung Vorschub leistete, die, wie in einem dritten Schritt geschildert wird, seine bis heute nimmerwelke Faszination zur Folge hat.

Paris, im September 2019   Johannes Willms

Erstes Buch

Der Mythos

Erstes Kapitel

Der Revolutionär

---

anches spricht dafür, dass die Revolution für viele Zeitgenossen eine Enttäuschung war: Von den vollmundigen Versprechen der Freiheit, gleichberechtigten Teilhabe aller an den politischen Geschäften, von Wohlstand und Rechtssicherheit, mit denen die Wortführer des Umsturzes seit 1789 miteinander konkurrierten, hatte sich die Entwicklung immer weiter entfernt. Im Juli 1794 war die Revolution längst zum Synonym für Krieg, Hunger und ein politisches Schreckensregime geworden. Das wurde mit der Bedrohung durch eine Koalition der europäischen Mächte gerechtfertigt. Erst der Sieg in der Schlacht von Fleurus am 26. Juni 1794 bannte diese Gefahr. In ganz Frankreich stand kein Feind mehr, und die Revolutionsarmeen eroberten jetzt Belgien und das linke Rheinufer. Das waren Erfolge, die der Diktatur des Wohlfahrtsausschusses ein Datum setzten, dessen Terrorherrschaft Frankreich seit April 1793 stabilisiert, die Revolution aber auch gründlich kompromittiert hatte: Am *9 Thermidor* (27. Juli 1794) wurde Robespierre, der wie kein anderer die Schrecken der Revolution personifizierte, zusammen mit einigen Getreuen gestürzt und nach kurzem Prozess liquidiert.

Die Beseitigung Robespierres bedeutete nicht das Ende der revolutionären Schreckensherrschaft, denn die neuen Machthaber, die

»Thermidorianer«, waren die Konkursverwalter des bisherigen Regimes. Jetzt hatten Männer das Sagen, die wie Robespierre und Konsorten für die *Terreur* verantwortlich gewesen waren. Ihr Ziel war es, mit der Beseitigung des Schreckensregiments den eigenen Kopf zu retten. Ansonsten sollte alles so bleiben wie bisher. Diese Absicht durchkreuzte der aus seiner Ohnmacht erwachende Konvent, der sich umgehend daranmachte, der Revolutionsregierung durch personelle und institutionelle Änderungen die schärfsten Zähne zu ziehen und einen grundsätzlichen Systemwechsel einzuleiten. Es galt, die Konzentration der exekutiven Gewalt im Wohlfahrtsausschuss zu zerschlagen: Der *Comité de salut public* sollte bis zur Abschaffung im Oktober 1795 nur noch ein Ausschuss neben anderen sein, dessen Zuständigkeit auf außenpolitische und militärische Belange beschränkt wurde. Das erwies sich jedoch als Wunschdenken, denn zeit seines Bestehens verkörperte der Wohlfahrtsausschuss das Wesen der Revolution.

Die Rückabwicklung der von Robespierre verkörperten Diktatur des Schreckens war ein windungsreicher Prozess, der erst mit der Verfassung des Jahres III im August 1795 seinen vorläufigen Abschluss fand. Aus Furcht vor einer neuerlichen Diktatur wie davor, dass die Macht in die Hände eines Bourbonen gelangen könnte, entschieden sich die »Thermidorianer« dagegen, die Exekutivgewalt einem Präsidenten anzuvertrauen. Stattdessen optierten sie für ein fünfköpfiges »Direktorium«, das an den um sieben Mitglieder verkleinerten *Comité de salut public* erinnerte.

Diese und andere verfassungsrechtlichen Chinoiserien waren Verzierungen des Paradigmenwechsels, zu dem die »Thermidorianer« um des eigenen Erfolgs willen verdammt waren. Ihr Handeln bestimmte das Ziel, die Überbeanspruchung aller Kräfte der Republik durch die Konflikte im Inneren und Äußeren zu vermindern, die als Rechtfertigung von Robespierres Schreckensherrschaft gedient hatten. Hätte man damit Erfolg, so das Kalkül, könne man die überschäumende Dynamik der Revolution einhegen und deren Potential zur Kräftigung der politischen Stabilität der Republik verwenden. Entscheidende Voraussetzung dafür war jedoch, dass sich die populistischen, radikaldemokratischen Bewegungskräfte erschöpften, die ganz wesentlich dazu beigetragen hatten, die Revolution bis 1794 voranzutreiben. Zum weiteren mussten die im Herbst 1793 von den Revolutionsarmeen binnen kürzester Zeit erzielten spektakulären Erfolge über die europäischen Koalitionsmächte im Frühjahr 1794 in eine Offensive einmünden, mit der sich die Gegner der Revolution zu einem Friedenschluss gezwungen sähen.

Für die Akzeptanz dieses Kalküls sprach die unmittelbar nach dem Sturz Robespierres virulent werdende Sehnsucht nach Frieden, die sich, wie der monarchische Publizist Jacques Mallet du Pan am 1. November 1794 diagnostizierte, in Frankreich derart stark bemerkbar mache, »dass der Konvent dem Untergang geweiht ist, wenn es ihm nicht gelingt, noch vor dem Frühjahr einen Friedensvertrag vorzuweisen. Das ist mehr als eine Leidenschaft, das ist der Durst nach Frieden«.[1] Diese Einsicht wurde auch von den »Thermidorianern« geteilt. Sie schlossen am 9. Februar 1795 einen Friedensvertrag mit dem Großherzogtum Toscana, das aus der Mächtekoalition gegen Frankreich ausschied und seine Neutralität erklärte.[2] Diesem ersten Erfolg folgte am 5. April 1795 der in Basel zwischen Frankreich und Preußen geschlossene Frieden.[3] Für die »Thermidorianer« war der Basler Frieden in zweifacher Hinsicht ein großer Gewinn: Gemeinsam mit Preußen verließen auch die von Berlin dominierten norddeutschen Staaten das Bündnis gegen Frankreich und verpflichteten sich zu strikter Neutralität; zum weiteren erkannte Preußen in den Geheimklauseln des Vertrags den Besitzanspruch Frankreichs auf das gesamte linke Rheinufer an.

Mit dem »Sonderfrieden« von Basel zeichnete sich eine neue Konstellation ab, die mit dem Friedens- und Bündnisvertrag vollendet wurde, den Frankreich am 16. Mai 1795 mit der Batavischen Republik in Den Haag schloss und der die Niederlande zu einem französischen Klientelstaat machte. Es folgte das Friedens- und Allianzabkommen mit Spanien, auf das man sich am 22. Juli ebenfalls in Basel verständigte. Damit war der Ring feindlicher Mächte um Frankreich zerschlagen, und die Republik konnte alle Truppen in Süddeutschland und in

den Alpen gegen Habsburg werfen. Das minderte nicht nur den äußeren Druck, der auf dem erschöpften Land lastete, sondern eröffnete
der Republik auch Perspektiven, die in den kommenden Jahren genutzt wurden.

Das Verlangen nach Frieden, das sich im revolutionären Frankreich
immer stürmischer entwickelte, hatte auch zur Folge, dass die Pariser
Sansculotten, von denen die Radikalisierung der Revolutionsbewe-
gung befördert worden war, zum Wohlfahrtsausschuss auf Distanz
gingen. Wie groß die Entfremdung geworden war, zeigte sich beim
Sturz Robespierres, als die revolutionäre *Commune de Paris* und die
von den Radikalen beherrschten Sektionen ihr einstiges Idol einfach
im Stich ließen.[4]

Die Abwendung der Sansculotten von der Revolutionsregierung
war eine wichtige Voraussetzung für das Gelingen des Putschs. Außerdem verschafften sie damit den gemäßigten »Thermidorianern« die
Möglichkeit, einen eher moderaten Kurs zu steuern. Emblematisch
dafür war, dass das den Sansculotten »heilige« System von Höchst-
preisen für Güter des täglichen Bedarfs trotz einer sich seit dem
Herbst ankündigenden schweren Versorgungskrise Ende Dezember
1794 ersatzlos beseitigt wurde. Damit genügte man der Einsicht, dass
Preiskontrollen ein unzulängliches Mittel seien, die Härten einer aus
strukturellen Gründen unzureichenden Versorgung zu mildern. Zum
weiteren ließ sich die Beachtung der einschlägigen Kontrollbestim-
mungen nur mit terroristischen Gesetzen erzwingen, die unmittelbar
nach dem *9 Thermidor* ausgesetzt worden waren. Das jedoch war den
Sansculotten nicht zu vermitteln, zumal sich die Preise für Nahrungs-
mittel bereits Anfang Januar 1795 verdoppelten, was sofort eine so-
ziale Bewegung provozierte, die größere Unruhen ankündigte.[5]

Um drohende Aufstände im Keim zu ersticken, verabschiedete der
Konvent Ende März 1795 die *Loi de grande police*. Das Gesetz definierte
jede Empörung, die zu Plünderungen, Gewalt gegen Personen, zur
Errichtung der Monarchie oder zum Widerstand gegen die legitimen
Autoritäten aufrief, als Verbrechen, das mit Deportation geahndet
werden sollte.[6] Es konnte aber nicht verhindern, dass es im April und

Mai 1795 in Paris zu großen Aufständen kam, die gleichsam der Schwanengesang der Sansculotten waren, die zum letzten Mal versuchten, den Verlauf der Revolution in ihrem Sinne zu beeinflussen. Von ihrem Scheitern blieb nur ein Häuflein von Radikalrevolutionären zurück, die sich als Abgeordnete der Bergpartei im Konvent oder als mit Argwohn betrachtete Jakobiner geschäftig machten. Als Häuptlinge ohne Indianer stellten sie jedoch keine ernst zu nehmende Gefahr mehr dar. Das zeigte die 1796 aufgedeckte *Conjuration des Égaux*, eine protokommunistische Verschwörung, die Gracchus Babeuf ausheckte und an der sich nur wenige Mitglieder der revolutionären Pariser Sektionen beteiligten. Andererseits machten die Umtriebe Babeufs aber auch deutlich, dass die Politik einer republikanischen Sammlungsbewegung, zu der sich die seit Herbst 1795 installierte Regierung des *Directoire exécutif* bekannte, weitgehend gescheitert war. Damit sollten auch Repräsentanten der einstigen Schreckensherrschaft, die dank einer am 4. Oktober 1795 erlassenen Amnestie nicht mehr gerichtlich für ihre Untaten verfolgt wurden, zur Unterstützung des neuen Regimes gewonnen werden. Dem verdankte eine ganze Reihe einst führender *Montagnards* und Terroristen, wie etwa Joseph Fouché, ihre Anstellung im Regierungsapparat. Auch offerierte das Direktorium den heimatlosen Jakobinern mit dem *Club du Panthéon*, der jetzt *Réunion des Amis de la République* hieß, ein Asyl.

Der Versuch des Regimes, sich der wohlwollenden Duldung seitens der Radikalrevolutionäre zu versichern, um die eigene Stabilität zu vergrößern, wurde von einer gravierenden Enttäuschung inspiriert, die man mit der neuen, Ende August 1795 verabschiedeten Verfassung erlebte. Damit war die Überzeugung verbunden, den Idealen der Revolution von 1789 dauerhaften und belastbaren Ausdruck geben sowie der revolutionären Dynamik ein Ende machen zu können. Diese Erwartung gründete sich auf Vorstellungen, die François-Antoine Boissy d'Anglas dem Konvent mit den Worten umriss: »Ein Land, das von Eigentümern verwaltet wird, ist innerhalb der sozialen Ordnung; ein Land, über das die Besitzlosen herrschen, befindet sich dagegen im Naturzustand.«[7]

Diesen Prinzipien entsprach der Verfassungstext, den der Konvent am 22. August 1795 verabschiedete. Alle männlichen Steuerzahler über einundzwanzig Jahren erhielten als *Citoyens* das Wahlrecht. Die Abgeordneten wurden durch zwei Wahlkollegien bestimmt. In sie sollten die Bürger entsandt werden, die Grundbesitz oder einen Pachtvertrag nachweisen konnten, dessen Wert wenigstens dem Betrag der Steuerleistung entsprechen musste, den ein Arbeiter je nach Größe des Wahlbezirks für einen Verdienst von ein- bis zweihundert Arbeitstagen zu entrichten hatte. Diesen Bedingungen genügten rund eine Million Bürger; sie bildeten das erste Wahlkollegium, das jene dreißigtausend Wahlmänner des zweiten Wahlkollegiums bestimmte, die für die Wahl der Abgeordneten zuständig waren. Mit anderen Worten: In jedem Departement besorgten nur einige hundert Notabeln die Wahl der Abgeordneten. Außerdem galt die Bestimmung, dass alljährlich jeweils ein Drittel der Wahlmänner wie auch der von ihnen bestimmten Abgeordneten durch Neuwahlen ausgetauscht werden sollten.

Die Legislative war in zwei Kammern unterteilt: den *Conseil des Cinq-Cents*, ein Unterhaus mit fünfhundert Mitgliedern, das allein das Recht hatte, Gesetze vorzuschlagen, die vom Oberhaus, dem *Conseil des Anciens*, dessen zweihundertfünfzig Abgeordnete wenigstens vierzig Jahre alt sein mussten, gebilligt oder abgelehnt wurden. Für die Belange der Exekutive hingegen waren fünf Direktoren vorgesehen, die von den *Anciens* aus einer Liste von je zehn Kandidaten ausgewählt wurden, die ihnen die *Cinq-Cents* vorgelegt hatten. Jedes Jahr schied einer der fünf Direktoren durch Losentscheid aus seinem Amt aus. Mit Rücksicht auf das Prinzip der Gewaltenteilung durften aber weder die Direktoren noch die von ihnen ernannten Fachminister einen Sitz in einer der beiden Kammern der Legislative einnehmen. Aus demselben Grund war es ihnen auch untersagt, in das Verfahren der Gesetzgebung einzugreifen oder von sich aus Gesetze anzuregen. Zur Kompensation übten sie eine Fülle von exekutiven Machtbefugnissen aus, für die sie den Kammern keinerlei Rechenschaft schuldig waren. Außerdem konnten sich die Direktoren mit dem Dekorum von konstitutionellen Monarchen schmücken: Sie erhielten den *Palais du Luxem-*

bourg als Amtssitz, eine Ehrengarde und eine üppige Besoldung zugesprochen.

Zwei weitere Sicherheitsmaßnahmen wurden ergriffen, um dieser vermeintlich besten aller Republiken nach den Erfahrungen der Revolution Dauer zu verleihen. Die erste sah vor, dass die Verfassung auf legalem Weg nur durch eine Prozedur zu ändern war, die im günstigsten Fall neun Jahre beanspruchte. Ausschlaggebend für die zweite waren die Erfahrungen, die man mit dem von Robespierre 1791 durchgesetzten Beschluss gemacht hatte, den Abgeordneten der ersten *Assemblée Nationale* die Kandidatur für die ihr nachfolgende *Assemblée Législative* zu untersagen. Das war die Voraussetzung dafür gewesen, dass die Radikalrevolutionäre die Meinungshoheit in der Gesetzgebenden Versammlung eroberten. Deshalb wurde jetzt eine Quotenregelung festgelegt: Zwei Drittel der Abgeordneten in beiden Kammern sollten Männer sein, die, mit Ausnahme der achtundsechzig *Montagnards*, bereits als Deputierte dem Konvent angehört hatten und damit als zuverlässige »Thermidorianer« gelten konnten. Diese Bestimmung war eine massive Beschränkung der Wahlfreiheit. Entsprechend heftig war die Kritik in der Öffentlichkeit, die sich darum betrogen sah, den Konvent bei der Wahl abzustrafen, weil der sich als unfähig erwiesen hatte, die große Versorgungskrise zu meistern. Das fand seinen Niederschlag im Ergebnis des Referendums, das Anfang September 1795 abgehalten wurde und bei dem über eine Million Wähler zwar die Verfassung billigte, die von rund fünfzigtausend abgelehnt wurde, während die Zwei-Drittel-Regelung nur von etwas mehr als zweihunderttausend Wählern befürwortet wurde, denen fast einhundertzehntausend negative Voten gegenüberstanden. Das enttäuschende Ergebnis war sogar noch geschönt, denn die Stimmen der achtundvierzig Pariser Sektionen, in denen diese Regelung ausnahmslos durchgefallen war, wurden nicht mitgezählt.[8]

Das Abstimmungsergebnis war alarmierend, denn es stellte die Behauptung der »Thermidorianer« infrage, die mit ihrer Republik den Anspruch verknüpften, diese sei die ihren Landsleuten genehmste. Allein, die Aufstandsbewegungen des *Germinal* und *Prairial* waren die

letzten Zuckungen des in seinem Blute schwimmenden radikalrevolutionären Drachen, vor dem sich die »Thermidorianer« aber aus alter
Gewohnheit noch weiter fürchteten und dessen potentielle Gefahr sie
deshalb maßlos überschätzten. Wegen dieser Fixierung wurde die tat-
sächliche Bedrohung der Republik des *Thermidor*, die sich mit den vielen Funktionsträgern des gestürzten Schreckensregimes identifizieren
ließ, die noch immer das Sagen hatten, nicht als legitimer Grund zum
Widerspruch anerkannt. Deshalb wurde diese Opposition pauschal als
royalistisch abgestempelt und so dem gängigen revolutionären Wahr-
nehmungsraster eingepasst.

Spätestens seit dem Sturz der Monarchie am 10. August 1792 hatten
deren Parteigänger in Paris nur eine sehr marginale Rolle gespielt.
Umso mehr verwundert deshalb die Charakterisierung der schichten-
übergreifenden und ideologisch diffusen Oppositionsbewegung als
»monarchistisch«, von der die allermeisten der achtundvierzig Pariser Sektionen im Laufe des Jahres 1795 erfasst wurden und die sich aus
der wachsenden Empörung darüber speiste, dass es die »Thermidorianer« nicht vermochten, die chaotischen wirtschaftlichen und sozialen Verhältnisse zu beheben, die eine Erbschaft der Revolution waren.

Damit rächte es sich, dass das neue Regime ausschließlich mit
einem gründlichen Exorzismus der alten revolutionären Dämonen beschäftigt war und darüber vernachlässigt wurde, Frankreich von den
Vorzügen der Republik zu überzeugen. Das Versäumnis begann den
»Thermidorianern« erst zu dämmern, als der im ganzen Land wachsende Widerstand gegen das »Zwei-Drittel-Dekret« auf die Mehrheit
der Pariser Sektionen übergriff. Die massive Opposition, die sich damit ankündigte, sorgte für erhebliche Aufregung, denn am 22. September hatte der Konvent die neue Verfassung und das »Zwei-Drittel-
Dekret« gebilligt, das für die Legislative gelten würde. Deren Wahl
war für die Zeit vom 11. bis 20. Oktober angesetzt; am 5. November
sollte die Gesetzgebende Versammlung zu ihrer ersten Sitzung zusam-
mentreten. Diesen Fahrplan drohten jetzt die Pariser Sektionen zu
stören, die sich in ihrem Widerstand gegen das »Zwei-Drittel-Dekret«
versteiften und schließlich offen gegen dessen Sanktionierung durch

den Konvent aufbegehrten. »Die Regierung des Konvents«, bemerkte Marmont in seinen *Memoiren* dazu, »die nicht mehr durch Folter gestützt wurde, war mit Ablehnung und Verachtung geschlagen. All diejenigen, die auf sich hielten, ersehnten inbrünstig den Fall oder den Sturz dieser Regierung.«[9]

Die Erregung erreichte ihren Siedepunkt, als der Konvent am 4. Oktober zwei Gesetze kassierte: das vom 23. Februar, mit dem die Inhaftierung zahlreicher Personen angeordnet worden war, die man jakobinischer Neigungen oder der Beteiligung an terroristischen Taten verdächtigte, und das Gesetz vom 10. April, das die Teilnehmer am *Germinal*-Aufstand ihrer Bürgerrechte beraubt hatte. Damit wurde ein Personenkreis rehabilitiert, aus dem sofort drei Bataillone gebildet werden konnten, die als »Patrioten von 1789« den Konvent vor »royalistischen« Anschlägen schützen sollten. Das verstand die Pariser Öffentlichkeit als politische Kehrtwende: Die »Thermidorianer« seien zur Rückkehr zur Terrorherrschaft unseligen Angedenkens entschlossen, um ihre politischen Gegner zu vernichten. Das Schreckbild fand seine Bestätigung darin, dass General Menou angewiesen wurde, mit Linientruppen die Sektion Lepeletier zur Raison zu bringen, die zusammen mit zwei anderen Sektionen zur offenen Revolte aufgerufen hatte. Dem Auftrag genügte Menou aber nur sehr halbherzig, denn allein auf die Versicherung hin, man werde sich zerstreuen, zog der General die Truppen aus der Sektion Lepeletier zurück. Statt des unzuverlässigen Menou, der seines Kommandos enthoben wurde, ernannte der Konvent den Regisseur des Putsches vom *9 Thermidor*, Paul Barras, zum Oberbefehlshaber der um Paris stationierten Streitkräfte und erteilte ihm die Vollmacht, alle zum Schutz der Versammlung notwendigen Maßnahmen zu ergreifen.

Barras war der richtige Mann für diese Aufgabe. Das bewies er allein schon damit, dass er drei Generäle – Bonaparte, Brune und Carteaux – die erst wenige Wochen zuvor wegen ihrer jakobinischen Gesinnung vom aktiven Militärdienst suspendiert worden waren, reaktivierte und in seinen Stab berief, um die rund fünftausend Truppen zu kommandieren, die ihm zur Verfügung standen.[10] Bonaparte will jedoch, wie er gegenüber dem Comte de Las Cases Jahrzehnte später bemerkte, zunächst gezögert haben, dem Ansinnen Barras' zu entsprechen. Seine Bedenken habe er damals in einem halbstündigen Selbstgespräch erwogen. Für seinen Entschluss hätte schließlich die Überlegung den Ausschlag gegeben, was aus den »großen Wahrheiten unserer Revolution werden würde, sollte der Konvent unterliegen ... (...) Der Gegner, den wir so oft besiegt haben, triumphierte und überschüttete uns mit seiner Verachtung. (...) Die Niederlage des Konvents würde die Front des Gegners unüberwindlich machen und Schmach und Versklavung des Vaterlands besiegeln«.[11] Ob Napoleon damals tatsächlich mit derart staatsmännischen Erwägungen umgegangen ist, wie er sie sich über zwanzig Jahre später bescheinigte, kann man getrost dahingestellt sein lassen.

Was Bonaparte damals tatsächlich umtrieb, verrät ein Brief, den er Anfang Oktober 1795 seinem Freund, dem Schauspieler François-Joseph Talma, schrieb: »Barras macht mir schöne Verprechungen, wird er sie aber halten? Ich habe Zweifel. Unterdessen habe ich keinen roten Heller mehr. Könntest Du mir einige *écus* zur Verfügung stellen? Ich würde sie nicht ablehnen und ich versichere Dich, sie zurückzuzahlen, sobald ich das erste Königreich mit meinem Schwert erobert habe.«[12]

Bei Ausbruch des Aufstands beherrschten die Empörer große Teile von Paris und waren den rund fünftausend Verteidigern des Konvents zahlenmäßig mit über fünfundzwanzigtausend Mann weit überlegen, die am Nachmittag des 5. Oktober in zwei großen Marschsäulen auf dem linken und dem rechten Seineufer auf die Tuilerien vorrückten. Die Regierungstruppen jedoch besaßen zwei Stärken, die entscheidend sein sollten: militärische Disziplin und die Drohung überlegener Feuerkraft. Die verschafften ihnen jene Geschütze, die nach dem *Prairial*-Aufstand den Nationalgarden abgenommen worden waren und die seither in einem Depot in *Les Sablons* bei Neuilly verwahrt wurden. Gerade noch rechtzeitig vor dem drohenden Zugriff durch die Aufständischen hatte sich Joachim Murat auf Weisung Bonapartes dieser Kanonen am frühen Morgen bemächtigt. Er brachte diese an

Brücken und Straßen in Stellung, von wo aus die beiden auf die Tuilerien vorrückenden Kolonnen der Aufständischen unter Feuer genommen werden konnten. Der Besitz der Artillerie wie die Entschlossenheit, sich ihrer zu bedienen, entschieden den Aufstand, der am Nachmittag des *13 Vendémiaire* entbrannte. Vermutlich war es das Erlebnis zweier *journées révolutionnaires* in Paris, deren Augenzeuge Bonaparte gewesen war, die ihn zu seinem Handeln an diesem Tag inspirierten. Am 20. Juni 1792 war er zugegen gewesen, als eine bewaffnete Menge die Tuilerien stürmte und dem König samt seiner Familie für mehrere Stunden in demütigende Geiselhaft nahm. Die Schilderung, die er zwei Tage später Bruder Joseph gab, eröffnete er mit einem Satz, der aufmerken lässt: »Die Jakobiner sind Narren, denen jeglicher Verstand abgeht:«[13] Bislang gehörte er zu den revolutionären Stürmern und Drängern. Diese Haltung sollte er jetzt preisgeben, wie der Jugendfreund Bourrienne in seinen *Erinnerungen* schreibt, in denen er Bonaparte mit den Worten zitiert: »Wie hat man diese Kanaille nur einlassen können? Man müsste vier- oder fünfhundert mit Kanonen hinwegfegen, die Übrigen werden schon von selbst weglaufen.«[14]

Knapp zwei Monate später, am 10. August 1792, war er mit Bourrienne zusammen, als ein entfesselter Mob die Tuilerien erneut stürmte, hunderte der Schweizer Garden, die Ludwig XVI. schützen sollten, niedermetzelte und die Toten im Blutrausch grausam verstümmelte. Noch im Exil in St. Helena schilderte er am 3. August 1816 mit einer Lebhaftigkeit, die seine damalige Erschütterung bezeugt, Las Cases das Geschehen: »Das Schloss wurde von der schlimmsten Kanaille angegriffen. Der König verfügte zu seiner Verteidigung sicherlich nicht über weniger Truppen als der Konvent am *13 Vendémiaire*, aber dessen Feinde waren viel disziplinierter und schrecklicher. (...) Als der Palast gestürmt war und der König sich in die Versammlung geflüchtet hatte, (...) brachte ich es über mich, den Garten zu betreten. Niemals hat mir seither eines meiner Schlachtfelder den Anblick so vieler Leichname geboten, als hier die Massen der Schweizer, sei es, dass die Beengtheit des Ortes deren Anzahl bedeutender erscheinen ließ, sei es, dass dies die Wirkung des ersten Eindrucks war, den ich

von dergleichen empfing.«[15] Jene beiden revolutionären Gewaltaus-
brüche vom Sommer 1792 waren Bonaparte ein Anstoß, seine bisherige Revolutionsbegeisterung abzukühlen. Gleichzeitig wurde ihm
eine tiefe Abscheu vor dem *peuple* wie aller von dessen Wut getragener
Aufstandsbewegungen eingeflößt. Das fand seinen Niederschlag in
dem Opportunismus, den er künftig an den Tag legen sollte, wie auch
in dem Kalkül, mit dem er sich gewiss war, den Aufstand des *13 Vendémiaire* zu bemeistern.

Über das Geschehen hat Napoleon seinem Bruder Joseph in einem
Schreiben, das vom frühen Morgen des *14 Vendémiaire* datiert ist, nur
sehr knapp berichtet: »Der Konvent hat Barras zum Armeebefehls-
haber, mich zu seinem Stellvertreter ernannt. Daraufhin haben wir die
Aufstellung unserer Truppen veranlasst. Die Gegner haben uns bei
den Tuilerien angegriffen. Sie töteten rund dreißig unserer Leute und
verwundeten rund sechzig. Wir haben die Sektionen entwaffnet, und
alles ist ruhig.«[16]

Keine Rede konnte jedoch davon sein, die Regierung hätte ihn zum
Stellvertreter Barras' ernannt.[17] Diesen Rang erhielt Bonaparte erst
nach den Ereignissen des *13 Vendémiaire*.[18] Außer Frage steht aber,
dass Barras gelegentlich des *13 Vendémiaire* in ihm seinen wichtigsten
Unterführer sehen musste, zumal er es war, der Weisung gegeben
hatte, die Kanonen herbeizuschaffen, die, wie sich dann zeigte, die
numerische Unterlegenheit der Regierungstruppen mehr als wett-
machten. Umso mehr muss jedoch erstaunen, dass er in diesem
Schreiben an den Bruder zwei Umstände mit keiner Silbe erwähnte,
die seinen Ruf oder Verruf als *Général Vendémiaire* rechtfertigen und
die ihn seither als den Hauptverantwortlichen für das Scheitern dieses
Aufstands gegen den Konvent ausweisen.

Auf die Frage Barry O'Mearas, seines irischen Arztes während der
Verbannung auf St. Helena, ob denn der Aufstand des *13 Vendémiaire*
viele Opfer gefordert habe, versetzte Napoleon: »Angesichts der Bedeutung dieser Aufstandsbewegung war die Anzahl der Opfer sehr gering. Auf Seiten des Volkes gab es rund siebzig bis achtzig Tote und
drei- bis vierhundert Verletzte; auf Seiten der Leute des Konvents wur-

den fast dreißig Tote gezählt und zweihundertfünfzig Verletzte. Der Grund, warum es so wenige Tote gab, ist, dass ich nach den ersten beiden Salven der Truppe den Befehl gab, nur blind zu laden. Das genügte, um die Pariser zu erschrecken, und hatte ganz die nämliche Wirkung. Zunächst hatte ich der Truppe die Anweisung gegeben, mit Kugeln zu schießen, weil es bei einer Volksmenge, der die Wirkung von Feuerwaffen unbekannt ist, ein sehr schlechtes Mittel ist, wenn man damit beginnt, nur Pulver zu laden, denn die Menge, die zunächst einen großen Lärm vernimmt, ist natürlich ein wenig verschreckt; aber wenn sie sich dann umschaut und weder Getötete noch Verletzte gewahrt, fasst sie Mut, fängt an, einen verächtlich zu finden, wird immer frecher und fällt schließlich ohne jede Furcht über einen her. Derart ist man schließlich gezwungen, zehnmal mehr zu töten, als wenn man bei den ersten Salven mit Kugeln geschossen hätte Beim Pöbel kommt es auf die ersten Eindrücke an, die man auf ihn macht. Sobald er in seinen Rängen Tote und Verletzte bemerkt, packt ihn der Schrecken, und er stiebt augenblicklich auseinander. Wenn man deshalb gezwungen ist, das Feuer zu eröffnen, dann erweist man den humanitären Rücksichten einen schlechten Dienst, wenn man zunächst bloß Pulver verschießt; damit bezweckt man nur, statt Blut zu sparen, viel mehr zu vergießen, als notwendig ist.«[19]

Ähnlich wie gegenüber O'Meara äußerte sich Napoleon auch in seinen Montholon auf St. Helena diktierten *Memoiren*: »Es wäre falsch, zu Beginn der Aktion lediglich Pulver zu zünden; das hätte nur den Effekt gehabt, die Aufständischen zu ermutigen und die Truppen zu kompromittieren. Wahr ist aber, dass, sobald die Kämpfe begonnen hatten und der Erfolg nicht mehr in Frage stand, man nur noch Salutschüsse abfeuerte.«[20] Allem Anschein nach scheint es auch Bonaparte gewesen zu sein, der Barras davon überzeugte, den Anweisungen des Direktoriums nicht Folge zu leisten, auf die Aufständischen auf keinen Fall scharf zu schießen.[21] Dafür spricht auch, dass sich Barras am Abend *des 13 Vendémiaire* vor dem Konvent rechtfertigen musste, sich nicht an diese Anweisung gehalten zu haben, was er so begründete: »Allein es galt, Gewalt gegen Gewalt zu gebrauchen, man musste gegen die vorgehen, die den Konvent liquidieren wollten und von sich behaupteten, sie allein müssten regieren.«[22]

Im Bericht über das Geschehen des *13 Vendémiaire*, den Barras in den *Memoiren* gibt, wird das alles nicht erwähnt.

Stattdessen ist dreimal die Rede davon, er habe Anweisung erteilt, mit der Mitraille lediglich in die Luft zu schießen oder die Kanonenkugeln so abzufeuern, dass sie über die Köpfe der Angreifer hinwegfegten. Das hätte jeweils völlig ausgereicht, so Barras, um den Gegner in die Flucht zu schlagen.[23] Lediglich ein einziges Mal, als, wie er schreibt, »die Verteidigung ebenso legitim wie dringend geboten war«, will er befohlen haben, mit einem einzigen Geschütz die bei der Kirche Saint-Roch verschanzten Aufständischen unter gezieltes Feuer zu nehmen.[24] Diese Behauptung scheint der Kern der hartnäckigen Legende zu sein, Bonaparte habe bei der Kirche Saint-Roch auf kurze Distanz ein mörderisches Mitraillefeuer auf die auf den Stufen der Kirche dicht-gedrängt stehenden Aufrührer eröffnet. Auf diese allein wegen der vermutlich großen Anzahl von Opfern spektakuläre Kanonade gibt es indes in den zeitgenössischen Quellen keinerlei Hinweis.[25] Auch hätte das damalige enge Gassengewirr um Saint-Roch es kaum erlaubt, hier mehr als ein leichtes Geschütz aufzufahren. Alles spricht also dafür, dass dieses Blutbad von Saint-Roch eine Erfindung zu rein propagandistischen Zwecken ist,[26] die vor allem wegen der Phantasie und des Könnens eines geschickten Künstlers, der dieses vermeintliche Geschehen ins Bild setzte,[27] zu einer unumstößlichen Wahrheit wurde, die seither die einschlägige Legende beglaubigt.[28] Eben darin verbarg sich aber auch eine Lehre, die Bonaparte für sich beherzigte und die er sich schon bald erfolgreich zunutze machen sollte.

Ausweislich der Opferzahlen – auf beiden Seiten waren es zwei- bis dreihundert Tote und Verwundete – erscheint es als nicht sehr wahrscheinlich, dass dichtgedrängte Menschenmassen tatsächlich unter konzentriertes Geschützfeuer genommen wurden. Viel spricht jedoch dafür, dass die meisten Toten und Verwundeten Musketenfeuer geschuldet waren. Deshalb ist zu vermuten, dass die Geschütze, die an einer Reihe strategischer Punkte im Pariser Straßengeflecht aufgestellt waren, vor allem eine abschreckende Wirkung hatten, die tatsächlich durch Salutschüsse, also durch im Grunde harmlosen Blitz und Donner, unterstrichen wurde. Auch fällt die durchwegs defensive Einstellung auf, die von den Insurgenten gezeigt wurde. Die verriet sich etwa in der mangelhaften Koordination der zwei großen Marschkolonnen, die beiderseits der Seine gegen den Konvent vorrückten. Aufschlussreich ist außerdem, dass der Angriff, den die Kolonne auf dem rechten Ufer vortragen sollte, keineswegs konzentriert erfolgte, sondern sich in einer Reihe konfuser Scharmützel an verschiedenen Straßenkreuzungen verzettelte. Schließlich gaben auch die mehrheitlich von der Pariser Bourgeoisie dominierten Sektionen deutlich zu erkennen, dass man nicht gewillt sei, sich nur wegen des verbreiteten Unmuts über die Machenschaften der »Thermidorianer« in ein Abenteuer mit ungewissem Ausgang zu stürzen und das Geschäft der royalistischen Konterrevolution zu besorgen.

Allein schon diese Überlegungen und Vorbehalte dürften für den Ausgang des 13 *Vendémiaire* nicht weniger bedeutsam gewesen sein als die Kanonen Bonapartes. Dessen ungeachtet konnte er diesen Tag als großen Gewinn für sich und sein Renommee verbuchen. Diese Wirkung wurde jedoch erst mit einiger Verzögerung offenkundig. Das lässt sich etwa daran ablesen, dass Bonaparte keineswegs als die *bête noire*, als der Hauptverantwortliche für das Scheitern des Aufstands in den royalistischen Pamphleten figurierte, die sofort den Markt überschwemmten.[29] Durchaus möglich also, dass er sogar schlicht in Vergessenheit geraten wäre. Daran scheint auch Barras interessiert gewesen zu sein, denn als er fünf Tage später außer den »Volontaires de 89« dem Konvent gegenüber auch eine Reihe von Offizieren rühmte, die entscheidenden Anteil am siegreichen Ausgang des 13 *Vendémiaire* gehabt hätten, verschwieg er ausgerechnet den Namen Bonaparte. Das jedoch ließ Louis-Stanislas Fréron nicht ruhen, der deshalb unmittelbar nach Barras das Wort ergriff: »Vergesst nicht Bürger, dass der General Bonaparte, der erst in der Nacht des 12 (*Vendémiaire*) ernannt worden ist, um (General) Menou zu ersetzen, und der nur während des Morgens Zeit hatte, um seine klugen Anweisungen zu geben, deren glückliche Wirkungen Sie erlebt haben, zuvor von seiner Waffengattung abberufen wurde, um ihn zum Eintritt in die Infanterie zu zwingen. – Gründer der Republik, wollt Ihr noch länger säumen, das Unrecht wiedergutzumachen, das in Eurem Namen eine große Zahl Eurer Verteidiger erleiden mussten?«[30]

Die Intervention Frérons, der Bonaparte gleichsam zum Retter der Republik ausrief, war sehr *à propos*, denn er war der von der Familie argwöhnisch beäugte Freier von Napoleons erst fünfzehnjähriger Schwester Marie-Paulette gen. Pauline. Das erhellt, dass er gute Gründe hatte, dem älteren Bruder zu Gefallen zu sein. Frérons Einwurf nötigte nun seinerseits Barras dazu, erneut das Wort zu ergreifen und sein Versäumnis wettzumachen: »Ich bitte den Nationalkonvent um Aufmerksamkeit für den General Bonaparte: Ihm, seinen ebenso klugen wie zügig erteilten Anordnungen, ist die Verteidigung dieser Versammlung geschuldet, um die herum er mit großer Umsicht Wachen aufgestellt hatte. Ich fordere den Konvent dazu auf, die Ernennung von Bonaparte zum stellvertretenden Befehlshaber der Inlandsarmee zu bestätigen.«[31] Die Versammlung akklamierte die Ernennung Bonapartes, mit dem die allermeisten ihrer Mitglieder keinerlei Vorstellung verbanden, zum Divisionsgeneral. Zehn Tage später, am 4 *Brumaire*

(26. Oktober), als Barras zu einem der fünf Direktoren gewählt worden war und deshalb als Oberbefehlshabers zurücktreten musste, folgte ihm Bonaparte auf diesen Posten nach. Das war die letzte Amtshandlung des Konvents. »Diese große Gunst«, notierte Baron Fain, der im *Comité militaire* des Konvents tätig war, in seinem Tagebuch, »die mit einem Mal einem völlig Unbekanntem zuteil wird, wie insbesondere auch der Kontrast seiner Jugend mit der wichtigen Position, die er einnimmt, lenken alle Aufmerksamkeit auf ihn. (...) Man fragt sich, woher er kommt, was er war und durch welche früheren Verdienste er sich empfohlen hat.«[32]

Die »Armée de l'Intérieur«, deren Oberbefehlshaber Bonaparte jetzt war, wurde im Juli 1795 geschaffen und hatte eine Sollstärke von vierzigtausend Mann. Als wichtigste Aufgabe war ihr vom Wohlfahrtsausschuss der Schutz der Nahrungsmittelversorgung von Paris und die Aufrechterhaltung der öffentlichen Ruhe in der Hauptstadt und den umliegenden Departements übertragen worden.[33] Paris unterlag damit militärischer Kontrolle, denn die Inlandsarmee musste im Wesentlichen Polizeifunktionen erfüllen. Dies barg das Risiko, dass diese Streitmacht von den politischen Konflikten, die in Paris ausgetragen wurden, in Mitleidenschaft gezogen würde. Außerdem stand eine solche Verwendung im Widerspruch zur revolutionären Tradition, die stets darauf bedacht gewesen war, die Armee aus den politischen Auseinandersetzungen herauszuhalten. Das musste die *Armée de l'Intérieur*, die keinerlei Aussichten bot, sich Lorbeeren zu erwerben, für Offiziere noch unattraktiver machen. Für Bonaparte war genau das der Grund gewesen, seine Versetzung als Artilleriegeneral der Italienarmee zur Infanterie der West-Armee abzulehnen, die im Kampf mit den royalistischen Aufständischen stand und damit in einem Bürgerkrieg engagiert war. Das erschien ihm eine allzu große Zumutung zu sein, denn zum einen hatte die Infanterie ein geringeres Prestige als die Artillerie, und zum anderen eröffnete ein solcher Konflikt keine berauschenden Karriereaussichten für einen ehrgeizigen Militär, weshalb er es vorzog, den aktiven Dienst zu quittieren.[34]

Der Oberbefehlshaber der *Armée de l'Interieur*, der seinen Aufga-

ben entsprechend nichts anderes war als ein Polizeichef, war erheblich
besser besoldet als ein Divisionsgeneral. Auch verfügte er über eine
Dienstwohnung in einem Pariser Stadtpalais an der Place Vendôme,
das einst dem Marquis de Créqui gehört hatte, und eine eigene Dienst-
kutsche, deren Benutzung er Bruder Joseph in Aussicht stellte, sollte
der ihn in Paris besuchen.[35] Das waren verlockende Vorteile, die jedoch in keinem Verhältnis zu den Pflichten und der Bürde dieses
Amtes standen, das nur zu geeignet schien, den Ruf seines Inhabers,
der als Schlichter in alle politischen und sozialen Konflikte hineinge-
zogen werden würde, nachdrücklich zu beschädigen. Damit ließ sich
umso gewisser rechnen, als die Gemüter nach dem *13 Vendémiaire* unvermindert erregt waren, die Versorgungslage sich keineswegs verbes-
serte und die nähere Zukunft sich den allermeisten Parisern in schwar-
zer Hoffnungslosigkeit darbot. Umso größer und vielfältiger waren
die Ansprüche, denen Bonaparte als Oberbefehlshaber der bewaffneten Macht fast fünf Monate lang genügen musste, wovon sich in so gut
wie allen Briefen an Bruder Joseph aus dieser Zeit ein deutliches Echo
findet.[36] Warum er sich also dafür entschied, diesen Posten anzutreten, lässt sich nur damit erklären, dass der ihm ein Sprungbrett für die
weitere Karriere zu bieten versprach, die er unter den besonderen Auspizien der Republik des Direktoriums so glücklich begonnen hatte.

Die mit dem *Directoire* neu gebildete Exekutive beharrte zunächst
auf einer Auflösung und Entwaffnung der Pariser Nationalgarde, die
mit den Aufständischen gemeinsame Sache gemacht hatte. Deren
Aufgaben fielen der *Armée de l'Intérieur* wie einer eigenen *Légion de
Police* zu, die ein Sammelbecken ehemaliger »Terroristen«, von Mit-
läufern und Bütteln des einstigen Schreckensregimes wurde, so dass
diese Einheit wenig später wieder aufgelöst werden musste.[37] Weit
längere Dauer war einer anderen seiner Schöpfungen beschieden, mit
der er die Regierung gegenüber der latenten Drohung von Paris absi-
cherte, indem er sowohl für das Direktorium wie für die Abgeordneten
in den beiden Versammlungen eine eigene Garde mit je einhundert-
undzwanzig Grenadieren und Dragonern schuf.[38] Vielleicht um das
sich hartnäckig behauptende Gerücht zu dementieren, er sei ein ver-

kappter Jakobiner, schritt Bonaparte am 27. Februar 1796 selber zur Tat, sobald das Direktorium den *Club du Panthéon* verbot, den die »Thermidorianer« den Jakobinern als eine von ihnen strikt kontrollierte Spielfläche gewährt hatten. Bei dieser und anderen Gelegenheiten scheint er bisweilen mit allzu großem Eifer zu Werk gegangen zu sein. Jedenfalls, so behauptet es Barras in seinen *Memoiren*, habe er ihn deswegen tadeln und zur Mäßigung anhalten müssen, weil sich ein Verfassungsregime nicht mit Willkürakten vereinbaren ließe, derer man ihn bezichtigte.[39]

Urteilt man indes nach seiner amtlichen Korrespondenz in dieser Zeit, bietet sich ein anderes Bild. So beispielsweise das Schreiben vom 24. November 1795, in dem Bonaparte General Châteauneuf-Randon davon unterrichtet, dass er Weisung gegeben habe, in den verschiedenen Räumen der Kasernen von Saint-Cloud und Bellevue Öfen und Holzbetten zu installieren. So lange dieser Befehl noch nicht ausgeführt sei, müssten denen, die weder Öfen noch Kamine hätten, jeden Morgen eine Ration Schnaps und fünfzehn statt zehn Scheffel Stroh, wie das Gesetz es bestimmt, zugeteilt werden.[40] Oder, während er anordnete, Räuberbanden, die im Departement Eure ihr Unwesen trieben, mit allem Nachdruck zu bekämpfen, rät er gegenüber Unruhen zu Zurückhaltung, die sich im Departement de la Seine-Inférieure in einigen Orten an Versorgungsengpässen und Preissteigerungen entzündeten. Dabei handele es sich, so Bonaparte, um Fieberschübe, die es zwar zu beobachten gelte, bei denen man sich aber hüten müsse, gewaltsam vorzugehen, denn damit liefe man nur Gefahr, diesen Bewegungen den Anschein von Rebellionen zu verschaffen, die dann viel gefährlichere Folgen haben könnten. »Die Verwaltungsbeamten, die für alle diese Bewegungen kein anderes Heilmittel kennen als eine bewaffnete Intervention, verstehen nicht zu regieren. Wenn man eine Empörung nicht von einer Rebellion zu unterscheiden vermag, bezweckt man geradewegs den Bürgerkrieg.«[41]

Die vier Monate als Oberbefehlshaber der *Armée de l'Intérieur* waren für Napoleon in verschiedener Hinsicht sehr bedeutsam. Dank dieser Tätigkeit erhielt er zunächst einmal die Geläufigkeit, sich als militärischer Befehlshaber wie als ziviler Verwalter zu bewähren. Das waren Erfahrungen, die ihm bei seiner nächsten Verwendung als Chef der Italienarmee zugute kamen. Vermutlich war es auch diese Perspektive gewesen, die ihn dazu bestimmte, das Regime der »Thermidorianer« zu stützen und zusammen mit dem korrupten Barras den Aufstand vom 13 *Vendémiaire* niederzuwerfen. Dafür winkte ihm ein Karriereschub, den er nach einer Probezeit von gut vier Monaten als Oberbefehlshaber der *Armée de l'Intérieur* realisierte, als ihn das Direktorium zum Chef der Italienarmee berief. Das war eine Verwendung, auf die sein Ehrgeiz schon seit längerem brannte.

Der Heros

———

Bonaparte, der am 2. März 1796 zum Oberbefehlshaber der Italienarmee ernannt worden war, traf am 26. März im Hauptquartier in Nizza ein.[1] Um den Unterhalt der Armee zu bestreiten, hatte ihn das Direktorium mit zweitausend *louis d'or* und einer Million in Wechseln ausgestattet. Die waren auf Banken in Genua ausgestellt, von denen die meisten aber nicht eingelöst wurden. Über diese prekäre Situation heißt es in den von Napoleon auf St. Helena diktierten *Erinnerungen*: »Der Armee fehlte es an allem, aber von Frankreich war nichts zu erwarten; für die Armee war damit alles vom Sieg abhängig. Allein in den Ebenen Italiens konnte sie sich Transportmittel verschaffen, ihre Artillerie bespannen, die Soldaten uniformieren und die Kavallerie beritten machen. Augenblicklich zählte die Armee dreißigtausend Mann, die unter Waffen standen, und verfügte über dreißig Kanonen. Der Gegner hatte achtzigtausend Mann und zweihundert Geschütze.« Angesichts dieser Kräfteverhältnisse verbot es sich, eine große Entscheidungsschlacht anzustreben. Die Italienarmee konnte ihre Unterlegenheit allein durch Schnelligkeit und überlegene Operationen ausgleichen, »denn die Moral der französischen Soldaten war ausgezeichnet; sie hatten sich auf den Gipfeln der Pyrenäen und der Alpen vorzüglich geschlagen;

die Entbehrungen, die Armut, das Elend sind die Schule des guten Soldaten«.[2]

Die taktischen Überlegungen, die Bonaparte anstellte, reflektierten auch das Gelände des Schauplatzes, auf dem es zu operieren galt und mit dem er sich seit seiner Ernennung zum Chef der Artillerie der Italienarmee Anfang Februar 1794 vertraut gemacht hatte. Die Alpen mit ihren engen, von schroffen Bergen gesäumten Tälern waren weder ein Terrain, in dem sich die Kavallerie entfalten konnte, noch eigneten sie sich zum Einsatz von Artillerie. Schließlich ließ sich hier auch kaum mit größeren Truppenformationen operieren. All diese Schwierigkeiten waren Bonaparte nur zu geläufig, denn er war der Autor diverser Operationspläne und taktischer Anregungen für die Italienarmee, die er seit Mai 1794 ausgearbeitet hatte.[3] Es waren vor allem diese Stabsarbeiten, die eine Ernennung des in der Armeeführung nicht bewanderten Bonaparte zum Oberbefehlshaber der Italienarmee nahelegten. Mit ihm entschied sich das Direktorium für einen Mann, der nicht nur wusste, was er wollte, sondern der auch versprach, seine Ziele zügig umzusetzen. Das bestätigt die *Instruction pour le Général en Chef de l'Armée d'Italie*, die Bonaparte ausgehändigt wurde und deren Anweisungen seinen Empfehlungen folgten.[4]

Die taktischen Überlegungen waren das eine; eine weitere wichtige Voraussetzung für den erwünschten Erfolg war, dass es Bonaparte rasch gelang, Respekt und Vertrauen der Armee für sich und seine Führungsqualitäten zu gewinnen. Damit hatte er auf Anhieb Erfolg, denn er entsprach dem Idealtypus eines »soldiers' soldier«, wie die Rede zeigt, die er einen Tag nach seiner Ankunft in Nizza vor der Armee hielt: »Soldaten, Ihr seid nackt, schlecht genährt; die Regierung schuldet Euch viel, kann Euch aber nichts geben. Eure Geduld, der Mut, den Ihr inmitten dieser Felsen beweist, sind bewundernswert; aber sie verschaffen Euch keinerlei Ruhm, kein Glanz fällt auf Euch. Ich will Euch in die fruchtbarsten Ebenen der Welt führen. Reiche Provinzen, große Städte werden Euch in die Hände fallen; dort werdet Ihr Ehre, Ruhm und Reichtum finden. Soldaten von Italien, fehlt es Euch an Mut oder Ausdauer?«[5]

Der General der Italienarmee war kein begnadeter Redner, und diese zündende Ansprache hat Bonaparte nachweislich nie gehalten; sie ist erstmals dokumentiert in den *Memoiren* über Italien, die von ihm auf der Fahrt nach St. Helena General Montholon diktiert wurden. Wahrscheinlich ist jedoch, dass er sich so ähnlich zumindest damals verschiedentlich geäußert hat.[6] Er traf den Ton, den die Soldaten verstanden, indem er sich einer Sprache bediente, die, mit Kraftausdrücken gespickt, nicht um die Dinge herumredete. Das verschaffte ihm zusammen mit den ersten Erfolgen jene große Popularität, auf die gestützt er von der Armee immer neue Leistungen fordern konnte. All das hatte aber auch einen Preis, den die italienische Zivilbevölkerung in den »reichen Provinzen, den großen Städten« aufbringen musste, die den Soldaten Bonapartes in die Hände fielen, die sich wie Diebe und Räuber aufführten.[7]

Solche Zustände beschworen jedoch Verhältnisse herauf, die für das zügige Gelingen der Operationen wie für die damit verknüpften politischen Absichten nachteilig sein mussten. Andererseits verbot es sich dem Befehlshaber anfangs aber auch, mit drakonischen Strafandrohungen unbedingte Disziplin einzufordern. Das erhellt, dass Bonaparte die am 12. April begonnene Offensive erst einmal zwei Wochen laufen ließ, ehe er sich am 26. April mit einer Proklamation an die Armee wandte, die ein Meisterwerk seiner Propaganda ist und für deren Verbreitung die Veröffentlichung im *Moniteur*, dem offiziellen Organ des Direktoriums, sorgte:

»Soldaten, binnen vierzehn Tagen habt Ihr sechs Siege errungen, einundzwanzig Fahnen, fünfundfünfzig Kanonen, mehrere Festungen und den reichsten Teil von Piemont erobert; Ihr habt fünfzehntausend Gefangene gemacht und mehr als zehntausend getötet oder verwundet. Bislang habt Ihr nur um nackte Felsen gefochten, denen Ihr durch Euren Mut Bedeutung verschafft habt, die aber für das Vaterland nutzlos sind. Heute jedoch zieht Ihr mit Euren Leistungen der Armee von Holland und vom Rhein gleich. Ihr musstet alles entbehren und für alles Ersatz beschaffen. Ihr habt die Schlachten ohne Kanonen gewonnen, die Flüsse ohne Brücken überquert, Gewaltmärsche ohne Schuhe

zurückgelegt, oft ohne Schnaps und Brot biwakiert. Nur die republikanischen Phalangen, die Soldaten der Freiheit waren fähig zu leiden,
was Ihr gelitten habt. Dank wird man Euch dafür wissen, Soldaten!
La patrie reconnaissante schuldet Euch sein Wohlergehen. (...) Ihr alle
brennt darauf, den Ruhm des französischen Volks in die weite Welt zu
tragen; Ihr alle wollt die stolzen Könige demütigen, die darauf aus
sind, uns in Ketten zu schlagen; Ihr alle wünscht einen ruhmreichen
Frieden zu diktieren, der das Vaterland für seine riesigen Opfer entschädigt; Ihr alle wollt, wenn Ihr in Eure Dörfer zurückkehrt, voller
Stolz sagen können: Ich war bei der Armee, die Italien erobert hat!

Freunde, ich verspreche Euch diese Eroberung; aber es gibt dafür
eine Bedingung, die Ihr schwören müsst zu erfüllen, die lautet, die
Völker, die Ihr befreien werdet, auch zu respektieren, das bedeutet,
die schrecklichen Plünderungen zu unterbinden, denen sich von unseren Feinden angestiftete Unholde hingeben. Wenn Ihr nicht davon ab-
lasst, werdet Ihr nicht die Befreier der Völker sein, sondern deren
Plage, werdet Ihr nicht zur Ehre des französischen Volkes beitragen,
sondern es wird Euch verfluchen. Eure Siege, Euer Mut, Eure Erfolge,
das Blut unserer im Kampf gefallenen Brüder wird alles umsonst sein
ebenso wie die Ehre und der Ruhm. Was mich und die Generäle anbelangt, denen Ihr vertraut, so schämen wir uns, eine Armee ohne Disziplin, ohne Halt zu befehligen, die kein anderes Gesetz als die Gewalt
kennt. Allein im Besitz der nationalen Autorität, gestärkt durch die
Rechtsprechung und das Gesetz, werde ich den wenigen Feigen und
Herzlosen schon den Respekt vor den Gesetzen der Humanität und
der Ehre beibringen, die sie mit den Füßen treten. Ich werde es nicht
dulden, dass Verbrecher Eure Lorbeeren beschmutzen; ich werde
ohne jede Nachsicht die Anordnung ausführen, die ich angekündigt
habe: Plünderer werden mitleidlos erschossen.«[8]

Das war die für Öffentlichkeit und die Nachwelt bestimmte Version. Das Direktorium ließ Bonaparte am selben Tag wissen: »Alles
verläuft gut. Die Plünderungen sind rückläufig. Dieser erste Durst
einer Armee, die alles entbehren musste, verlöscht. Die Unglücklichen
sind zu entschuldigen; nachdem sie drei Jahre auf den Gipfeln der

Alpen geschmachtet haben, kommen sie jetzt ins Gelobte Land, und das wollen sie in vollen Zügen auskosten. Ich habe drei erschießen lassen und sechs zu Zwangsarbeiten jenseits des Var geschickt. (...) Beigefügt finden Sie die Proklamation, die ich in Mondovi drucken ließ. Ich hoffe, sie entspricht Ihren Absichten. Morgen werden Soldaten und ein Korporal füsiliert, die Kelche in einer Kirche gestohlen haben. Binnen drei Tagen wird die Disziplin auf strenge Weise hergestellt, und das erstaunte Italien wird die Weisheit unserer Armee mindestens ebenso sehr bewundern wie deren Mut. Das alles verursacht mir viel Pein und verschafft mir unerträgliche Momente. Es sind aber auch Schreckenstaten begangen worden, die mich erzittern ließen: Glücklicherweise hat die piemontesische Armee auf ihrem Rückzug noch viel schlimmer gewütet.

Dieses schöne Land wird einem, wenn man es vor Plünderungen bewahrt, bedeutende Ressourcen verschaffen. Allein die Provinz Mondovi wird uns eine Million an Kontributionen abwerfen.«[9]

Das Schreiben zeigt, dass Übergriffe der französischen Soldateska vor allem deshalb verdammenswert waren, weil sie die systematische Ausplünderung Italiens zu stören drohten. Auf einem anderen Blatt aber steht, dass Bonaparte die Soldaten ausdrücklich zu diesem hemmungslosen Treiben ermuntert hatte, als er ihnen Italien als das »Gelobte Land« vorstellte, in das er sie führen werde. Das war eine Botschaft, die von den französischen Bauernsöhnen verstanden wurde, die nur verständnislos darüber lachen konnten, wenn man sie als »republikanische Phalangen« apostrophierte oder sie mit verlogenen Revolutionsparolen zu motivieren suchte.

Die Sprache der Soldaten, in der auch Bonaparte mit ihnen verkehrte, war eine rohe, mit Obszönitäten durchsetzte Suada. Von der hat nur einer seiner Begleiter auf St. Helena, der *Grand Maréchal du Palais* Henri-Gatien Bertrand, ein drastisches Beispiel überliefert: »Ich sagte zu den Plänklern [i.e. Infanteristen, die im Vorfeld der Front und vor Beginn der eigentlichen Schlacht den Gegner zu irritieren suchten]: *Ihr seid Arschlöcher. Ein Grenadier ist soviel wert wie sechzig Plänkler.* Den Grenadieren ihrerseits sagte ich: *Ihr seid nichts als große*

Kapaune, gut genug, gefressen zu werden, aber die Plänkler sind dazu da, um zu kämpfen! Damit kann man alle Welt umbringen. Das ist die wahre beim Militär geführte Sprache ... In Acre [i.e. Akkon, eine Festung, an der Bonapartes Vormarsch in Syrien im Rahmen der Ägyptenexpedition von 1798/99 scheiterte], als die 69er unverrichteter Dinge ihren Angriff abbrachen – wenn sie durchgehalten hätten, wäre Acre an diesem Tag eingenommen worden – sagte ich: *Ich gebe euch Röcke. Nehmt ihnen die Hosen ab. Ihr habt keinen Schwanz zwischen den Schenkeln, ihr habt nur ein Loch. Zieht diesen Weibern die Hosen aus!* Ich habe sie dann durch die Wüste marschieren lassen den Gewehrkolben nach oben. In Abukir haben sie damit größte Verblüffung erzielt.«[10]

Weil er so mit ihnen redete, hielten ihn die Soldaten der Italienarmee für einen der Ihren, zumal er sich auch nie zu schade war, in der Hitze des Gefechts selbst mit Hand anzulegen, um ein Problem zu lösen oder mit seiner Tapferkeit ein Beispiel zu geben. Außerdem vergaß er in seinen Berichten an das Direktorium oder in den Bulletins und Proklamationen nie, Einheiten oder auch einzelne Soldaten zu rühmen, die sich durch besondere Tapferkeit hervorgetan hatten. Stets leitete er Ansinnen auf Beförderung weiter. Zu diesem Zweck wurden im Stab der Italienarmee Listen geführt, die nach Paris gesandt wurden.[11] Da die Revolution die als monarchische Praxis verpönte Verleihung von Orden und Ehrenzeichen 1791 abgeschafft hatte, kam Bonaparte auf den Einfall, einen Ersatz dafür zu schaffen, indem er von Kunstschmieden aufwendig gestaltete *Armes d'honneur* anfertigen ließ, die je nach Anlass und Empfänger mit Inschriften geschmückt wurden. Das waren jeweils Distinktionen, die entscheidend dazu beitrugen, den Corpsgeist der Italienarmee zu stärken und sie ihrem Chef zu verpflichten. Als besonders wirksam dafür erwies sich aber, dass Bonaparte einen Teil der den italienischen Staaten abgepressten Summen dazu verwandte, mit Anordnung vom 20. Mai 1796 den Sold der Armee wenigstens zur Hälfte der Löhnung in klingender Münze statt in wertlosen Assignaten, dem revolutionären Papiergeld, auszuzahlen.[12]

Das war eine folgenreiche Entscheidung, denn die hälftige Entlohnung der Italienarmee in Münzgeld, während die anderen Armeen der Republik ihren Sold ausschließlich in Assignaten erhielten, musste zwangsläufig die Wirkung entfalten, dass deren Soldaten gegenüber ihrem Oberbefehlshaber mehr Loyalität empfanden als gegenüber der Republik. Damit zeichnete sich die Gefahr ab, dass die Italienarmee zu einer Söldnertruppe Bonapartes wurde. Der Generaladjutant Landrieux berichtet in seinen *Memoiren*, die Soldaten, die zunächst nur sehr wenig Vertrauen in ihren kleinwüchsigen und mageren Oberbefehlshaber setzten, hätten erst jetzt einen Sinneswandel erlebt. »Das änderte sich alles, sobald er die Truppe mit klingender Münze entlohnen ließ, was diese seit vier oder fünf Jahren nicht mehr erlebt hatte ...«[13]

Das Ansehen, das sich Bonaparte bei den einfachen Soldaten auf diese Weise rasch erwarb, verstand er auch durch seine demonstrative Uneitelkeit zu fördern, die er mit seinen schäbigen, auf jeden Fall aber völlig schmucklosen Uniformen unterstrich. Das unterschied ihn umso deutlicher von dem Protz und Prunk, in dem seine Generäle schwelgten, die, wie etwa die Kavalleristen Murat und Masséna, mit wahren Wolken bunter Federn und Bänder paradierten und die damit nur älteren Kokotten glichen. Die bis zur Frugalität gesteigerte Einfachheit seiner Kleidung sicherte Bonaparte inmitten der in aufwendiger Farbenpracht miteinander wetteifernden Soldaten und Offizieren eine Aufmerksamkeit, die nie ihre Wirkung verfehlte. Damit setzte er ein Beispiel, das sich Diktatoren, die wie Stalin oder Hitler sonst nichts mit ihm gemein haben, zum Vorbild nahmen.

Diese markante Differenz im Kontrast zu seiner Umgebung suchte Bonaparte noch durch eine gewissermaßen moralische Pointe zu unterstreichen: Gegenüber den anderen Generälen, die ihm rangmäßig zumindest nahe kamen und von denen viele erheblich älter waren als er, betonte er von Anfang an die Aura des Oberbefehlshabers, der keinerlei Vertraulichkeit duldete. Das nahm sich zunächst sehr forciert aus, aber die ersten Erfolge des Italienfeldzugs, die dieser Haltung Substanz gaben, stellten sich schnell ein und erwiesen sich als derart spektakulär, dass keine Zweifel an seiner Autorität laut wurden.[14] Der Diplomat Miot de Melito, der ihm das erste Mal am 5. Juni 1796, also genau zwei Monate nach Eröffnung des Feldzugs, in Brescia begegnete, hat in seinen *Erinnerungen* geschildert, wie die Offiziere seines Stabes Bonaparte begegneten:»Er schritt durch die Zimmer, die vor dem Raum lagen, in dem er mich empfangen hatte, und gab seinen Adjutanten Murat, Lannes, Junot und weiteren Offizieren seiner Umgebung Anweisungen. Alle bezeugten ihrem General gegenüber eine Haltung voller Respekt und, man kann es nicht anders sagen, Bewunderung. Zwischen ihm und seinen Waffenkameraden gewahrte ich keine Anzeichen der mindesten Vertrautheit, die ich anderswo bemerkt hatte und die durch die republikanische Gleichheit begünstigt wurden. Schon jetzt hatte er seine Bedeutung klargestellt und war auf Distanz bedacht.«[15]

Mit diesem Betragen verfolgte Bonaparte eine Absicht, die er seinem Besucher Miot de Melito entdeckte:»Ich mache, was ich will; sie [i. e. die den Armeen jeweils als Kontrolleure zugeteilten Regierungskommissare] sollen sich mit der Verwendung der öffentlichen Gelder befassen, von mir aus, und auch nur augenblicklich, alles andere geht sie nichts an. Ich zähle fest darauf, dass sie nicht mehr lange ihr Wesen treiben werden und dass man mir auch keine neuen mehr schicken wird.«[16]

Bonaparte war also schon jetzt entschlossen, sich von der Vormundschaft des Direktoriums in politischen und strategischen Fragen, die von dessen Aufpassern, den Kommissaren, ausgeübt wurde, zu emanzipieren. Voraussetzung dafür war, dass es ihm gelang, sich als eigenständige Figur auf dem italienischen Schachbrett zu positionieren, ohne die nicht daran zu denken war, die Partie für sich zu entscheiden. Seine Erfolge lieferten hierfür zwar einen wichtigen Beitrag, aber sie waren bislang nur Bruchstücke, die es zu einer Konfession zu formen galt, die seine Person zur Geltung brachte und diese als unanfechtbar vorstellte.

Dazu einen Beitrag zu leisten, war die Aufgabe der detaillierten Schreiben und Berichte, die Bonaparte an das Direktorium oder einzelne seiner Mitglieder wie Carnot sandte. Darin wurden jeweils ausführlich die von ihm geschlagenen Schlachten wie die Bedingungen, die aus seiner Sicht dafür eine Rolle gespielt hatten, rapportiert. Diese Nachrichten von der Front waren nicht nur zur Veröffentlichung im *Moniteur universel* bestimmt, sondern wurden auch auf in Paris angeschlagene Plakate gedruckt, was verriet, dass der *Directoire exécutif* zunehmend auf Bonapartes Erfolge angewiesen war, um seine stets fragile politische Stabilität zu festigen. Das wurde rasch zu einer Sucht, die abhängig machte und damit Bonaparte in die Karten spielte; der musste bald nur mit Rücktritt von seinem Posten drohen, damit das Direktorium kuschte und ihm seinen Willen ließ.

Bei diesem stillen Ringen um Macht und Selbstständigkeit erzielte Bonaparte Ende April 1796 einen ersten wichtigen Etappensieg mit dem Abschluss des Waffenstillstands mit Piemont. Solche diplomatisch-politischen Erfolge, die von den Siegesmeldungen vom italienischen Kriegsschauplatz vorgestellt wurden und dem Mythos Substanz verschafften, waren jedoch die Ausnahme von der Regel. Auf die Dauer lauerte darin die Gefahr, dass die Wirkung solcher Nachrichten einfach deshalb nachließ, weil man sich an sie gewöhnte. Um dem zu begegnen, nahm sich Bonaparte an den siegreichen römischen Feldherren ein Beispiel, die von ihren Feldzügen Trophäen und Gefangene nach Rom sandten. Er beschied sich mit erbeuteten Fahnen, die er in Paris dem Direktorium im Rahmen einer öffentlichen Zeremonie überreichen ließ: Die bunten Fahnentücher illustrierten nicht nur eindrucksvoll die Prosa seiner Siegesbotschaften, sondern deren Eintreffen verschaffte auch dem Strahlenglanz gehörigen Eklat, der diese Waffenerfolge umgab.

Sehr schnell wurde diese Praxis zu einer propagandistischen Liturgie entwickelt: Zur Siegesnachricht Bonapartes gesellte sich noch ein Bericht hinzu, den entweder der Kommissar Saliceti oder der Stabschef der Italienarmee, General Berthier, verfasst hatte und in dem der besondere Anteil, den der Oberkommandierende an dem Erfolg hatte, gehörig herausgestrichen wurde. Kaum begann die Wirkung dieser Berichte etwas zu verblassen, schickte Bonaparte einen General mit den erbeuteten Fahnen, der gelegentlich deren Übergabe eine Rede hielt, mit der ein Loblied auf den Chef der Italienarmee angestimmt wurde. Bisweilen erschien dann noch einige Tage oder Wochen später ein anderer Offizier mit weiteren Fahnen, die in der nämlichen Schlacht erbeutet worden waren. Diese Liturgie zeitigte sehr schnell die beabsichtigte Wirkung: Von allen französischen Generälen war Bonaparte derjenige, dessen Name mit spektakulären Waffenerfolgen identifiziert wurde und der deshalb stets im Mittelpunkt des öffentlichen Interesses stand.

Nachdem ihm die Ausschaltung Piemonts nach einem zehn Tage dauernden Feldzug gelungen war, hatte Bonaparte es auf dem norditalienischen Kriegsschauplatz nur noch mit Österreich als Gegner zu tun. Mit dem wolle er, wie das Direktorium seinem geradezu atemlosen Schreiben vom 28. April 1796 entnehmen konnte, ebenso kurzen Prozess machen: »Ich werde mich morgen gegen Beaulieu [i.e. den Oberbefehlshaber der österreichischen Italienarmee] wenden, ihn dazu nötigen, den Po zu überqueren, ihm auf den Fersen folgen, mich der gesamten Lombardei bemächtigen und hoffe, binnen Monatsfrist auf den Bergen von Tirol zu stehen, mich mit der Rheinarmee zu vereinigen und mit der zusammen den Krieg nach Bayern hineinzutragen.«[17]

Bereits am 7. Mai überquerte die *Armée d'Italie* bei Piacenza den Po, ein Manöver, das Beaulieu, wollte er nicht in der Flanke gepackt werden, dazu nötigte, mit seiner Armee in nordöstlicher Richtung abzurücken und bei Lodi, einer kleinen Stadt rund 30 Kilometer südöstlich von Mailand, das Flüsschen Adda zu überschreiten. Als die Vorhut der Franzosen am Morgen des 10. Mai in Lodi anlangte, stieß sie dort auf die Österreicher, die sie über die an deren östlichem Rand gelegene, rund zweihundert Schritt lange Holzbrücke über die Adda vertrieb. Am Zugang zur Brücke auf dem westlichen Flussufer hielten die Franzosen inne, während die Österreicher Truppen und Kanonen am Brückenkopf des östlichen Ufers in Stellung brachten, um den Rückzug Beaulieus in Richtung Cremona zu decken.[18]

Das von einem Mauerkranz umgebene Städtchen Lodi liegt auf einem flachen Hügel am rechten, westlichen Ufer der Adda. Der nord-

östliche Teil von Lodi blickt auf den Fluss. Hier befand sich ein Stadt-
tor, von dem aus man Zugang zu der Brücke über die Adda hatte, die
in einem nach Osten geöffneten, also in einem zur Verteidigung des
linken Ufers nicht günstigen, Bogen des Flusses liegt. Da sich die Strömung der Adda wegen dieser Biegung erheblich verringerte, hatten
sich im unmittelbaren Bereich der Brücke einige Sandbänke gebildet,
die vom Fluss lediglich überspült wurden.

Die von den Österreichern gewählte Aufstellung wurde von Bonaparte völlig falsch gedeutet, der sich dem Ziel seines Ehrgeizes nahe
wähnte, den Gegner in einer Schlacht endgültig besiegen zu können.
Dieser Wunsch gaukelte Bonaparte vor, Beaulieu befände sich mit der
Masse seiner Truppen ihm gegenüber auf dem anderen Ufer der Adda.
Dort wollte er ihn packen und ausschalten. Dazu musste er aber das
Eintreffen der von Masséna und Augereau kommandierten Divisionen abwarten, deren Einheiten ihm eine den Österreichern annähernd gleiche Truppenstärke verschafften. Deshalb beschied er sich
nach seiner Ankunft in Lodi am Morgen des 10. Mai zunächst damit,
Batterien am westlichen Flussufer auffahren zu lassen, die den Gegner
mit einem Dauerfeuer bestrichen, um so eine von diesem möglicherweise beabsichtigte Zerstörung der Brücke zu vereiteln. Auch wurden
Kavallerieeinheiten ausgeschickt, die stromauf und stromab rekog-
noszieren sollten, um Furten in der Adda zu entdecken, die es ermög-
lichen würden, die Österreicher in den Flanken zu packen.

Am Nachmittag des 10. Mai bezog Bonaparte im Kirchturm von
Lodi einen Gefechtsstand, der ihm einen vorzüglichen Überblick über
Fluss und Brücke sowie die Aufstellung des Gegners am östlichen Ufer
verschaffte. Von hier aus konnte er die Entwicklung des Geschehens
genau verfolgen und Anweisungen geben, die Gegebenheiten taktisch
effizient zu verwerten. Darüber hat er in den *Erinnerungen an den
Italienfeldzug*, die er auf St. Helena General Montholon diktierte, frei-
mütig Auskunft gegeben. Sobald die in Lodi nach und nach eintreffen-
den Einheiten Massénas und Augereaus sich einige Stunden ausge-
ruht hatten, will er Kavalleriebefehlshaber Beaumont gegen 5.00 Uhr
nachmittags angewiesen haben, die Adda eine halbe Meile oberhalb

von Lodi in einer Furt zu passieren. Sobald er auf dem jenseitigen Ufer angelangt sei, solle er eine von ihm mitgeführte Batterie leichter Feldartillerie gegen die gegnerischen Geschütze feuern lassen, die auf die Brücke gerichtet waren. Zu etwa der gleichen Zeit wurden Grenadiere und Karabiniers im Schutz der Stadtmauern von Lodi entlang der Adda zu einer Sturmkolonne formiert. In dieser Position waren sie den gegnerischen Batterien weitaus näher als die österreichische Infanterie, die sich von dem keine Deckung bietenden flachen Flussufer gelöst und hinter einer abgelegenen Geländefalte Schutz vor der französischen Artillerie gesucht hatte.

Sobald Bonaparte von seinem Ausguck gewahrte, dass der Beschuss durch die österreichische Artillerie unter der Wirkung des Flankenfeuers der unterdessen aufgefahrenen leichten französischen Feldartillerie spürbar nachließ und sich auch die französische Kavallerie auf dem jenseitigen Ufer zum Angriff formierte, was den Gegner noch zusätzlich verstörte, ließ er den Grenadieren den Befehl geben, über die Brücke vorwärts zu stürmen. Dieses Manöver ließ sich nach der Schilderung Napoleons vergleichsweise gefahrlos ausführen, weil die österreichische Artillerie wegen der besonderen Lage der Brücke die französischen Grenadiere nur in dem Augenblick wirkungsvoll unter Feuer nehmen konnte, in dem diese aus der Deckung der Stadtmauer heraustraten und linksum auf die Brücke einschwenkten, die sie im Sturmschritt querten. Neben dem Flankenfeuer, mit dem die französische Feldartillerie die österreichischen Batterien wirkungsvoll bestrich, sahen sich deren Bedienungsmannschaften noch durch eine weitere Gefahr bedroht: Unmittelbar hinter den französischen Grenadieren waren Karabinerkompanien aufmarschiert, die von der Brücke auf die Sandbänke im Fluss sprangen, diesen durchwateten und die Spitze der Angriffskolonne durch ihr Feuer unterstützten. Diese unterschiedlichen Angriffsbewegungen liefen schneller ab, als die österreichische Infanterie aus ihrer abseitigen Deckung herauskommen und zur Stelle sein konnte, um den gleichermaßen kühnen wie präzise ausgeführten Handstreich zu vereiteln, zumal sich Grenadiere und Karabiniers am jenseitigen Ufer wieder vereinten und sie von der Kavallerie, von der die Flanken der Österreicher angegriffen wurden, effiziente Unterstützung erhielten.

Aus militärisch-taktischer Sicht waren dieser Sturmangriff und die sich daran anschließenden Kampfhandlungen auf dem östlichen Ufer der Adda, die in vielleicht einer Viertelstunde abgemacht waren, ziemlich belanglos. Dem entsprach auch die erste Reaktion Bonapartes, der das Geschehen als ein gewöhnliches Vorpostengefecht erkennen musste. Gegenüber dem Bischof von Lodi, della Beretta, soll er bemerkt haben, Lodi sei nichts Besonderes gewesen, »non fu gran cosa«.[19] Folglich waren es allein sein propagandistisches Genie wie sein Machtinstinkt, die ihn veranlassten, dieses gleichermaßen spontane wie in der Sache zutreffende Urteil gründlich zu korrigieren. Deshalb wurde nachträglich aus einem an und für sich belanglosen Scharmützel eine Schlacht, in der auf Seiten der Franzosen Patriotismus und Heroismus sich zu einem Kampfesmut steigerten, für den es in der Geschichte angeblich keinen Vergleich gab. Diese Fama fand ihren Niederschlag in phantastischen Schilderungen, die einen fruchtbaren Nährboden für die rasch üppig wuchernden Legenden bildeten, die das Geschehen auf der Brücke von Lodi der Mit- und Nachwelt überlieferten.[20] Der einschlägige Tenor dafür wurde von Bonaparte angeschlagen, der dem Direktorium im Bericht vom 11. Mai versicherte: »Auch wenn wir seit Beginn des Feldzugs schon manchen blutigen Strauß ausgefochten haben, bei dem es die Armee der Republik niemals an Tollkühnheit fehlen ließ, so kommt davon dennoch keiner dem schrecklichen Übergang über die Brücke von Lodi nahe.« Diese Behauptung steht in einem gewissen Widerspruch dazu, dass bei dem von den Generälen Berthier, Masséna, Cervoni, Dallemagne, dem Chef der Brigade Lannes und dem Bataillonschef Dupas angeführte Sturmangriff trotz des »feu terrible« des Gegners nicht ein einziger getötet oder auch nur verletzt wurde. Die eigenen Verluste, die Bonaparte mit einhundertfünfzig Mann an Toten und Verwundeten bezifferte, suchte er damit zu erklären, dass, »wenn wir nur geringe Verluste erlitten haben, dann schulden wir das der Schnelligkeit in der Ausführung und dem Überraschungseffekt, mit denen unsere geballte fürchterliche Angriffs-

kolonne und deren konzentriertes Feuer die gegnerische Armee über-
raschten.«[21]

Der Ausgang des Gefechts um die Brücke von Lodi mutet umso
phantastischer an, als Bonaparte eingangs seines Berichts an das Direktorium noch immer darauf beharrte, Beaulieu sei an der Spitze
seiner Armee am gegenüberliegenden Ufer der Adda zur Schlacht aufmarschiert gewesen. Der Irrtum musste Bonaparte unterdessen auf-
gegangen sein, zumal Beaulieu mit seiner Hauptstreitmacht bereits
am 9. Mai von Lodi aus weitergezogen war. Dort hatte er nur eine
Nachhut zurückgelassen, die den Gegner an der Brücke von Lodi für
jene Zeitspanne aufhalten sollte, die es brauchte, um die österreichische Armee einem Zugriff zu entziehen. Dieser Auftrag wurde ungeachtet der in Lodi vermeintlich bewiesenen französischen Bravour
von den österreichischen Einheiten erfüllt. Einen noch größeren Bä-
ren als dem Direktorium band Bonaparte in diesem Zusammenhang
dem französischen Geschäftsträger in Genua, Faipoult, auf, dem er
am 11. Mai mitteilte: »Wir haben den Po überquert, den Gegner zwei-

mal geschlagen, dabei dreitausend von dessen Soldaten getötet oder gefangen genommen, Gepäck, Magazine und zwanzig Kanonen erbeutet. Beaulieu selbst ist zusammen mit seiner von Furcht und Schrecken überwältigten Armee geflohen; ich habe ihn bis über Cremona hinaus verfolgt. Diese Schlacht [i.e. das Gefecht an der Brücke von Lodi] ist die großartigste des ganzen Krieges.«[22]

Wie stets übertrieb Bonaparte die Verluste des Gegners bei weitem, die sich auf einhundertunddreiundfünfzig Gefallene, rund eintausendsiebenhundert Gefangene sowie sechzehn Kanonen beliefen.[23] Nicht minder großsprecherisch war die Behauptung, Beaulieu selbst sei »gemeinsam mit seiner von Furcht und Schrecken überwältigten Armee geflohen«. Tatsache ist vielmehr, dass Beaulieu mit dem Gros seiner Armee, kaum dass er Nachricht von Bonapartes Übergang über den Po erhalten hatte, einen wohlgeordneten Rückzug nach Osten in Richtung auf die Festung Mantua antrat, um sich einer drohenden Umklammerung durch die Italienarmee zu entziehen. Diese Operation war also keine Flucht, sondern ein taktisch gebotener Rückzug. Eine glatte Lüge aber ist die Behauptung Bonapartes, er habe Beaulieu bis Cremona verfolgt, denn er blieb die nächsten drei Tage in Lodi, um seinen von Gewaltmärschen erschöpften Truppen die notwendige Ruhe zu gönnen.

Die falschen Behauptungen, die Bonaparte in seine Korrespondenz einstreute, gehörten zu jener Selbstreklame, in der er seit dem *13 Vendémiaire* stetig an Virtuosität gewann. Deshalb wachte er jetzt auch mit Umsicht darüber, dass der in Lodi bewiesene vermeintlich beispiellose Heroismus in Wort und Bild zügig verbreitet wurde. Aufschlussreich dafür ist sein Schreiben vom 13. Mai an Faipoult in Genua, dem er für die Übersendung einer Reihe von Kupferstichen dankte, die vermutlich Szenen aus dem Italienfeldzug zeigten und die, wie er schrieb, der Armee sicherlich größte Freude machen. »Ich bitte Sie darum, dem jungen Mann, der diese Ansichten geschaffen hat, in meinem Namen fünfundzwanzig *louis* zukommen zu lassen; verpflichten Sie ihn im gleichen auch dazu, die staunenswerte Überquerung der Brücke von Lodi ebenfalls in Kupfer zu stechen.«[24]

Vermutlich handelte es sich bei dem »jungen Mann« um den Künstler Antoine-Jean Gros, der sich zu dieser Zeit in Genua aufhielt und der in Kontakt mit Faipoult stand. Bonaparte war sich nur zu gut bewusst, dass die bildliche Schilderung von Ereignissen eine größere Wirkung entfaltete als deren bloß sprachliche Vermittlung. Die Fülle der revolutionären Bildpublizistik im Allgemeinen wie im Besonderen die Stiche, die jene vermeintliche Kanonade bei der Kirche von Saint-Roch zeigen, in der sich das Geschehen des 13 *Vendémiaire* gleichsam ikonisch verdichtete, hatten zweifellos die Sensibilität Bonapartes für diese Art von Propaganda geweckt. Ebenso wie die schmale Straße bei der Kirche von Saint-Roch lieferte auch die Brücke von Lodi über die Adda wegen ihrer Überschaubarkeit eine Vedute, die sich für einen Stich in der Manier eines Guckkastenbilds vorzüglich eignete. Damit erschloss sich die Dramatik des Geschehens dem Auge des Betrachters unmittelbar. Das steigerte auch die Beliebtheit dieses Sujets: Vom triumphalen Übergang über die Brücke von Lodi gibt es mehr als fünfzehn unterschiedliche Darstellungen in Form von Holzschnitten, Kupfern oder Ölgemälden, die rasch eine weite Verbreitung fanden und die mit ihnen beabsichtigte propagandistische Wirkung entfalteten.

Der Sturmangriff über die Brücke von Lodi beschrieb eine Ereignisabfolge, die sich für gleich welche Form von Propaganda vorzüglich eignete. Das erklärt, dass Nachrichten von dieser Episode vom norditalienischen Kriegsschauplatz binnen weniger Wochen in ganz Europa verbreitet waren und entscheidend dazu beitrugen, das Prestige Bonapartes unangreifbar zu machen. Mit die ersten, die daraus die allfälligen Konsequenzen zogen, waren die Mitglieder des Pariser Direktoriums, die mit Schreiben vom 18. Mai sich dem Widerstand Bonapartes gegen ihren zuvor verkündeten Beschluss beugten, die Italienarmee und deren Oberbefehl zwischen ihm und General Kellermann zu teilen. Die Absicht, die damit verfolgt wurde, war, dass Kellermann, dem die kleinere Hälfte der Italienarmee unterstellt werden sollte, beauftragt wurde, die Lombardei in Schach zu halten. Bonapartes Aufgabe hingegen sollte es sein, mit dem größeren Teil der Armee den Papst und das Königreich Neapel zur Botmäßigkeit gegenüber der Republik zu zwingen.²⁵ Die ganze Weisheit dieses Beschlusses bestand darin, dass das Regime an Geldmangel litt, den Bonaparte mit neuen Eroberungen lindern sollte.

Dieses Ansinnen, das Kommando der Italienarmee zwischen ihm und Kellermann aufzuteilen, wurde von Bonaparte entschieden mit dem Argument abgelehnt, dass ein schlechter General immer noch besser sei als zwei gute.²⁶ Die Rücknahme dieser Entscheidung begründete das Direktorium mit Worten, die sich wie ein Echo der bonapartistischen Propaganda ausnehmen: »Sie verstehen sich darauf, die Siege auszunützen, und diese rasche und ununterbrochene Sequenz von Erfolgen verheißt Frankreich die Eroberung von fast ganz Italien wie auch der ungeheuren Schätze, die diese große und reiche Halbinsel birgt. – Nimmerwelker Ruhm den Siegern von Lodi! Ehre dem Oberbefehlshaber, der es verstand, die kühne Attacke auf die Brücke in dieser Stadt vorzubereiten, indem er die Reihen der französischen Krieger zum Zusammenhalt anhielt, sich selbst dem tödlichen Feuer des Gegners aussetzte (!) und gleichzeitig alles anordnete, um diesen zu besiegen!«²⁷

Das Einknicken des Direktoriums habe ihm, wie Napoleon fünfundzwanzig Jahre später einem seiner Begleiter, dem General Bertrand, am 22. Februar 1821 auf St. Helena bekannte, eine fundamentale Erkenntnis verschafft: »Eben diesem Moment verdankt sich die Überzeugung meiner Überlegenheit. Ich spürte, dass ich weit mehr wert war, dass ich viel mehr Kraft habe als eine Regierung, die eine derartige Anweisung gibt; ich viel mehr als sie befähigt wäre, zu herrschen; dass, wenn diese Regierung unfähig sei und es ihr an Urteilskraft hinsichtlich wichtiger Belange fehle, dies unweigerlich Frankreich zum Schaden gereichen müsse; ich hingegen wäre dazu bestimmt, das Land zu retten. Seitdem erkannte ich deutlich meine Bestimmung, die ich jetzt entschlossen verfolgte.«²⁸

Ähnlich, aber bezeichnenderweise ohne Hinweis auf den Konflikt mit dem Direktorium, äußerte sich Napoleon auch gegenüber drei anderen seiner Begleiter auf St. Helena, denen er offenbarte, allein durch den in Lodi errungenen Erfolg entschieden an Selbstbewusstsein und Handlungssicherheit gewonnen zu haben. So versicherte er Las Cases Anfang September 1815: »Weder *Vendémiaire* noch gar Montenotte brachten mich auf den Gedanken, mich für einen überlegenen Menschen zu halten; erst nach Lodi kam mir der Gedanke, dass ich auf unserer politischen Bühne ein entscheidender Mitwirkender werden könnte. Damals wurde der erste Funken meines großen Ehrgeizes geschlagen.«[29] General Montholon bekannte er am 20. Oktober 1816: »Es war erst am Abend von Lodi, dass ich mich für einen überlegenen Menschen hielt und dass mich der Ehrgeiz anwandelte, große Dinge zu vollbringen, die bis dahin mein Denken allenfalls als phantastische Traumgespinste beschäftigten.«[30] Und General Gaspard Gourgaud überraschte er am 6. Mai 1817 mit dem Eingeständnis, damals, als man ihn als den Befreier Italiens gefeiert habe, sei er sich bewusst geworden, was aus ihm werden könne. »Ich sah, wie die Welt unter mir davonflog ganz so, also ob ich in die Lüfte davongetragen würde ...«[31]

Die Äußerungen zeigen, was nicht überrascht, dass sich Napoleon rückblickend mit seinem Mythos identifizierte. Dieser Prozess, der ihm im Verständnis der Zeitgenossen wie der Nachwelt ein Rollenbild zuwies, das ihn gegen Kritik und Rückschläge weitgehend immunisierte, setzte aber schon wesentlich früher ein und fällt zeitlich tatsächlich mit Lodi und seinem ersten Einzug in Mailand am 15. Mai 1796 zusammen. Den Beleg dafür überliefert Marmont, der in seinen *Erinnerungen* die damals gemachte Aussage Bonapartes dokumentiert: »Binnen weniger Tage stehen wir an der Etsch und ganz Italien wird uns untertan sein. Vielleicht werden wir dann die Freiheit haben, wenn man die Mittel, über die ich gebiete, in Beziehung setzt zum ganzen Umfang meiner Vorhaben, noch viel weiter zu gehen. In unseren Zeit hat niemand irgendetwas mit Anspruch auf Größe konzipiert: Es ist an mir, dafür ein Beispiel zu geben.«[32]

Das Erlebnis von Lodi hatte für Bonaparte eine geradezu autosuggestive Wirkung, die sich sogar einem so nüchternen und scharfblickenden Geist wie dem preußischen General und Strategen Carl von Clausewitz mitteilte, der in seinem nachgelassenen Werk *Der Feldzug von 1796 in Italien* mit dem Eingeständnis seiner Verlegenheit

überrascht: »Endlich ist der Sturm auf die Brücke von Lodi ein Unternehmen, das auf der einen Seite von allem gewöhnlichen Verfahren so
sehr abweicht, von der anderen so wenig motiviert erscheint, dass
man sich allerdings fragen muss, ob es zu rechtfertigen sei oder nicht.«
Clausewitz entwindet sich dieser Verlegenheit, indem er den Erfolg,
den Bonaparte wider Erwarten an der Brücke von Lodi erzielte, der
»moralischen [i. e. psychologischen] Kraft des Sieges« zuweist. Die
wird nach Clausewitz durch die Feststellung bewiesen: »Ohne Wider-
rede hat keine Waffentat ein solches Erstaunen in Europa erregt wie
dieser Übergang über die Adda. Ein ungeheurer Enthusiasmus aller
Freunde der Franzosen und ihres Feldherrn entzündete sich daran. (...)
Wenn man nun sagt: Der Sturm von Lodi ist strategisch nicht motiviert
gewesen, Bonaparte konnte am anderen Morgen diese Brücke umsonst haben, – so hat man dabei nur die räumlichen Verhältnisse der
Strategie im Sinn. Aber ist denn jenes moralische [i. e. psychologische]
Gewicht kein Gegenstand der Strategie? Wer das bezweifeln kann,
dem ist noch nicht gelungen, den Krieg in seiner Gesamtheit, in seinem lebendigen Dasein aufzufassen.«[33]

Clausewitz war kein Zeuge dieser »bataille la plus brillante de la guerre« gewesen, wie Bonaparte das Scharmützel von Lodi im Schreiben
vom 11. Mai 1796 an Faipoult charakterisierte,[34] sondern fällte sein
Urteil über das damalige Geschehen auf Grundlage von Hörensagen.
Mit anderen Worten: Die Informationen, auf die sich Clausewitz stützen konnte, waren bereits von jener »moralischen Kraft des Sieges« in
einer Weise fassoniert, die eine zwar ersichtlich irritierende Wirkung
auf ihn hatte, von der er sich aber nicht freimachen konnte, weshalb er
sie als Pointe seiner Deutung nutzte.

Nach dem Scharmützel von Lodi beherrschte Bonaparte die gesamte Lombardei. Das war ein schöner Erfolg, den er mit dem triumphalen Einzug in Mailand am 15. Mai 1796 zum Ausdruck brachte.
Stendhal evoziert ihn am Anfang seines Romans *Die Kartause von
Parma*. Der Romancier beginnt seine Schilderung mit einem Satz, der
die Essenz der bonapartistischen Propaganda widerspiegelt: »Am
15. Mai 1796 hielt General Bonaparte seinen Einzug in Mailand an der

Spitze jener jungen Armee, welche die Brücke von Lodi passiert hatte, um der Welt kundzutun, dass Caesar und Alexander nach so vielen Jahrhunderten einen Nachfolger hätten.«[35]

Auf eine solche Wirkung war auch die sich ganz an antiken Vorbildern orientierende Inszenierung dieses Einzugs angelegt, die von Kriegskommissar Saliceti unter Mitwirkung italienischer Jakobiner besorgt wurde. Dem Sieger voraus, der hoch zu Ross erschien, wurde zunächst ein kleiner Trupp gefangener Österreicher durch die schmale Porta Roma geführt. Darauf folgten in gemessenem Abstand und ebenfalls zu Pferd einige seiner Generäle sowie Saliceti, denen sich in Dreierreihen marschierende Soldaten der Italienarmee zu einem Defilee anschlossen, das zur Kathedrale führte. Den Weg säumten neugierige Mailänder, die laut Augenzeugen lebhafte Begeisterung bekundeten.[36]

Ob die Inbesitznahme Mailands durch Bonaparte sich so abgespielt hat oder ob sie in der Erinnerung mit Eindrücken durchmischt wurde, die sich vier Jahre später bei seinem zweiten triumphalen Einzug nach der am 14. Juni 1800 bei Marengo geschlagenen Schlacht einstellten, oder nur Eindrücke blühender Phantasie waren, kann umso mehr dahinstehen, als die bildlichen Zeugnisse des einen wie des anderen Geschehens erst zwischen 1799 und 1864 entstanden sind. Exemplarisch für diese ist der bekannte Stich, den Carle Vernet über den Einzug Bonapartes in Mailand 1796 schuf. Zwar war Vernet gewissermaßen als Bildberichterstatter ein Begleiter der Italienarmee, hielt sich aber am 15. Mai 1796 nicht in Mailand auf. Das ficht ihn aber nicht an, denn er kopierte einfach einen Stich der Porta Romana von Vallardi, den er allerdings mit von ihm frei erfundenen Details anreicherte, die auf den Einzug Bonapartes Bezug nahmen. So ließ er beispielsweise die österreichischen Wappen, die das Tor schmückten, verschwinden und ersetzte diese durch die über dem Torbogen angeblich eingemeißelte Inschrift: »ALLA VALOROSA ARMATA FRANCESE«; auch der Freiheitsbaum im Vordergrund am rechten Bildrand der Vedute war seine Erfindung, ebenso wie die Menschenmenge, die sich vor dem Tor drängt.[37]

Für Österreich war die Wegnahme der Lombardei zwar ein herber Verlust, aber keineswegs gleichbedeutend mit einer endgültigen Niederlage. Es besaß noch immer die strategisch bedeutsame Festung Mantua mit einer Besatzung von einigen tausend Mann und kontrollierte überdies alle Täler, die von Tirol nach Italien führten. Das waren zwei Voraussetzungen, die eine für Österreich erfolgreiche Fortsetzung der Kämpfe in Norditalien umso aussichtsreicher erscheinen ließen, als die Armeen Habsburgs in Deutschland gegen die Truppen der französischen Republik beträchtliche Erfolge erzielt hatten, die es erlaubten, größere Einheiten auf den italienischen Kriegsschauplatz zu verlegen. Das begann sich Ende Juli 1796 auszuwirken, als der erste von vier österreichischen Versuchen seinen Anfang nahm, den französischen Belagerungsring um die Festung Mantua zu zerschlagen und die Kontrolle über Norditalien wiederzuerlangen.

Bonaparte geriet dadurch in erhebliche Verlegenheiten, denn nicht nur musste er diese österreichischen Vorstöße abwehren, sondern er hatte auch Ruhe und Sicherheit im eroberten Norditalien zu gewährleisten, das begann, gegen die französische Herrschaft und die damit verbundenen gewaltigen finanziellen Belastungen aufzubegehren. Schließlich galt es, die Belagerung von Mantua aufrechtzuerhalten, das, solange es in österreichischem Besitz war, eine permanente Bedrohung darstellte. Diese dreifache Herausforderung musste seine Kräfte notwendigerweise überfordern, denn ihm standen mit der Italienarmee lediglich rund dreißigtausend Mann für Operationen zur Verfügung, während die von General Wurmser befehligte Streitmacht fast doppelt so stark war. Das war ein Nachteil, den es durch geschicktes Taktieren und Manövrieren auszugleichen galt. Darauf verstand sich Bonaparte glänzend, und Wurmser kam ihm dabei noch dadurch entgegen, dass er seinen Heerbann in drei Marschsäulen aufteilte, von denen zwei beiderseits des Gardasees nach Süden vorrückten, während die dritte, die mit lediglich fünftausend Mann kleinste Angriffsspitze, dem Tal der Brenta in südöstlicher Richtung folgte. Die Zersplitterung spielte Bonaparte in die Karten, denn wenn es ihm gelänge, mit seiner Streitmacht jeweils eine dieser Marschsäulen zum Kampf

zu stellen, dann wäre er dem Angreifer kräftemäßig jeweils weit überlegen.

Damit war Bonaparte mit knapper Not auch erfolgreich. Augereau
verlegte am 3. August 1796 der Vorhut Wurmsers bei Castiglione am
südlichen Ende des Gardasees den Weg. Das vereitelte dessen Vereinigung mit der anderen österreichischen Marschsäule unter General
Quasdanovitch, die auf der westlichen Seite des Gardasees vorrückte
und die Masséna am nämlichen Tag bei Lonato zum Anhalten nötigte.
Bonaparte erhielt dadurch die Chance, zunächst die achtzehntau-
send Mann unter dem Kommando von Quasdanovitch auszuschalten,
um sich dann Wurmsers Streitmacht von rund vierundzwanzigtau-
send Mann zuzuwenden, die er am 5. August besiegte und damit zum
Rückzug nach Tirol zwang.[38] Dem Direktorium schrieb Bonaparte am
8. August mit berechtigtem Stolz: »Die österreichische Armee, die seit
über sechs Wochen mit einer Invasion Italiens drohte, ist verschwunden wie ein Traumgespinst ...«[39] Auch eine zweite Gegenoffensive, die
Wurmser im September mit frischen Kräften unternahm, endete mit
den Schlachten von Rovereto und Bassano in einem Desaster. Diesmal
flüchtete Wurmser mit der Hälfte seiner Armee in die Festung Mantua, während die andere Hälfte sich nach Tirol rettete.

Ungeachtet dieser Erfahrungen rüstete Österreich zu einem dritten
Vorstoß nach Norditalien, der im November 1796 mit zwei Armeen
unternommen wurde: einer unter Führung von General Davidovich,
die der Etsch folgte und Verona bedrohte, sowie einer weiteren, die
General Alvinczy befehligte und die vom Friaul aus in Italien eindrang
und nach Mantua vorzustoßen suchte, wo Wurmser einen Ausbruch
aus der Festung vorbereitete. Diese Offensive stürzte Bonaparte in
weit größere Schwierigkeiten als die beiden vorangegangenen: Während die Österreicher mit frischen und ausgeruhten Truppen, die der
Italienarmee zahlenmäßig um das Doppelte überlegen waren, operieren konnten, hatte er im Wesentlichen nur jene Soldaten zur Verfügung, die seit März 1796 fast ununterbrochen für ihn fochten. In deren
Reihen hatten die durchweg siegreichen Schlachten erhebliche Lücken gerissen, die sich umso weniger auffüllen ließen, als die wieder-

holt erbetenen und vom Direktorium immer wieder zugesagten Verstärkungen ausblieben.

Entsprechend pessimistisch beurteilte Bonaparte seine Lage, die er dem Direktorium im Schreiben vom 23 *Brumaire* [i.e. 13. November] in den schwärzesten Farben schilderte: »Ich schulde Ihnen Rechenschaft über die Operationen seit dem 12. des Monats [i.e. *Brumaire*]. Sollten sie nicht befriedigend sein, dürfen Sie den Fehler dafür nicht der Armee anlasten; deren Unterlegenheit und Erschöpfung, die insbesondere deren Tapferste betrifft, lassen mich alles befürchten. Vielleicht steht uns der Verlust von ganz Italien unmittelbar bevor. Keine der erwarteten Verstärkungen ist eingetroffen. (...) Das schlechte Wetter hält an; die gesamte Armee ist von Erschöpfung gezeichnet und ohne Schuhe. (...) Die Verwundeten sind die Elite der Armee; alle unsere höheren Offiziere, alle unsere ausgezeichneten Generäle sind außer Gefecht gesetzt; (...) die Italienarmee, auf eine Handvoll geschrumpft, ist erschöpft. Die Helden von Lodi, Millesimo, Castiglione, Bassano sind entweder für ihr Vaterland gefallen oder liegen im Lazarett. Ihren Einheiten bleibt nur noch ihr Ruhm und ihr Stolz. (...) Wir sind im tiefsten Italien verlassen. (...) Vielleicht schlägt jetzt dem tapferen Augereau, dem furchtlosen Masséna, Berthier oder mir die Stunde. *Alors*, was wird aus diesen tapferen Leuten?«[40]

Bonaparte wusste, dass Pessimismus die beste Kontrastfolie liefert, um Erfolgsnachrichten besonders glänzend aussehen zu lassen. Diesmal aber war seine niedergedrückte Stimmung keineswegs gespielt, denn ihm war klar, dass die Partie jetzt auf Spitz und Knopf stand, der Gegner die Entscheidung zu seinen Gunsten erzwingen wollte und er weniger Chancen denn je hatte, das zu vereiteln. Daraus erhellt sich, dass seine Führung der drei Tage dauernden Gefechte, die um das am linken Ufer des Flüsschens Alpone gelegene Dorf Arcole wogten, höchst unterschiedlich eingeschätzt wurde.

Arcole liegt am östlichen Rand eines ausgedehnten Sumpfgebiets, das von zwei Dämmen gequert wird: Der eine führt von der Brücke bei Ronco über die Etsch dem Fluss entlang nach Nordwesten bis zum Ort Belfiore di Porcile. Diesen Weg nahm am Morgen des 15. November die Division Masséna, die in Porcile auf eine ihr zahlenmäßig unterlegene Formation von Österreichern stieß, die von ihr in die Flucht geschlagen wurde. Der andere Damm verläuft zunächst nach Osten, biegt dann nach Norden ab und folgt bis Arcole dem Lauf des Alpone. Diesen Weg schlug die Division Augereau ein, die bei Arcole den Alpone überqueren wollte, um auf dem linken Ufer in den Raum von San Bonifacio und Villanova vorzurücken, wo die Hauptstreitmacht Alvinczys stand. Auf der Strecke entlang des Alpone zieht sich auf dem linken Ufer parallel dazu ein weiterer Damm in Nord-Süd-Richtung hin, der ebenfalls bis Arcole führt. Dessen Verlauf machten sich die rund zweitausend Kroaten zunutze, die das Dorf Arcole besetzt und dessen zum Fluss und zur Brücke hin gelegene Häuser in waffenstarrende Hindernisse verwandelt hatten. Auch auf dem Damm außerhalb des Dorfs waren auf einige hundert Meter in nördlicher wie südlicher Richtung gut geschützt Infanteristen aufgestellt, die mit intensiven Musketenfeuern auf denkbar kurze Distanz den gegenüber verlaufenden Damm bestrichen, auf dem die Division Augereau vorrückte.

Angesichts dieser Dispositionen war an eine Wiederholung des glücklichen Handstreichs von Lodi von vornherein nicht zu denken: Ehe die französischen Grenadiere die Brücke erreichten, gerieten sie in ein mörderisches Flankenfeuer, das jeden Angriff scheitern lassen musste. So erging es der Avantgarde Augereaus, die bereits vor dem Erreichen der Brücke kehrtmachte. Eine solche Schlappe konnte jedoch nach Lodi nicht hingenommen werden, weshalb vier Generäle – Lannes, Verdier, Bon und Verne – an die Spitze einer weiteren Angriffskolonne traten, um die Brücke im Sturm zu nehmen. Aber auch dieses heroische Unterfangen mündete in eine überstürzte Flucht, weshalb sich nun Augereau zu der sinnlosen Bravour veranlasst sah, mit einer Fahne in der Hand und gefolgt von einigen Getreuen auf die Brücke zu stürmen. Das kostete fünf oder sechs von ihnen das Leben, während die anderen sich rasch eines Besseren besannen, umkehrten und hinter der Dammböschung Schutz suchten.[41]

Kaum dass Bonaparte, der sich im Hauptquartier in Ronco aufhielt, von dem wiederholten Scheitern erfuhr, die Brücke nach Arcole im Sturm zu nehmen, erschien er, so schildert es sein Adjutant Joseph Sulkowski, begleitet von seinem Stab auf der Szene, stieg vom Pferd, zückte seinen Säbel, ergriff mit der Linken eine Fahne und stürzte trotz des dichten Kugelregens auf die Brücke zu. Damit gab er ein Beispiel, das nichts fruchtete, denn von den Soldaten, die Zeugen dieser Szene waren, folgte ihm kein einziger, denn sie wurden Zeugen, wie vier Männer aus Bonapartes Entourage, darunter sein Adjutant Muiron, der ihm seit Toulon zur Seite stand, binnen kürzester Zeit tödlich getroffen zu Boden sanken. Auch gingen jetzt die Österreicher auf der Brücke zum Gegenangriff über. Damit geriet Bonaparte unmittelbar in Gefahr, gefangen genommen zu werden. Die anfängliche Verwirrung, die deshalb eintrat, steigerte sich zur Panik, die Bonapartes Sturz von der Deichkrone in einen Abzugskanal zur Folge hatte, dessen brackiges Wasser ihm bis zum Hals reichte. Aus dieser misslichen Lage befreiten ihn sein Bruder Louis und Marmont, der die Episode in seinen *Memoiren* überliefert hat.[42]

Der Versuch, die Brücke von Arcole im Sturm zu nehmen, war damit erneut gescheitert. Die bislang sieggewohnte *Armee d'Italie* hatte einen Rückschlag einstecken müssen, der sie nicht der erlittenen Verluste als vielmehr des Umstands wegen zutiefst verstörte, vor einer Herausforderung versagt zu haben, die ein halbes Jahr zuvor in Lodi von ihr spielend gemeistert worden war. Dabei wurde jedoch übersehen, dass hier ganz andere Voraussetzungen als dort gegeben waren, die einen ebenso raschen Erfolg vereiteln mussten. Das dürften die einfachen Soldaten viel schneller begriffen haben als ihre Chefs oder Bonaparte, die überzeugt waren, diesen Erfolg mit äußerster Anstrengung erzwingen zu können. Clausewitz hat diese Wahrnehmung zu der Maxime inspiriert, »dass es gewisse taktische Anordnungen gibt, über die keine Bravour, keine Entschlossenheit, keine Aufopferung, kein Enthusiasmus etwas vermag«.[43]

Deshalb musste am Abend der Rückzug nach Ronco angetreten werden. Für die erschöpften Franzosen war es das schiere Glück, dass die Österreicher nicht deren offenkundige Schwäche ausnutzten und sie verfolgten. So konnte die Nacht dazu genutzt werden, die Einheiten neu aufzustellen und die Soldaten auf neue Kämpfe einzustimmen. Damit hatte man am nächsten Tag, dem 16. November, aber umso weniger Erfolg, als keine der beiden sich einander belauernden Armeen auch nur den Versuch wagte, einen Vorteil zu erzielen. Zu solcher Initiative raffte man sich erst am dritten Tag auf, als es Masséna und Augereau gelang, die österreichischen Linien zu durchbrechen, Arcole zu erobern und der Italienarmee die Straße nach Verona zu öffnen. Das dreitägige Gefecht von Arcole verschaffte Bonaparte, der von manchen Friktionen in Nachteil gesetzt worden war, keinen glänzenden Sieg, aber immerhin die Genugtuung, dass auch die dritte Gegenattacke Österreichs mit einem Desaster für den Angreifer endete, der sich erneut unverrichteter Dinge aus Italien zurückziehen musste.

»Wir können also dem französischen Feldherrn«, lautet das Resümee von Clausewitz, »für die Schlacht von Arcole nur den Ruhm einer großen Tapferkeit und Beharrlichkeit zugestehen, welche allerdings des Sieges nicht unwert sind, den sie errungen haben, müssen aber die Anordnungen am ersten Tag als durchaus verfehlt, an den beiden anderen Tagen als eine Folge des Eigensinnes und im Widerspruch mit den einfachsten Grundsätzen der Taktik betrachten. – Wehe dem mittelmäßigen Feldherrn, der ein solches Unternehmen gewagt hätte und daran gescheitert wäre!«[44]

Was Bonaparte von einem mittelmäßigen Feldherrn vor allem unterschied, war, dass er sich darauf verstand, das Glück, das ihn hier so offenkundig im Stich gelassen hatte, zu korrigieren: Arcole gilt seither als eine seiner großen Waffen- und Ruhmestaten. Das gelang umso wirkungsvoller, als Bonaparte Sorge trug, die heroischen, aber für den Ausgang der Affäre belanglosen Einzelheiten mit propagandistischem Geschick herauszustellen. Vorbild dafür war die propagandistische Verwertung von Lodi. Wie in Arcole blieb auch dort die Dramatik des Geschehens auf eine umkämpfte Brücke konzentriert, die sich für ein Guckkastenbild vorzüglich eignete. Zwar wurde die Brücke von Arcole im Unterschied zu der von Lodi nicht im Sturm genommen. Aber die-

ses Scheitern erfolgte mit Gesten, die sich zu Ikonen eines wahren
Heroismus verdichten ließen und die den wirklichen Ablauf der Ge-
schehnisse verdeckten.

Insbesondere das persönliche Eingreifen Bonapartes gab den Ausschlag dafür, dass Arcole in der zeitgenössischen Bildpublizistik einen
wesentlich größeren Niederschlag fand als Lodi. Die allein dadurch
bewirkte Steigerung der propagandistischen Wirkung führte dazu, die
Episode von Arcole als einen durch beispiellosen Heroismus geadel-
ten Erfolg der französischen Waffen darzustellen und dem öffentlichen Bewusstsein zu vermitteln. Es spricht sogar vieles dafür, dass es
Bonaparte war, der diese auf seine Person und sein Agieren zentrierte
Darstellung von Arcole veranlasste: Ihm war am Beispiel von Lodi
nachträglich klar geworden, wie hervorragend sich eine Brücke dazu
eignete, Heroismus im Angesicht des Feindes zu beweisen.

In gleich welcher Topographie bietet eine Brücke dem Betrachter
stets eine freistehende Bühne dar. Wer auf dieser Szene agiert, dem ist
die ungeteilte Aufmerksamkeit des Betrachters gewiss. Diese Lehren

hatte Bonaparte aus der Bildpublizistik von Lodi gezogen, auf deren Darstellungen er entweder nicht figuriert, was den Tatsachen entsprach, oder er im Gedränge anderer Akteure kaum eindeutig auszumachen ist. Außerdem hatte er in Arcole seinen eigenen Heroismus wirkungsvoll zur Geltung gebracht. Bonaparte avancierte damit zur zentralen Figur in der einschlägigen Bildpublizistik.

Auf einigen Stichen, wie etwa dem von Alexandre Chaponnier, werden Bonaparte und Augereau einträchtig hoch zu Ross gezeigt, wie sie, jeweils eine mächtige Fahne in Händen haltend, über die Brücke sprengen.

Ihnen folgen dichtgedrängt Infantristen mit gefälltem Bajonett, die sich sichtlich nicht von den Feuerschlünden der Kanonen beeindrucken lassen, die auf dem rechten Bildrand in reger Tätigkeit sind. Auf anderen Abbildungen, sicherlich den meisten zu diesem Sujet, ist Bonaparte nur allein, entweder zu Pferd oder zu Fuß, zu gewahren, wie er die Brücke überquert. Schließlich gibt es noch die Version, wie

sie Paul André Basset imaginierte, die einen Bonaparte zeigt, der auf
der Brücke stehend eine Fahne aufpflanzt. Diese Stiche wie insbesondere auch das berühmte Gemälde von Antoine-Jean Gros, das Bonaparte mit Fahne in der Linken und dem gezückten Säbel in der Rechten auf der Brücke von Arcole zeigt, haben es vermocht, ein Geschehen,
das ein unvermeidbares Scheitern war, im Erleben der Mit- und Nachwelt in einen strahlenden Sieg zu verwandeln.[45]

Dank des mit einiger Mühe erzielten Erfolgs von Arcole wurde zwar
der dritte Versuch Österreichs abgewehrt, Mantua zu befreien, aber
die vierte und letzte Anstrengung, dieses Ziel zu erreichen, ließ nicht
lange auf sich warten. Bereits Anfang Januar 1797 drang erneut eine
österreichische Armee in Norditalien ein, die in drei Marschkolonnen
aufgeteilt war. Der Hauptstoß zielte auf Rivoli, wo am 14. Januar eine
drei Tage andauernde Schlacht begann, in der Bonaparte seinen neben
den Schlachten von Austerlitz und Jena größten Sieg errang: An Toten
oder Gefangenen büßte Österreich fast die Hälfte seiner Armee ein
und wurde als Macht vollständig aus Italien verdrängt. Unmittelbare
Konsequenz aus dieser Niederlage war, dass die Festung Mantua am
2. Februar 1797 nach einer acht Monate dauernden Belagerung kapitulierte. In der Festung hatten zuletzt rund dreißigtausend österreichische Soldaten unter erbärmlichsten Umständen ausgeharrt, von
denen mehrere Tausend an den Folgen von Unterernährung und Man-
gelkrankheiten gestorben waren. Der Jubel über diesen Sieg erschallte
in Paris besonders laut, wie der dortige preußische Botschafter
Sandoz-Rollin berichtet, der in Regierungskreisen immer wieder den
Seufzer der Erleichterung vernommen haben will: »Ein derartiges Ereignis haben wir gebraucht, denn wir begannen, den Mut zu verlieren. – Vive Bonaparte!«[46]

Bonaparte wird es ganz ähnlich empfunden haben. Der Sieg von
Rivoli und die Kapitulation von Mantua werden ihm das lähmende Bewusstsein seines Scheiterns am eigenen Ehrgeiz genommen haben:
Der Sieg und die österreichische Kapitulation verschafften ihm jetzt
die Gewissheit dessen vorläufiger Erfüllung. Von nun an konnte er
sich in dem Bewusstsein wiegen, als Herrscher Italiens von den Wei-

sungen der Pariser Machthaber unabhängig zu sein. Damit stellten
sich Bonaparte neue Herausforderungen, denn nun galt es, den Mythos eines Schlachtengotts durch andere Aspekte zu bereichern. Dafür
bot sich das Vorbild des Staatsmanns an, das mit dem Untergang des
Ancien Régime der Wahrnehmung entschwunden war.

In der Bilanz, die Bonaparte am 10. März 1797 mit der Proklamation an die Italienarmee zog, blitzte diese Absicht bereits auf: »Ihr
habt in vierzehn Schlachten und siebzig Gefechten den Sieg davongetragen, mehr als einhunderttausend Gefangene gemacht und fünfhundert Feldgeschütze vom Feind erbeutet (...). Die Kontributionen,
die den von Euch eroberten Ländern auferlegt wurden, haben die Armee während des gesamten Feldzugs ernährt, ausgerüstet und besoldet; außerdem habt Ihr rund dreißig Millionen dem Finanzminister
zum Wohl der öffentlichen Finanzen beigesteuert. Ihr habt das Mu-
seum von Paris um mehr als dreihundert Objekte, um Meisterwerke
des antiken wie des gegenwärtigen Italiens bereichert, die zu schaffen
es dreißig Jahrhunderte brauchte. – Ihr habt für die Republik die
schönsten Landschaften Europas erobert; (...) die französischen Farben flattern zum ersten Mal an den Gestaden der Adria gegenüber
dem nur eine vierundzwanzigstündige Schiffsreise entfernten antiken
Mazedonien.«[47]

Drittes Kapitel

Der Politiker

W ie erinnerlich, hatte das Direktorium die italienische Kampagne lediglich als eine Diversion zu dem beabsichtigten Angriff auf Österreich geplant, der durch Süddeutschland vorgetragen werden sollte. Deshalb war auch darauf verzichet worden, ein politisches Programm für das eroberte Italien zu entwickeln. Also galt es, keinerlei Verpflichtungen einzugehen. Diese Doktrin wurde jedoch schnell durch die Erfolge Bonapartes in Frage gestellt, der gelegentlich seines Einzugs in Mailand in revolutionärem Überschwang an das vermeintliche Nationalgefühl und Freiheitsverlangen der Lombarden appellierte. Schon das löste eine Flut von einschlägigen Bittschriften und Memoranden aus, die an das Direktorium gerichtet wurden, das darauf aber nicht reagierte. Diese Haltung änderte sich erst, als es in Pavia und an anderen Orten im besetzten Italien zu Aufständen gegen die »Befreier« kam, die sich allzu offensichtlich als Räuber gerierten. Das brachte Bonaparte auf den Gedanken, in den besetzten Gebieten eine Art von Selbstverwaltung unter französischer Aufsicht zu organisieren, um solche Unruhen von vornherein zu vereiteln.

Die Begeisterung, mit der Bonaparte bei seinem Einzug in Mailand begrüßt wurde, hatte ihn in dieser Hinsicht optimistisch gestimmt. Darin musste er sich bestätigt sehen, als er Ende Juni 1796 auf Weisung des Direktoriums in Bologna mit Vertretern des Papstes zusammentraf, denen er am 21. und 22. Juni eine »Waffenstillstandsvereinbarung« abnötigte. Mit dieser erklärte sich der Heilige Vater u. a. zu einer Tributzahlung von über zwanzig Millionen und zur Übergabe von einhundert Kunstwerken sowie fünfhundert Manuskripten »bereit«.[1] Von Bologna, das wie Ferrara eine päpstliche Exklave war, die von einem Kardinallegaten verwaltet wurde, schickte Bonaparte am 2. Juli 1796 dem Direktorium die frohe Botschaft: »Eine befriedigende Situation anzutreffen, ist kaum vorstellbar. Sie [i. e. die Einwohner der päpstlichen Legationen] lieben uns mit Begeisterung, zahlen bereitwillig die Kontributionen und hassen den Papst mit Inbrunst. (...) Aus Bologna, Ferrara und der Romagna ließe sich ohne jede größere Anstrengung und Mühe eine *aristokratisch-demokratische* Republik bauen, die sie gemäß ihrer Rechtsbräuche und Gewohnheiten organisierten und die erstens über zwei Häfen an der Adria verfügte, die es mit Venedig aufnehmen können, und die zweitens die Macht des Papstes beseitigte sowie auf längere Sicht Rom und die Toskana auf die Seite der Freiheit zöge.«[2]

Die Einschätzung fand ihren Niederschlag darin, dass im Laufe des Sommers in Bologna die Republik proklamiert wurde und Reggio Emilia diesem Beispiel folgte. Sein Einverständnis damit übermittelte Bonaparte in einem am 26. September 1796 an den Senat von Bologna gerichteten Schreiben: »Die Zeit ist gekommen, in der Italien ehrenvoll unter den mächtigen Nationen in Erscheinung tritt. Die Lombardei, Bologna, Modena, Reggio, Ferrara, vielleicht auch die Romagna, wenn sie sich würdig erweisen sollte, werden eines Tages Europa in Staunen versetzen und uns die schönsten Zeiten Italiens wieder vor Augen führen.«[3] Bonaparte skizzierte damit bereits seine künftige Geschäftspolitik, die im Widerspruch zu den Vorstellungen des Direktoriums der Französischen Republik die Rolle einer Protektoratsmacht in Italien verschaffen sollte. Das stand zwar noch in weiter Ferne, aber das Direktorium zeigte sich dennoch alarmiert. Dem französischen Botschafter in Florenz Miot de Melito wurde deshalb die Frage vorgelegt, »ob es der Französischen Republik möglich und zuträglich sei,

Italien zu republikanisieren«. Die Antwort des Botschafters war eindeutig: Eine »Revolutionierung«, also die Einführung republikanischer Zustände in Italien, sei unmöglich. Versuche man sie dennoch, hätte dies unabsehbare Folgen. Stattdessen riet Miot dem Direktorium, die Italienpolitik deutlich darzulegen. Vor allem gelte es, verbindlich zu erklären, dass nach einem Friedensschluss die eroberten Gebiete nicht mehr ihren früheren Herrn zurückgegeben würden. Allein das wäre die Vorbedingung für deren staatliche Organisation, die freilich für längere Zeit des militärischen Schutzes Frankreichs bedürfe.[4]

Diese Auskunft veranlasste Außenminister Delacroix, eine Erhebung anzustellen, um Aufschluss über die Erwartungen der Italiener zu erhalten. Deren Ergebnis war niederschmetternd, denn gegen die Schaffung sich selbst verwaltender Republiken sprach so gut wie alles, weil sich die Italiener dafür einfach deshalb als ungeeignet erwiesen, als sie noch in keiner Weise »reif für die Freiheit« seien, wie eine gängige Begründung lautete. Wenig überraschend also, dass Außenminister Delacroix in dem Gutachten, das er am 25. Juli 1796 unter dem Titel *Projets d'arrangements en Italie* dem Direktorium vorlegte, allen Überlegungen eine Absage erteilte, Italien zu »revolutionieren«. Im Widerspruch zu den französischen Interessen stünde es im Übrigen auch, in Italien Republiken zu gründen. Entschieden abzuraten sei insbesondere von einer großen demokratischen piemontesischen Republik, die für Frankreich wesentlich beunruhigender wäre als die Monarchie, die man unschädlich gemacht habe. Auch die Aufsplitterung in eine Reihe kleinerer Republiken, deren Chancen er am Beispiel des Herzogtums Mailand erörterte, wurde von ihm abgelehnt. Zunächst sei es höchst zweifelhaft, ob eine Mehrheit der Mailänder überhaupt das Freiheitsverlangen besitze, das notwendig sei, die Republik mit Leben zu erfüllen. Zum weiteren sei es auch fraglich, ob eine Mailänder Republik jemals die innere Konsistenz besäße, um sich aus eigener Kraft zu behaupten. Zu befürchten sei vielmehr, diese Republik würde stets auf die Unterstützung durch Frankreich angewiesen sein. Das aber bedeute, dass das Direktorium damit die Saat neuer Konflikte auf den Wegen ausstreue, die es wandele. Schließlich offeriere eine so präch-

tige Eroberung wie die Lombardei ein ideales Unterpfand für Friedensverhandlungen.[5]

Bonaparte ließ sich jedoch von den Vorbehalten des Direktoriums
nicht im Mindesten beeindrucken. Mit Schreiben vom 2. Oktober forderte er es auf, sich öffentlich zur Freiheit Italiens zu bekennen und
das Herzogtum Modena und die Legationen zu »revolutionieren.«[6]
In seiner Antwort vom 11. Oktober 1796 räumte das Direktorium zunächst ein, dass es keineswegs nachteilig sei, wenn sich in Mailand
freiheitliche Bestrebungen und das Verlangen nach einer Republik
regten. »Allein die Politik und unsere wohlverstandenen Interessen
machen es uns zur Pflicht, die Begeisterung der Bewohner Mailands
zu zügeln. (...) Die Rückgabe oder die Abtretung der Lombardei könnte
der Preis eines dauerhaften Friedens sein und, da wir diesbezüglich
noch nichts beschlossen haben, hielten wir es folglich für unklug,
wenn wir uns in der gegenwärtigen Lage der Mittel begäben, den Frieden um diesen Preis zu bekommen. (...) Was wir hinsichtlich der Unabhängigkeit Mailands gesagt haben, gilt in gleicher Weise auch für
Bologna, Ferrara, Reggio und Modena ebenso wie für alle anderen italienischen Kleinstaaten, und wir müssen unsere Umsicht und Klugheit
diesbezüglich verdoppeln, um zu vermeiden, dass wir allzu leichtfertig
den künftigen Interessen der Republik Schaden zufügen.«[7]

Diese Antwort war gleichsam die Quintessenz der Handlungsanweisungen zur Italienpolitik, die dem Direktorium vorlagen, das sich
aber für keine entscheiden konnte. Die Gründe dafür hat einer der
fünf Direktoren, der für die Außenpolitik zuständige Jean-François
Reubell, zwei Jahre später, am 28. Juni 1798, dem preußischen Botschafter David-Adolphe Sandoz-Rollin entdeckt: »Es war einer der
großen Entwürfe Bonapartes, hier eine Republik zu errichten und dort
eine andere zu beseitigen ... Ich bin damals entschieden dafür eingetreten, dass es für unser politisches und militärisches System hundertmal vorteilhafter gewesen wäre, wenn wir die Lombardei als feindliche denn als befreundete Macht gehabt hätten (...). Allein die Erfolge
und der Ruhm Bonapartes haben alle gegenteiligen Ansichten verstummen lassen.«[8]

Die von ihm eroberten oder »befreiten« italienischen Territorien als Republiken nach französischem Vorbild zu organisieren war ein Gedanke, dessen Reifungsprozess mit Bonapartes militärischer Fortune zusammenhing. Barras will jedoch, wie er in den *Memoiren* schreibt, die Absicht, die Bonaparte damit verknüpfte, durchschaut haben: »Mehr als sonst jemand jeglichen Gehorsams überdrüssig, der seiner Herrschsucht hinderlich ist, entschied sich Bonaparte für ein wirksames Mittel, um sich der zivilen Gewalt zu entziehen, die wir in seiner unmittelbaren Umgebung installiert hatten. Unter dem Vorwand, vor allem die Italiener für unseren Verbund zu interessieren, beteiligte er sie an den Regierungsgeschäften, indem er der Lombardischen Kommission von Mailand [i.e. dem lombardischen Staatsrat] große Vollmachten einräumte und diese keiner anderen Kontrolle unterwarf als der Zustimmung des Oberbefehlshabers.«[9] Bonapartes Absichten zu durchschauen bedeutete aber keineswegs, sie auch durchkreuzen zu können. Dazu fehlte es dem Direktorium an Kraft und Entschlossenheit.

Mit welch geradezu diabolischer Raffinesse Bonaparte vorging, zeigt sein Schreiben vom 8. Oktober 1796 an das Direktorium, das er wie folgt eröffnete: »Mantua dürfte nicht vor Februar eingenommen werden, wie ich Ihnen bereits angekündigt habe. Sie können daraus ersehen, dass unsere Position in Italien unsicher und unser politisches System geradezu miserabel ist. (...) Schließen Sie Frieden mit Parma, und geben Sie eine Erklärung ab, mit der die Völkerschaften der Lombardei, von Modena, Reggio, Bologna und Ferrara unter den Schutz Frankreichs gestellt werden. (...) In Italien wird alles falsch gemacht. Das Prestige unserer Streitkräfte ist im Schwinden begriffen. Das wird uns teuer zu stehen kommen. Ich halte es deshalb für vordringlich, dass Sie die Situation Ihrer Armee in Italien bedenken, dass Sie sich zu einem System entschließen, das uns Freunde zu verschaffen verspricht sowohl auf Seiten der Fürsten wie auf Seiten der Völker. Verringern Sie die Zahl Ihrer Feinde. (...) Jedes Mal, wenn Ihr General in Italien nicht der Mittelpunkt von allem ist, laufen Sie große Gefahr. Man unterstelle mir jetzt aber nicht Ehrgeiz, wenn ich dies sage. Meine Ehrbegriffe sind dafür viel zu ausgeprägt und meine Gesundheit derart angegriffen, dass ich mich verpflichtet fühle, Sie um einen Nachfolger für mich zu bitten. Ich kann kein Pferd mehr besteigen. Was mir noch bleibt, ist der Mut, der aber allein nicht ausreicht, um einen Posten auszufüllen, wie ich ihn innehabe.«[10]

Der Brief war zunächst einmal eine Lageanalyse: Das Besatzungsregime bei gleichzeitiger Fortsetzung offensiver Operationen musste die vergleichsweise schwachen französischen Kräfte überfordern. Deshalb duldete es keinen Aufschub, die eroberten Gebiete unter Selbstverwaltung auf republikanischer Grundlage zu stellen, über die der französische Oberbefehlshaber die Kontrolle haben müsse. Das war einerseits vernünftig und genügte andererseits Bonapartes Ambitionen. Dieses Ansinnen ließ sich auch umso schwerer abschlagen, als er diesen Fall mit dem Wunsch verknüpfte, abgelöst zu werden.

Schon einen Tag später erhielt Kommissar Garrau von Bonaparte die Anweisung, in Bologna und Modena einen Kongress zu organisieren, der die Ständevertreter von Ferrara, Bologna, Modena und Reggio versammeln sollte. Er denke dabei an einige hundert Repräsentanten, die von den jeweiligen Regierungen benannt werden. Unbedingt gelte es darauf zu achten, dass diese Deputierten sich aus Adel, Priesterschaft und Kardinälen, aus Kaufleuten und Personen aller Stände, sofern sie in Achtung stehen und von patriotischer Gesinnung sind, rekrutierten. Ihre Aufgabe soll es sein, eine Art von Föderation zu ihrer eigenen gemeinsamen Verteidigung zu bilden. Auch sei es den Kongressteilnehmern freigestellt, Abgesandte nach Paris zu schicken, um dort Freiheit und Unabhängigkeit für die geplante Föderation einzufordern. Der Kongress dürfe aber nur durch den französischen Oberbefehlshaber mittels besonderer Einladungsschreiben einberufen werden. Allein das mache gewaltigen Effekt und würde alle europäischen Herrscher alarmieren.[11]

Allem Anschein nach machte Bonapartes Genesung unter dem Einfluss dieser Anweisungen rapide Fortschritte. Die Ahnung musste auch dem Direktorium kommen, das er mit Schreiben vom 11. Oktober 1796 lediglich wissen ließ: »Die Angelegenheiten von Modena,

Bürger Direktoren, sind vorzüglich gelungen: Dieses Land ist zufrieden und glücklich darüber, von dem Joch befreit zu sein, das auf ihm lastete. Die Patrioten sind zahlreich vorhanden und zur Stelle. (...) Alles kündigt an, dass binnen eines Monats Italien gewaltige Stöße erfahren wird. Innerhalb dieser Frist sollte also ein Bündnis mit Genua oder mit dem König von Sardinien geschlossen werden. Auch wäre es angezeigt, mit dem König von Neapel zu einem Friedensschluss zu kommen.«[12]

Die Umtriebigkeit Bonapartes musste dem Direktorium unheimlich werden. Also sah man sich dazu genötigt, seinen Vorstellungen zu entsprechen und das Besatzungsregime in Italien durch die Einrichtung von sich selbst verwaltenden Republiken unter französischer Aufsicht abzulösen. Damit, so mochte man sich trösten, hatte man sich noch zu keiner politischen Option verpflichtet. Alle Anordnungen des Oberbefehlshabers wurden vom Direktorium rebus sic stantibus lediglich geduldet, aber nie sanktioniert. Kurz, sollte es zu Friedensverhandlungen mit Österreich kommen, war Italien nicht mehr als eine Verhandlungsmasse, über die man nach Belieben und völlig unabhängig von den von Bonaparte geschaffenen »Fakten« disponieren konnte. Umso mehr musste es jetzt deshalb alarmieren, dass der sich auch anheischig machte, die Politik Frankreichs gegenüber den nach wie vor souveränen Staaten wie Genua, Sardinien oder Neapel zu bestimmen und auf eigene Faust mit ihnen Allianzverträge auszuhandeln. Damit kündigte sich die nächste Eigenmächtigkeit an: Das Direktorium solle sich unterstehen, in *seine* Italienpolitik hineinzupfuschen.

Einer solchen Entwicklung, so erkannte man im Direktorium, galt es schleunigst einen Riegel vorzuschieben. Deshalb erhielt der Schreibtischgeneral aus dem »Bureau topographique«, Henry Jacques Guillaume Clarke, den Auftrag, in Wien Gespräche über einen Waffenstillstand anzuknüpfen und die Perspektiven für einen Friedensschluss zu sondieren. Je zügiger man mit diesen Verhandlungen vorankäme, desto schneller gelänge es, die Gestaltung der Italienpolitik wieder in die eigenen Hände zu bekommen. Clarke solle diese Mission auf dem Weg über Italien beginnen, um sich dort ein Bild von der Situation und insbesondere über Bonapartes »Moral und Absichten« zu machen.[13] Das muss Bonaparte gewittert haben, denn als Clarke am 29. November 1796 in Mailand eintraf, begegnete er ihm mit wachem Misstrauen und behandelte ihn geradezu als Spion.[14] Clarke ließ sich davon aber nicht beeinflussen, wie die langen Berichte über die Situation in Italien zeigen.[15]

Noch bevor jedoch das Direktorium die Berichte Clarkes am 21. Dezember 1796 zur Kenntnis nehmen konnte, fasste es bereits am 7. Dezember den Beschluss, »dass ab dem 21. Dezember die zu den Armeen entsandten Kommissare ihre Aufgaben beendeten, die sie bislang erfüllt hatten«.[16] Die Entscheidung war ein Eingeständnis der Schwäche, denn das Direktorium musste mehr denn je darauf bedacht sein, sich auf die Unterstützung der Armeen verlassen zu können. Wie lange diese Handlungsfreiheit für Bonaparte Bestand hätte, hinge allein von seiner weiteren militärischen Fortune ab. Deshalb war ein Erfolg der Mission Clarkes in den Augen des Direktoriums vordringlich.

Diese Hoffnung war jedoch zum Scheitern verurteilt; sie verkannte die Psychologie einer Großmacht wie Österreich, die wegen der Niederlagen in Oberitalien zwar geschwächt, in ihrem Stolz aber zu gekränkt war, um einen Frieden zu schließen, in dem Europa nur die Bestätigung seiner längst vermuteten Schwäche erkennen würde. Gleichzeitig fehlte es dem Direktorium auch an Verständnis für die Befindlichkeit Bonapartes. Der konnte die Mission Clarkes nur so verstehen, dass der ihn um die Früchte seines politischen Ehrgeizes bringen sollte. Würde es diesem Schreibtischgeneral gelingen, mit Österreich einen Frieden auszuhandeln, ließe dieser Erfolg den militärischen Ruhm Bonapartes jäh verblassen. Alle Siege, alle Mühen, die eroberten Gebiete politisch zu organisieren und an Frankreich zu binden, wären damit umsonst gewesen. Der militärische Sieger des Italienfeldzugs stünde als dessen politischer Verlierer da.

Für Bonaparte musste deshalb Clarkes Mission bereits in Mailand scheitern. Wollte er sein zum Greifen nahes Ziel erreichen, brauchte es nur noch einen Sieg über die Österreicher, der den Fall der Festung Mantua zur Folge haben würde. Die Festung war ihm ein Stachel im Fleisch; für Wien jedoch eine Herausforderung, sich ungeachtet aller

Niederlagen nicht mit dem endgültigen Verlust Italiens abzufinden. Bonaparte, der die Siege erfochten hatte, wollte auch derjenige sein, der den Frieden brachte. Die Aureole des Schlachtensiegers sollte um die des Friedensbringers gemehrt werden. Dann, so konnte er sich ausmalen, lägen ihm Frankreich und die Republik zu Füßen. Die Macht in Paris auf den Schlachtfeldern Norditaliens zu erringen, wäre sein schönstes, sein gelungenstes »manœuvre par les derrières«.

Clarke zu neutralisieren war für Bonaparte ein leichtes Spiel. Das besorgte die Wiener Diplomatie, die sich weigerte, einen Bevollmächtigten des Direktoriums zu Verhandlungen in Wien zu empfangen. Stattdessen wurde Clarke bedeutet, mit dem österreichischen Botschafter in Turin in Verbindung zu treten.[17] Das Direktorium seinerseits beharrte darauf, Clarke müsse Bonaparte jeweils vom Fortgang seiner Verhandlungen informieren, »um weder etwas vorzuschlagen, noch irgendwelche Forderungen zu erheben, ohne sich zuvor versichert zu haben, dass diese im Einklang mit den Interessen der Republik und der Sicherheit der Armee stehen«.[18] Das musste Bonaparte entzücken, denn diese Auflage war in seinen Augen nichts anderes als die erste förmliche Anerkennung seines Proconsulats.

Angesichts dieses Triumphs dürfte es Bonaparte nicht schwergefallen sein, Clarke im Gespräch von seinen Ansichten zu überzeugen, die zum augenblicklichen Zeitpunkt gegen einen Waffenstillstand oder gar einen Frieden mit Österreich sprachen. Seine Argumente legte er auch in einem Memorandum dar, das er dem Direktorium am 6. Dezember zuleitete. Bonapartes Haupteinwand war auf die Einnahme Mantuas abgestellt. Bliebe die Festung in den Händen Österreichs, würde Wien niemals der französischen Rheingrenze zustimmen. Solange Mantua im Besitz Österreichs sei, verharre auch der Papst in seiner feindlichen Haltung, konnte er mit Wien doch auf einen Verbündeten zählen.[19]

Bonapartes Einwände verfehlten weder ihren Eindruck auf Clarke noch auf das Direktorium. Zur besseren Einsicht kam man in Paris aber erst, als Wien sich weigerte, überhaupt in Verhandlungen einzutreten. Schon damit war der Versuch gescheitert, Bonaparte zu entmachten. Blieb nur die Chance, eine neuerliche Niederlage Österreichs mache den Fall Mantuas unvermeidbar. Das war die Voraussetzung, wenigstens die lästige italienische Affäre politisch gewinnbringend zu liquidieren. Dafür musste man Bonaparte Verstärkungen zuführen und ihm freie Hand lassen. Letzteres war spätestens seit Lodi das Ziel seines Trachtens gewesen. Zwar identifizierte Bonaparte seinen Ehrgeiz noch immer mit dem Schicksal Italiens, aber ihm war unterdessen auch bewusst geworden, dass ein Erfolg hier nur eine Etappe auf dem Weg zur Macht in Frankreich wäre: Mailand war die Probebühne für den Auftritt in Paris.

Die vierte österreichische Offensive kam schneller, als Bonaparte vermutet hatte: Am 14. und 16. Januar 1797 entschieden die Schlachten von Rivoli und La Favorita das Schicksal der Festung Mantua, die am 2. Februar kapitulierte. Jetzt waren die Aussichten gegeben, mit Österreich zu einem Frieden zu kommen. So jedenfalls sah es das Direktorium, das sich auf Bedingungen verständigte, die Österreich sehr entgegenkamen: Belgien, das einstige österreichische Flandern, das Bistum Lüttich sowie Savoyen und Nizza sollten Frankreich gehören. Kein Wort wurde mehr über Mailand und die Lombardei verloren, die zuvor noch als Verhandlungsmasse dienen sollten für die Anerkennung der »natürlichen Grenzen« Frankreichs am Rhein. Dafür musste man Österreich Kompensationen anbieten. Am besten dort, wo es einem selbst nicht wehtat, also auf dem rechten Ufer des Rheins. Jede Gewichtsverschiebung hier drohte aber, Preußen auf den Plan zu rufen, das für seinen linksrheinischen Besitz ebenfalls kompensiert werden musste.

Angesichts dieses Dilemmas geriet das Direktorium mehr und mehr in den Sog von Bonapartes italienischem Konzept: Am 23. Januar 1797 legte es sich zunächst auf die Unabhängigkeit Mailands fest. Am 3. Februar tischte einer der Direktoren, La Réveillière-Lépeaux, seinen alten Lieblingsplan wieder auf, den Kirchenstaat zu zerstören. Diesmal wurde er von Reubell und Barras unterstützt. Mit Schreiben vom nämlichen Tag forderte das Direktorium Bonaparte dazu auf, die päpstliche Regierung zu beseitigen, ohne dass deshalb aber die Armee oder auch die Republik in irgendeiner Weise Schaden nähmen oder die Flamme des Fanatismus in Italien neu entfacht werden würde. »Im übrigen«, so heißt es im letzten Absatz des Schreibens, »ist dies keineswegs eine Anweisung, die von der Exekutivgewalt gegeben wird, sondern lediglich deren Willensbekundung. Außerdem ist diese viel zu weit entfernt vom Ort des Geschehens, um über die Umstände urteilen zu können. Dafür verlässt sie sich lieber ganz auf den Eifer und die Klugheit, die Sie beständig bei Ihrer Karriere geleitet haben, die ebenso ruhmreich für Sie wie für die Republik, der Sie dienen, verlaufen ist. Wie immer Sie glauben, sich unter diesen Umständen entscheiden zu müssen und was auch Ihr Erfolg dabei sein sollte, wird das Direktorium darin nie etwas anderes erblicken, als Ihre lautere Absicht und das aufrichtige Verlangen, Ihrem Land von Nutzen zu sein und keineswegs leichtfertig dessen Interessen zu kompromittieren.«[20]

Das war mit geradezu orientalischer Unterwürfigkeit formuliert. Das Direktorium wagte es nicht mehr, Bonaparte Anweisungen zu geben, sondern fragte höflich bei ihm an, ob es mit seinen Vorstellungen übereinstimme und er sich deshalb unter Umständen bereitfinden könne, entsprechend zu handeln. Außerdem wurde Bonaparte freie Hand gelassen, mit dem Heiligen Stuhl ganz nach Gutdünken zu verfahren. Dieses Schreiben war nichts anderes als die Kapitulationsurkunde, mit der das Direktorium Bonapartes Proconsulat in Italien förmlich anerkannte. Deshalb war es nur konsequent, dass auch Clarke am 11. Februar eine neue Instruktion für seine Verhandlungen erhielt: Die Unabhängigkeit der Cispadanischen Republik, die Modena, Bologna und Reggio umfasste, gelte es auf jeden Fall zu verteidigen; der Herzog von Modena solle deshalb mit päpstlichem Besitz entschädigt werden.

Das Direktorium übernahm damit die Italienpolitik Bonapartes, der diese nach dem Fall von Mantua uneingeschränkt bestimmte. Dafür liefert sein Betragen gegenüber dem Heiligen Stuhl das Exempel. Im Gegensatz zu den Absichten des Direktoriums war Bonaparte gesonnen, die Herrschaft des Papstes zu respektieren. Dies offenbarte er bereits im Schreiben vom 28. Oktober 1796 an den französischen Ge-

sandten in Rom, François Cacault: »Mein Ehrgeiz lässt mich viel mehr
nach dem Titel eines Retters als nach dem eines Zerstörers des Heiligen Stuhls streben. (...) Mittels der unbeschränkten Handlungsvoll-
macht, die mir das Direktorium gegeben hat, und vorausgesetzt, dass
man in Rom die notwendige Klugheit besitzt, werden wir unseren Nutzen daraus ziehen, wenn wir diesem schönen Teil der Welt den Frieden verschaffen, und wir werden zugleich die verschreckten Gewissen
vieler Völker beruhigen.«[21] Diese Haltung bekräftigte Bonaparte erneut im Schreiben an Kardinal Mattei vom 22. Januar 1797: »Was auch
immer eintreten möge, bitte ich Sie, Herr Kardinal, seiner Heiligkeit
zu versichern, in Rom zu bleiben, ohne sich deswegen im mindesten
zu beunruhigen. Als erster Diener des Glaubens wird er mit diesem
Titel Schutz für sich und die Kirche finden.«[22] Wer so spricht, hat weite
Perspektiven.

Solange Papst Pius VI. jedoch darauf rechnen konnte, dass es Österreich gelingen würde, die Franzosen aus Italien zu vertreiben, zeigte er
sich nicht geneigt, auf Bonapartes Ouvertüren zu reagieren. Der Heilige Stuhl erkühnte sich sogar, die Erfüllung der im Waffenstillstands-
abkommen von Bologna Ende Juni eingegangenen Verpflichtungen zu
verweigern. Das provozierte das Direktorium zu immer neuen Ausfäl-
len, »den Thron der Torheit zu zerstören und in seiner Hauptstadt die
Fahne der Freiheit zu hissen«.[23] Nach der Kapitulation von Mantua am
2. Februar 1797 hatte Bonaparte die Hände frei, den Kirchenstaat militärisch unter Druck zu setzen. Er drang in die Romagna und die Mar-
ken ein, vermied es aber, auch nur den Anschein zu erwecken, Rom
angreifen zu wollen. Das erfüllte schon seinen Zweck, denn bereits am
16. Februar erschienen Bevollmächtigte des Papstes in Bonapartes
Hauptquartier in Tolentino. Binnen drei Tagen verständigte er sich mit
diesen auf die sechsundzwanzig Artikel eines Waffenstillstandsver-
trags. Damit erklärte sich der Papst u. a. zur Zahlung von dreißig Millionen *livres*, zur Abtretung von Avignon, Ancona, Bologna, Ferrara
und der Romagna sowie von über einhundert Gemälden und Skulpturen und fünfhundert Manuskripten bereit.[24]

Das war natürlich weit weniger als die vollständige Zerstörung des

Papsttums, das sich die Hitzköpfe des Direktoriums erwartet hatten und das der Linie der bisherigen radikalen Religionspolitik der Revolution entsprochen hätte. In dem Begleitschreiben an das Direktorium, das Bonaparte dem Text des Abkommens von Tolentino beifügte, zählte er in fünf Punkten nonchalant auf, warum man damit wesentlich besser fahre, als wenn er alles daran gesetzt hätte, die Maximalforderungen durchzusetzen. Schließlich sei er auch der Überzeugung, »dass Rom, wenn es erst einmal um Bologna, Ferrara und die Romagna sowie um die dreißig Millionen erleichtert ist, gar nicht mehr überleben kann; diese alte Maschine wird ganz von alleine zusammenbrechen«. Außerdem kündigt er an, noch in der Nacht nach Mantua aufzubrechen, um eventuell mit den Venezianern in Verhandlungen einzutreten, in jedem Fall aber, um die Piave zu queren und den »gefassten Plan zu verwirklichen«.[25]

Das war das alte Vorhaben Bonapartes, über die Alpen in die Habsburger Erblande vorzustoßen, um gemeinsam mit der von Westen anmarschierenden Rheinarmee unter Moreau und der Sambre-et-Meuse-Armee unter Hoche Wien mit einem Zangenangriff zu bedrohen. Seinen Part in diesem Angriffsszenario würde er pünktlich erfüllen. Das galt aber nicht für Moreau und Hoche, die beide noch nicht einmal den Rhein überschritten hatten. Das wusste Bonaparte, aber es hinderte ihn nicht daran, seinen Vormarsch am 10. März 1797 zu beginnen, nachdem die ihm vom Direktorium zur Verstärkung seiner Streitmacht zugesagten Divisionen Delmas und Bernadotte, die von den Rheinarmeen abgezogen wurden, eingetroffen waren. Die Italienarmee hatte damit eine Sollstärke von rund achtzigtausend Mann.

Bonaparte teilte diese Armee in zwei Angriffsspitzen, die auf unterschiedlichen Wegen nach Norden vorrücken sollten. Auf der westlichen Route marschierten Einheiten mit rund neunzehntausend Mann unter Joubert durch das Tal der Etsch über Trient bis Bozen, um dann der Drau entlang nach Osten mit dem Marschziel Klagenfurt einzuschwenken. Die Hauptarmee unter Bonaparte mit rund vierundsechzigtausend Mann schlug einen Weg ein, der dem Verlauf der Autobahn von Udine über Villach nach Klagenfurt entspricht und der über die

Passhöhe am Monte Tarvisio führt. Am 17. März 1797 skizzierte Bonaparte diese Truppenaufstellung aus dem Quartier von Valvasone dem
Direktorium: »Jetzt stehen wir, Bürger Direktoren, an den Grenzen
des österreichischen Friaul, von Kärnten und inmitten von Tirol. Das
Überschreiten des Tagliamento war ein gutes Vorzeichen. Allein, in
dem Maße, wie ich nach Deutschland hinein vorstoße, werde ich es
mit immer mehr gegnerischen Kräften zu tun bekommen. Befehlen
Sie deshalb, ich bitte Sie darum, die Überquerung des Rheins, denn es
ist mir unmöglich, mit gerade einmal fünfzigtausend Mann allem die
Stirn zu bieten.«[26]

Fünf Tage später, am 22. März, kündigte Bonaparte dem Direktorium im Schreiben aus Görz am Fuße der Alpen an: »Alle Streitkräfte
des Kaisers sind in Bewegung und in allen Staaten des Hauses Österreich rüstet man, um sich uns entgegenzustellen. Wenn man die Überquerung des Rheins noch weiter aufschiebt, wird es unmöglich sein,
dass wir uns noch lange behaupten. Ich erwarte voller Ungeduld die
Rückkehr meines Boten, um zu erfahren, ob der Rhein überschritten
wurde. Es ist gut möglich, dass ich binnen acht Tagen mit der Masse
meiner Armee in Klagenfurt stehe, vierzehn Poststationen von Wien
entfernt. Wenn Moreau sich in Bewegung setzte, um den Feind zu beunruhigen und ihn daran zu hindern, dass er mir von Innsbruck kommend in die Flanke fällt, könnte der Feldzug erfolgreich sein und uns
sehr weit bringen; wenn aber die Rheinarmeen mit der Offensive zu
spät beginnen, dann werde ich, allein gegen alle stehend, mich dann
gezwungen sehen, nach Italien zurückzuweichen.«[27]

Am 25. März unterrichtete Bonaparte das Direktorium von den
Kämpfen am Tarvisio, die über den Wolken stattgefunden hätten, in
einer Höhe, von der aus man nach Deutschland auf der einen und
Dalmatien auf der anderen Seite blickt. »An verschiedenen Stellen
unserer Front lag der Schnee drei Fuß hoch. (...) Jetzt stehen wir in
Deutschland: Es ist deshalb unabdingbar, dass auch die Rheinarmeen
sich hier einfinden. Sobald Sie dieses Schreiben zur Kenntnis nehmen,
hege ich keinen Zweifel, dass der größte Teil der Truppen, die der Kaiser am Rhein hatte, sich bereits gegen uns gewendet hat.«[28]

Man täuschte sich jedoch sehr, nähme man diese Bitten und Klagen für bare Münze, mit denen Bonaparte die Offensive der beiden tatenlos am jenseitigen Rheinufer ausharrenden französischen Armeen einforderte. Wäre ihm deren Erscheinen in Österreich tatsächlich so wichtig gewesen, was hätte ihn dann daran hindern können, seine eigene Offensive so lange aufzuschieben, bis die Rheinarmeen sich in Bewegung setzten und sich eine Vereinigung mit ihnen absehen ließ? Moreau ging mit seiner Armee am 18. April 1797 über den Rhein und Hoche drei Tage später am 21. April. Bonaparte hatte jedoch schon rund sechs Wochen früher, also am 10. März, seinen Vorstoß in das Herz Österreichs begonnen. Warum also diese Eile?[29] In seiner Darstellung des Feldzugs in den Alpen von 1797 unterstellt Clausewitz Bonaparte die Überlegung, dass er die anfänglich zahlenmäßige Überlegenheit seiner Truppen über die seines Gegenspielers Erzherzog Karl habe ausnutzen wollen, um dessen Macht zu neutralisieren. »So hoffte Bonaparte im ersten Augenblicke gleich wieder ein entschiedenes Übergewicht zu gewinnen und wollte es dann seinem Glücke überlassen, zu welchem Ziel, zu welcher Art von Lösung der ganzen Frage ihn dasselbe führen könnte.«[30]

So ist es auch gekommen: Die siegreich vordringenden Franzosen, deren Avantgarde am 7. April die Kleinstadt Leoben vier Tagesmärsche von Wien entfernt erreichte, jagten den Österreichern einen solchen Schrecken ein, dass sie sich nicht länger zierten, das Friedensangebot Bonapartes zu akzeptieren, das er mit Schreiben vom 31. März Erzherzog Karl gemacht hatte.[31] Auch dieses Handeln ist erklärungsbedürftig, denn was veranlasste Bonaparte dazu, den Siegeszug der Italienarmee kurz vor Erreichen der Hauptstadt des Gegners anzuhalten, deren Einnahme seinen Triumph vervollständigt hätte? Stattdessen reichte er dem Gegner die Hand zum Frieden, dem er damit die letzte Demütigung ersparte, dass über Wien die Fahne der Revolution flatterte. Eine plausible Erklärung dafür ist, dass sich bis jetzt das Risiko, das dieser Feldzug barg, für Bonaparte überschauen ließ. Kaum wäre er jedoch in Wien angelangt, würde sich das jäh ändern. Seine Truppen, die zwar einem schwachen Gegner überlegen gewesen waren, würden jetzt nicht mehr genügen, um sich in der Hauptstadt eines den Franzosen feindlich gesinnten großen Reichs zu behaupten. Zum anderen war Bonaparte in Wien durch eine rund siebenhundert Kilometer lange, leicht zu störende Kommunikationslinie von den eigenen Basen in Italien entfernt. Auch war deren Sicherheit durch ständig drohende Aufstände der Einheimischen gefährdet.

In seinem Siegesrausch hatte sich Bonaparte entschieden zu weit vorgewagt. Diese Erkenntnis teilte er im Schreiben vom 8. April 1797 von Judenburg dem Direktorium mit: »Unsere Armeen haben noch nicht den Rhein überschritten, aber wir stehen bereits zwanzig Meilen vor Wien: Die Italienarmee sieht sich damit als einzige mit der Gegenwehr einer der größten Mächte Europas konfrontiert. – Die Venezianer bewaffnen alle ihre Bauern, hetzen ihre Priester auf und rütteln mit wütendem Eifer alle Ressorts ihrer altertümlichen Regierung wach, um Bergamo und Brescia zu vernichten. Augenblicklich verfügt die venezianische Regierung über zwanzigtausend Bewaffnete, die in meinem Rücken operieren. – Selbst in den päpstlichen Staaten strömen die Bauern haufenweise die Berge hinab und drohen damit, in die Romagna einzufallen. – Die unterschiedlichen Völker Italiens, geeint in ihrem Verlangen nach Freiheit und auf unterschiedliche Weise durch brennende Leidenschaften aufgewühlt, müssen gezügelt und überwacht werden.«

Dieses in düsteren Farben gemalte Bild der Situation diente zur Einstimmung des Direktoriums in die Friedensbedingungen, über die Bonaparte mit Österreich verhandeln wollte. Dabei verschwieg er, dass er für ganz andere Konditionen eintreten würde, als die, die er dem Direktorium genannt hatte: »Alles in allem bin ich überzeugt, dass der Augenblick, Frieden zu schließen, gekommen ist, und wir müssen dies in einem Augenblick tun, in dem wir die Bedingungen diktieren können, vorausgesetzt natürlich, dass sie mit der Vernunft in Einklang stehen. – Wenn der Kaiser an uns abtritt, was ihm auf dem linken Rheinufer in seiner Eigenschaft als Fürst des Hauses Österreich gehört,[32] und wenn er als Chef des Kaiserreichs die Grenzen der Republik am Rhein anerkennt; wenn er der Cispadanischen Republik das

Herzogtum Modena überlässt; wenn er uns Mainz in dem Zustand, in
dem es sich augenblicklich befindet, im Tausch für Mantua gibt, dann,
so glaube ich, werden wir einen viel vorteilhafteren Frieden schließen
als ihn die Instruktionen anvisieren, von denen mich Clarke unterrichtete. Wir werden, das ist wohl wahr, die gesamte Lombardei und alle
anderen Staaten, die wir besetzt haben, zurückerstatten. Aber werden
wir damit alles, was möglich ist, aus unseren Erfolgen herausgeschla-
gen haben, wenn wir den Rhein als Grenze und im Herzen Italiens
eine Republik von zwei Millionen Einwohnern geschaffen haben, die
sich dank Carraras ganz in unserer Nähe befindet und die uns die Kontrolle über den Handel auf dem Po und in der Adria verschaffen wird
und die in dem Maße wächst, wie der Papst sich selber zerstört?«

Das waren keineswegs die Friedensbedingungen, die dem Direktorium vorschwebten. Deshalb versicherte Bonaparte in diesem Schreiben, er werde einen Kurier an Clarke senden, damit der von Turin
nach Judenburg komme, um die begonnenen Verhandlungen zu einem
erfolgreichen Ende zu bringen. Allerdings hoffe er, dass Clarke »rechtzeitig eintreffen wird, denn es gilt den Moment nicht zu verpassen, der
bei Verhandlungen wie diesen alles entscheidend ist«.

Die von Bonaparte geäußerte Hoffnung, Clarke werde rechtzeitig
eintreffen, war angesichts der Entfernung zwischen Turin und Judenburg illusorisch. Um das aber dem Direktorium klarzumachen, schob
Bonaparte noch die Bemerkung nach: »Wenn wider meine Erwartungen die Verhandlungen [i. e. mit Österreich] keinen Erfolg haben, sehe
ich mich außer Stande zu sagen, was ich tun werde. Nichtsdestotrotz
werde ich versuchen, den Gegner in einer Schlacht zu stellen und ihn
zu schlagen, um den Kaiser zu zwingen, Wien zu verlassen. Ist das geschehen, werde ich jedoch genötigt sein, nach Italien zurückzukehren,
sollten die Rheinarmeen noch immer untätig verharren, wie es augenblicklich der Fall ist.«[33]

Was Bonaparte sich aber hütete, dem Direktorium mitzuteilen, war,
dass er sich schon zu Beginn der Friedensverhandlungen mit Österreich dazu entschlossen hatte, die Lombardei nicht zurückzugeben
und dafür auch keine Kompensationen anbieten zu wollen. Das er-

schwerte die Verhandlungen, die zum weiteren auch stagnierten, weil Wien sich weigerte, auf Belgien im Tausch für deutsche Territorien wie beispielsweise Bayern einzugehen. Hinsichtlich der französischen Rheingrenze hatte man sich jedoch schon darauf verständigt, erst bei einem Friedensschluss mit dem Deutschen Reich eine endgültige Entscheidung in dieser Frage zu suchen.[34] Die Verhandlungsblockade, die sich deswegen abzeichnete, gelang es schließlich aufzulösen, als die Österreicher am 15. April damit herausrückten, sie seien zu einem sofortigen Friedensschluss autorisiert. Allerdings müssten ihnen die Lombardei und entweder »der gesamte venezianische Besitz zwischen dem Mincio, dem Po und Österreich« oder die dem Papst abgenommenen Legationen überlassen werden.[35]

Diesen Gedanken aufzuwerfen war raffiniert, denn Bonapartes österreichische Kontrahenten wussten nur zu genau, dass er weder auf Mailand noch auf Bologna verzichten wollte. Umso verlockender musste deshalb die Andeutung sein, man sei auch mit dem Besitz von Venedig in dem beschriebenen Umfang als Kompensation einverstanden. Ein solcher Einfall entsprach dem prinzipienfreien und skrupellosen Politikverständnis einer polnischen Teilungsmacht wie Österreich, und Bonaparte hatte keinerlei Mühe, es sich zu eigen zu machen und entsprechend zu handeln: Also akzeptierte er die Bedingung, dass sich Frankreich in den Besitz von Venedig brachte, das ihm nicht gehörte, um es an Österreich abzutreten, das darauf ebenso wenig Besitzansprüche geltend machen konnte.

Das war die Lösung, und schon drei Tage später, am 18. April 1797, wurde der Vorfrieden von Leoben auf der Basis des Vorschlags ratifiziert, Belgien und die Lombardei gegen den Festlandbesitz der Republik Venedig zu tauschen.[36] Bonaparte besaß nicht die geringste Vollmacht, einen solchen Handel abzuschließen. Dessen war er sich nur zu bewusst, weshalb er bei Übermittlung des Friedenstraktats das Direktorium auf die bedrohliche militärische Lage hinwies, in der er sich befinde. Die lasse ihm keine andere Wahl, als den Vertrag in der vorliegenden Fassung abzuschließen. »Im Übrigen dürfen wir uns nicht vormachen, auch wenn unsere militärische Situation sich brillant ausnimmt, wir hätten dessen Bedingungen diktiert.« Zum anderen habe er, sobald sich abzeichnete, dass die Verhandlungen ernsthaft begonnen hätten, sofort einen Kurier an General Clarke nach Turin geschickt, der im Besitz der Instruktionen sich bei diesem so hochwichtigen Geschäft sehr viel besser aus der Affäre gezogen hätte, als ihm dies möglich gewesen sei.»Sobald ich aber nach Ablauf von zehn Tagen sah, dass er noch nicht eingetroffen war und der für den Abschluss günstige Moment zu verstreichen drohte, musste ich meine Bedenken überwinden und den Vertrag unterzeichnen.« Bonapartes Behauptung, er habe Clarke aufgefordert zu kommen, ist nachweislich eine Lüge: Clarke durfte Bonaparte im entscheidenden Moment nicht in die Quere kommen, weil der im Besitz von Instruktionen war, die den Abschluss des Vorfriedens zu den von Bonaparte vereinbarten Bedingungen durchkreuzt hätten. Damit nicht genug, nahm Bonaparte für sich außerdem noch in Anspruch:»Sie haben mir hinsichtlich aller militärischer Operationen Vollmacht erteilt; nach Lage der Dinge waren die Friedenspräliminarien selbst mit dem Kaiser eine militärische Operation.«[37] Diese Interpretation war eine ziemliche Frechheit, weshalb sich Bonaparte beeilte, deren Wirkung nach Möglichkeit zu begrenzen, indem er sich gegen Ende seines Schreibens zur verfolgten Unschuld stilisierte:»Die üble Nachrede wird sich vergeblich anstrengen, mir perfide Absichten nachzusagen; meine bürgerliche Karriere wird wie meine militärische Laufbahn *une et simple* sein. Das wird es Ihnen nahelegen, dass ich Italien verlasse, und ich fordere von Ihnen mit Nachdruck, dass Sie mir zusammen mit der Ratifikation der Friedenspräliminarien Anweisungen bezüglich des weiteren Geschäftsgangs der italienischen Angelegenheiten und einen Urlaub geben, um mich nach Frankreich zu verfügen.«[38]

Als General Clarke in der Nacht des 20. April in Leoben eintraf, sah er sich mit dem *fait accompli* eines Friedensvertrags konfrontiert, der in so gut wie jeder Hinsicht seinen Instruktionen widersprach. Das Ergebnis musste er akzeptieren, allerdings, so schrieb er Außenminister Delacroix, sei der Vertrag von Leoben ein lediglich vorläufiges Abkommen. Es gründe sich auf »éléments mobiles«, die man bis zur Unterzeichnung eines vollgültigen Friedens noch ändern könne.[39]

An »beweglichen Elementen« war kein Mangel, denn durch die Bestimmungen des Vorfriedens von Leoben geriet die staatliche Ordnung in ganz Norditalien in Bewegung.[40] Auch spiegelte diese Ordnung nur jeweils eine Momentaufnahme wider, weil Bonaparte fortwährend damit beschäftigt war, seine norditalienische Spielwiese neu zu ordnen. Bei der republikanischen Organisation der unterschiedlichen italienischen Regionen hatte er sich bislang am Vorbild der Verfassung des Thermidor orientiert. Die sklavische Nachahmung des monströsen Vorbilds der französischen Verfassung erwies sich aber als der allen Schwesterrepubliken gemeinsame Webfehler, der sich unter den in Italien herrschenden Voraussetzungen besonders nachteilig auswirkte. Auf den Einfall, sich von der Organisation der Republik in Frankreich zu verabschieden, kam aber nicht Bonaparte, sondern das Direktorium, das ihm dies in einem langen Schreiben vom 7. April 1797 nahelegte.[41]

Das Direktorium riet mit diesem Schreiben dazu, die Verfassung der Republik eigenhändig zu entwerfen, alle Amtsinhaber, auch wenn diese nach der Verfassung gewählt werden sollten, zunächst selbst zu bestimmen und schließlich der neuen Republik einen Gesetzeskodex zu geben. Das war eine Anleitung, die Bonaparte bei der Gründung der von ihm ausgeübten Consulats-Diktatur beherzigen sollte! Dem Rat der zynischen Pragmatiker, die in Paris die Regierung stellten, folgte Bonaparte umgehend. Anlass war der enttäuschende Wahlausgang in der ersten, Mitte Oktober 1796 proklamierten Schwesterrepublik Cispadanien, die Modena, Reggio, Ferrara und Bologna nebst deren Umland umfasste. Wie er dem Direktorium klagte, hätte der Klerus das Votum der Wähler massiv beeinflusst, ein Umstand, der umgehend geändert werden müsse. »Die Republik Cispadanien braucht ebenso wie die Lombardei für wenigstens drei oder vier Jahre eine provisorische Regierung, deren Aufgabe es sein muss, den Einfluss der Kirche zu mindern. Ohne diese Maßnahme wird man nichts bewirkt haben, wenn man ihnen die Freiheit gibt. (...) In Übereinstimmung mit

Ihren Befehlen und Abreden werde ich damit beginnen, die Lombardei und die Cispadanische Republik unter ein und derselben Regierung zu vereinen. Ist das geschehen, werde ich Initiativen ergreifen, die in Übereinstimmung mit den herrschenden Sitten den Einfluss des Klerus verringern und zur Aufklärung beitragen.«[42]

Diese Absichten ließen nicht lange auf sich warten, denn die Cispadanische Republik verschwand einfach und wurde, wie ebenfalls im Schreiben des Direktoriums vom 7. April angeregt, mit der aus der Lombardei geschaffenen neuen Cisalpinischen Republik verschmolzen. Das kündigte Bonaparte am 29. Juni 1797 mit einer Proklamation an die Lombarden vollmundig an.[43] Nach der ephemeren Cispadanischen lieferte die Cisalpinische Republik das Muster für weitere »Schwesterrepubliken«, die Bonaparte jetzt in rascher Folge in Italien schaffen sollte. Deren Legislativversammlungen und die Ämter der Exekutive wurden, wie vom Direktorium empfohlen, nicht durch Wahlen besetzt, sondern ihr Personal wurde ausnahmslos von Bonaparte berufen. Darin verriet sich die Absicht, die mit dem Schwindel der italienischen Schwesterrepubliken verfolgt wurde, den viele Italiener gleichwohl als Befreiung ihres Landes von Fremdherrschaft oder den Zwängen des *Ancien Régime* missverstanden.

Eine solche Absicht lag Bonaparte sehr fern, und es war zunächst auch keineswegs sein Ziel, Italien mittels der Schaffung von Schwesterrepubliken zu »revolutionieren«. Was ihn zu diesem Tun bestimmte, war allein die Absicht, der französischen Armee sichere Grundlagen in einer Umgebung zu verschaffen, deren staatliche Strukturen sich auflösten oder nur rudimentär entwickelt waren. Ihm ging es vor allem darum, eine effiziente Organisation zu haben, die Geld und Rekruten für die Kriegführung generierte. Seine Absichten waren also ausschließlich von militärischen Rücksichten geprägt. Deshalb war es für ihn auch zunächst viel sinnvoller, eine Reihe kleinerer Schwesterrepubliken zu beaufsichtigen als ein staatlich geeintes Italien, das imstande gewesen wäre, weitaus größere Widerstände gegen seine Forderungen geltend zu machen.

Die kleineren Schwesterrepubliken zeichneten sich auch durch den

Charme aus, den einheimischen Notabeln die Illusion zu verschaffen, sie seien zur Leitung ihrer Staaten berufen. Bonaparte versprach sich davon auch den Vorteil, die Eroberungen rascher zu konsolidieren, was die von ihnen zu erwartenden Erträge garantierte. Das war entschieden effizienter als das anfängliche System militärischer Verwaltung und fiskalischer Ausbeutung. Der wachsende Widerstand der Ausgebeuteten verpflichtete immer mehr Militär zu Polizeiaufgaben, eine Verwendung, die dessen Moral beschädigte. Dank der sich selbst verwaltenden Schwesterrepubliken konnten auch die in deren Öffentlichkeit virulenten Meinungsströmungen ganz beiläufig eingehegt, beeinflusst oder genutzt werden, ohne dass die Besatzungsmacht eingreifen musste. Kurz, diese Republiken boten alle Vorteile eines Klientelsystems, das bei geringen Kosten und Reibungsverlusten dem italienischen Proconsulat Bonapartes eine stabile Basis verschaffte, auf der er seinen politischen Ehrgeiz praktisch erproben konnte. Diesem Zeitvertreib widmete er sich nach dem Ende der venezianischen Affäre, als er sich von Mitte Mai 1797 den ganzen Sommer über auf Schloss Mombello bei Mailand aufhielt.

Gegenüber dem Mailänder Adeligen Graf Francesco Melzi d'Eril, den er zum Regierungschef der Cisalpinischen Republik bestellt hatte, bemerkte Bonaparte in Mombello damals: »Was Ihr Land [i.e. die Lombardei, hier aber wohl Italien insgesamt gemeint] anbelangt, so weist es sogar noch weniger Voraussetzungen auf, eine Republik zu sein, als Frankreich, und man muss hier noch weit weniger einfallsreich sein als anderswo. Sie wissen das besser als sonst jemand. Wir werden alles tun, was Sie wünschen. Aber die Zeit ist noch nicht reif. Man muss dem Fieber des Augenblicks Rechnung tragen, weshalb wir hier [i.e. in Italien] ein oder zwei Republiken nach unserer Fasson schaffen werden.«[44]

Das »Fieber des Augenblicks« war eine Metapher für die ständigen Frustrationen, die Bonaparte erlebte, sobald er den »befreiten« Italienern das republikanische Wesen unter Vermeidung des Traumas einer revolutionären Umwälzung schmackhaft zu machen suchte. Das war seine fixe Idee, die er Carlo Facci, dem Präsidenten des Gründungskongresses der *République cispadane* in Reggio, am 1. Januar 1797 übermittelte: »Sie sind in einer glücklicheren Lage als das französische Volk; Ihnen ist es möglich, ohne Revolution und ohne deren Verbrechen zur Freiheit zu gelangen.«[45] Allein, wie auch immer Bonaparte es anstellte, welche Rücksichten er übte, es war ihm kein dauerhafter Erfolg beschieden. Exemplarisch dafür ist der rätselhafte Name, den er der Verlegenheitsschöpfung gab, die aus der Zusammenlegung der Cispadanischen und der Transpadanischen Republik im Juli 1797 entstand: *République cisalpine*! Dem nur zu berechtigten Einwand, dass nicht mehr Rom, sondern Paris der Bezugspunkt sei, weshalb sich der Name *République transalpine* von selbst empfehle, wollte Bonaparte nicht stattgeben, weil die Italiener nach wie vor auf Rom fixiert seien.[46] Darin blitzt das große Ziel auf, das er damals in der Euphorie seiner Erfolge hegte, den Schweif kleiner Republiken zum Verbund einer *République italienne* zusammenzufügen. Eine dementsprechende Andeutung machte er im Schreiben an das Direktorium vom 19. Mai 1797: »Es wird also in Italien drei demokratisch verfasste Republiken geben [i. e. die *République cisalpine*, die *République cispadane* sowie die *République ligurienne*], die angesichts (...) der Kindheit, in der die Italiener immer noch leben, im Augenblick jedenfalls, nur sehr schwer miteinander vereinigt werden können. Aber, sowohl die Pressefreiheit als auch die künftigen Entwicklungen werden schon einen Beitrag dazu leisten, diese drei Republiken zu einer einzigen zu vereinen.«[47]

Das blieb ein Traum, dem Bonaparte vergebens nachjagte, dessen Enttäuschung ihm für seinen politischen Ehrgeiz jedoch wertvolle Aufschlüsse verschaffte. Wesentlichen Anteil daran hatten die Ratschläge, die ihm das Direktorium mit jenem ausführlichen Schreiben vom 7. April 1797 gegeben hatte, wie das »befreite« Italien in Übereinstimmung mit den Interessen Frankreichs staatlich zu organisieren sei, um einer drohenden Anarchie zu steuern. Vor allem hatte man ihm nahegelegt, die Gesetze schleunigst den neuen Erfordernissen und Institutionen anzupassen. Das gelte in Sonderheit für die Finanzverwaltung, wie man aus eigener Erfahrung nur zu gut wisse. Deshalb rate man mit Nachdruck, die dafür notwendige Gesetzgebung nicht einer neuen legislativen Versammlung zu überlassen, die sich aus tausend verschiedenen Gründen erst in die Materie einarbeiten müsse. Die Aufgabe sollten stattdessen Kommissionen mit jeweils drei Mitgliedern wahrnehmen. Diese sollten von ihm berufen werden, unter seiner unmittelbaren Aufsicht stehen und binnen eines Monats für die einzelnen Ressorts wie Justiz, Finanzen, Armee, Verwaltung etc. Handlungsanweisungen ausarbeiten, die er dann in seiner Eigenschaft als Oberbefehlshaber der Italienarmee verbindlich verkündete. Die Ratschläge fielen bei Bonaparte auf einen durch einschlägige Erfahrungen gut vorbereiteten Boden.

Das schärfte auch seinen Blick für die Defizite der Direktorial-Verfassung, wie er ohne Umschweife dem neuen Außenminister Talleyrand in seinem ersten Brief vom 26. Juli 1797 zu verstehen gab. Schon mit dem einleitenden Satz dieses Schreibens warf sich Bonaparte dem einstigen Bischof von Autun buchstäblich an den Hals: »Bürger, es ist wegen Männern, wie Sie einer sind, um sich deren Beifall zu verdienen, dass der Eroberer glänzende Waffentaten wagt. Vielleicht errang Alexander seine Triumphe nur, um die Athener zu begeistern, und als Athener figurieren für die anderen Heerführer die Mitglieder der gesellschaftlichen Elite, wie Sie zum Beispiel. – Ich habe die Geschichte der Revolution ausgiebig erkundet, um zu erkennen, was Sie Ihnen schuldet; die Opfer, die Sie ihr gebracht haben, verdienen eine Entschädigung; darauf müssten Sie nicht lange warten, wäre ich an der Macht. – Sie wünschen sich meine Freundschaft, der ich Sie verbunden mit meiner Wertschätzung versichere. Als Gegenleistung erbitte ich mir Ihren Rat, den ich beherzigen werde, wie ich Ihnen verspreche.«[48]

Natürlich war Talleyrand kein Unbekannter, und Bonaparte, der ihm zwar noch nie begegnet war, dürfte über ihn dennoch sehr gut im Bilde gewesen sein. Vor allem wird er, wie die Andeutung verrät, ihn für welche Opfer auch immer entschädigen zu wollen, darum gewusst haben, dass den Ex-Bischof keine Skrupel am materiellen Fortkommen hinderten. Umgekehrt hatte auch Talleyrand eine Vorstellung von Bonaparte, über den er im Zusammenhang mit dem Vorfrieden von Leoben seinem New Yorker Bankier Olive enthusiastisch in einem Brief vom 10. Mai 1797 schrieb: »Da ist der Frieden, der im Nu endgültig geschlossen ist, denn die Präliminarien sind bereits unterschrieben, und was für ein schöner Frieden! Weiter, was für ein Mann, unser Bonaparte! Er ist noch nicht einmal 28 Jahre alt, aber sein Haupt ist schon mit Ruhm geschmückt, dem des Krieges wie dem des Friedens, dem der Mäßigung wie dem der Großherzigkeit: Er hat einfach alles.«[49]

Beide hatten also eine hohe Meinung voneinander. Das zeigt auch das erste Schreiben Talleyrands an Bonaparte vom 24. Juli, das sich mit dessen Schreiben vom 26. Juli gekreuzt haben muss: »Billigerweise erschrocken über die Aufgaben, deren gefährliche Bedeutung ich erahne, habe ich das Verlangen, mich an dem Empfinden dessen aufzurichten, was Ihr Ruhm an Möglichkeiten und Erleichterungen zu den Verhandlungen beizusteuern vermag. Der Name Bonaparte allein ist ein Bundesgenosse, dem nichts standhält.«[50] Um sich jedoch jenseits dieser wohlfeilen wechselseitigen Komplimente Aufschluss über die konkreten politischen Ansichten Bonapartes im Lichte des *18 Fructidor* zu verschaffen, hatte ihn Talleyrand reichlich unverblümt aufgefordert, seine Meinung über die Verfassung der Republik offen auszusprechen. Dieses Ansinnen hatte Bonaparte in seinem ersten Brief provoziert, als er ihm schrieb: »Der Hauptfehler der Revolution ist, viel zerstört, aber nichts neu gebaut zu haben; alles bleibt also noch zu tun.«[51] Das hatte die neugierige Nachfrage Talleyrands zur Folge, die Bonaparte in einem langen Schreiben vom 21. September 1797 zu beantworten suchte:

Die Hauptschuld, dass man in Frankreich noch immer keinen eindeutigen Begriff vom Wesen der Politik habe, man nicht klar auseinanderhalte, was man unter der Exekutive, der Legislative und der Judikative verstehe, trage Montesquieu, der unzulängliche Erklärungen geliefert habe, weil er nur die englische Regierung in den Blick genommen und anhand dieser ganz allgemein die drei Gewalten definiert hätte. In England hat das Unterhaus insbesondere in Steuerfragen sowie bei der Entscheidung über Krieg und Frieden große Vorrechte. Das erklärt sich daraus, dass das Unterhaus die einzige Instanz ist, die

als gewähltes Repräsentativorgan in einem System figuriert, das von
drei unterschiedlichen gesellschaftlichen Kräften – Krone, Aristokratie und Volk – vorgestellt wird, das Volk in diesem Zusammenhang
aber nicht der mächtigste Faktor ist. »Die englische Verfassung«, so
Bonaparte, »ist nur eine Charta von Privilegien«, die dem Volk die
Mittel verschaffen solle, sich des Übermuts der Mächtigen zu erwehren. Da das Unterhaus das einzige Vertretungsorgan ist, das recht und
schlecht die Nation repräsentiert, habe nur dieses beispielsweise das
Recht, Steuern zu beschließen: »Das Unterhaus ist der einzige Damm,
den man finden konnte, um den Despotismus und die Anmaßung der
Höflinge zu zügeln. – In einem Regierungssystem jedoch, in dem alle
Autorität aus der Nation entspringt, in dem das Volk der Souverän ist
[i. e. in dem also im Unterschied zu England der Adel und die Monarchie abgeschafft sind], warum sollte man dort zu den Merkmalen der
legislativen Gewalt Aufgaben rechnen, die ihr völlig fremd sind?

Seit fünfzig Jahren vermag ich nur eine Sache zu erkennen, die
wir gut definiert haben: die Souveränität des Volkes. Aber bei der Bestimmung dessen, was bei der Zuschreibung der einzelnen Gewalten
verfassungsmäßig ratsam sei, waren wir weit weniger glücklich. – Die
Organisation des französischen Volkes ist uns bislang nur ansatzweise
gelungen.« Damit spielte er auf jenen Satz in seinem Brief vom 26. Juli
an, den er Talleyrand als Köder hingeworfen hatte und nach dem dieser prompt schnappte. Das erlaubte Bonaparte jetzt, seine Ansichten
bezüglich einer neuen Verfassung in extenso darzulegen: »Die Macht
der Regierung, im ganzen Umfang, den ich ihr zubillige, muss als der
wahre Repräsentant der Nation angesehen werden, der folglich in
Übereinstimmung mit der Verfassung und den Gesetzen regieren
muss. Diese Macht teilt sich, so will es der Anschein, ganz natürlich in
zwei genau unterschiedene Verfassungsorgane auf, von denen das
eine nur überwacht, aber nicht handelt. Dem müssen von dem Verfassungsorgan, das wir heute als Exekutive bezeichnen, alle großen Ent-
scheidungen vorgelegt werden. Dabei handelt es sich sozusagen um die
legislative Kontrolle der Exekutive. Dieses Verfassungsorgan (...) hat
all jene Aufgaben hinsichtlich Verwaltung und Exekutive wahrzuneh-

men, die in unserer Verfassung der Legislative anvertraut sind. – Das zweite Verfassungsorgan wird das sein, das wir heute den *Directoire exécutif* nennen. (...) Die legislative Gewalt verabschiedet zunächst alle Verwaltungsgesetze (...) Diese legislative Gewalt (...) wird keinerlei eigenen Ehrgeiz entfalten und uns auch nicht mit tausenden von Gelegenheitsgesetzen überschwemmen, die sich alle wegen ihrer Absurdität gegenseitig aufheben und die uns eine Nation ohne Gesetze verschaffen mit dreihundert Folianten voller Gesetzestexte.« Die normale Gesetzgebung müsste hingegen Aufgabe der Regierung sein, denn nur sie kann die wahren Bedürfnisse des Landes zutreffend einschätzen. Das erfordert indes eine scharfe Kontrolle des Regierungshandelns, die aber nicht von der Legislative, sondern von einem »großen Rat der Nation«, einer Versammlung, ausgeübt werden muss, die nur aus Mitgliedern besteht, die schon zuvor bedeutende öffentliche Ämter ausgeübt haben. Dieser »große Rat«, der »überwachen, aber nicht handeln« sollte, sei der zweite Arm der Exekutive. Seine Aufgabe sollte es sein, die Verfassungsmäßigkeit des Regierungshandelns zu überprüfen. »Da haben Sie, wie ich glaube, einen vollständigen Abriss des politischen Geschäfts, den die Umstände, in denen wir uns befinden, verzeihlich erscheinen lassen. Für eine Nation mit über dreißig Millionen Mitgliedern ist es im 18. Jahrhundert wahrhaft ein großes Unglück, dazu genötigt zu sein, sich auf Bajonette zu stützen, wenn es gilt, das Vaterland zu retten! Die gewalttätigen Heilmittel klagen den Gesetzgeber an, denn eine Verfassung, die Menschen gegeben wird, muss auch auf Menschen zugeschnitten sein.«[52]

Die Verfassungsüberlegungen Bonapartes verraten sein Verlangen nach einer starken Exekutive. Was er Talleyrand gegenüber zu skizzieren suchte, war ein Entwurf jener Herrschaftspraxis, wie sie den Consulat kennzeichnen sollte: ein autoritäres, zentralisiertes System, das eine effektive parlamentarische Opposition von vornherein ausschloss. Diese offene Kritik am politischen System der »Thermidorianer« erlaubte er sich im Briefwechsel mit Talleyrand. Gegenüber Miot de Melito oder dem vormaligen Abgeordneten Louis-Gustave Doulcet de Ponté culant, der den Säuberungen des *18 Fructidor* zum Opfer gefallen war, äußerte er sich verhaltener, aber mit derselben Tendenz: »Frankreich mit einer anständigen und starken Regierung: Da haben Sie, was ich will. Eine Verwaltung, die in saubere Hände gelegt ist, eine Exekutive, die über die notwendige Autorität gebietet, um sich Achtung zu verschaffen und sich nicht den ewigen Schwätzereien von Zeitungsschreibern und Advokaten auszusetzen; das braucht unser Land. Die Freiheit kommt dann von ganz alleine, wenn überhaupt (...) Mein Gott, wir haben davon genug gehabt seit zehn Jahren. Mich hat das nicht verführt wie die anderen, sondern ich habe viel nachgedacht: mit einem derartigen System lässt sich keine Ordnung vereinbaren.«[53]

Die Muße von Mombello nutzte Bonaparte dazu, weitere Facetten seiner Persönlichkeit zur Geltung zu bringen, um das Image, das ihn als erfolgreichen Heerführer und gewieften Politiker auswies, zu differenzieren und sich der breiten Öffentlichkeit gleichsam als *uomo*

universale zu empfehlen. Die Unabhängigkeit, die er bewies, als er mit anderen Staaten und Mächten Verhandlungen führte oder Verträge schloss und selbst mit dem Papst auf Augenhöhe verkehrte, war nicht die Anmaßung eines Leitenden Angestellten des Pariser Direktoriums. Sie rührte auch nicht von revolutionärer Unverfrorenheit her, sondern entsprach den Konventionen wie der Welt, in denen sich sein Genie entfaltete. Das Schloss von Mombello lieferte ihm dafür den Rahmen, den er mit Geschick nutzte, um durch die Inszenierung höfischen Lebens die Aura seiner Machtausstrahlung zu steigern und deren Eindruck auf die Zeitgenossen zu verstetigen.

Schon mit kleinen Etiketteänderungen ließen sich große Effekte erzielen. Dazu gehörte etwa, dass selbst höhere Offiziere auf Distanz gehalten wurden und auch die Adjutanten, mit denen ihn wegen ihrer Funktion ein besonderes Vertrauensverhältnis verband, nicht mehr wie früher tägliche Gäste an seiner Tafel waren. Entsprechende Einladungen waren jetzt die Ausnahme und wurden als besonderes Privileg veranschlagt. Nicht genug damit, speiste Bonaparte wie ein Herrscher des *Ancien Régime* in der Öffentlichkeit seines Hofs. So berichtet es Miot de Melito, der im Juni 1797 in Mombello auf Besuch weilte und der sich dort »inmitten eines prächtigen Hoflebens und nicht im Hauptquartier der Armee« zu befinden wähnte: »Eine strenge Etikette herrschte bereits damals um ihn herum; seine Adjutanten und andere Offiziere waren nicht mehr zur Tafel zugelassen, und er machte immer große Umstände hinsichtlich der Auswahl seiner Tischgäste. Das war stets ein sehr begehrter Vorzug, den man nur mit Mühe erlangte. Er speiste gewissermaßen öffentlich: Während seiner Mahlzeit ließ man in den Saal, in dem er speiste, die Landesbewohner eintreten, die mit gierigen Blicken an seiner Erscheinung hingen. Das brachte ihn kein bisschen in Verlegenheit, noch verwirrte ihn im mindesten dieses Übermaß an Ehrerbietung, und er betrug sich so, als sei er seit je nichts anderes gewohnt. Seine Empfangsräume und ein riesiges Zelt, das er an der Gartenseite vor seinem Palast hatte aufschlagen lassen, waren ständig mit zahlreichen Generälen, Verwaltungsbeamten, bedeutenden Armeelieferanten ebenso wie mit Angehörigen des italie-

nischen Hochadels oder den bekanntesten Männern des Landes be-
völkert, die sich nur eingefunden hatten, um die Vergunst zu erleben,
von ihm wahrgenommen zu werden, oder die eine Unterredung mit
ihm suchten. Kurz, alles verneigte sich vor dem Glanz seiner Siege und
der Ausgesuchtheit seines Gebarens. Das war schon nicht mehr der
General einer triumphierenden Republik, das war ein Eroberer aus
eigener Machtvollkommenheit, der den Unterlegenen seine Gesetze
diktierte.«[54]

Miot de Melito verharrte in einer eher reservierten Haltung Bonaparte gegenüber, was für die Glaubwürdigkeit seines Urteils spricht.
Das gilt auch für das Zeugnis von Doulcet de Pontécoulant: »Alles in
dieser erlesenen Unterkunft hatte ein Flair von Größe, dessen würdig,
der darin wohnte«, erinnerte er sich an den Aufenthalt in Mombello
im Herbst 1797. »Man wähnte sich eher im Palast eines Souverän, der
von einem prächtigen Hofstaat umgeben über die Ressourcen eines
mächtigen Staates gebot, als in der bescheidenen Absteige eines republikanischen Generals, dem noch der Staub der Feldlager anhaftete
und dessen Diadem lediglich Siegespalmen waren. Nur Bonaparte
hatte inmitten dieser gewaltigen Pracht, die ihn umgab, in seinem Ge-
baren und seiner Kleidung Einfachheit bewahrt. (...) Allein die Gewohnheit zu befehlen hatte ihm in Miene und Haltung eine Selbst-
sicherheit verschafft, die zu Respekt nötigte. (...) Man gewahrte an ihm
die Sicherheit eines Mannes, der sich seiner Überlegenheit bewusst ist
und der sich auf der Höhe der Position weiß, die er bekleidet. Kein anderer als Bonaparte hat zu dieser Zeit mehr die öffentliche Meinung
beeinflusst, die zu verachten oder ersticken zu wollen er sich den
Anschein gab. Jeder, der eine gewisse Reputation besaß, wurde ihm
vorgestellt und war sich gewiss, mit ausgesuchter Höflichkeit und
schmeichelnder Aufmerksamkeit empfangen zu werden. (...) Über den
Krieg sprach er mit den Militärs, Verwaltungsfragen erörterte er mit
den Staatsmännern, die Wissenschaften, Künste und Literatur hingegen diskutierte er mit Gelehrten, Künstlern und Schriftstellern, die
er, einen nach dem anderen, durch die Breite und Vielgestalt seiner
Kenntnisse verblüffte.«[55]

Der Aufenthalt in Mombello hatte, von allen Annehmlichkeiten einmal abgesehen, für Bonaparte eine eminent propagandistische Funktion: Hier war er der Mittelpunkt des gesellschaftlichen Lebens, das Zentralgestirn, das alle umkreisten, die sich Gunstbeweise oder Anerkennung erhofften. Allen Erwartungen an ihn wurde er dadurch gerecht, dass er sich als ein in den Künsten und Wissenschaften gut bewanderter Herrscher darstellte. Das verfehlte nicht seinen Eindruck auf die italienische Gesellschaft, deren anfängliche Ablehnung ihres »Befreiers« rasch schwand, denn ihr begegnete er mit der Maxime, der er sich im Brief an den Astronomen Oriani vom 24. Mai 1796 bereits bedient hatte: »Alle Menschen von Genie, all jene, die sich in der Republik des Geistes einen Namen gemacht haben, sind Franzosen, ganz gleichgültig, in welchem Land auch immer sie geboren wurden.«[56]

Unfehlbar war der Eindruck besonders dann, wenn Bonaparte Patronage versprach, wie etwa dem zu seiner Schaffenszeit schon berühmten Bildhauer Canova, der in Rom lebte und dem er am 6. August 1797 schrieb: »Ich erfuhr von einem Ihrer Freunde, Monsieur, dass Sie der Pension verlustig gegangen sind, die Sie von Venedig empfingen. Die Französische Republik schätzt die großen Talente sehr, die Sie auszeichnen. Als berühmter Künstler haben Sie einen besonderen Anspruch auf den Schutz durch die Italienarmee. Ich werde Anweisung geben, Ihnen Ihre Pension auszuzahlen. Lassen Sie es mich bitte wissen, wenn dieser Anweisung nicht Folge geleistet wird, und seien Sie des Vergnügens versichert, das es mir bereitet, wenn ich Ihnen etwas zuwenden kann, was Ihnen nützlich ist.«[57]

Solche Schreiben dienten der eigenen Propaganda, wie Goethe bezeugte: »Ein Brief des Bonaparte an den Astronomen Cagnoli in Verona, der bei den Unruhen [i. e. den *Pasque Veronesi*, dem »Veronesischen Ostern«, am 17. April 1797, die von den Franzosen zum Vorwand genommen wurden, die Republik Venedig zu liquidieren] viel gelitten und verloren hatte, soll den Gemütern Beruhigung einflössen, da dem Manne Ersatz und Sicherheit versprochen wird.«[58] Goethe nahm von diesem Brief Kenntnis, den die Zeitung *Il Patriota Bergamasco* veröf-

fentlicht hatte, die ihm auf seiner Schweizer Reise von 1797 unter die
Augen gekommen war.

Die von Goethe mitgeteilte Lesefrucht aus einer ephemeren norditalienischen Lokalzeitung macht darauf aufmerksam, wie raffiniert
Bonaparte dabei zu Werke ging, seinem öffentlichen Image Tiefen-
schärfe zu verleihen. Mit dem Ende der italienischen Kampagne
drohte das Bild des erfolgreichen Strategen einfach deshalb an Wirkung einzubüßen, weil es auf die Dauer ein allzu eindimensionales
Porträt von Bonaparte propagierte: Unterm ständigen Pulverrauch lief
das Profil des Helden Gefahr, zum bloßen Schattenriss eingeschwärzt
zu werden. Mit dem war in den jetzt anbrechenden Friedenszeiten, in
denen es notwendigerweise galt, vorrangig zivilistische Qualitäten
propagandistisch zu verwerten, naturgemäß weit weniger anzufangen.
Das nötigte zu Retuschen, bei denen jene Charakterzüge zu betonen
waren, mit denen er den mutmaßlichen Erwartungen einer Öffentlichkeit entsprach, die ihn mit einer jugendlichen, selbstlosen, tugend-
haften und siegreichen republikanischen Führergestalt identifizieren
sollte. Um diesen Wandel überzeugend zu inszenieren, genügte es,
Bonaparte auf der Bühne und in den aufwendigen Kulissen von Mombello agieren zu lassen. Hier konnte er, wie Doulcet de Pontécoulant
es schilderte, seine Überlegenheit ohne aufzutrumpfen als eine ihm
eigentümliche Selbstverständlichkeit ausspielen.

Es musste also nur dafür gesorgt werden, die vielfältigen, sein Ansehen wie seine Stellung reflektierenden Wirkungen, die Bonaparte
im Rahmen von Mombello entfaltete, einer weiteren Öffentlichkeit
zu vermitteln. Das sollte sie mit einem Mann bekannt machen, dem
man es wegen seiner militärischen Erfolge und den daraus gewonne-
nen diplomatisch-politischen Fertigkeiten getrost zutrauen konnte,
die Regierungsgeschäfte der Französischen Republik zu besorgen. Um
vor allem diese Botschaft zu propagieren, schuf sich Bonaparte den
*Courrier de l'armée d'Italie ou le Patriote français à Milan, par une société
de républicains*, der zwischen dem 20. Juli 1797 und dem 2. Dezember
1798 jeden zweiten Tag in zweihundertachtundvierzig Ausgaben erschien und der an die Soldaten der Italienarmee kostenlos verteilt

wurde, in Mailand und Paris hingegen käuflich zu erwerben war. Neben praktischen Informationen zu Belangen der Armeeverwaltung transportierte der *Courrier* vor allem die politischen Ansichten und Ideen Bonapartes zu aktuellen Fragen, weshalb niemand Zweifel hegen konnte, dass es sich dabei um sein publizistisches Sprachrohr handelte. Diese offiziöse Bedeutung erklärt, dass eine Reihe weiterer Zeitungen – in Paris waren es wenigstens drei – Artikel aus dem *Courrier* übernahmen,[59] was dessen publizistische Reichweite entsprechend vergrößerte.

Zwei Wochen nach dem Start des *Courrier* ließ Bonaparte noch ein weiteres Blatt mit dem Titel *La France vue de l'armée d'Italie* folgen, das in Mailand, Lyon und Paris vertrieben, aber nur ein- oder zweimal alle zehn Tage publiziert wurde. Dieses Presseorgan, das insgesamt achtzehn Ausgaben hatte, von denen die letzte am 6. November 1797 erschien, diente ebenso wie der *Courrier* der politischen Imagepflege Bonapartes. Komplementär zur eigenen Aktivität im Bereich der Presse verschärfte Bonaparte außerdem in Mailand ab dem Frühsommer 1797 die Pressezensur, um ihm feindliche Stimmen, insbesondere der monarchistischen Publizistik, zum Verstummen zu bringen. Eine ähnlich strikte Zensur wurde ab dem 14. Juli 1797 auch über die französischen Zeitungen verhängt, die in Mailand zum Verkauf gelangten.[60]

Die zwei von Bonaparte lancierten Zeitungen verrieten deutlich, mit welchen politischen Absichten er umging, über die er sich in einem langen Gespräch mit Miot de Melito und Melzi d'Eril im Park von Mombello eröffnete: »Was ich bis jetzt vollbracht habe, ist noch nichts. Ich stehe erst am Anfang einer Karriere, die ich durchlaufen muss. Glauben Sie etwa, meine Triumphe in Italien dienten nur der *Grandeur* der Advokaten des Direktoriums, eines Carnot oder eines Barras? Was für ein Einfall! Eine Republik mit dreißig Millionen Menschen! Mit unseren Bräuchen, unseren Lastern! Wie sollte das möglich sein? Das ist ein Traumgespinst, in das die Franzosen vernarrt sind, das wie so viele andere einfach verschwinden wird. Wonach sie verlangen, ist Ruhm, die Befriedigungen der Eitelkeit; aber auch die Freiheit? Von der verstehen sie nichts. Schauen Sie sich die Armee an! Die Siege, die

wir errungen haben, die Triumphe haben bereits dem französischen
Soldaten seinen eigentlichen Charakter verschafft. Ich bin sein Ein und
Alles. Sollte sich das Direktorium unterstehen, mir das Kommando zu
nehmen, wird man sehen, wer der Meister ist. Die Nation braucht
einen Chef, einen vom Ruhm ausgezeichneten Chef und nicht Theorien von Regierungsformen, Phrasen oder Geschwätz von Ideologen,
von dem die Franzosen sowieso nichts verstehen. Man gebe ihnen
Tand, das genügt; damit werden sie sich vergnügen, und sie werden allem seinen Lauf lassen, vorausgesetzt jedoch, man verheimlicht ihnen
konsequent das Ziel, auf das man sie zumarschieren lässt.«

Das war von einem Zyniker der Macht weit in die Zukunft geblickt,
aber auch hinsichtlich der unmittelbar anstehenden Fragen, die sich
mit den Bedingungen stellten, zu denen der Frieden mit Österreich
geschlossen werden sollte, äußerte sich Bonaparte mit rücksichtsloser
Offenheit. So sei es auf jeden Fall ausgeschlossen, dass man in Italien
Österreichs Macht künftig fürchten müsse, denn er werde ihm als
Entschädigung nur einen Teil des Festlandterritoriums der Republik
Venedig zugestehen. Auf den Einwand seines wegen dieser Aussicht
entsetzten Gesprächspartners, der von der Macht Österreichs an den
Pforten Italiens die schlimmsten Folgen für die Freiheitshoffnungen
der Italiener heraufziehen sah, versetzte Bonaparte, man solle nicht in
Geschrei ausbrechen, bevor das Unglück geschehen sei:

»Dazu wird es nur kommen, wenn ich durch irgendeine Dummheit
von Paris dazu genötigt werde, Frieden zu schließen, denn ich habe
keineswegs die Absicht, mit Österreich so schnell zu Rande zu kommen. Der Frieden ist meinen Interessen sehr fern. Sie sehen doch, was
ich bin, welche Rolle ich augenblicklich in Italien spiele. Sobald der
Frieden unterzeichnet ist, stehe ich nicht mehr an der Spitze der Armee, die ich mir verpflichtet habe, muss ich diese Macht, diese hohe
Stellung, in der ich mich eingerichtet habe, fahren lassen, um den
Advokaten im *Palais Luxembourg* den Hof zu machen. Ich würde Italien nur verlassen, wenn ich in Frankreich eine Rolle spielen könnte,
die in etwa der hiesigen gliche, aber der Augenblick dafür ist noch
nicht gekommen: Die Birne ist noch nicht reif. Aber wie sich das be-

werkstelligen lässt, hängt nicht allein von mir ab. In Paris sind sie sich
uneins. Eine Partei macht sich für die Bourbonen stark; deren Triumph
will ich nicht unterstützen. Lieber möchte ich eines Tages die republikanische Partei schwächen, aber natürlich sollte das zu meinem Vorteil und nicht zu dem der alten Dynastie sein. Bis es so weit ist, gilt es,
gemeinsam mit der republikanischen Partei zu marschieren. Deshalb
könnte auch der Frieden notwendig sein, um die Wünsche unserer
Gaffer in Paris zu befriedigen, und wenn das so sein soll, dann will ich
diesen Frieden stiften. Überließe ich diesen Verdienst einem anderen,
würde ihn diese Wohltat in der öffentlichen Wertschätzung viel höher
platzieren als alle meine Siege.«[61]

Im Sommer 1797 war das Bonapartes Dilemma: Der von allen ersehnte Frieden, den er durch seine Siege überhaupt erst möglich gemacht hatte, würde ihn Amt und Stellung kosten und dazu nötigen, als
zwar hochverdienter, aber dennoch abgedankter Militär in irgendwie
lächerlicher Untätigkeit seine Existenz zu fristen. Das waren unschwer
absehbare Konsequenzen, die es rechtzeitig zu vereiteln galt. Den
willkommenen Vorwand dafür lieferten die Umtriebe der Monarchisten, die in Paris über eine große Anzahl von Presseorganen verfügten,
die immer häufiger scharfe Kritik an Bonaparte äußerten, den sie ausweislich seines Werdegangs als einen jakobinischen Fanatiker schil-
derten.

Diese öffentliche Nachrede war gewiss lästig, wurde für Bonaparte
aber in dem Maße auch politisch gefährlich, als die Gemäßigten und
die Royalisten bei den Wahlen im April 1797 im *Conseil des Cinq-Cents*
wie im *Conseil des Anciens* eine Mehrheit erhielten. Zur gleichen Zeit
war mit Barthélemy turnusgemäß ein neuer Direktor durch Losentscheid bestimmt worden, der mit dem gemäßigt gesinnten Carnot
eine ausgesprochen konservative Minderheit im Direktorium bildete.
Das stiftete höchst antagonistische Mehrheiten in den Leitungsorga-
nen der Republik, die schnell zu heftigen Auseinandersetzungen zwischen der mehrheitlich konservativen Legislative und der jakobinischen Exekutive führen mussten. Damit war umso mehr zu rechnen,
als sich die Regierung, sprich das Direktorium, auf so gut wie allen

Politikfeldern arge Blößen gab. Das galt vor allem für die in der öffentlichen Meinung geäußerte Kritik, das Direktorium führe nur deshalb
ständig Krieg, weil man die Armeen in Frankreich nicht ernähren
könne. Umständehalber traf das vor allem auf die Italienarmee und
Bonaparte zu, der sich am 14. Juli mit dem propagandistischen Pau-
kenschlag einer Proklamation an die Armee zu Wort meldete, deren
zentrale Passage eine unverhüllte Drohung an die royalistische Mehrheit in den beiden *Conseils* war:

»Soldaten, ich weiß, dass Ihr alle das Unglück im Herzen tragt, von
dem das Vaterland bedroht wird; allein das Vaterland kann nicht wirklich Gefahr laufen. Dieselben Männer, die es über das verbündete
Europa triumphieren ließen, sind noch immer am Ruder. Es trennen
uns Berge von Frankreich; mit der Schnelligkeit des Adlers werdet Ihr
sie überwinden, wenn es gilt, die Verfassung, die Freiheit zu verteidigen, die Regierung und die Republikaner zu schützen. (...) Gnaden-
loser Krieg den Feinden der Republik und der Verfassung des Jahres
III!«[62] Das entsprach eben jenen Absichten, die er zuvor im Gespräch
mit Miot de Melito Ende Mai in Mombello entdeckt hatte.

Diese Proklamation sandte Bonaparte, garniert mit einem Begleitschreiben, das deren Absicht in einen größeren Zusammenhang
stellte, an das Direktorium: »Die Armee erhält einen großen Teil der
Zeitungen, die in Paris erscheinen, davon vor allem die schlechtesten,
aber das hat eine genau gegenteilige Wirkung als die, die man sich
davon verspricht. Die Empörung, die deshalb in der Armee herrscht,
erreicht ihren Siedepunkt. Der Soldat verlangt lautstark zu erfahren,
ob er als Dank für seine Mühen und den sechsjährigen Kriegsdienst
bei der Heimkehr an seinen Herd ermordet wird, wie man es allen Patrioten androht. Die Umstände verschärfen sich mit jedem Tag, und
ich glaube, Bürger Direktoren, dass es unabdingbar ist, dass Sie eine
Entscheidung treffen. – Beigefügt finden Sie die Erklärung, die ich der
Armee verlautbart habe: Sie hat eine vorzügliche Wirkung gehabt. Es
gibt keinen einzigen hier, der nicht lieber mit den Waffen in der Hand
sein Leben verlöre, als sich in einer Pariser Sackgasse ermorden zu lassen. – Was mich anbelangt, so ist mir der Verzicht auf meine eigenen

Interessen längst zu einer Gewohnheit geworden. Umso mehr treffen mich die Anschuldigungen, die Verleumdungen, die achtzig Zeitungen tagtäglich und bei jeder Gelegenheit über mich verbreiten, ohne dass es jemanden gäbe, der ihnen widerspricht. (...) Ich weiß nur zu genau, dass der Club von Clichy [i.e. der Monarchistenzirkel in Paris] über meine Leiche gehen wird, um an sein Ziel zu gelangen, die Republik zu vernichten. Gibt es denn in Frankreich keine Republikaner mehr? Sollten wir, nachdem ganz Europa von uns besiegt wurde, dazu gezwungen sein, uns irgendwo auf der Welt in eine Ecke zu verkriechen, um dort unsere traurigen Tage zu enden? – Sie können mit einem einzigen Schlag die Republik retten. (...) Verhaften Sie die Emigranten; zerstören Sie den Einfluss der Ausländer. Wenn Sie Unterstützung brauchen, rufen Sie die Armeen. Zertrümmern Sie die Druckerpressen der Zeitungen, deren Verleger sich an England verkauft haben und die noch blutrünstiger argumentieren, als dies Marat jemals tat. – Was mich anbetrifft, Bürger Direktoren, so ist es mir ganz und gar unmöglich, mit derart widersprüchlichen Zumutungen zu leben. Sollte es kein Mittel geben, um den Leiden des Vaterlands ein Ende zu machen, den Mordbübereien und dem Einfluss Ludwigs XVIII. einen Riegel vorzuschieben, dann fordere ich meine Entlassung.«[63]

Mit der Rücktrittsdrohung unterstrich Bonaparte seine Forderung an das Direktorium zu einem Staatsstreich im Namen der revolutionären Legitimität, mit dem Ziel, sich die Monarchisten vom Hals zu schaffen. Auf eben diese Rechtfertigung sollte er sich zwei Jahre später beim Coup des *18 Brumaire* berufen. Wie im *Vendémiaire* war es auch jetzt wieder Barras, den Machtinstinkt und Skrupellosigkeit handeln ließen. Er war das Haupt des Triumvirats, das innerhalb des Direktoriums den Staatsstreich ausheckte, dessen Ausführung sich Bonaparte diesmal klugerweise entschlug und stattdessen General Augereau damit beauftragte, der die ihm gestellten Aufgaben mit gebotener Effizienz erfüllte. Der Staatsstreich des *18 Fructidor an V* brachte Bonaparte der Macht in Paris ein großes Stück näher. Für den Augenblick hatte er jedoch nur die Genugtuung, der eigentlich »starke Mann« zu sein, da das Direktorium mit diesem Putsch sich die Frist noch etwas stunden konnte. Umso mehr musste es jetzt darauf bedacht sein, möglichst schnell zum Abschluss des Friedens zu kommen. Mit diesem Erfolg galt es die Öffentlichkeit für sich zu gewinnen, die gegenüber dem politischen Geschehen in apathischer Gleichgültigkeit verharrte und deshalb weder die Monarchisten noch die Republikaner unterstützte.[64] Daraus folgerte Bonaparte, das Direktorium werde die Friedensverhandlungen mit Österreich an sich ziehen und diese ohne seine Beteiligung in Paris zu einem schnellen Ende zu führen trachten. Wollte er sich auch als Friedensstifter der Allgemeinheit vorstellen, musste er das verhindern. Deshalb begab er sich eilends nach Campo Formio, einem Dorf auf venezianischem Gebiet unweit von Udine gelegen. Mit der Drohung, den Krieg sofort wieder aufleben zu lassen, gelang es Bonaparte, Österreich zum Friedensschluss zu zwingen, der in der Nacht vom 17. auf den 18. Oktober 1797 besiegelt wurde.[65]

Bei Licht besehen hatte Österreich mit diesem Frieden einen für seine Interessen sehr vorteilhaften Handel geschlossen. Weder die Preisgabe Belgiens noch die der Lombardei waren für Wien schmerzhafte Verluste, während die französischen Ansprüche auf Gebiete westlich des Rheins, die Österreich insgeheim anerkannte, in Verhandlungen mit dem Heiligen Römischen Reich geregelt werden mussten. Für Österreich hochwillkommene Gewinne, die das Staatsgebiet abrundeten oder sinnvoll erweiterten, waren hingegen das Erzbistum Salzburg und das bayerische Inn-Viertel sowie Venedig. Mit Ausnahme der Ionischen Inseln gehörte auch der gesamte venezianische Festlandbesitz dazu, der Habsburg erstmals freien Zugang zum Mittelmeer verschaffte.

Bonaparte, der den Frieden zwar namens der Französischen Republik, aber gleichwohl auf eigene Rechnung abschloss, weil das Direktorium diesen Bedingungen im Vorfeld keineswegs zugestimmt hatte, geriet damit heftig in Kritik. Daran änderte nichts, dass man sich in Paris längst dazu resigniert hatte, einen Frieden mit Österreich nur um den Preis zu bekommen, dass man die italienischen Eroberungen fahren ließ, nachdem man sich auf Biegen und Brechen auf die Rheingrenze versteift hatte. Dieses Dilemma skizzierte Außenminis-

ter Delacroix bereits am 22. April 1797 General Clarke: »Das Direktorium hätte es vorgezogen, allen Völkern, die sich als Freunde unserer
Prinzipien erwiesen haben, die Freiheit zu versichern, allein es spürt
noch viel mehr den Zwang, dem französischen Volk den Frieden zu
verschaffen. Mit Bedauern ermächtigt es Sie also, der Preisgabe dieser
Länder zuzustimmen.«[66]

Diese Haltung reflektierte den Artikel 7 des am 18. April 1797 von
Bonaparte geschlossenen Vorfriedens von Leoben, mit dem sich
Frankreich dazu verpflichtete, mit Ausnahme von Belgien dem Haus
Österreich alle Erblande zurückzuerstatten. Das zeigt, dass die Regierung keine Kenntnis der Geheimklauseln dieses Vertrags hatte, mit
denen Österreich nach Artikel 1 in Italien ausdrücklich auf den Anspruch der Gebiete jenseits des rechten Ufers des Oglio und des Po
verzichtete. Als Kompensation dafür erhielt es das gesamte venezianische Festlandsterritorium mit Ausnahme der Stadt Venedig und deren
Lagune zugesprochen. Das jetzt territorial zu einer Stadtrepublik ge-
schrumpfte Venedig, das Bonaparte als einen Torso am Leben erhalten wollte, um einen von Frankreich kontrollierten Puffer zwischen
dem österreichischen Herrschaftsgebiet und dem von der Republik
kontrollierten Italien zu haben, sollte als Ausgleich für seinen Gebiets-
verlust mit den drei Legationen der Romagna, von Ferrara und Bologna entschädigt werden.

Das war eine plausible, dem Direktorium aber nicht bekannte Konzeption. Es versteifte sich denn auch, sobald mit dem Staatsstreich
vom *18 Fructidor* (4. September 1797) die Gefahr einer royalistischen
Machtübernahme gebannt war, umso entschlossener auf Maximalforderungen für die Friedensverhandlungen mit Österreich. Diese
wurden Bonaparte in immer drohenderem Ton übermittelt und for-
mulierten die Alternative: Abtretung des linken Rheinufers, Verzicht
Österreichs auf alle Ansprüche in Italien oder Krieg. Auf dieses Ge-
zeter reagierte Bonaparte am 25. September in bewährter Weise, bezeichnete sich als erschöpft, für wenigstens zwei Jahre der Ruhe be-
dürftig und kam um seine Entlassung ein, von der er nur zu gut wusste,
dass ihr nicht stattgegeben werden würde.[67]

Bonaparte war im Umgang mit dem Direktorium unterdessen derart gewieft, dass er am 8. Oktober seinem österreichischen Kontrahenten, dem Grafen Johann Ludwig von Cobenzl, die Nachricht zukommen ließ, wenn er Venedig für Österreich sichern wolle, müsse er sofort den Frieden unterfertigen, ohne dafür das formelle Einverständnis des Wiener Hofes abzuwarten. Beharre er aber darauf, sähe er sich seinerseits gezwungen, ebenfalls die Zustimmung von Paris einzuholen, was den Abschluss des Friedens notwendigerweise verzögern müsse.[68] Das sollte Cobenzl als Ankündigung verstehen, dass dann andere, für Österreich vermutlich weit weniger vorteilhafte, Bedingungen an den Frieden geknüpft würden, über die Bonaparte der ständige Druck, den Paris auf ihn ausübte, kaum in Zweifel lassen konnte. Seine Mitteilung vom 8. Oktober tat ihre Wirkung, denn bereits zwei Tage später verständigten sich beide Seiten auf den Friedensvertrag.

Die Empörung im Direktorium über den Frieden von Campo Formio war zwar riesig, aber es gab dazu auch keine Alternative, zumal in der Öffentlichkeit nur die Forderung auf ein sofortiges Ende des Krieges erhoben wurde. Aber selbst wenn sich das Direktorium davon nicht hätte beeindrucken lassen, sah man sich andererseits außer Stande, eine halbwegs glaubwürdige Kriegsdrohung aufzubauen, nachdem sich der König von Preußen allen französischen Ouvertüren auf Kosten von Österreich verweigert hatte.[69] Das Dilemma, in dem das Direktorium deshalb gefangen war, fasste Reubell im Gespräch mit dem preußischen Botschafter Sandoz am 31. Oktober 1797 in der Bemerkung zusammen: »Ich kann nicht behaupten, dass wir einen guten Frieden geschlossen haben; aber ich kann sagen, dass wir ihn dringend brauchten, denn andernfalls hätte man in alle Ewigkeit fortpalavern müssen oder sich bis zur Auslöschung der Nation bekriegen. Es war allein von Ihrem Hof abhängig, uns einen besseren Frieden zu verschaffen; wir hätten alle beide davon den Vorteil gehabt und den Frieden auch sicherer gemacht.«[70]

Reubell unterlief damit ein erstaunlicher Denkfehler, denn das Bündnis mit Preußen, dessen Stärke seit den Zeiten Friedrichs des

Großen in Frankreich notorisch überschätzt wurde, war einer der Dreh- und Angelpunkte der Außenpolitik der Revolution. Diese Absicht paralysierte Österreich mit dem Frieden von Campo Formio erfolgreich, insofern es Bonaparte dazu verpflichtete, auf den Besitz Preußens auf dem linken Rheinufer (Köln sowie Jülich und Venlo) zu verzichten. Damit würde Preußen keinerlei rechtsrheinische Kompensationsansprüche geltend machen können, die es ihm erlaubt hätten, sein nach Westen ausfransendes Territorium in Norddeutschland zu arrondieren. Auf diese Weise hätte Preußen einen größeren Einfluss auf die Bestimmung der Geschicke im Heiligen Römischen Reich erhalten, weil die große Masse seines Staatsgebiets außerhalb der Reichsgrenzen lag und es damit auf die Machtverhältnisse im Reichstag keinen Einfluss hatte. Eben deswegen wäre Preußen auf entsprechende Entschädigungen sehr erpicht gewesen, zumal diese weit üppiger ausgefallen wären, als es die erlittenen Verluste gerechtfertigt hätten.[71]

Die Entschädigungen, die Preußen für linksrheinische Gebietsverluste hätte geltend machen können, waren ein Sonderfall. Aber auch die Kompensationen für den Streubesitz anderer Fürsten auf dem linken Rheinufer würden tendenziell einen für Frankreich auf mittlere Sicht sehr nachteiligen Effekt haben, der nur zu geeignet zu sein versprach, die angeblichen strategischen Vorteile der »natürlichen Grenze« mit dem Rhein in gravierende Nachteile zu verwandeln. Eben darauf machte Bonaparte hellsichtig bereits bei der Ratifikation des Vorfriedens von Leoben aufmerksam, als er dem Direktorium in einem langen Schreiben vom 27. Mai 1797 auseinandersetzte, Wien habe sich seiner Einschätzung nach derart lange mit der Zustimmung zum Vorfrieden geziert, »nicht weil man Widerwillen empfunden habe, uns die Rheingrenze zuzugestehen, sondern weil man jegliche Änderung vermeiden wollte, mit der die Macht des preußischen Königs vergrößert werde und die überdies den gesamten Reichsverband (*Corps germanique*) in heillose Unordnung stürzte«. Damit, so warnte Bonaparte nachdrücklich, »gibt man den Vorteil des Erwerbs von Belgien und der Rheingrenze preis, denn das wäre gleichbedeutend damit, zehn oder zwölf Millionen Einwohner in die Hand der zwei Mächte zu geben, vor denen wir uns gleichermaßen hüten müssen. – Wenn es den *Corps germanique* nicht gäbe, müssten wir ihn für unser eigenes Wohlbefinden schleunigst erfinden«.[72]

Dieses schlüssige Argument scheint Bonaparte zwischenzeitlich vergessen zu haben, denn wie ließe sich sonst jene gewissermaßen vorauseilende Zerknirschung erklären, mit der er sich bereits im Schreiben vom 10. Oktober 1797 zu rechtfertigen suchte, als er das Direktorium detailliert über den Stand der Vertragsverhandlungen unterrichtete: »Ich habe von den Vollmachten, die Sie mir gegeben haben, und dem Vertrauen, das Sie in mich setzten, profitiert, um diesen Frieden zu schließen. [Es folgt eine neun Punkte umfassende Aufzählung aller Gründe, die aus seiner Sicht gegen eine Wiederaufnahme des Kriegs gegen Österreich sprachen.] Wenn ich mich in allen diesen Überlegungen getäuscht haben sollte, so ist dennoch mein Herz rein, und meine Absichten sind aufrichtig; ich habe die Lockungen meines Ruhmes, meiner Eitelkeit und meines Ehrgeizes zum Schweigen verurteilt; ich hatte nur das Vaterland und die Regierung im Auge; ich habe mich auf eine mir würdige Weise gegenüber dem unbegrenzten Vertrauen betragen, das mir vom Direktorium seit zwei Jahren entgegengebracht wurde. Ich glaube, mich so verhalten zu haben, wie es jedes Mitglied des Direktoriums an meiner Stelle getan hätte. Dank meiner Dienste habe ich die Anerkennung von Regierung und Nation verdient, deren wiederholte Wertschätzung ich erfahren habe. Jetzt bleibt mir nichts mehr, als mich unter die Menge zu mischen, mich hinter den Pflug des Cincinnatus zu stellen und ein Beispiel für die Hochachtung vor den Magistraten und für die lebhafte Abneigung gegen ein Militärregime zu geben, das so viele Republiken zerstört und mehrere Staaten vernichtet hat.«

Damit ihm dieses Selbstbekenntnis seitens des Direktoriums wenigstens eine letzte Frist verschaffte, machte er diesem die Offerte seiner neuerlichen Verwendung, bei der er einmal mehr seine unbestreitbaren Fähigkeiten zum Ruhm und Wohl des Vaterlands würde beweisen können: »Schließlich wird der Krieg mit England ein we-

sentlich größeres, anspruchsvolleres und schöneres Feld eröffnen, uns
zu bewähren. Das englische Volk ist es weit mehr wert als das venezianische, und seine Befreiung wird für immer die Freiheit und das Glück
Frankreichs gewährleisten. Oder, wenn wir diese Regierung zum Frieden verpflichten, werden unser Handel, die Vorteile, die wir ihm in
den beiden Welten [i. e. Europa und Amerika] verschaffen, ein großer
Schritt zur Festigung der Freiheit und der öffentlichen Glückseligkeit
sein.«[73]

Nein, alle diese Deklamationen hätten Bonaparte nicht vor dem
verständlichen Zorn des Direktoriums bewahrt, das völlig zu Recht
über einen Frieden empört sein musste, der ungeachtet aller ihm zu-
gefügten Niederlagen Österreich große Vorteile verschaffte. Was Bonaparte rettete, war die schiere Schwäche der Regierung, die es sich
nicht leisten konnte, eine Politik zu machen, die dem Verlangen der
Öffentlichkeit nach Ruhe und Frieden widersprach oder die auf ihren
mit Abstand erfolgreichsten General verzichtete. Also blieb ihr nichts
anderes übrig, als zähneknirschend diesen Frieden zu ratifizieren, bei
dem sich alle Parteien bewusst waren, dass es sich bei ihm nur um
einen weiteren Waffenstillstand handelte. Zum anderen galt es, die
Komödie abgeschmackter Friedens- und Siegesfeiern zu spielen, die
in Paris ausgerichtet wurden und in deren Mittelpunkt Bonaparte
stand, den so mancher stattdessen lieber dort gewusst hätte, wo der
Pfeffer wächst.

Der Spieler

D as Schicksal Venedigs waren der Ehrgeiz Bonapartes und die widersprüchliche Politik, die das Direktorium in den italienischen Angelegenheiten verfolgte. Spätestens nach seinem triumphalen Einzug in Mailand war Bonaparte entschlossen, die »Befreiung« der Lombardei und ganz Norditaliens unter der Vormundschaft der Französischen Republik zu einer Tatsache zu machen, die auch bei einem Friedensschluss mit Österreich Bestand hatte. Das Ziel, dem das Direktorium mit dem Krieg gegen Österreich nachjagte, war dagegen die Abtretung der österreichischen Niederlande und die Anerkennung der Rheingrenze. In dieser Perspektive waren die Erfolge, die Bonaparte in Italien mit denkbar geringem Aufwand und in kurzer Zeit errang, für die Pariser Regierung im höchsten Maße irritierend, denn damit avancierte das, was nur als Nebenkriegsschauplatz vorgesehen war, zur Hauptsache. Eine solche Entwicklung, die weder geplant noch vorhergesehen war, stürzte das Direktorium in Verlegenheit. Es suchte sich damit herauszureden, die in Italien gemachten Eroberungen seien als Kompensationen hochwillkommen: Bei einem Friedensschluss mit Österreich würde man die Lombardei gegen Belgien und das linke Rheinufer verhandeln.

Ein solcher Gebietsaustausch war im Zusammenhang mit der Bei legung der »Erbfolgekriege« im 18. Jahrhundert gängige Praxis. Diesem Verfahren stand jetzt jedoch entgegen, dass der Erfolg der »Befreiung« Norditaliens Bonaparte geschmeichelt hatte und er sich ausmalte, dies gelte auch für seine Landsleute. Andererseits war er aber auch realistisch genug, um zu wissen, dass es eine Kompensation brauchte, um Frieden zu schließen. Da das Direktorium aber weder auf Belgien noch die Rheingrenze, Bonaparte nicht auf die Lombardei oder die für Frankreich eroberte Stellung in Norditalien verzichten wollte, musste ein anderes Pfund gefunden werden, mit dem man bei Friedensverhandlungen wuchern konnte. Nach dem Beispiel Polens, an dessen einvernehmlicher Aufteilung sich drei Mächte gütlich getan hatten, musste sich Venedig Bonaparte als Lösung aufdrängen.

Die seit dem 8. Jahrhundert bestehende Republik Venedig hatte als eine das östliche Mittelmeer beherrschende See- und Handelsmacht den Zenith ihrer Bedeutung längst durchschritten. Was ihren Bestand sicherte, war der Respekt vor ihrer früheren Macht und Größe wie vor allem der Umstand ihrer geografischen Randlage. Außer mit Österreich hatte Venedig keine Berührung mit einer weiteren Großmacht. Um die beschauliche Abgelegenheit, der sich die Republik Venedig durch Neutralität zu versichern suchte, war es geschehen, sobald Bonaparte den Siegeszug durch Norditalien begann. Zunächst war es Österreich, das mit Truppenbewegungen die Neutralität des venezianischen Festlandsbesitzes in Norditalien verletzte. Für Bonaparte war das ein willkommener Vorwand, entsprechend zu verfahren und Städte wie Bergamo, Cremona oder Verona unter Missachtung ihrer Neutralität dauerhaft militärisch zu besetzen und systematisch auszuplündern. Die nur schwachen Proteste, die von Venedig deswegen erhoben wurden, zeigten Bonaparte deutlich, wie gering die Widerstandsfähigkeit der Adelsrepublik zu veranschlagen war.[1] Für ihn war dieses Wissen gleichbedeutend damit, dass es ein Leichtes sein würde, den geflügelten Löwen, das Wappenbild der Republik Venedig, zu erlegen und sein Fell aufzuteilen.

Um die französische Öffentlichkeit auf den Untergang der Republik vorzubereiten, ließ es sich Bonaparte angelegen sein, in einigen Städten des venezianischen Festlandsbesitzes, die in französischer Hand waren, Aufstände zu provozieren. Die Kapitulation der dem venezianischen Gebiet nahen Festung Mantua am 2. Februar 1797 verschaffte den französischen Besatzern eine Konsolidierung ihrer Macht, die sich in deren immer größer werdenden Gewalttaten niederschlug. Kaum unternahm die Italienarmee den Vorstoß auf die österreichischen Erblande, zettelten *Agents provocateurs*, die von Jean Landrieux, Bonapartes Generaladjutanten mit Sitz in Mailand, gesteuert wurden, in den Städten der venezianischen *Terra ferma* Unruhen an. Die sollten den französischen Besatzern den Vorwand verschaffen, den Empörern, die als Freiheitskämpfer stilisiert wurden, Schutz und Unterstützung zukommen zu lassen. Ginge man hier mit der gebotenen Vorsicht zu Werke, würde das nicht zuletzt auch dafür sorgen, dass sich die anderen europäischen Mächte nicht in die Händel einmischten. Gleichzeitig müsste es gelingen, die Venezianer noch mehr ins Unrecht zu setzen.[2]

Diesem Treiben war Erfolg beschieden, denn am 12. März 1797 kam es in Bergamo zu einem Volksaufstand. Mit Unterstützung der französischen Besatzungsmacht bewirkte der den Umsturz der venezianischen Herrschaft. In bewährter Manier wurde die städtische Autonomie proklamiert.[3] Nach diesem Muster folgten Aufstände in Brescia und Crema am 17. und 28. März. Unter diesen »Erfolgen« drohte den Strippenziehern in Mailand jedoch die Regie für die weiteren Handlungsabläufe zu entgleiten: Die Aufstände provozierten eine Gegenreaktion der Landbewohner und Stadtbürger, die unter den mannigfachen Ausschreitungen der französischen Soldaten litten und gegen ihre Unterdrücker aufbegehrten. Überall auf der venezianischen *Terra ferma* fielen Franzosen gezielten Mordanschlägen zum Opfer, auf die von der Besatzungsmacht mit allerhand Repressalien und willkürlichen Erschießungen von Verdächtigen reagiert wurde. Das trug dazu bei, den schwärenden Hass noch zu verstärken.

Es drohte eine Gewaltspirale in Gang zu kommen, die außer Kontrolle geraten konnte und die Kommunikationslinie der Italienarmee gefährdete, die jenseits des Alpenhauptkamms auf österreichischem

Boden operierte. Das war eine Gefahr, die auch Bonaparte auf-
schreckte, der deshalb am 9. April 1797 in Judenburg ein Ultimatum an
Ludovico Manin, den letzten Dogen von Venedig, richtete: »Die gesamte *Terra ferma* der *serenissime* Republik von Venedig ist in Waffen. Überall erschallt der Ruf der Landleute, die Sie bewaffnet haben:
Tod den Franzosen! Mehrere hundert Soldaten der Italienarmee sind
bereits Opfer geworden. Es ist ganz vergeblich, dass Sie Zusammenrottungen verdammen, die Sie selber veranlasst haben. Glauben Sie
etwa, dass ich in einem Augenblick, in dem ich mich im Herzen von
Deutschland befinde, außer Stande wäre, dafür zu sorgen, dass dem
ersten Volk auf Erden der ihm gebührende Respekt gezollt wird? Glauben Sie etwa, dass die Legionen Italiens die Massaker hinnehmen, die
Sie provozieren? Das Blut meiner Waffenbrüder wird gerächt werden (...) Ich schicke Ihnen meinen ersten Adjutanten, der Ihnen diesen
Brief überbringt: Krieg oder Frieden. Wenn Sie nicht umgehend alle
Maßnahmen ergreifen, die Zusammenrottungen aufzulösen, wenn
Sie nicht die für die Morde Schuldigen ergreifen und mir ausliefern,
wird Ihnen der Krieg erklärt.«[4]

Das Ultimatum erwies sich als gelungener Propagandacoup, mit
dem alle Schuld an den anarchischen Zuständen auf der *Terra ferma*
der Republik Venedig angelastet werden konnte. Auch wurde auf
venezianischem Gebiet ein blutiger Aufruhr provoziert, der als das
»Veronesische Ostern« in die Geschichte eingegangen ist. Unter allen
Städten des venezianischen Festlandbesitzes hatte Verona vermutlich
am meisten unter der französischen Besatzung zu leiden. Die Stadt
liegt am Fuße der Tiroler Alpen, kontrollierte drei Brücken über die
Etsch und verfügte über starke Befestigungen. Das alles verschaffte
Verona eine große strategische Bedeutung, die Bonaparte nutzte, der
die Stadt zu einem Knotenpunkt für den Aufmarsch gegen Österreich
machte. Er verlegte stetig neue Truppenkontingente in ihre Mauern,
die Verona binnen kurzem den Anschein eines großen Militärlagers
verschafften. Dessen Personal musste von den Einwohnern der Stadt
behaust und ernährt werden. Kirchen und Klöster dienten als Laza-
rette oder Kasernen und, da diese nicht ausreichten, erlebten auch

zahlreiche Privatleute Einquartierungen. Die waren allen Übergriffen, Diebereien und Brutalitäten schutzlos ausgeliefert, zumal Beschwerden als Beleidigung Frankreichs galten.

Das nährte einen Hass auf die Besatzer, von dem sich Bonaparte keine Vorstellungen machte, wie das Schreiben an General Kilmaine vom 9. April zeigt, der während seiner Abwesenheit das Kommando über die Besatzungstruppen in der *Terra ferma* führte. Kilmaine wurde angewiesen, die venezianischen Truppen in Padua zu entwaffnen und deren Offiziere wie den Gouverneur der Stadt als Gefangene nach Mailand zu schicken. Entsprechend sollte auch in Treviso, Bassano und Verona sowie in Brescia und Bergamo verfahren werden, falls der Senat von Venedig sich unterstand, frische Truppen dorthin zu entsenden. Im Übrigen sei es seine Aufgabe, die aufständischen Bauern zu züchtigen, deren Zusammenrottungen es dadurch aufzulösen gelte, dass man die Dörfer bedrohe und an einem davon auch ein Exempel statuiere, indem man es anzünde. Außerdem solle er in Bergamo, Brescia, Verona, Padua, Treviso und Bassano jeweils eigene Stadtverwaltungen schaffen, die ihre Autorität durch Bürgerwehren zur Geltung bringen. Schließlich erteilte er ihm Befehl, alle venezianischen Adeligen wie jene, die eine besondere Anhänglichkeit an den Senat von Venedig aufwiesen, zu verhaften. Sie sollten als Geiseln dienen, falls man in Venedig zu Repressalien gegen Franzosen oder die Freunde Frankreichs schritte. »Wenn die venezianische Angelegenheit ebenso wie das, was Sie unternehmen, gut verläuft, (...) wird die Regierung von Venedig, die sich auf ihrer kleinen Insel befindet, keine lange Dauer mehr haben, wie Sie sich ausmalen können.«[5] Damit niemand Sinn und Zweck dieser Gewaltmaßnahmen missverstehe, hatte Bonaparte noch eine Proklamation verfasst, die Kilmaine in der *Terra ferma* bekanntmachen sollte und mit der alle Schuld an den herrschenden Übeln dem Senat von Venedig angelastet wurde. Außerdem versichert Bonaparte, die Religion, die persönliche Freiheit und den Besitz schützen zu wollen und nur die Schuldigen zu bestrafen. »Sie wurden von einer kleinen Anzahl von Männern bedrückt, die sich seit den barbarischen Zeiten der Regierung bemächtigt hatten. Sollte der Senat

von Venedig über sie das Recht der Eroberung beanspruchen, befreie
ich sie davon.«[6]

Die Provokationen, zu denen Bonaparte seinen Vertreter in der
Terra ferma anhielt, die der »Revolutionierung« der Republik Venedig,
sprich ihrer Auslöschung Vorschub leisten sollten, wurden durch die
Gräuel der »Pâques Véronaises« weitgehend überflüssig, die am
17. April, am Ostermontag 1797, begannen. Unmittelbarer Auslöser
war eine Überreaktion des französischen Stadtkommandanten Bal-
land, der Befehl erteilte, die auf die Stadt gerichteten Kanonen, die auf
den Toren oder der Festung aufgefahren waren, abzufeuern, nachdem
vier seiner Soldaten bei Händeln zu Tode gekommen waren. Diese
Salven gaben das Signal für den offenen Ausbruch einer Gewaltorgie,
mit der die Veronesen über die Franzosen herfielen und sie massa-
krierten. Das Gemetzel dauerte auch noch am nächsten und übernächsten Tag an. Die letzten Hoffnungen der Empörer, die sich an
eine Intervention der Österreicher klammerten, zerstoben endgültig,
sobald am 23. April die Nachricht vom in Leoben am 18. April geschlossenen Vorfrieden eintrafen.

Das Geschehen der »Pâques Véronaises« lieferte Bonaparte nicht
den Vorwand, der Republik Venedig den Krieg zu erklären, den er wegen des Vertrags von Leoben dringend brauchte, um seine in dessen
Geheimklauseln versteckten Versprechen einlösen zu können. Den
casus belli verschaffte ihm am 20. April ein französisches Kriegsschiff,
der Aviso *Le Libérateur de l'Italie*, der entgegen der Neutralitätsbestimmungen, die fremden Kriegsschiffen das Einlaufen in den Hafen von
Venedig untersagten, hier vor Anker gegangen war. Als der Kapitän
auf seiner Weigerung beharrte, den ihm mündlich übermittelten Auf-
forderungen, den Ankerplatz zu verlassen, zu folgen, griffen venezianische Söldner das Schiff an und machten den Kapitän und fünf
Matrosen nieder.

Verglichen mit dem Verstoß gegen die Neutralitätsbestimmungen
war so massiv zu reagieren gewiss unverhältnismäßig. Das kam Bonaparte aber umso mehr gelegen, der am 30. April von Triest aus dem
Direktorium berichtete: »Die Venezianer betragen sich von Tag zu Tag

schlimmer; der offene Krieg ist hier tatsächlich erklärt, das Massaker, das sie am Bürger Laugier [i.e. dem Kapitän des Aviso] verübten, ist das grauenhafteste Geschehen des Jahrhunderts [i.e. nach Meinung Bonapartes übertrifft es also noch die ärgsten Gräuel der Revolution!]. (...) Dieses Ereignis ist nur ein Ausschnitt dessen, was sich tagtäglich auf der *Terra ferma* zuträgt. Wenn Sie diesen Brief lesen, wird die *Terra ferma* uns gehören, und ich werde dort Exempel statuieren, derer man sich erinnern wird. (...) Wenn das französische Blut in Europa respektiert werden soll, wenn Sie darauf bestehen, dass man uns nicht zum Narren hält, dann ist es angezeigt, dass Venedig das gründlich büßen muss. (...) Ich stehe augenblicklich im Begriff, nach Palma Nova aufzubrechen, um mich von dort nach Treviso und Padua zu begeben. Ich werde Aufschluss über alles haben, was gegen uns in der Zeit an Verbrechen begangen worden ist, in der wir in Deutschland weilten; zugleich werde ich die Berichte von Lallemand [i.e. dem französischen Botschafter in Venedig] über die Ermordung Laugiers erhalten.«[7]

Bonapartes Wortwahl macht deutlich, dass er zum Äußersten entschlossen war und nicht mehr zögern würde, die Republik Venedig auszulöschen. Das gab er auch den beiden Abgesandten des venezianischen Senats zu verstehen, die ihm eine Botschaft nach Triest überbrachten. »Ich habe, meine Herren, mit Empörung den Brief zur Kenntnis genommen, den Sie mir bezüglich der Ermordung von Laugier geschrieben haben. Sie haben damit die Schrecklichkeit dieses Geschehens, das in den Annalen der modernen Nationen ohne Beispiel ist, noch durch ein Gespinst von Lügen verschlimmert, das Ihre Regierung gewebt hat, um sich zu rechtfertigen.« Konsequenterweise weigerte er sich, die beiden Abgesandten zu empfangen, und beantwortete das »Gespinst von Lügen« mit einem Ultimatum, das die Auslieferung des kommandierenden Admirals und der Polizeichefs von Venedig verlangte. Außerdem forderte er, die venezianischen Truppen und Offiziellen sollten so schnell als möglich die *Terra ferma* räumen. Erst dann fände er sich dazu bereit, ihre Darstellung über den Fall Laugier überhaupt zur Kenntnis zu nehmen.[8]

Damit war klar, dass nach Bonapartes Willen der Republik Venedig die letzte Stunde geschlagen hatte und nun die Waffen sprechen würden. Deshalb war die von ihm aufgesetzte, in fünfzehn Punkte untergliederte Anklage gegen Venedig nicht mehr als eine propagandistische Absicherung, die seinen längst gefassten Entschluss in den Augen der Öffentlichkeit rechtfertigen sollte.[9] Schon in seinem nächsten Bericht an das Direktorium, der aus Mailand vom 8. Mai datiert ist, konnte Bonaparte melden: »Ich bin am *12 Floréal* [i.e. 30. April] von Palma Nova aufgebrochen und habe mich nach Mestre begeben. Ich habe durch die Divisionen der Generäle Victor und Baraguey d'Hilliers alle Zugänge zur Lagune besetzen lassen. Augenblicklich bin ich selbst nur eine kleine Meile von Venedig entfernt und treffe die Vorbereitungen, dort mit Gewalt eindringen zu können, sollten sich die Dinge nicht fügen. Ich habe von der *Terra ferma* alle Venezianer vertreiben lassen, und wir sind dort im Augenblick die alleinigen Herren. Das Volk zeigt sich entzückt darüber, von der venezianischen Aristokratie befreit zu sein. Den Löwen von San Marco gibt es nicht mehr.«[10]

Die Feststellung eilte den Ereignissen zwar voraus, aber es konnte keinen Zweifel geben. Der Würgegriff, in dem Bonaparte die Lagunenstadt jetzt hielt, zeitigte binnen kurzem die beabsichtigte Wirkung. Bereits am 13. Mai konnte er dem Direktorium berichten: »Zwischenzeitlich haben die Entwicklungen in Venedig große Fortschritte gemacht, wo die Inhaftierung der *inquisiteurs* [i.e. derjenigen venezianischen Offiziellen, die für die Aviso-Affäre verantwortlich waren] und die Erregung der unteren Volksschichten ohne die Anwesenheit einer französischen Schutzmacht den Besitz in Gefahr bringen. (...) Ich habe deshalb General Baraguey d'Hilliers angewiesen, mit fünftausend Mann Venedig zu besetzen. (...) Es ist daher wahrscheinlich, (...), dass, wenn Sie diesen Brief lesen, Sie bereits die Herren von Venedig und seines Arsenals sind.« Verstören mussten das Direktorium aber die weiteren Mitteilungen Bonapartes: »Die *République cispadane* scheint gewillt zu sein, sich lieber mit Venedig als mit Mailand zu verbinden, sollte jene Stadt eine repräsentative Regierung akzeptieren.« Das war, wie man in Paris wusste, Bonapartes eigenes Konzept, das vom Direktorium abgelehnt wurde; es sollte sich deshalb auch weigern, den mit Venedig abgeschlossenen Friedensvertrag zu ratifizieren. Dass er damit auf alles andere als Begeisterung bei der Regierung stoßen würde, war für Bonaparte erst recht eine Herausforderung, das Potential der neuen Schwesterrepublik detailliert aufzulisten:

»Die demokratische Republik von Venedig wird sich zusammensetzen

1. aus Treviso mit zweihunderttausend Einwohnern;
2. Dogado mit einhunderttausend;
3. Rovigo und der Adria mit achtzigtausend;
4. der Stadt Venedig mit einhundertfünzigtausend;
5. den Inseln der Levante mit zweihunderttausend;
6. der *République cispadane* mit sechshunderttausend;
7. der Romagna mit dreihunderttausend.

Macht zusammen eine Million sechshundertdreißigtausend Einwohner.«[11]

Tags darauf, am 14. Mai, wusste Bonaparte zu berichten: »Morgen werde ich mit den Abgesandten von Venedig einen Vertrag schließen; ich hoffe, dass die Angelegenheit damit zu einem glücklichen Ende kommt, und dass es, wenn wir auch nicht um dieselbe Stunde in Venedig sind, dennoch nicht mehr lange dauern wird, bis wir dort sein werden.«[12]

Der Vertrag, den Bonaparte dem Direktorium ankündigte, war das Friedensdiktat, das er Venedig am 16. Mai 1797 aufnötigte und mit dem der Untergang der tausendjährigen Republik in Artikel zwei förmlich besiegelt wurde: Der »Große Rat von Venedig« leistet Verzicht auf die von ihm ausgeübten Souveränitätsrechte, ordnet die Abdankung der Erbaristokratie an und anerkennt die Souveränität des Staates in der Vereinigung aller seiner Bürger. In den fünf geheimen Artikeln dieses Diktats wurde vereinbart, dass man sich über einen Austausch der unterschiedlichen Territorien verständigen werde, die Republik Venedig dem Zahlmeister der Italienarmee drei Millionen *livres* in barem Gelde anweisen, Marineausrüstungen im Wert von ebenfalls drei Millionen zur Verfügung stellen und zum weiteren drei

Linienschiffe und zwei Fregatten der französischen Marine übereignen werde. Artikel fünf schließlich bestimmte die Übergabe von zwanzig Gemälden und fünfhundert Manuskripten »au choix du général en chef«.[13]

Das war das venezianische Friedensdiktat, dessen Ratifikation das Direktorium verweigerte, zumal die demokratische Republik Venedig, wie sie Bonaparte genannt hatte, lediglich einen revolutionären Popanz vorstellte, als dessen Symbol ein großer Freiheitsbaum auf dem Markusplatz errichtet wurde. Tatsächlich war die einst stolze Republik Venedig jetzt nur noch eine italienische Provinzstadt gleichen Namens, in der Bonaparte das alleinige Sagen hatte. Daran ließ er auch keinen Zweifel aufkommen, wie das Schreiben zeigt, mit dem er am 19. Mai den Text des venezianischen Friedensdiktats dem Direktorium übersandte: »Es wird jetzt in Italien drei demokratische Republiken geben [i.e. die *République cisalpine*, die *République cispadane* einschließlich von Venedig und die *République ligurienne*], die zu einer zu vereinigen im Augenblick jedenfalls sehr schwierig ist (...) angesichts der Kindheit, in der sich die Italiener noch befinden; allein die Pressefreiheit und die künftigen Entwicklungen werden es nicht fehlen lassen, die drei Republiken zu einer einzigen zu vereinigen.«[14]

Das weitere Schicksal Venedigs würde mit den Friedensverhandlungen zwischen Frankreich und Österreich entschieden werden, die seit dem 24. Mai in Gang waren und am 18. Oktober 1797 mit dem Frieden von Campo Formio ihren Abschluss finden sollten. Bonaparte hatte mit Venedig nie ein besonderes Interesse verbunden. Die Lagunenrepublik mit ihrem umfangreichen Festlandbesitz beiderseits der Adria war ihm immer nur als Verhandlungsmasse von Bedeutung. Das zeigte sich mit schöner Deutlichkeit daran, dass er sich unmittelbar nach Eröffnung der Friedensgespräche mit Österreich mit seinem Kontrahenten Marzio Marstrilli Marchese di Gallo, einem Neapolitaner im diplomatischen Dienst des Kaisers, auf einen Entwurf für den Friedensvertrag geeinigt hatte. Frankreich erhielt demnach die Rheingrenze zugesprochen und in Italien Mantua sowie von der einstigen venezianischen *Terra ferma* Brescia und das Gebiet bis zur Etsch. Österreich hingegen sollte als Kompensation das übrige venezianische Gebiet einschließlich der Stadt Venedig und in Deutschland Passau und Salzburg bekommen. Dessen ungeachtet ließ Bonaparte die Stadtverwaltung von Venedig zwei Tage später, am 26. Mai 1797, mit heimtückischer Duplizität wissen: »Ich werde alles in meinen Kräften Stehende tun, um Ihnen Beweise meines Verlangens zu geben, das mich beseelt, Ihre Freiheit zu festigen und dazu beizutragen, dass das armselige Italien schließlich ruhmreich, frei und von den Fremden unabhängig auf der Szene dieser Welt wieder seinen Platz einnimmt und unter den großen Nationen auch wieder den Rang behauptet, zu dem ihn die Natur, seine Stellung wie sein Schicksal bestimmen.«[15] Mit dieser Doppelzüngigkeit konnte Bonaparte nur die Absicht verfolgen, mit Venedig ein Lock- wie Druckmittel zu behalten, dessen er sich in den Verhandlungen mit Österreich nach Belieben bedienen konnte.

Ebenso verhielt es sich mit der Vereinigung von Venedig und der anderen ehemals venezianischen Städte auf der *Terra ferma* mit der *République cisalpine*. Die wurde zwar angeblich immer lautstark von deren Bürgern gefordert, die deshalb Unterschriften sammelten, aber Bonaparte verweigerte sich ihren Wünschen, weil, wie er das Direktorium wissen ließ, er damit nicht den Abschluss eines definitiven Friedens präjudizieren wolle.[16] In Wahrheit ging es ihm vielmehr darum, mit dieser Vereinigungsperspektive ein bequemes Drohmittel für den österreichischen Unterhändler in der Hand zu haben. Um dem noch mehr Nachdruck zu verleihen, behauptete er gegenüber seinen österreichischen Kontrahenten allen Ernstes sogar, die französische Regierung hätte an der »Revolutionierung« der Republiken von Venedig und Genua keinerlei Anteil gehabt. Auch die französischen Truppen nähmen auf das dortige politische Geschehen nicht im mindesten Einfluss, sondern seien lediglich als »Hilfstruppen« in der Lagunenstadt stationiert.[17] Um diesen wahrhaft grotesken und leicht durchschaubaren Behauptungen den Anschein von Substanz zu verschaffen, drohte Bonaparte sogar damit, Bevollmächtigte der Republik Venedig an den Friedensgesprächen zu beteiligen![18]

Den ersten Entwurf für einen Frieden mit Österreich übermittelte

Bonaparte mit Schreiben vom 27. Mai nach Paris. Da das Direktorium unterdessen nicht mehr gewillt war, auch nur einen Teil der italienischen Beute als Kompensation für das Zugeständnis der Rheingrenze fahren zu lassen, Bonaparte andererseits die Regierung aber auch nie davon unterrichtet hatte, welche Absichten er mit der »Revolutionierung« von Venedig verfolgte, musste er jetzt damit beginnen, sich gegenüber Paris ehrlich zu machen. Auf die kokette Frage, ob das Direktorium das für Italien skizzierte System billige, ließ er die Erläuterung folgen: »Venedig, das sich seit der Entdeckung des Kaps der Guten Hoffnung [i. e. des Seewegs nach Indien, der Venedig um das lukrative Monopol des Handels mit Asien brachte] und dem Emporkommen von Triest und Ancona im Niedergang befindet, wird die Schläge, die wir ihm zufügen, schwerlich verkraften. Die venezianische Bevölkerung ist unbrauchbar, feige und in keinerlei Hinsicht für die Freiheit irgend geeignet; ohne Land, ohne Flüsse kann es als ausgemacht gelten, dass Venedig an den fallen wird, dem wir das Festland geben. – Wir nehmen alle Schiffe, leeren das Arsenal aus, beschlagnahmen alle Kanonen, zerstören die Bank und behalten Korfu und Ancona für uns. Korfu wird uns im Friedensvertrag zugesprochen; Ancona haben wir bereits in Besitz und wird mit jedem Tag furchtbarer, aber wir werden es dennoch behalten, bis es uns durch eine Änderung in den römischen Angelegenheiten unwiderruflich zufallen wird.«[19]

Dieses Schreiben ist auch deshalb bemerkenswert, weil es in großer Vollständigkeit die Absichten zu erkennen gibt, von denen Bonaparte sich leiten ließ und mit denen er sich auch gegen mannigfache Widerstände seitens Österreichs wie der eigenen Regierung weitgehend durchsetzte. Allein in der Annahme, schneller zum Ziel zu gelangen und die Friedensverhandlungen binnen weniger Wochen abschließen zu können, sah er sich bald getäuscht. Mit dieser Einschätzung hatte er vor allem seinen wichtigsten Gegenspieler, den österreichischen Außenminister Baron Thugut, unterschätzt, der eigensinnig darauf beharrte, nicht allzu sehr von den in Leoben vereinbarten Präliminarien abzuweichen. Die Vorteile, die der Besitz von Venedig Österreich verhieß, das damit Zugang zum Mittelmeer erhielt, sah Thugut durch den Umstand erheblich gemindert, dass die drei ehemaligen päpstlichen Legationen nicht, wie in den Präliminarien vorgesehen, Venedig, und damit Österreich, sondern jetzt der *République cispadane,* und damit der Verfügung durch Frankreich, zugeschlagen werden sollten. Das war vor allem eine Frage der Machtgeographie, denn der Besitz der Legationen hätte Österreich eine unmittelbare Verbindung zum Papst verschafft. Jetzt jedoch würde Frankreich diese Landbrücke unterbrechen und damit sein Übergewicht in Italien noch deutlicher zum Ausdruck bringen.

Aus österreichischer Sicht war ein weiterer Stein des Anstoßes das Ansinnen, Passau und das Erzbistum Salzburg an Österreich abzutreten. Diese für die Erblande des Hauses Habsburg an sich willkommene Gebietsabrundung war jedoch vergiftet: Die Voraussetzung für deren Vollzug verlangte die Anerkennung des Prinzips der Säkularisation, die den Kaiser in einen schweren Konflikt mit der Reichsverfassung und den geistlichen Reichsständen gestürzt hätte: Während er die Verfassung zu schützen von Amts wegen verpflichtet war, galt das gute Einvernehmen mit den geistlichen Herren für das Habsburger Herrscherhaus als eine durch lange Tradition geheiligte Verpflichtung.

Natürlich gehörte es in erster Linie zum Verhandlungspoker, dass man in Wien an diesen beiden Kautelen Anstoß nahm und damit einen zügigen Abschluss der Friedensverhandlungen vereitelte, zumal sie den Präliminarien von Leoben widersprachen. Diese hatte Wien umso bereitwilliger akzeptiert, als sie sich vergleichsweise vorteilhaft ausnahmen. Der Eindruck war zu einem erheblichen Teil aber auch dem Umstand geschuldet gewesen, dass Bonaparte mit seinen anscheinend unbezwingbaren Truppen unmittelbar vor Wien stand und deshalb eine gewaltige Bedrohung darstellte. Mittlerweile waren die Franzosen wieder abgerückt, und damit war auch die Schockstarre, in die man in Wien gefallen war, gewichen. Jetzt besann man sich wieder der eigenen Stärke, die einen neuen Mut schöpfen ließ und sich in eifrigen Rüstungsaktionen niederschlug.

Das Stocken der Friedensverhandlungen zerrte an den Nerven Bonaparte. Seine österreichischen Kontrahenten erinnerte er in einer Note vom 20. Juni daran, sich im vierten Artikel der Präliminarien darauf verständigt zu haben, den eigentlichen Friedensvertrag binnen drei Monaten nach deren Ratifikation abzuschließen. Diese Frist liefe am 18. Juli aus. Also sei es geboten, die am 24. Mai begonnenen Verhandlungen schleunigst fortzusetzen und zu einem Ende zu bringen.[20] Darauf antworteten die österreichischen Gesandten mit einer Note vom 28. Juni, mit der sie den Nachweis zu führen suchten, die Verzögerung der Friedensgespräche sei allein durch Frankreich verursacht worden. Folglich gewinne man viel Zeit, setze man die Verhandlungen im näher zu Wien gelegenen Udine fort.[21] Die französische Seite war damit einverstanden, sollte dort der definitive Friede verhandelt werden.[22]

Der neue Ort bewirkte, wie vorherzusehen, aber auch keine Änderung. Den Grund dafür identifizierte Bonaparte hellsichtig damit, in Wien laure man nur darauf, dass es in Paris zu einem Umsturz komme, sollten bei den Wahlen die gemäßigten und die royalistischen Kräfte die Mehrheit erringen.[23] Im Schreiben vom 15. Juli übermittelte er dem Direktorium einen Brief von General Clarke, der bei den Verhandlungen in Udine zugegen war. »Sie sehen«, fügte er hinzu, »dass man immer bestrebt ist, die Verhandlungen in die Länge zu ziehen. Zweifelsohne will der Kaiser abwarten, welche Wendung die Dinge in Frankreich nehmen werden, und dass das Ausland an diesen Machenschaften einen größeren Anteil hat, als man glaubt. (...) Mit einem einzigen Schlag können Sie die Republik retten (...) und binnen vierundzwanzig Stunden den Frieden schließen. Lassen Sie die Emigranten verhaften, vernichten Sie den Einfluss des Auslands. Wenn Sie Gewalt gebrauchen müssen, rufen Sie die Armeen.«[24] So ist es gekommen, als das Direktorium durch den von Bonaparte unterstützten Putsch vom *18 Fructidor* [i. e. 4. September 1797] eine Mehrheit der Gemäßigten und der Royalisten beseitigte.

Eine Bestätigung seiner Vermutungen verschaffte ihm schon zwei Tage später ein weiterer Brief von Clarke, den er mit der Bemerkung an das Direktorium weiterleitete: »M. Baptiste [i. e. einer der Sekretäre der österreichischen Unterhändler] ist am 5 *Messidor* [i.e. 23. Juni] von Montebello abgereist. Vier Tage vorher hatten die Bevollmächtigten einen Kurier abgeschickt, der vermutlich die nämlichen Botschaften überbrachte. Also ist fast ein Monat vergangen, dass der Wiener Hof seinen Bevollmächtigten hängen lässt und sich zu nichts äußert. Es ist also nur zu offensichtlich, dass der Wiener Hof nicht ehrlich ist und dass er alles in die Länge zieht, um eine Entscheidung bei den inneren Angelegenheiten abzuwarten, mit deren Eintritt ganz Europa fest rechnet.«[25]

Auch während der Monate Juli und August hielt die österreichische Seite an dieser Verzögerungstaktik fest, ein Verhalten, das die Nerven Bonapartes zunehmend strapazierte. Neben der nur zu berechtigten Furcht vor einem drohenden politischen Umsturz in Frankreich, mit dem Kräfte ans Ruder kämen, die den österreichischen Wünschen aufgeschlossen seien, machte Bonaparte noch ein anderes Problem zu schaffen, von dem er das Direktorium am 6. September unterrichtete: »Italien hat sich verbraucht; die beträchtlichen Summen, die jeden Monat benötigt werden, um eine große Armee zu unterhalten, die sich bereits seit zwei Jahren aus diesen Landstrichen ernährt, verschaffen uns nur Verlegenheiten für die Zukunft.«[26] Außenminister Talleyrand informierte Bonaparte unter dem nämlichen Datum über überzogene Forderungen, mit denen die österreichischen Unterhändler die Friedensgespräche verzögerten. So hätten sie in der gestrigen Sitzung verlangt, dass Frankreich die Romagna, Ferrara, Mantua, Peschiera, Venedig und das gesamte ehemals venezianische Territorium abtreten müsse. Als Antwort darauf hätte er sie gefragt, auf wie viele Meilen ihre Armee auf Paris vorgerückt sei; außerdem habe er sich heftig über die Impertinenz solcher Forderungen empört, die für ihn nur bewiesen, dass die österreichischen Verhandlungspartner keinerlei Vollmacht hätten, Frieden zu schließen. (...) »Schließlich, wenn Sie den Frieden wirklich wollen, so lassen Sie ganz Frankreich den Krieg atmen, sonst werden Sie ihn noch lange nicht bekommen. Ich werde vierzehn Tage nach Eröffnung der Kampagne ganz nah an Wien herangerückt sein, und angesichts meines Vormarschs wird das Volk, das beim ersten Mal nur die Fensterscheiben im Haus von Monsieur Thugut eingeworfen hat, ihn dieses Mal aufknüpfen.«[27]

Aber weder diese Drohungen noch die Befehle Bonapartes, die Italienarmee zum 23. September in Marschbereitschaft zu setzen, konnten die Blockade der Verhandlungen sprengen. Das bewirkten erst die Nachrichten vom *18 Fructidor*, die am 11. September in Bonapartes Hauptquartier in Passariano eintrafen und die er sich beeilte, den Unterhändlern im nahen Udine zur Kenntnis zu bringen. Aber Bonaparte war sich auch bewusst, dass die hier geführten Verhandlungen für das angestrebte Ergebnis eines Friedens nur noch von nachrangiger Bedeutung waren, wie er Außenminister Talleyrand am 12. September 1797 schrieb: »All diese Erörterungen sind nichts anderes als ein Spiel; die wahren Verhandlungen werden in Paris stattfinden. Gewinnt die Regierung endlich einmal die Stabilität, die sie haben sollte, wird diese Handvoll Leute, die offensichtlich mit englischem Gold bestochen oder durch die Schmeicheleien einer Bande von Sklaven verführt sind, endlich einmal in den Zustand der Machtlosigkeit gestürzt und besäße keinerlei Mittel zum Agitieren, dann hätten Sie binnen achtundvierzig Stunden genau den Frieden, den Sie sich wünschen.«[28]

Der Ausgang des *18 Fructidor* stabilisierte zwar die Regierung, aber das hatte Folgen, die entgegen den Erwartungen Bonapartes neue Schwierigkeiten mit sich brachten: Das Direktorium schwelgte nun hinsichtlich der Friedensbedingungen in maßlosen Vorstellungen, die von den Ende Mai in Montebello den Österreichern unterbreiteten Vorschlägen entschieden abwichen. Der Kaiser, so verlangte das Direktorium jetzt ultimativ, müsse sich in Italien mit dem Erwerb von Triest bescheiden. Über Venedig wie dessen *Terra ferma* sollte hingegen Frankreich disponieren. Wenn Wien dem nicht zustimme, werde der Italienarmee der Befehl zum Angriff gegeben.[29] Das waren Maximalforderungen, denen Österreich sich nie beugen konnte, deren Wirkung aber war, dass man in Wien zu der Einsicht kam, Bonapartes ursprüngliches Angebot sei das Beste, das man bekommen könne. Andererseits geriet auch das Direktorium durch eine erneute Rücktrittsdrohung Bonapartes in die Bredouille, die noch durch die

Einsicht vergrößert wurde, dass sich gegen das Friedensverlangen der Öffentlichkeit kein Krieg durchsetzen ließe. Das lähmte die Entschlusskraft des Direktoriums, was Bonaparte erneut die Chance verschaffte, mit seinen Absichten zu obsiegen und den Frieden abzuschließen, der seinen Vorstellungen entsprach und der auch Österreich weit entgegenkam. Während das darob empörte Direktorium vor ohnmächtiger Wut schäumte, erkannte der Kaiser auf denkbar noble Weise das Ergebnis an: Dem Marchese de Gallo verlieh er den Orden vom Goldenen Vließ, und Bonaparte erhielt sechs ausgesucht schöne weiße Pferde aus dem Kaiserlichen Gestüt zum Geschenk. Es waren eben jene Rösser, die zwei Jahre später die Kutsche des Ersten Consul zu den Tuilerien zogen.

Zwischen dem 18. Oktober 1797, dem Tag, an dem der Frieden von Campo Formio geschlossen wurde, der auch das Schicksal Venedigs besiegelte, und dem 18. Januar 1798, als die ersten österreichischen Truppen einrückten, um die Stadt in Besitz zu nehmen, lag eine Galgenfrist von drei Monaten. Sie wurde von den französischen »Befreiern« nach besten Kräften dazu genutzt, die in der *Serenissima* angehäuften Schätze zu plündern. Was diesem wüsten Treiben noch einen besonders abstoßenden Charakter aufprägte, war, dass es sich unter revolutionärem Mummenschanz abspielte, mit dem in Venedig die französischen Vorbilder nachgeäfft wurden. Giacomo Casanova, der beim Grafen Waldstein auf Schloss Dux in Böhmen sein Gnadenbrot als Bibliothekar verzehrte, schrieb am 4. Dezember 1797 angesichts dieses wüsten Treibens in seiner Geburtsstadt an den mit ihm befreundeten venezianischen Patrizier Pietro Antonio Zaguri: »Jetzt sind Sie endlich befreit worden. Was hätten Sie zu einem Orakel gesagt, das Sie vor sieben Jahren mit den folgenden Worten beschieden hätte? *Du wirst frei sein, sobald Du Deine Freiheit verloren hast.*«[30]

Bonaparte war bei der Ausplünderung Venedigs nicht zugegen. Unmittelbar nach der Unterzeichnung des Friedens von Campo Formio war er nach Mailand abgereist. Von dort begab er sich am 17. November 1797 nach Rastatt. Hier sollten sich die Vertreter der bunten deutschen Staatenwelt versammeln, um die Implementierung der franzö-

sischen Rheingrenze zu beschließen. Auf dem Weg dorthin machte
Bonaparte am 19. November Station in Turin. In einer längeren Unterredung mit dem ihm seit den Tagen von Mombello vertrauten Miot de
Melito, dem französischen Botschafter beim König von Piemont,
stellte Bonaparte Überlegungen an, die sein Verhalten dem Direktorium gegenüber in den kommenden Monaten erhellen:

Über das Geschehen vom *18 Fructidor* bemerkte er zunächst, dass
er, auch wenn es dem Anschein widerspreche, mit den politischen Absichten, die das Direktorium mit diesem Putsch verfolgt habe, keineswegs übereinstimme. Deshalb läge ihm auch nichts ferner, als die
Rolle des General George Monck zu spielen, der nach Cromwells
Tod Charles II. 1660 zum Thron verhalf. Eine solche Handlungsweise
lehne er nicht nur für sich selber ab, sondern werde er auch bei anderen zu vereiteln suchen. »Aber diese Advokaten in Paris, die man jetzt
ins Direktorium aufgenommen hat [i. e. Merlin de Douai und François
de Neufchâteau, die Barthélemy und Carnot nach dem *18 Fructidor*
als Direktoren ablösten], verstehen nichts vom Regieren. Das sind
Kleingeister. Ich werde ja sehen, was sie in Rastatt erreichen wollen.
Ich hege deshalb große Zweifel, dass wir uns verstehen und dauerhaft
miteinander übereinstimmen werden. Sie sind eifersüchtig auf mich,
das weiß ich bestimmt, und ungeachtet allen Weihrauchs, mit dem sie
mich einnebeln, werde ich ihnen nicht auf den Leim gehen. Sie fürchten mich mehr, als dass sie mich liebten. Sie haben sich beeilt, mich
zum Oberbefehlshaber der England-Armee zu ernennen, um mich aus
Italien zu entfernen, wo ich Herr und Meister und auf jeden Fall viel
unabhängiger als ein Armeegeneral bin. Sie werden schon noch sehen,
wie sich die Dinge hier entwickeln werden, sobald ich nicht mehr zugegen sein werde. (...) Was mich anbelangt, mein lieber Miot, so gestehe ich Ihnen, dass ich mich nicht mehr unterzuordnen vermag. Ich
habe davon gekostet, zu befehlen, und davon möchte ich nicht mehr
lassen. Ich habe mich entschieden: Wenn ich nicht der Meister sein
kann, dann werde ich Frankreich den Rücken kehren. Ich habe nicht
so viel vollbracht, um das alles den Advokaten zu überlassen.«[31]

Welche Rolle er künftig in Frankreich spielen wolle, war Bonaparte also klar. Wie die Führung, die er für sich anstrebte, angelegt sein sollte, das entwickelte er in einem Schreiben vom 11. November 1797 an die provisorische Regierung der ligurischen Republik, der er anlässlich seines Abschieds von Italien einige Ratschläge für ihre Organisation gab. Tatsächlich jedoch waren diese Handreichungen ein Manifest, dessen Adressat die französische Öffentlichkeit war. Das machte der Redakteur des *Moniteur*, der diesen Text erstmals veröffentlichte, unmissverständlich deutlich, indem er dem Text eine panegyrische Einführung voranstellte, die die Vorzüge seines Verfassers pries, der zu jenen glücklichen Genies gehöre, deren Triumphe sich nicht nur von einem Erfolg herschrieben. Bonaparte sei im Senat nicht weniger groß als an der Spitze der republikanischen Armeen; er verstehe sich ebenso darauf, gute Gesetze zu geben wie sich der Feinde zu erwehren; auch verstünde er sich nicht weniger darauf, die Republik vor den Gefahren zu bewahren, die aus Übertreibungen, dem Parteigeist, dem Verlangen, populär zu sein, oder dem Drang, etwas zu gelten, herrühren. Schließlich sei er nicht allein dazu geschaffen, der Republik die Freiheit zu erobern, sondern auch der am besten geeignete Mann, sie die Mittel zu lehren, sich ihrer zu erfreuen. Diese Lobhudelei mündete schließlich in den Wunsch, dass diejenigen, denen jene weisen Ratschläge gespendet werden, auch deren Wert erkennten und beherzigten. »Was aber nicht weniger wünschenswert ist, dass man auch bei uns zu der Überzeugung gelange, dass diese Ratschläge nicht nur für die Völker der cisalpinischen und ligurischen Republik von Nutzen sind.«[32] Spätestens mit diesem Verweis auf die über jede Kritik erhabenen staatsmännischen Fähigkeiten Bonapartes wird man vom Verdacht überwältigt, sie seien dem Redakteur von diesem in die Feder diktiert worden.

Nach einigen praktischen Ratschlägen, die auf eine Verbesserung der staatlichen Organisation der ligurischen Republik – Verringerung der Verwaltungskosten, Ausrottung des Hangs zur Kirchturmpolitik sowie eine personelle Verkleinerung der nach französischem Vorbild geschaffenen Vertretungsorgane – hinauslaufen, setzt Bonaparte zu einer umfassenden Kritik am Verlauf der Revolution an, die sich vermeintlich auf die Genese der ligurischen Republik bezieht, tatsächlich aber die Entwicklung in Frankreich seit 1789 meint:

»Warum hat sich das ligurische Volk bereits derart verändert? Auf seinen ersten Elan von Brüderlichkeit und Freiheitsüberschwang folgten Angst und Schrecken. Die Priester waren die Ersten, die sich um den Freiheitsbaum scharten; sie waren die Ersten, die Euch gesagt haben, dass die Lehre der Evangelien durchwegs demokratisch ist. Allein Männer, die im Solde Eurer Gegner standen – in den Revolutionen aller Länder sind sofort Freiwillige der Tyrannei zur Stelle – haben Verfehlungen, Verbrechen einiger Priester zum Anlass genommen, gegen die Religion zu hetzen, und die Priester haben sich zurückgezogen. – Ein Teil des Adels war von Anfang an daran beteiligt, das Volk zu aufzuwecken und die Menschenrechte zu proklamieren. Man hat sich auf die Verfehlungen, die Vorurteile oder die einst geübte Unterdrückung einiger Adeliger gestürzt, hat den Adel insgesamt verfolgt und darüber die Zahl Eurer Feinde vergrößert. (...) Die bedrohliche Situation, in der Ihr Euch jetzt befindet, ist die Folge der unterirdischen Wühlereien von Feinden der Freiheit und des Volkes. Haltet Euch fern von jedem Mann, der die Vaterlandsliebe nur in seiner Gefolgschaft konzentriert wähnt; auch wenn die Rede, die er führt, den Anschein hat, als spräche er für die Interessen des Volkes, will er es nur empören und spalten. Ohne Unterlass erhebt er Anklagen, denn nur er allein ist frei von allen Fehlern [*lui seul est pur*; i. e. ein eindeutiger Hinweis auf Robespierre]. Eben das sind Männer im Solde der Tyrannen, deren Zielen sie so vorzüglich dienen. – Wenn man in einem Staat (...) es sich zur Gewohnheit macht, zu verurteilen, ohne zuvor anzuhören, umso mehr einer Rede zuzustimmen, je radikalere Forderungen mit ihr geäußert werden, wenn man die Ausschweifung und die Wut als Tugenden bezeichnet, das Verbrechen als Mäßigung, dann ist dieser Staat seinem Untergang ganz nah. – Bei einem Staat ist es wie bei einem Schiff auf hoher See oder wie bei einer Armee: Es braucht Verstandeskühle, Mäßigung, Klugheit und Vernunft, wenn man Befehle, Anweisungen oder Gesetze konzipiert ebenso wie Nachdruck und Stärke, wenn man sie umsetzt.«[33]

Während Bonapartes Botschaft an die Ligurische Republik den gesamten Erfahrungsraum der Revolution kritisch beleuchtete, diente seiner *Proclamation au peuple cisalpin*, die ebenfalls vom 11. November datiert ist, die repressive Praxis als Folie, die nach dem *18 Fructidor* in Frankreich herrschte und die sich in neuen Willkürgesetzen und Priesterverfolgungen äußerte: »Ihr seid das erste Beispiel für ein Volk in der Geschichte, das seine Freiheit erlangte ohne Parteikämpfe, ohne Revolutionen und ohne Zerrissenheit. (...) Eure Position bestimmt Euch dazu, eine große Rolle in den europäischen Angelegenheiten zu spielen. Wenn Ihr dieser Bestimmung würdig sein wollt, dann gebt Euch kluge und gemäßigte Gesetze; verwirklicht diese mit Kraft und Energie; fördert die Verbreitung des Wissens und respektiert die Religion. (...) Binnen weniger Jahre, wenn Ihr Euch selbst weiter entwickelt habt, wird es keine Macht auf Erden geben, die stark genug wäre, Euch auszulöschen. Bis dahin wird Euch die *Grande Nation* gegen die Angriffe Eurer Nachbarn schützen. Deren politisches System wird sich dann mit dem Eurigen verbinden.«[34]

Die Hast, mit der sich Bonaparte von Italien, der Bühne seines jähen Ruhmes, entfernte, hatte nichts mit irgendeiner Sehnsucht zu tun, die ihn nach Paris trieb, wo er nach einer Abwesenheit von 21 Monaten am Abend des 5. Dezember 1797 anlangte. Ausschlaggebend dafür war aber auch nicht, dass er eine Chance erkannt hätte, sich seinen Traum von der Macht zu erfüllen. Davon konnte keine Rede sein, denn seit dem *18 Fructidor* saß das Regime fester denn je im Sattel, erlebte es wegen der öffentlichen Zustimmung zum Frieden von Campo Formio sogar noch eine zusätzliche Stärkung. Nein, die Ursache für Bonapartes Hast, Italien den Rücken zu kehren, gründete sich in der Abscheu, die er unter seiner politischen, diplomatischen, verfassungs- und gesetzgeberischen Lehrzeit gegen die Italiener entwickelt hatte, die nicht die Vorzüge der Ordnungsvorstellungen begriffen, mit denen er sie beglücken wollte. In seinem jähen Abschied verriet sich deshalb auch seine Furcht, den hier erworbenen staatsmännischen Ruf durch einen Zusammenbruch der von ihm geschaffenen Ordnung einzubüßen.

Soviel er für sich auch aus den Anstrengungen lernte, in Italien

»Schwesterrepubliken« zu errichten, als so enttäuschend erlebte er das, was er als die »politische Unreife« der Italiener diagnostizierte. Für ihn äußerte die sich in den kleinlichen Zänkereien, von denen die neuen Republiken paralysiert wurden, deren prekäre Stabilität allein die Präsenz französischer Truppen gewährleistete. Das verursachte Bonaparte ein derartiges Unbehagen, dass er, wie er am 6. März 1797 dem Direktorium eingestand, seit der Kapitulation von Mantua am 2. Februar nicht mehr in Mailand gewesen sei, »weil die Einwohner der gesamten Lombardei auf meine Ankunft warten und darauf hoffen, dass ich ihnen die Einberufung ihrer Urwahlversammlungen gestatte«.[35] Das war das versteckte Eingeständnis der schlechten Erfahrungen, die er bei der Gründung der *République cispadane* im Oktober 1796 erlebt hatte.

Daran änderte auch nichts, dass Bonaparte in der Folge die guten Ratschläge beherzigte, die ihm das Direktorium mit Schreiben vom 7. April 1797 gegeben hatte, sich bei der »Republikanisierung« Italiens nicht allzu sklavisch an das französische Vorbild zu halten. Selbst damit ließ sich, wie er nur zu schnell mit wachsendem Verdruss feststellen musste, keine Wende zum Besseren erzielen: Den Italienern mangele es, wie er gegenüber Francesco Melzi d'Eril im Spätsommer in Mombello bemerkte, entschieden an »republikanischen Elementen«.[36] Entsprechende Klagen ließ er nur gelegentlich und sehr verhalten anklingen, aber kaum glaubte er in Außenminister Talleyrand *seinen* Mann gefunden zu haben, nahm Bonaparte kein Blatt mehr vor den Mund. Am 26. September 1797 beschwerte er sich diesem gegenüber: »Aus Genua [i. e. der *République ligurienne*] vermag ich keinerlei Unterstützung zu erlangen; genauso ist es mit der *République cisalpine*. Alles, was sie auf die Beine stellen, ist, dass sie sich zuhause als die Meister aufspielen können. Diese Leute da sind kein bisschen kriegerisch gesinnt, und es braucht Jahre einer guten Regierung, um ihre Neigungen zu ändern.«[37] Weniger als zwei Wochen später, als die Friedensverhandlungen mit Österreich in ihre letzte entscheidende Phase eintraten, legte sich Bonaparte keinerlei Zügel mehr an, wie sein Schreiben vom 7. Oktober zeigt:

»Lassen Sie sich bloß nicht von einigen italienischen Hochstaplern beeindrucken, die sich in Paris aufhalten, vielleicht sind es sogar Minister, die Ihnen sagen werden, achtzigtausend Italiener stünden in Waffen; seit einiger Zeit gewahre ich anhand der Zeitungen und was mir sonst zugetragen wird, dass sich die öffentliche Meinung in Frankreich hinsichtlich der Italiener verwirren lässt. Etwas Gewandtheit, Geschicklichkeit, die Überlegenheit, die ich zur Schau stelle, sowie strenge Exempel verschaffen allein diesen Leuten eine große Achtung und auch Interesse für die Nation, auch wenn das Ergebnis noch immer viel zu schwach ausfällt für die Sache, für die wir einstehen. – Ich wünsche mir, dass Sie die verschiedenen cisalpinischen Minister, die sich in Paris befinden, zu sich bestellen; dass Sie von ihnen in herrischem Ton verlangen, dass sie Ihnen auf der Stelle und zwar schriftlich Auskunft geben über die Anzahl der Truppen, die seitens der *République cisalpine* bei der Italienarmee stehen; wenn sie Ihnen dann sagen, ich hätte mehr als fünfzehntausend cisalpinische Männer bei der Armee und außerdem noch beinahe zweitausend weitere in Mailand, die für die Polizei der Republik tätig seien, dann machen sie Ihnen etwas vor, und sie müssen von Ihnen gehörig zurechtgewiesen werden; derlei kann man allenfalls in einem Café äußern oder im Rahmen einer Rede, mit der man Vertrauen schaffen will, aber nicht gegenüber einer Regierung. Das verschafft ihr falsche Vorstellungen, die sie dazu veranlassen könnte, eine andere Entscheidung zu treffen, als die, die ratsam wäre, und damit ein unabsehbares Unglück zu verursachen. – Ich muss es Ihnen noch einmal wiederholen: Nach und nach begeistert sich das Volk der *République cisalpine* für die Freiheit; nach und nach beginnt es, sich zu organisieren, und, vielleicht in vier oder fünf Jahren, könnte die Republik dreißigtausend zuverlässige Truppen haben, vor allem dann, wenn sie einige Schweizer in Dienst stellten; man muss schon ein sehr befähigter Gesetzgeber sein, um ihnen den Geschmack am Waffenhandwerk zu verschaffen. Es ist dies eine nervlich sehr erschöpfte und reichlich verweichlichte Nation.«[38]

Bonaparte bezeichnete damit Fristen, die er sich selber unter keinen Umständen zumuten wollte. Die Lehrzeit in Italien, so konnte er sich sagen, hatte er mit Glanz absolviert: In der nördlichen Hälfte der Apenninhalbinsel waren von ihm die Fundamente für eine neue, vielversprechende Ordnung gelegt worden, deren Beispiel über kurz oder lang auch in der südlichen Hälfte Italiens Schule machen würde. Schließlich war für ihn das ganze Land, in dem er sich fast zwei Jahre einigermaßen rücksichtslos hatte entfalten können, bar aller Attraktionen und Geheimnisse. Die Reichtümer Italiens, die vom Papst, den einzelnen Fürsten oder den immens wohlhabenden Adelsrepubliken wie Genua oder Venedig an barem Geld und Kunstschätzen in Jahrhunderten aufgehäuft worden waren, hatte er systematisch ausgeplündert. Nein, hier konnte ihn umso weniger irgendetwas halten, als vor dem vorhersehbaren Stillstand, der ihm drohte, nur die Routine einer auf die Dauer frustrierenden proconsularischen Verwaltungstätigkeit Ablenkung versprach. Weitaus gefährlicher für ihn aber war, dass Nichtbeanspruchung seine Kräfte verzehrte und er damit den erworbenen Ruhm, seinen Mythos, mit dem es zu wuchern galt, einbüßte, bevor sich ihm die Chance bot, den einen wie den anderen erfolgreich zu verwerten und in Paris nach der Macht zu greifen.

Was also tun? Sich ins Privatleben zurückziehen, was er für den Fall seines wiederholt angedrohten Rücktritts vorgeblich beabsichtigte? Das wurde von ihm ausgeschlossen, denn seiner Persönlichkeit wie seinem Image schuldete er neue Herausforderungen. Um die zu meistern, könnte er mit etwas Glück auch jene fatale Frist überbrücken, die noch verstreichen musste, wollte er seine in Italien erworbenen staatsmännischen Fähigkeiten in Frankreich unter Beweis stellen. Die Lösung für dieses Problem entdeckte er im Schreiben an Außenminister Talleyrand vom 13. September 1797:

»Sollte es eintreten, dass wir bei unserem Friedensschluss mit England [i.e. das Direktorium stand damals in Lille in Friedensverhandlungen mit England, die jedoch Ende September ergebnislos abgebrochen wurden] dazu verpflichtet sein sollten, auf das Kap der Guten Hoffnung zu verzichten [i.e. das Kap war eine holländische Kolonie, aber die Niederlande, die in den Revolutionskriegen von Frankreich erobert worden waren, hatten jetzt den Status einer »Schwesterrepublik«], müssen wir uns Ägypten aneignen. Dieses Land hat noch nie einer europäischen Nation gehört. Allein die Venezianer hatten hier für Jahrhunderte einen gewissen, aber immer nur sehr prekären Einfluss. Man könnte sich von hier [i.e. Bonapartes Brief ist von Passariano unweit von Venedig datiert] mit fünfundzwanzigtausend Mann auf acht bis zehn Linienschiffen oder venezianischen Fregatten einschiffen und das Land in Besitz nehmen. Ägypten gehört nicht dem *grand seigneur* [i.e. dem osmanischen Herrscher]. – Ich möchte Sie bitten, Bürger Minister, dass Sie sich in Paris Aufschluss verschaffen, um mich darüber in Kenntnis zu setzen, wie die Pforte [i.e. die osmanische Regierung] auf unsere Ägyptenexpedition reagierte. – Armeen wie der unsrigen, für die alle Religionen, ob nun Muslime, Kopten, Araber, Götzenanbeter etc., völlig gleich sind, ist das alles ohne jede Bedeutung; wir werden die einen wie die anderen achten.«[39]

Der Einfall war glänzend, denn auf diese Weise würden das Direktorium wie Bonaparte vor der Verlegenheit bewahrt, in die sie beide gerieten, bliebe der erfolgreiche General für längere Zeit in Paris. Aus diesem Grund hatte die Regierung Bonaparte bereits am 26. Oktober 1797 zum *Général en chef de l'armée d'Angleterre* berufen.[40] Da diese Armee erst an der Kanalküste aufgestellt werden musste, galt es, Bonaparte für eine Weile anderweitig zu beschäftigen, um seinen Aufenthalt in Paris nach Möglichkeit abzukürzen. Also wurde er zum französischen Verhandlungsführer beim Rastatter Kongress bestellt, auf dem er sich am Abend des 26. November einfand. Binnen einer knappen Woche konnte er sich dieses Auftrags jedoch entledigen, indem er dem Bevollmächtigten des Kaisers die Zusage abnötigte, die von Frankreich beanspruchten linksrheinischen Gebiete bis spätestens zum 5. Dezember 1797 zu räumen. Damit hatte man keine andere Wahl, als ihn in Paris in seiner Doppelrolle als Sieger und Friedensstifter mit republikanischem Überschwang zu empfangen. Das war der Anlass für die Feierlichkeit, die am 10. Dezember im *Luxembourg*, dem Amtssitz des Direktoriums, stattfand und die mit Musik, Gesang und Reden garniert Bonaparte laut seinem Sekretär Bourrienne als »Quälerei« empfand.[41]

Dieses Fest war symptomatisch für den lärmerfüllten Stillstand, wie Bonaparte seine damalige Situation wahrnehmen musste, denn noch war die Stunde nicht gekommen, sich von seiner Popularität an die Macht tragen zu lassen. Umso misslicher war für ihn deshalb die Machtfülle, die er besaß: Chef der Italienarmee und gleichzeitig Oberbefehlshaber der im Aufbau befindlichen *Armée d'Angleterre*. Außerdem hatte er sich mit Rücksicht auf seine Tätigkeit als französischer Bevollmächtigter beim Rastatter Kongress das Kommando über die *Armées du Nord* und *d'Allemagne* ausbedungen, um als Diplomat ein Machtinstrument zur Durchsetzung seiner Ziele am grünen Tisch in der Hinterhand zu haben. Diese Ämter brachten es mit sich, dass er täglich mit den Direktoren konferieren musste, die zunächst seine Vorschläge bereitwillig akzeptierten, ihn bald aber mit Einwänden irritierten. Bonaparte, der Widerspruch nicht ausstehen konnte, drohte mit Rücktritt. Aus der sicheren Distanz Italiens erzielte er damit immer die erwünschte Wirkung. Bei den Konferenzen im Direktorium saß man aber an einem Tisch und blickte sich in die Augen. Das war eine ganz andere Situation.

Eines Tages, als Bonaparte in gewohnter Manier den Direktoren das Gesetz des Handelns diktieren wollte, ermannte sich Reubell und machte ihn darauf aufmerksam, dass er weder das Mandat habe, in ihrem Kreis zu sitzen, noch gar ihnen Befehle zu erteilen. Auf diese Zurechtweisung reagierte Bonaparte mit der Ankündigung seines Rücktritts. Darauf Reubell: »Nur zu, General, hier haben Sie eine Feder! Das Direktorium erwartet Ihr Rücktrittsgesuch.«[42] Der Aufforderung versagte sich Bonaparte, dem danach nichts anderes übrig blieb, als sich bei den Direktoren zu entschuldigen. Das jedoch minderte sein Prestige nicht nur in Kreisen der Regierung, zumal Reubell die dem Direktorium dank Geldzuwendungen hörige Presse anwies, keine Elogen mehr auf den General zu veröffentlichen.[43] Das verschaffte Bonaparte die Einsicht, mit der er sich Bourrienne gegenüber mit den Worten vernehmen ließ: »In Paris bewahrt man an nichts Erinnerung. Wenn ich längere Zeit hier bleibe, ohne etwas zu tun, bin ich erledigt.«[44]

Dieser Einschätzung sekundierte der Schweizer Publizist Jacques Mallet du Pan, der den Wiener Hof mit politischen Expertisen zum Verlauf der Revolution in Frankreich unterrichtete, im Schreiben vom 4. Januar 1798: »Es ist deutlich zu gewahren, dass der Stern Bonapartes von Tag zu Tag verblasst. Für das Volk und die Öffentlichkeit von Gleichgültigkeit, für die Jakobiner von Abscheu, für alle anderen von Neid haben die Festlichkeiten, die Hymnen und die Lobreden nur eine flüchtige Bewunderung entfachen können. Man kann deshalb mit einiger Glaubwürdigkeit vorhersagen, dass, wenn man diesem General nicht einen Auftritt verschafft, wenn ein neuer Krieg ihn nicht in Szene setzt und einige spektakuläre Erfolge im Zusammenhang mit der Expedition gegen England seiner Existenz Nachdruck verleihen, er als Mann unzweifelhaft erledigt ist. So will es das eherne Gesetz der Revolution und das unzerstörbare Genie der französischen Republik.«[45]

Da die gegen England geplante Unternehmung noch in der ersten

Phase ihrer Vorbereitung steckte und der Kriegszug nach Ägypten bislang nicht mehr als eine Schimäre war, musste sich Bonaparte auf andere Weise geschäftig machen. Das gelang ihm umso besser, als er an seinen in Mombello gepflogenen Umgang mit Gelehrten und Künstlern anknüpfen konnte, wie etwa mit dem Mathematiker und Physiker Gaspard Monge, der seit Mai 1796 Mitglied der »Commission des sciences et des arts« war, von der die Ausplünderung der italienischen Kunst- und Kulturschätze systematisch betrieben wurde. Diesen Kontakten verdankte er es, am 25. Dezember 1797 auf den durch die politische Ächtung Carnots freigewordenen Stuhl im Institut de France, der vom Nationalkonvent gegründeten Dachorganisation der vormals königlichen Akademien, gewählt zu werden. Das war eine große Auszeichnung, für die er sich bei Armand Gaston Camus, dem Präsidenten des *Institut National*, tags darauf mit den Worten bedankte: »Die Wahl der ausgezeichneten Männer, die dem Institut angehören, ehrt mich. Ich bin mir bewusst, dass ich, bevor ich zu Ihnen auf Augenhöhe stehe, für lange Zeit Ihr Schüler sein werde. (...) Die wahren Eroberungen, die einzigen, die keinen Anlass zur Reue geben, sind jene, die man über das Nichtwissen erringt.«[46]

Respektvollen Umgang mit den Mitgliedern des Institut de France zu pflegen, die Bonaparte später als »Ideologen« galten, als Männer, die bestrebt waren, die Politik über den Leisten der Wissenschaft zu schlagen, mit der Absicht, die von der Revolution eröffnete Chance auf eine gesellschaftliche Neuordnung dazu zu nutzen, diese auf eine rationale Grundlage zu basieren, war mehr als ein bloß anspruchsvoller Zeitvertreib. Bonaparte dürfte zumindest die Ahnung gehabt haben, dass diese Leute insgeheim mit Überlegungen umgingen, die mit seinen Absichten übereinstimmten, die vom Volk begonnene Revolution durch eine aufgeklärte Macht zu vollenden, die deren Prinzipien respektierte und Verirrungen beseitigte. Dank seiner militärischen Erfolge, die er dazu verwertet hatte, sich in Italien als Staatsmann und Gesetzgeber zu profilieren, versprach er, diese Macht zu personifizieren.[47] Um den von ihm angestrebten Erfolg zu haben, war es deshalb gewiss von Vorteil, wenn Bonaparte den Glauben, den man in ihn setzte, zu fördern suchte, zumal diese »Gläubigen« einen erheblichen Einfluss auf die öffentliche Meinung hatten. Für den Erfolg würden sie zwar nicht ausschlaggebend sein, aber sie würden in diesem Zusammenhang als »nützliche Idioten« eine erhebliche Bedeutung haben, wenn sie gegenläufige Argumente entkräfteten.

Da sich nichts absehen ließ, was die Stellung des Direktoriums so nachhaltig erschütterte, dass man es als Vorwand gebrauchen könne, dieses eine schiedliche Vollendung der Revolution vereitelnde System zu beseitigen, sah sich Bonaparte zum Abwarten verdammt. Ironischerweise hatte er mit dem Frieden von Campo Formio selbst einen Beitrag dazu geleistet, das Regime zu festigen. Der Frieden mit Österreich nötigte ihn nun dazu, sich England, dem letzten Gegner, der Frankreich und der Revolution noch verblieben war, zu widmen. Das war eine Aussicht, die Bonaparte kaum mit Zuversicht, geschweige mit Begeisterung, erfüllte, denn Frankreich hatte mit der Austragung der Erbfeindschaft, die es mit England seit Jahrhunderten verband, sehr gemischte Erfahrungen gemacht. Er musste sich daher eingestehen, dass seine in Italien gegen Österreich errungenen spektakulären militärischen Erfolge ihm keineswegs die Gewähr für einen schnellen Sieg über England gaben, den er zur Erfüllung seiner weiteren Ambitionen brauchte.

Der Heiland

Als Spieler war Bonaparte kein Hazardeur, der ohne das Risiko zu kalkulieren den Einsatz wagte. Allein das sprach schon gegen ein englisches Gambit, dem er sich aber wegen der längst angelaufenen Vorbereitungen nicht einfach verweigern konnte. Das nötigte ihn dazu, am 8. Februar 1798 zu einer Inspektion der Küstenorte aufzubrechen, in denen sich die *Armée d'Angleterre* sammelte. Kaum überraschend also, dass seine Eindrücke vom Stand der Vorbereitungen für die geplante Invasion Englands, die er dem Direktorium im Bericht vom 25. Februar 1798 erstattete, niederschmetternd waren: »Welche Anstrengungen wir auch immer unternehmen, so werden wir dennoch in absehbarer Zeit nicht die Überlegenheit auf den Meeren erreichen. Eine Invasion Englands zu wagen, ohne zuvor Herrscher der See zu sein, ist die riskanteste und schwierigste Operation, die jemals unternommen wurde. (...) Man muss also,« so sein Fazit, »realistischerweise auf alle direkt gegen England gerichteten Aktionen verzichten, sich mit deren bloßem Anschein bescheiden und stattdessen die ganze Aufmerksamkeit wie alle Mittel auf den Rhein konzentrieren, um zu versuchen, England entweder Hannover oder Hamburg zu entwinden. (...) Oder man entschließt sich zu einer Expedition in die Levante, die den englischen Handel mit Indien bedroht.«[1]

Das war einleuchtend: Das Inselreich ließ sich nur über seine Flanken angreifen. Die eine Option war die Besetzung von Hamburg und Hannover, zwei Gebiete, über die englische Waren auf den Kontinent gelangten; die andere war die Eroberung Ägyptens, das man als Sprungbrett für eine Invasion Indiens nutzen konnte. Die Besetzung von Hamburg und Hannover war aus politischen Gründen nicht ratsam, denn beide fielen unter die 1795 im Frieden von Basel mit Preußen vereinbarte norddeutsche Neutralität. Außerdem war bei jeder größeren Bewegung auf dem Kontinent mit dem Eingreifen Österreichs zu rechnen. Blieb also die ägyptische Expedition, zu der sich das Direktorium auf der Grundlage eines detaillierten Memorandums entschloss, das ihm Bonaparte am 5. März 1798 vorlegte.[2] Diese Entscheidung hatte eine Denkschrift Talleyrands vorbereitet, die der Regierung am 14. Februar 1798 unterbreitet worden war. Der Außenminister schilderte darin Ägypten, das er auch nur vom Hörensagen kannte, als »Gelobtes Land«, dessen Eroberung in finanzieller wie militärischer Hinsicht ein wahres Kinderspiel sei.[3]

Das war ein verlockendes Argument, denn Frankreich hatte wegen des Sklavenaufstands von 1791 mit Santo Domingo [i.e. Haiti] seine ertragreichste Kolonie verloren. Ägypten schien dafür ein geeigneter Ersatz zu sein. Kaum weniger verführerisch war auch dessen Lage. Wer Ägypten besaß, beherrschte den alten Handelsweg über die Landenge von Sinai, die das Mittelmeer vom Indischen Ozean und Europa von Indien trennte. Vor allem dieser Hinweis dürfte das Direktorium überzeugt haben. Was könnte, wollte man England bezwingen, effizienter und eleganter sein, als ihm die Verbindung zu seinem wichtigsten Lieferanten von Reichtümern aller Art abzuschneiden und dessen Erbe anzutreten? Der Gewinn, den man damit erzielte, ließe sich sogar noch bequem mehren. Waren von Indien über den Sinai und das Mittelmeer nach Marseille zu schaffen, würde viel gefahrloser sein als der weite Seeweg um das Kap der Guten Hoffnung.

Auch die französische Inbesitznahme Ägyptens versprach problemlos zu verlaufen. Das Land war zwar eine Provinz des Osmanischen Reichs, dem aber fehlte längst die Kraft, seinen Herrschaftsanspruch in dieser Weltgegend zur Geltung zu bringen. Überdies galt der Orient in Frankreich seit den Kreuzzügen als eine Projektionsfläche für allerhand Träume von christlich-zivilisatorischer Mission, bei deren Realisierung nie nach den Kosten gefragt wurde.

Das alles war Romantik und kein bisschen plausibel. Auch für die dauerhafte Beherrschung Ägyptens, die Kolonisierung des allenfalls landwirtschaftlich nutzbaren Streifens auf beiden Ufern des Nils oder den Ausbau der Häfen von Suez am Roten Meer und Alexandria am Mittelmeer brauchte es eine große Kriegs- und Handelsmarine. Frankreich verfügte zwar über die Schiffe, war aber weit davon entfernt, auch das dafür notwendige Personal zu haben, denn die französische Marine hatte stark unter der Revolution gelitten: Von den Mannschaften war der Anbruch der Freiheit massenweise dazu genutzt worden, dem entbehrungsreichen Dienst auf den Schiffen zu entfliehen. Die Marineoffiziere hingegen waren in aller Regel enragierte Royalisten, die vor der sich radikalisierenden Revolution scharenweise Reißaus genommen hatten.

Das ägyptische Gambit des Direktoriums war abwegig. Das dennoch unternommene Wagnis war, wie die Vernichtung der vor Alexandria ankernden französischen Flotte zeigte, zum Scheitern verurteilt. Zwar hatte es die französische Expeditionsstreitmacht geschafft, unbehelligt bis nach Ägypten zu segeln. Das aber war weniger ihrem Geschick als dem Umstand zuzuschreiben, dass die britische Marine sich bereits Ende 1796 aus dem Mittelmeer zurückgezogen hatte, dessen Kontrolle damit de facto Frankreich zugefallen war.[4] Dem verdankte sich aber auch die fatale Illusion, den unzulänglichen Zustand der französischen Marine zu überspielen.

Umso mehr muss verblüffen, dass das Scheitern des ägyptischen Abenteuers durch den damit angeblich erzielten großen Ertrag maskiert werden konnte. Tatsächlich grassierte in Frankreich eine *Égyptomanie*, die weit über das Ende der napoleonischen Herrschaft hinaus andauerte. Das war die kalkulierte Folge eines der erfolgreichsten Coups bonapartistischer Propaganda. Dessen Gelingen war sich Bonaparte schon bei der Planung des Unternehmens gewiss: Selbst wenn

er scheiterte, würde er mit dem Nimbus des Siegers nach Paris zurückkehren. Diese Zuversicht verdankte er jenem Mythos, den er sich in
Italien erworben hatte und den es in Ägypten nur mit frischem Glanz
zu versehen galt. Deshalb folgte er dem Vorbild Alexanders des Großen: Wie dieser nahm Bonaparte über einhundertundsechzig Wissen-
schaftler, Künstler, Architekten, Komponisten und Schriftsteller auf
die Expedition mit, die allein schon deswegen einen kulturell-zivilisa-
torischen Charakter erhielt.[5] Deren Zeugnisse von Ägypten, so sein
Kalkül, würden ihm für die propagandistische Verwertung der Unternehmung von immensem Nutzen sein.

Das erhellt, dass Bonaparte noch andere Qualitäten besaß als die
eines erfolgreichen Strategen. Die wenigen Wochen, die er sich nach
seiner Rückkehr aus Italien in Paris aufhielt, hatten ihm gezeigt, dass
die Lorbeeren hier rasch welkten. Dieser Prozess wurde noch dadurch
beschleunigt, dass die Gemüter der Zeitgenossen infolge der revolutionären Gärung noch immer heftig moussierten und sie deshalb in ra-
schem Wechsel ihre Idole verschlissen. Daraus gewann er für sich die
Einsicht, der archimedische Punkt zur Bändigung der selbstzerstöreri-
schen Strudel der Revolution läge nicht in Frankreich, schon gar nicht
in Paris, aber auch nicht in Italien, sondern irgendwo in einer Weltgegend voller Lockung und Geheimnis, deren märchenhafte Pracht
und ungeheure Schätze sich nur ahnen ließen. Ägypten erfüllte in geradezu idealer Weise all diese Voraussetzungen: Das Land der Pharao-
nen, das ein Alexander, ein Caesar erobert hatten, das die Schätze
Jahrtausende alter Kulturen barg, das einen neuen Bildersaal mit un-
vorstellbaren Attraktionen verhieß, versprach jedem, der sich seiner
bemächtigte, sicheren Ruhm.

Diese hochfliegenden Erwartungen würden umso weniger Schaden nehmen, als Bonaparte bei der Ägyptenexpedition anders als bei
den Feldzügen in Italien die gesamte Kommunikation mit Paris kontrollierte. Das fiel ihm umso leichter, als seine Flotte einen Monat nach
der Landung der französischen Expeditionsstreitmacht bei Alexandria von Einheiten der englischen Marine unter Admiral Nelson auf-
gespürt und bis auf drei Fregatten vernichtet wurde. Nach der See-

schlacht von Abukir, die Anfang August geschlagen wurde, waren die Nachrichtenverbindungen nach Paris weitgehend unterbrochen. Nur gelegentlich gelang es Bonaparte, mit den in sechsfacher Ausfertigung verschickten Mitteilungen an das Direktorium die englische Blockade zu überwinden. Umgekehrt verfügte aber auch er selbst nur über sehr lückenhafte Nachrichten vom Geschehen in Frankreich oder Europa.

Mit dem Ausgang der Schlacht von Abukir war Ägypten zur Falle für das französische Expeditionscorps geworden. Das suchte Bonaparte sich und dem Direktorium unter Hinweis auf die Zuverlässigkeit seines Aberglaubens auszureden: »Die Geschicke haben unter diesen Gegebenheiten wie bei so vielen anderen uns zu zeigen gesucht, dass, wenn sie uns eine große Überlegenheit auf dem Kontinent zugestehen, sie die Herrschaft über die Meere unseren Rivalen gegeben haben. Allein, so groß auch dieser Rückschlag zu sein scheint, so lässt er sich dennoch nicht der Wankelmütigkeit des Glücks zur Last legen. Das Glück hat uns noch keineswegs verlassen; davon kann umso weniger die Rede sein, als es uns während der gesamten Operation bislang weitaus holder war als jemals zuvor.« Als Nachweis dieser für einen General wahrlich seltsam anmutenden Behauptung folgt eine Aufzählung aller zwischenzeitlich mit Bravour vollbrachten Aktionen: von der Landung der Armee, über die Eroberung Alexandrias bis zur Einnahme von Rosetta und Damanhour, dank derer man binnen fünf Tagen fest in Ägypten Fuß gefasst habe. Während dieser Zeit hätte die Flotte Schutz vor den Engländern suchen können, allein sie blieb in der exponierten Situation von Abukir vor Anker, selbst nachdem sie für zwei Monate mit Reis verproviantiert worden war und die Nachricht erhalten hatte, dass mit dem Einzug der Armee in Kairo ganz Ägypten in Besitz genommen worden war. »Erst jetzt erkannte das Glück, dass alle seine Bevorzugungen für uns unnütz gewesen waren, und überantwortete unsere Flotte ihrem Schicksal.«[6]

Aber selbst die Beschwörung des Glücks konnte jetzt nicht mehr länger darüber hinwegtäuschen, dass es für die Ägyptenarmee nur die sehr fragwürdige Chance gab, auf dem Landweg nach Konstantinopel durchzubrechen. Die Alternative dazu hieß abwarten, um irgendwann

vor einem überlegenen Gegner zu kapitulieren. Das jedoch käme für
Bonaparte nicht in Frage, denn das vernichtete sein in Italien erworbe-
nes Image. Diese Perspektiven waren umso weniger schön, als ihm
schon vor Abukir die Einsicht zu dämmern begann, dass Ägypten mit-
nichten das Paradies vorstellte, das er sich und anderen ausgemalt
hatte. In seinem Schreiben an das Direktorium vom 24. Juli 1798, in
dem er eine ausführliche Darstellung der »Schlacht bei den Pyramiden« gab, finden sich dafür erste Andeutungen: »Der gesamte Luxus
der hiesigen Menschen sind ihre Pferde und ihre Bewaffnung. Ihre
Häuser hingegen sind erbärmlich. Es ist kaum begreiflich, ein frucht-
bareres Land und ein armseligeres, völlig unwissendes und stumpfsin-
nigeres Volk zu sehen. Einem Uniformknopf unserer Soldaten geben
sie den Vorzug vor einem *écu* im Wert von sechs *francs*. In den Dörfern
sind selbst Scheren unbekannt. Ihre Häuser sind aus Lehm, und deren
Möblierung besteht aus einer Strohmatte und zwei oder drei Ton-
töpfen. (...) Ihnen ist der Gebrauch von Mühlen nicht geläufig, so dass
wir immer auf gewaltigen Anhäufungen von Weizen biwakiert haben,
ohne dass wir uns Mehl verschaffen konnten. Wir ernähren uns also
nur von Gemüse und Schlachtvieh.« Was ihn aber vor allem verstörte:
»Es ist in diesem Land hier nur ganz wenig Münzgeld im Umlauf, nicht
genug jedenfalls, um die Armee zu besolden. Getreide, Reis, Gemüse
und Schlachtvieh dagegen gibt es in Hülle und Fülle. Die Republik
könnte keine Kolonie besitzen, die so nah gelegen ist und die einen so
fruchtbaren Boden besitzt. Das Klima ist sehr gesund, weil die Nächte
recht kühl sind.«[7]

Das waren tröstliche Erwägungen, die angesichts der überschäu-
menden Erwartungen, die vor Beginn des Abenteuers mit Ägypten
verbunden worden waren, jedoch sehr hilflos anmuteten: Frankreich
war nicht von Hungersnöten heimgesucht, weshalb die angeblich blü-
hende Landwirtschaft entlang des Nils kaum einen unverzichtbaren
Gewinn für die Republik darstellte. Das erkannte auch Bonaparte, der
deshalb in seinem übernächsten Schreiben vom 8. September das ar-
gumentative Register wechselte: »Niemals hat eine Kolonie zahlrei-
chere Vorteile geboten. Ich zweifele nicht daran, dass Sie dank Ägyp-

tens in der Vorhand sein werden, wenn es gilt, mit England den
Frieden zu schließen, dem Sie den Vorzug geben. Als Herrin von Ägyp-
ten wird Frankreich über kurz oder lang auch die Beherrscherin In-
diens sein. Das wird im Kabinett von London nicht anders gesehen.
Ich habe also keinerlei Zweifel, dass der Besitz von Ägypten uns ein
Unterpfand für den allgemeinen Frieden ist.«[8]

Dieses Argument gebrauchte Bonaparte auch in seinem am 7. Oktober 1798 erstatteten Bericht an das Direktorium: »Seit dem 6. Juli
habe ich keine Nachrichten aus Europa mehr erhalten. Sollte der Frieden von Rastatt nicht geschlossen worden sein, könnte es sich für die
Republik als vorteilhaft erweisen, die Eroberung Ägyptens als ein Mittel zu gebrauchen, mit England einen ruhmreichen Frieden zu schließen. Also gilt es, die Sache beizeiten und beherzt anzugehen.« Das legt
die Vermutung nahe, dass Bonaparte darauf spekulierte, dank eines
Friedens mit England der ägyptischen Falle zu entrinnen. Sollte sich
diese Option nicht realisieren lassen, hatte er einen anderen Vorschlag
zur Hand: »Wenn Sie in Irland [i.e. Anspielung auf das nach Irland
entsandte Expeditionscorps, das dort zur Kapitulation gezwungen
wurde] nichts ausrichten können, dann könnte es angezeigt sein, den
gesamten Seekrieg ins Mittelmeer zu verlagern. Dieser Krieg würde
für England viel schwieriger und kostspieliger sein, gälte es doch wenigstens dreißig Schiffe in der Tiefe des Archipels [i.e. der griechischen Inselwelt in der Ägäis] zu unterhalten, während uns der Besitz
von Ägypten, Korfu, Malta und Italien tausende von Möglichkeiten
verschafft. Im Übrigen bin ich davon überzeugt, dass es politisch nicht
sonderlich klug ist, mit nur so wenigen Schiffen im Mittelmeer präsent
zu sein. (...) Sie werden die Armee, die Sie in Ägypten haben, nicht im
Stich lassen; Sie werden ihr Nachschub und Nachrichten zukommen
lassen; zum weiteren werden Sie alle Maßnahmen ergreifen, die ich
von Ihnen erbitte, um eine starke Schwadron in diesen Gewässern zu
haben.«[9]

Nachdem all diese Anregungen und Bitten vom Direktorium nicht
erhört worden waren, wuchs verständlicherweise Bonapartes Nervo-
sität. In seinem Schreiben vom 10. Februar 1799 führte er erneut Klage

darüber, dass er seit dem 6. Juli keinerlei Nachrichten aus Europa erhalten habe. »Ich habe Ihnen hingegen mit mehr als sechzig Schiffen
aller Nationen und auf allen nur denkbaren Wegen Nachrichten gesandt; Sie müssen also über unsere hiesige Lage gut unterrichtet sein. (...)
Sollte sich im Laufe des März der Bericht des Bürgers Hamelin [i.e.
Romain Hamelin, der Bonaparte aus Italien bekannte einstige Kriegskommissar, der jetzt unter die Kaufleute gegangen und aus Triest mit
einer Schiffsladung Wein, Essig und Schnaps in Alexandria angekom-
men war] bestätigen, dass Frankreich im Krieg mit den Königen steht,
werde ich nach Frankreich aufbrechen.«[10]

Was Bonaparte damals ahnte, hatte ihm das Direktorium mit
Schreiben vom 4. November 1798 mitgeteilt, von dem er aber erst ein
halbes Jahr später Kenntnis erhielt. Angesichts der sich in Europa
rasch verschärfenden Lage sehe man sich dazu genötigt, die Ägyptenarmee ihrem Schicksal zu überlassen. Solange das Mittelmeer von
Engländern und Russen kontrolliert würde, sei man außer Stande,
Verstärkungen und Munition nach Ägypten zu senden. Das eröffne
ihm drei Möglichkeiten: »In Ägypten zu bleiben und sich dort eine
Basis zu verschaffen, die Schutz vor türkischen Angriffen bietet (...);
nach Indien vorzurücken (...); schließlich nach Konstantinopel dem
Feind, der Sie bedroht, entgegenzumarschieren.«[11]

Bonaparte hatte längst schon damit begonnen, sich für einen Aufenthalt in Ägypten einzurichten. Deshalb widmete er sich jetzt der
Aufgabe, den Diskurs der Französischen Revolution mit der Rhetorik
des in Ägypten herrschenden Islam zu vermitteln. Das ließe sich am
besten, so seine Überzeugung, dadurch realisieren, dass man zügig
eine Verwaltungsstruktur aufbaute, die französischen Vorstellungen
entsprach, gleichzeitig aber auch Raum ließ für die Entfaltung isla-
mischer Bräuche und Gewohnheiten, in die man sich möglichst nicht
einmischte. Eine deutlich französische Handschrift trug jedoch das
Steuerwesen, das möglichst schnell Einnahmen in harter Währung ge-
nerieren sollte, weshalb vor allem der Handel in den von den Franzosen kontrollierten ägyptischen Städten eine erhebliche Steuerlast zu
tragen hatte.

Das war eine Praxis, die seit dem Aufenthalt in Italien Routine geworden war. In Ägypten jedoch waren die Unterschiede zur französischen Lebenswelt viel größer. Hier war das Ergebnis, dass die mit den Mitteln einer Besatzungsmacht unternommene zivilisatorische Mission allenfalls einen hauchdünnen Firnis auftrug, der nicht von Dauer sein konnte. Umgekehrt jedoch zeitigte der von der Aufklärung herrührende Impetus, Ägypten in allen seinen Aspekten zu erforschen und zu beschreiben, Folgen von weitaus größerer Dauer. Exemplarisch dafür sind die dreiundzwanzig großformatigen Bände der *Description de l'Égypte ou recueil des observations et des recherches qui ont été faites en Égypte pendant l'expédition de l'Armée Française publié par les ordres de Sa Majesté l'empereur Napoléon le Grand*, Paris 1809–1828, eine mit zahlreichen großformatigen Illustrationen geschmückte enzyklopädische Landeskunde, die entscheidend dazu beitrug, das militärische Debakel des Ägyptenfeldzugs mit dessen kulturellem Ertrag zu überlagern. Der ließ in Frankreich die *Égyptomanie* erblühen, die nicht nur das Mobiliar der Epoche prägte.

Diese Faszination steht in scharfem Kontrast zu Enttäuschung und Abscheu, die von den Franzosen in ihrer unmittelbaren Begegnung mit der ägyptischen Wirklichkeit erlebt wurden. Jean-Baptiste Poussielgue, der Generalzahlmeister der Ägyptenarmee, resümierte seine Eindrücke in einem Schreiben an das Direktorium: »Es gibt keinen Soldaten, keinen Offizier, keinen General, der sich nicht vor Sehnsucht danach verzehrt, nach Frankreich zurückzukehren; sie sind ausnahmslos alle der Überzeugung, dass sie hier Gesundheit und Leben opfern, ohne ihrem Land den mindesten Vorteil zu verschaffen.«[12] Hauptursache dafür war der Ekel vor dem abstoßenden Elend, in dem die Masse der einheimischen Bevölkerung lebte. Die widrigen Eindrücke legten sich wie Mehltau auf alle Gemüter. Selbst Bonaparte, der noch nicht seine einstige Begeisterung für Jean-Jacques Rousseau überwunden hatte, sah sich in seinem Glauben an den vermeintlich »guten Wilden« durch das Betragen der Beduinen nachhaltig erschüttert. In einem Brief an seinen Bruder Joseph stimmte er das Lamento an: »O Jean-Jacques [i.e. Rousseau]! Konnte er nicht diesen Männern

leibhaftig begegnen, die er *Menschen der Natur* nennt! Er würde vor
Scham und Überraschung zittern, diese einst bewundert zu haben.«[13]

Das war noch ein eher spontanes Urteil, das unmittelbar nach der
Landung in Ägypten gefällt wurde. Kaum war man mit Land und Leuten etwas vertrauter, verdüsterten ganz andere Erlebnisse das Bild,
wie der vom 27. Juli 1798 datierte Brief eines französischen Offiziers
zeigt: »Für einen Franzosen ist es undenkbar, sich allein auch nur auf
den Abstand eines Musketenschusses einer bewohnten Gegend anzunähern, ohne Gefahr zu laufen, ermordet oder Opfer einer schrecklichen Leidenschaft [i.e. vergewaltigt] zu werden, die in diesem Land
vor allem unter den Mameluken und Beduinen sehr im Schwange
ist.«[14] Das Erlebnis permanenter Bedrohung, die andauernden Zumutungen eines ungewohnten Klimas, das Grassieren von Seuchen und
schließlich auch das Erlebnis, wegen der englischen Blockade vom
Mutterland völlig abgeschnitten zu sein, sorgten für immer größere
Unzufriedenheit. Die Folge war eine sprunghafte Zunahme von Gesu-
chen, aus gesundheitlichen Rücksichten nach Frankreich zurückzukehren. Generalstabschef Berthier erhielt deshalb von Bonaparte am
8. Dezember 1798 die Weisung, einen Tagesbefehl herauszugeben,
der es den Militärärzten untersagte, entsprechende Gefälligkeitsat-
teste auszustellen.[15]

Das waren Symptome, die an der Moral der Truppe zweifeln ließen
und die Gefahr von Meutereien heraufbeschworen, vor denen Marmont in einem Schreiben vom 22. Januar Bonaparte mit Nachdruck
warnte.[16] Allein mit disziplinarischen Maßnahmen war diesem Unmut
auf Dauer nicht zu steuern. Weit wirksamer versprachen kühne und
erfolgreiche Waffentaten zu sein. Seinem Sekretär Bourrienne gegenüber entwickelte Bonaparte einen einschlägigen Plan, der, gerade weil
er so phantastisch anmutet, umso wahrer sein dürfte: »Ich schüre in
ganz Syrien den Aufstand und bewaffne das Land. (...) Ich ziehe nach
Damaskus und Aleppo. Unterwegs verstärke ich meine Armee mit allen Unzufriedenen; ich proklamiere die Abschaffung der Knechtschaft
wie der tyrannischen Regierung der Paschas. In Konstantinopel treffe
ich mit bewaffneten Massen ein. Ich stürze das Türkische Reich und

gründe ein neues großes Imperium im Orient, das mir einen Platz in
der Nachwelt sichert, und vielleicht kehre ich über Adrianopel und
Wien nach Paris zurück, nachdem ich das Haus Österreich vernichtet
habe.«[17]

Ursprünglich hatte Bonaparte in Ägypten ein Sprungbrett nach Indien gesehen. Das war bereits ein reichlich phantastisches Kalkül, das
sich nur realisieren ließe, wenn man im Hafen von Suez eine Flotte
vor Anker hätte. Nach dem Debakel von Abukir konnte man davon
nicht einmal mehr träumen. Als neue Herausforderung bot sich also
Konstantinopel an. Dorthin konnte man wenigstens auf dem Landweg
gelangen. Höchst unklug angesichts der in der Armee herrschenden
Stimmung wäre es aber, wenn man dieses Ziel verlautbarte. Auch dem
Direktorium hatte er im Schreiben vom 10. Februar 1799 wesentlich
bescheidenere Absichten angekündigt. »Ibrahim-Pascha, Abd-Allah-
Pascha und weitere Paschas haben sich in Gaza versammelt und bedrohen Ägypten mit einer Invasion. Binnen einer Stunde breche ich
auf, um sie zu stellen. (...) Ich verfolge mit dieser Operation drei Ziele:
1. Die Eroberung Ägyptens zu sichern, indem ich jenseits der Wüste
[i.e. der Sinai-Wüste] eine feste Stellung baue und alle Armeen, welcher Nation auch immer, von Ägypten derart fernhalte, dass sie sich
nicht mit einer europäischen Armee vereinigen können, die an der
Küste landet; 2. die Hohe Pforte zu zwingen, sich zu erklären (...);
3. schließlich die englischen Kreuzer von den Nachschublieferungen
abzuschneiden, die sie [i.e. in den Häfen von Jaffa und Akkon] aus
Syrien beziehen, indem ich die beiden verbleibenden Wintermonate
nutze, um durch Krieg und Verhandlungen mir die ganze Küste zum
Freund zu machen.«[18]

Der Zug einer Armee von rund dreizehntausend Mann, die Bonaparte durch die Sinai-Wüste nach Gaza und von dort weiter nach Akkon, nahe der Grenze zum heutigen Libanon, führte, ist alles andere
als ein Ruhmesblatt seiner Kriegführung. Die gesamte Operation war
logistisch miserabel vorbereitet, geriet wegen mangelhafter Feindauf-
klärung wiederholt in große Gefahr, wurde von der Pest heimgesucht
und scheiterte schließlich zwischen dem 19. März und dem 21. Mai

1799 nach zweiundsechzig Tagen und mehreren vergeblichen Anläufen daran, das befestigte Akkon zu erstürmen. Das war die erste Niederlage, die der bislang sieggewohnte Bonaparte einstecken musste und die auch allen von ihm insgeheim gehegten Absichten, über Damaskus bis nach Konstantinopel vorzustoßen, ein Ende machte. In Akkon waren ihm auch durch osmanische Gefangene die Ahnungen bestätigt worden, zu denen ihm schon zwei Monate zuvor die nicht sehr schlüssigen Berichte von Hamelin den Anstoß gegeben hatten: Die europäischen Mächte hatten eine neue Koalition gebildet, die sich zum Krieg gegen Frankreich anschickte. Das ließ Bonaparte endgültig den Entschluss fassen, das ägyptische Abenteuer für sich zu beenden und nach Frankreich zurückzukehren. In seinen Erinnerungen an die *Campagnes d'Égypte et de Syrie*, die er im Exil auf St. Helena diktierte, kleidete er diese Absicht, mit der er vermutlich schon viel länger umgegangen war, in die Worte: »Der Oberbefehlshaber dachte nur noch daran, wie er nach Frankreich zurückkehren könnte. Syrien, Galiläa, Palästina waren jetzt ohne jede Bedeutung. Es galt, die Armee nach Ägypten zurückzuführen, wo sie unbesiegbar war; dann könnte er sie verlassen und sich in jenen Ozean von Ereignissen werfen, der sich seinen Vorstellungen darbot.«[19]

Das Direktorium ließ er in einem von Akkon am 10. Mai 1799 datierten Schreiben wissen: »Heute sind wir im Besitz der wichtigsten Punkte der Befestigung [i.e. von Akkon]. (...) Die Jahreszeit ist unterdessen schon weit fortgeschritten; das Ziel, das ich mir gesetzt hatte, wurde erfüllt; Ägypten ruft mich. (...) Nachdem ich Akkon in einen Steinhaufen (!) verwandelt habe, werde ich die Wüste durchqueren und mich bereit machen, die europäische oder türkische Armee zu empfangen, die im *Messidor* oder *Thermidor* [i.e. Juni oder Juli] in Ägypten landen soll.«[20] Der Rückmarsch der Armee war recht eigentlich eine Flucht, deren grauenhafte Aspekte Bourrienne geschildert hat.[21] Am 14. Juni 1799 kehrte die besiegte, zerlumpte und demoralisierte Armee nach Kairo zurück, wo sie angeblich als Sieger mit orientalischem Überschwang empfangen wurde, wie sich das Bonaparte sechzehn Jahre später zusammenphantasierte: »Die Abordnungen der

Handwerker und Händler hatten kostbare Geschenke vorbereitet, die sie dem Sultan El-Kebir [i. e. Bonaparte] überreichten; schöne Stuten, die prächtig aufgezäumt waren, herrliche Dromedare, die für ihre Schnelligkeit bekannt waren, kostbar gearbeitete Waffen, schöne männliche und weibliche Negersklaven (...) Die in Kairo anwesenden Franzosen hatten ein Festessen unter freiem Himmel vorbereitet, um die Ankunft ihrer Kameraden zu feiern.«[22]

Das war eine opulent ausgeschmückte Fata morgana, die sich sehr von jener auf Augenzeugenberichten basierten Schilderung des Geschehens unterscheidet, die in der von Louis Reybaud veranstalteten zehnbändigen *Histoire scientifique et militaire de l'expédition française en Égypte* zu lesen ist und die eine mehrstündige Parade beschreibt, die von Bonaparte an der Spitze seines Generalstabs abgenommen wurde.[23] Dieser Ablauf ist einfach deshalb plausibler, weil es Bonaparte darauf ankommen musste, mit einer eindrucksvollen Demonstration seiner Macht nicht nur Gerüchte zu dementieren, er sei bei der Belagerung von Akkon gefallen, sondern auch den Verdacht zu zerstreuen, der Syrienfeldzug sei ein einziges Debakel gewesen, das die Franzosen nachdrücklich geschwächt habe. Verfestigte sich dieser Eindruck, dann, so musste man fürchten, würde binnen kurzem ganz Ägypten in Aufruhr stehen, um die Ungläubigen außer Landes zu jagen.

Eine solche Entwicklung wäre für Bonapartes weitere Absichten und Pläne umso misslicher gewesen, weil damit unweigerlich das ganze Desaster des Syrienfeldzugs offenbar geworden wäre. Den musste er als Erfolg einfach deshalb verkaufen, weil er nicht nach einer Niederlage Ägypten verlassen konnte. Das würde unvermeidlich das öffentliche Urteil über das ganze waghalsige Unternehmen höchst negativ beeinflussen und ihn des mit viel Bedacht aufgebauten Nimbus eines unter allen Umständen unüberwindlichen Siegers berauben.

Die Chance für einen bravourösen, seinem Image gemäßen Abgang von der ägyptischen Bühne bot Bonaparte das Erscheinen einer türkischen Armee. Am 11. Juli traf vor Alexandria eine osmanische Armada mit rund sechzig Truppentransportern ein. Zu Bonapartes großem Glück verzögerte der türkische Befehlshaber die Anlandung dieser Truppen. Als diese schließlich drei Tage nach ihrer Ankunft bei Abukir erfolgte, bezogen sie dort ein Lager, in dem sie weitere Tage untätig verharrten. Dieses unerklärliche Verhalten des Gegners verschaffte Bonaparte die Möglichkeit, seine mittlerweile um über die Hälfte ihrer anfänglichen Mannschaftsstärke dezimierte Streitmacht zu sammeln und sie in der Nacht auf den 25. Juli unweit der türkischen Positionen aufzustellen. Darin verriet sich Bonapartes Absicht, einen möglichst schnellen und umfassenden Sieg über den türkischen Angreifer zu erringen. Das war auch seine einzige Chance, den sonst drohenden Ausbruch von Aufständen in Ägypten zu vereiteln, für deren Bekämpfung er keine Truppen mehr zur Verfügung hatte.

Einen Kampf an zwei Fronten hätte Bonaparte unmöglich für sich entscheiden können. Um das von vornherein zu verhindern, mussten die Kräfte, die in Ägypten zu einem Aufstand bereit waren, neutralisiert werden. Das suchte Bonaparte durch seine an den Diwan, den Großen Rat von Kairo, adressierte Proklamation zu erreichen, mit der er sich als der von Gott Gesandte vorstellte, der sich anschickte, die Reinheit des Islam gegen die den dreieinigen Gott verehrenden orthodoxen Christen zu verteidigen! »Achtzig Schiffe, große und kleine, sind aufgetaucht, um Alexandria anzugreifen. Als sie jedoch mit Bomben und Kugeln empfangen wurden, sind sie bei Abukir vor Anker gegangen und haben damit begonnen, Truppen anzulanden. Ich lasse sie damit gewähren, denn meine Absicht ist, sie anzugreifen, sobald sie an Land gegangen sind, und all die zu töten, die sich nicht ergeben (...) Was diese Flotte hierher führte, war die Hoffnung, sich mit den Arabern und den Mameluken zu vereinigen, um Ägypten auszuplündern und zu zerstören. Es gibt auf dieser Flotte eine ganze Anzahl von Russen, die jene zutiefst verabscheuen, die an den einen Gott glauben, denn gemäß ihrer Lügengespinste sind sie sich sicher, dass es deren drei gibt. Aber sie werden nicht lange brauchen, um zu erkennen, dass es nicht die Anzahl der Götter ist, die einem Kraft verleiht, und dass es auch nur einen gibt, den Vater des Sieges, den mildtätigen und barmherzigen, der immer auf Seiten der Guten kämpfend die Vorhaben der Bösen vereitelt und der in seiner Weisheit beschlossen hat, dass ich nach Ägypten komme, um hier für Wandel zu sorgen und ein zerstörerisches Regime durch eines von Recht und Ordnung zu ersetzen.«[24]

Abgesandter des wahren und einzigen Gottes zu sein, der das Böse züchtigt und das Gute fördert – das war eine neue Rollenbeschreibung für Bonaparte, deren Wirkung ganz auf orientalische Gemüter zielte. Allerdings musste er die Glaubwürdigkeit dieses Anspruchs mit einem ebenso raschen wie vollständigen Sieg über die türkischen Invasionstruppen erweisen. Der Einsatz war angesichts der mangelhaften Ausrüstung seiner zur Meuterei neigenden und sich auf weniger als zehntausend Kämpfer belaufenden Truppe riskant; ein Sieg verhieß Bonaparte jedoch einen alle in Ägypten erlittenen Verluste und Niederlagen überstrahlenden Erfolg. Außerdem blieb ihm keine andere Wahl, als diese Schlacht zu schlagen und zu gewinnen. Am 25. Juli eröffnete Bonaparte bei Sonnenaufgang die Kampfhandlungen mit einem Kavallerieangriff, den Murat anführte und der die osmanischen Einheiten in Panik versetzte, die von der französischen Infanterie, die sogleich in das Geschehen eingriff, noch vergrößert wurde. Tausende osmanischer Soldaten flüchteten sich ins Meer und ertranken, tausende wurden niedergemacht, der Rest geriet in Gefangenschaft, während die Franzosen mit rund zweihundertfünfzig Toten und einigen hundert Verletzten nur geringe Verluste hatten.

Bereits am 20. Juli hatte Bonaparte General Dugua, den er in Kairo zum »Heldenklau« unter den Rekonvaleszenten und Drückebergern anwies, seine Zuversicht bekundet, dass eine Niederlage der Türken Frankreich den Besitz Ägyptens garantieren werde.[25] Darin täuschte er sich, denn die Landschlacht von Abukir stundete der französischen Herrschaft, die mit der Seeschlacht von Abukir im Jahr zuvor bereits angezählt war, nur eine letzte Frist. Der Irrtum wird Bonaparte gleichgültig gelassen haben, denn Ägypten zählte für ihn schon nicht mehr. Der Reiz der orientalischen Diversion war für ihn längst verblasst. Die damit verknüpfte Absicht, seinem Namen neues Prestige und neuen Ruhm hinzuzufügen, war ungeachtet aller Fehlschläge und Niederlagen in Erfüllung gegangen, zumal sich zahllose Errungenschaften für den Erfolg dieser Mission vorweisen ließen. Für diese Sichtweise war der glänzende Waffenerfolg von Abukir eine großartige Bestätigung. Deshalb beeilte er sich auch, diesen in epischer Breite dem Direktorium zu schildern. Diesmal war Bonaparte das Glück auf der ganzen Linie hold, denn der Bericht gelangte Anfang Oktober den Adressaten in Paris zur Kenntnis. Das sicherte ihm eben jene Wirkung, auf die es Bonaparte ankommen musste, überstrahlte er doch das gesamte ägyptische Abenteuer: Nicht nur das Debakel von Akkon musste unter dem Eindruck dieser Nachricht verblassen, sondern auch das Desaster der Seeschlacht von Abukir verschwand unter der Deckerinnerung einer Landschlacht gleichen Namens, die mit einem glänzenden Sieg und der völligen Vernichtung des Gegners endete. Der Name Bonaparte und der militärische Erfolg waren wieder zu einem Synonym verschmolzen.

Auch wenn Bonaparte einen solchen Ausgang nicht absehen konnte, fasste er jetzt den Entschluss, Ägypten den Rücken zu kehren. Den letzten Anstoß dazu gab ihm die Lektüre von Zeitungen, die ihm von den Engländern, mit denen man über einen Gefangenenaustausch verhandelte, überlassen worden waren. Aus diesen Blättern erfuhr er von den Niederlagen, die französische Truppen in Deutschland und Italien im März 1799 erlitten hatten. Jetzt wurde ihm mit einem Mal klar, dass nicht nur alle von ihm errungenen Erfolge verloren gegangen waren, sondern auch, dass Frankreich in unmittelbarer Gefahr schwebte, vom Gegner überrannt zu werden. Das habe zum Handeln genötigt und ihn dazu veranlasst, unter Zurücklassung der Armee Ägypten umgehend zu verlassen.

In seinen *Memoiren* berichtet Marmont, Bonaparte habe ihn damals zu sich gerufen und ihm gesagt: »Ich habe mich entschlossen, aufzubrechen und nach Frankreich zurückzukehren, und ich möchte Sie mitnehmen. Die Zustände in Europa nötigen mich zu dieser großen Entscheidung; Niederlagen machen unseren Armeen zu schaffen, und allein Gott weiß, bis wohin der Feind vordringen wird. Italien ist verloren, und damit kommt uns der Preis für so viele Anstrengungen, für so viel vergossenes Blut abhanden. Und was vermögen die unfähigen Leute schon, in deren Händen die Geschäfte liegen? Dort herrschen nur Ignoranz, Dummheit und Korruption. Ich, ich ganz allein habe die Last getragen und dieser Regierung Konsistenz verschafft, die sich ohne mich niemals hätte bilden oder zusammenhalten können. In meiner Abwesenheit musste notwendigerweise alles einstürzen. Warten wir aber nicht ab, bis die Zerstörung vollendet ist. Das wäre ein nicht wieder gut zu machendes Unglück. Die Rückfahrt nach Frankreich ist gefährlich, schwierig und ein großes Wagnis; allein sie ist dies auch nicht weniger als unsere Herfahrt hierher, und das Glück, das mir bislang hold war, wird mich auch jetzt nicht verlassen. Überhaupt gilt, man muss gelegentlich ein Wagnis eingehen; wer sich keinerlei Gefahr aussetzt, hat auch keine Chance zu gewinnen.«[26]

Für die Mit- und Nachwelt entwickelte Bonaparte damit eine überzeugende Erklärung seines Handelns. Sein Verschwinden aus Ägypten war keineswegs die verzweifelte Flucht aus einer Sackgasse, in die er sich selbst ohne alle Not manövriert hatte, sondern die Entscheidung für ein gefährliches Wagnis, das ihm als Retter des Vaterlands bestimmt war. Damit ließ sich alles rechtfertigen, sogar die Geheimhaltung seiner Abreise, denn damit wurde das vermutlich größte Risiko für deren Gelingen vermieden: die Empörung General Klébers, dem er den Oberbefehl übertrug, wie die verzweifelte Wut der auf einen traurigen Rest geschrumpften Ägyptenarmee. Kléber erfuhr seine Beförderung erst aus einem Schreiben,[27] das ihm nach Bonapartes Abgang zugestellt wurde. Die Einschiffung der kleinen Gruppe von Glücklichen, die Bonaparte begleiten durften und die im Schutze der nächtlichen Dunkelheit erfolgte, gab zwar den Anlass zu dramatischen Schilderungen, in denen sich aber nur die Ängste der Beteiligten vor einer Entdeckung ihrer ruchlosen Absicht ausdrückte.[28]

Gelegentlich der Verhandlungen über den Gefangenenaustausch mit Admiral Sir Sidney Smith, dem Chef des englischen Geschwaders, das Alexandria blockierte, hatte der durchaus absichtsvoll verlauten lassen, man müsse in nächster Zeit nach Zypern segeln, um frisches Wasser an Bord zu nehmen.[29] Das setzte Bonaparte den Termin für den insgeheim geplanten Aufbruch, für den zwei venezianische Fregatten vorgesehen waren, auf denen er sich am Abend des 22. August in aller Heimlichkeit einschiffte und die am 8. Oktober 1799 im südfranzösischen Fréjus anlegten. Drei Tage zuvor war das aus Alexandria vom 28. Juli datierte Schreiben Bonapartes beim Direktorium eingegangen, das den Sieg in der Schlacht von Abukir vermeldete.

Die Nachricht wurde in Paris zu einem Zeitpunkt bekannt, als schon andere Erfolgsmeldungen der französischen Waffen die Öffentlichkeit begeisterten: Am 25. und 26. September hatte Masséna die russische Armee unter Korsakov bei Zürich geschlagen und zum Rückzug genötigt, und am 18. Oktober hatte die zuvor bei Bergen und Castricum General Brune unterlegene holländische Koalitionsarmee bei Alkmaar kapituliert. Damit war die seit dem Frühjahr drohende Invasion Frankreichs durch die zweite europäische Mächtekoalition abgewendet. Das bewirkte ein Gefühl der Erleichterung, das durch die Nachricht von Bonapartes Sieg bei Abukir endgültig in Begeisterung und Jubel umschlug. Die Öffentlichkeit delirierte geradezu in einem Gefühlsüberschwang, der den Eindruck nahelegen konnte, die für die Sicherheit Frankreichs weitaus wichtigeren Siege, die Masséna und Brune erfochten hatten, seien ebenfalls von Bonaparte errungen worden. Daran zeigte es sich bereits, welche Faszination dessen Namen noch immer ausübte. Das wurde umso offensichtlicher, als wenig später Bonapartes Ankunft bekannt wurde: Seine Fahrt nach Paris war ein einziger Triumphzug. Überall in den Städten und Dörfern umringten begeisterte Menschen die Kutsche, in der er reiste, und bei Aufenthalten in Städten musste er sich wiederholt der Menge zeigen, die ihn mit Hochrufen akklamierte. Das war, wie sich nicht nur der abergläubische Bonaparte sagen konnte, das Versprechen künftigen Erfolgs.

Im Überschwang des Empfangs verzinste sich das Kapital, das Bonaparte während des Italienfeldzugs mit Umsicht aufgehäuft hatte. Der dort erworbene Mythos hatte unter dem ägyptischen Abenteuer nichts von seiner Strahlkraft verloren, sondern war im Gegenteil noch intensiver geworden. Das demonstrierten nicht zuletzt die Jubel- und Freudenbekundungen, die, wie viele Zeitgenossen übereinstimmend berichten, in Paris spontan laut wurden, sobald sich die Nachricht seiner Landung in Fréjus herumsprach.[30] Diese erstaunliche Beständigkeit des großen Nimbus Bonapartes verdankte sich auch der Entwicklung, die seit seiner Abreise nach Ägypten eingetreten war: Dem Frieden von Campo Formio, den die kriegsmüde französische Öffentlichkeit so lebhaft begrüßt hatte und der vor allem Bonaparte gutgeschrieben wurde, war zwar keine Dauer beschieden. Dafür verantwortlich gemacht wurde aber die aggressive Außenpolitik des Direktoriums, die nicht zuletzt nachdrücklich beeinflusst wurde von Generälen, die Bonaparte nachzueifern suchten und die deshalb auf weitere Eroberungen und Annexionen drängten. Das notorisch schwache und klamme Direktorium ließ sich darauf umso bereitwilliger ein, weil diese frisches Geld in die stets leeren Kassen der Republik zu schwemmen versprachen.

Die Annexion der Holländischen Republik im April 1798, die jetzt als Batavische Republik firmierte, machte den Anfang. Es folgte die Schweiz, die als Helvetische Republik vermeintlich den Status eines Geschwisters der Französischen Republik erhielt, tatsächlich aber von dieser vereinnahmt wurde. Nicht anders war es zuvor der Römischen Republik ergangen, die aus päpstlichen Besitzungen bereits im Februar 1798 geschaffen worden war und der im Januar 1788 die Parthenopäische Republik folgte, die aus dem früheren Königreich Neapel bestand. Die Begehrlichkeiten, die man sich damit in Paris befriedigte, verstießen zwar nicht gegen den Buchstaben, aber gegen den Geist des Vertrags von Campo Formio. All diese Manöver des Direktoriums sorgten in Wien und London für Empörung, die zunächst jedoch nur deshalb ohne Konsequenzen blieb, weil beide Mächte sich keinen neuen großen Konflikt leisten wollten. Das änderte sich erst, als auch Russland an den französischen Umtrieben Anstoß zu nehmen begann. Eine leicht zu übersehende, aber wichtige Ursache dafür war die handstreichartige Eroberung Maltas, die Bonaparte unterwegs nach Ägypten partout nicht unterlassen konnte. Die Zerstörung der Machtbasis des Johanniterordens, der auf Malta sein längst überlebtes Dasein fristete, verschaffte Bonaparte und Frankreich die grimmige Feindschaft von Zar Paul I., dem Schutzherrn des Ritterordens. Außerdem galt das östliche Mittelmeer in wirtschaftlicher Hinsicht als eine russische

Domäne, in der die Präsenz anderer Mächte per se als feindseliger Akt gewertet wurde. Diese Konstellation nötigte den Zaren dazu, sich in eine anti-französische Allianz einzureihen, zu der neben England und Österreich auch das Osmanische Reich gehören sollte und deren zügiges Zustandekommen sich jetzt ganz wesentlich dem Betreiben Pauls I. verdankte.[31]

Die gesamte Entwicklung war von Ironie geprägt, insofern die in strategischer Hinsicht völlig überflüssige Einnahme Maltas durch Bonaparte politische Weichenstellungen provozierte, die ihm und Frankreich erhebliche Probleme verschafften. Die Empörung des Zaren über die französische Inbesitznahme Maltas veranlasste ihn zunächst dazu, dem anfangs widerstrebenden Osmanischen Reich eine gegen Bonaparte in Ägypten gerichtete Allianz einzureden, deren Bedrohung mit dem Sieg bei Abukir im Sommer 1799 noch keineswegs gebannt war. Verglichen damit weitaus gefährlicher war jedoch die Zweite Koalition der europäischen Mächte, die sich jetzt formierte und deren Zustandekommen Frankreich zu vereiteln suchte, das in Deutschland und der Schweiz zunächst erfolgreich angriff. Diesen anfänglichen Erfolgen schlossen sich rasch böse Rückschläge und Niederlagen an, die General Jourdan im März in Süddeutschland und General Moreau in der Schweiz einstecken mussten. Besonders groß aber war die Katastrophe in Italien, wo General Schérer in gut einem Monat alle Eroberungen Bonapartes verlor und Frankreich mit knapper Not nur noch Genua behaupten konnte. Für die Franzosen musste es besonders demütigend sein, dass sie nicht nur von den russischen Truppen des Generals Suworow vertrieben wurden, sondern sie sich auch nicht gegen die Wut und Wucht der Volksaufstände behaupten konnten, die in Nord- wie Süditalien häufig unter religiösen Vorzeichen gegen die verhassten Besatzer ausbrachen.[32]

Die tiefe Verunsicherung, die diese Nachrichten von Entwicklungen in Frankreich auslösten, die sich in beruhigender Ferne jenseits des Rheins oder der Alpen abspielten, rührte daher, dass auch in Belgien und Luxemburg Unruhen ausbrachen oder es selbst im französischen Kernland, im Massif Central, in den Pyrenäen, der Bretagne und der Vendée zu Aufständen kam. Die Republik befand sich damit im Inneren wie im Äußeren in einer Lage, die um ihren Fortbestand fürchten ließ, den es einmal mehr auf bewährte Weise zu sichern gelang. Am 18. Juni 1799 wurden drei Direktoren, La Révellière-Lépeaux, Merlin de Douai und Treilhard von den *Conseils* zum Rücktritt gezwungen. Die drei neuen Direktoren, der General Moulin, Gohier und Roger Ducos, gehörten zu jenen Abgeordneten, die als Jakobiner galten und deren Wahl deshalb mit dem Putsch vom 22 *Floréal* des Vorjahres annulliert worden war. Damit schien sich ein Linksruck anzukündigen, der aber weitgehend wieder dadurch egalisiert wurde, dass die beiden den Kurs bestimmenden Direktoren der zuvor turnusgemäß gewählte Emmanuel Sieyès und Paul Barras waren.[33]

Bedeutsamer als der Austausch der Direktoren waren jedoch eine Reihe rigoroser Gesetze, mit denen die Lage im Land stabilisiert wurde. Dazu gehörten etwa eine Zwangsanleihe, die man den »Reichen« auferlegte und die rund hundert Millionen *francs* einbrachte, sowie die *loi* Jourdan, mit der über vierhunderttausend Rekruten mobilisiert wurden. Als verdienten Lohn für diese Opfer konnte man den Sieg, den Brune am 19. September in Holland über eine englisch-russische Armee erfocht, ebenso ansehen wie die Niederlage, die Masséna am 29. September in der Schweiz den russischen Truppen unter Suvarov zufügte. Auch der innerhalb Frankreichs aufgeflammten Revolten wurde das Regime weitgehend Herr, so dass der preußische Botschafter in Paris seiner Regierung am 3. Oktober, und damit eine Woche vor der Rückkehr Bonapartes, berichten konnte: »Seit langem hat man hier keine vollkommenere Ruhe mehr herrschen sehen. Sie ist derart, dass die Pamphlete, die Diatriben und selbst die Umtriebe der Jakobiner verschwunden sind. Fast möchte man wähnen, dass ein und derselbe Geist vorherrscht und dass zwischen allen in erster Linie Verantwortlichen nichts als aufrichtige Übereinstimmung herrscht. Das ist natürlich keineswegs der Fall. Das Ressentiment ist lediglich versteckt und keineswegs erloschen, aber, ebenso wie die Rückschläge die Jakobiner erkühnten, so haben die jetzigen Erfolge der Regierung ihrerseits die Oberhand verschafft. Meiner Meinung

nach ist darin die wahre Ursache für die augenblickliche Ruhe zu erkennen, und sie wird so lange fortdauern, wie die militärischen Erfolge anhalten.«[34]

Die vom preußischen Botschafter Sandoz-Rollin konstatierte Ruhe
war aber auch der weitverbreiteten Ratlosigkeit und Enttäuschung geschuldet, die zu einer Malaise gerannen, der die Erinnerung an das
ruhm- und segensreiche Walten Bonapartes das vollkommene Antidot
zu sein schien. Gerade deshalb, weil er weit weg in Ägypten weilte und
man sich mehr mit Gerüchten und Vermutungen anstatt konkreten
Nachrichten bescheiden musste, war er umso präsenter, wurde seine
ersehnte Gegenwart als umso wirkmächtiger imaginiert. Zu den mes-
sianischen Erwartungen, die von der Öffentlichkeit mit Bonaparte
verknüpft wurden, leistete auch das Direktorium seinen Beitrag, als es
am 4. Jahrestag des *9 Thermidor* (27. Juli 1798) an dem Robespierre gestürzt worden war, in Paris eine bizarre Revolutionsfeierlichkeit ausrichtete.[35] In einem Festzug von über hundert mit Girlanden, Blumen-
gebinden und Fahnen geschmückten Lastwagen wurden die Gemälde
und Skulpturen sowie sonstige Schätze,[36] die vor allem in Italien zu-
sammengerafft worden waren,[37] vom Seinequai beim Jardin des Plan-
tes über den Champ de Mars, wo die fünf Direktoren, Minister, hohe
Beamte, Generäle sowie die Pariser Garnison beim dortigen »Altar
des Vaterlands« umringt von einer Menschenmenge Aufstellung genommen hatten, zum Louvre geschafft,[38] wo sie an bestimmten Werk-
tagen von der Öffentlichkeit besichtigt werden konnten.[39]

Damit verzinste es sich, dass Bonaparte die bedeutendsten Kunstwerke Italiens als Siegesbeute nach Paris schaffen ließ. So zu handeln
schmeichelte nicht nur der Einbildung der Pariser, sondern es verschaffte ihm auch die Wertschätzung der öffentlichen Meinung. Zwar
folgte Bonaparte mit diesem Handeln nur einer längst gängigen Praxis, aber er verstand es, das Odium, das den Kunstraub der Revolution
umgab, dadurch zu bannen, dass er dessen Objekte zu Verhandlungs-
gegenständen formalisierte, indem er Kunst- und Kulturgüter als geld-
werte Ersatzleistungen für Kontributionen anerkannte, welche die von
ihm Besiegten zu zahlen hatten.[40] Dieses Verfahren ging einher mit

einer erheblichen Effizienzsteigerung, denn Bonaparte konnte sich bei der Auswahl der Kunstwerke oder Bücher auf das Urteil einer Expertenkommission stützen, die auf sein Betreiben hin gebildet worden war.[41]

Von der riesigen Kunstbeute, die Bonaparte in Italien gemacht hatte, waren zuvor nur zwei kleinere Transporte nach Paris gelangt. Ein erster, sechs Fuhrwerke umfassender Konvoi, verließ Tortona am 13. September 1796 und langte nach mühseliger Überquerung der Alpen Anfang November in Paris an. Da sich diese Route wegen der unzulänglichen Straßen als nachteilig erwiesen hatte, entschloss man sich dazu, einen zweiten Transport von Kunstwerken, die auf siebzehn Lastfuhrwerke verladen wurden, per Schiff am 11. Dezember 1796 von Genua nach Toulon zu verfrachten, wo sie vier Tage später zwar wohlbehalten ankamen, aber wegen Behördenstreitereien, die sich an den Speditionskosten entzündeten, für gut ein halbes Jahr liegen blieben, ehe sie Ende Juli 1797 in Paris eintrafen. Diese beiden ersten Kunstkonvois erregten bei ihrer Ankunft keinerlei Aufsehen,[42] woran, wie man vermuten darf, dem Direktorium sehr gelegen war, das sich damals in dem Schatten, den der wachsende Ruhm Bonapartes warf, sowieso immer unbehaglicher fühlte.

Bis jedoch der dritte und mit Abstand größte Raubkunsttransport, der von April bis August 1797 im Hafen von Livorno zusammengestellt wurde und der vor allem die Schätze umfasste, die dem Papst im Vertrag von Tolentino abgenötigt worden waren,[43] Mitte Juli 1798 glücklich in Paris eintraf, war fast ein ganzes Jahr verstrichen. Diese erhebliche Verzögerung war verschiedenen Umständen geschuldet. Zum einen galt es noch das Eintreffen der in Venedig gemachten reichen Beute abzuwarten, die um eine ganze Menagerie wilder Tiere vermehrt wurde; zum anderen warf der schiere Umfang des Speditionsguts erhebliche Transportprobleme auf. Vor allem die antiken Skulpturen waren viel zu schwer, um sie gefahrlos mit Pferdefuhrwerken von Marseille nach Paris zu schaffen. Die Lösung, die schließlich gefunden wurde, Raubtiere und Kunstschätze per Schiff über die Flüsse und das gut ausgebaute innerfranzösische Kanalsystem nach Paris zu transportieren, verlangte ebenfalls noch zeitaufwendige Vorarbeiten.[44] Alle diese Imponderabilien hatten für das Direktorium jedoch den immensen Vorteil, dass diese wahrhaft spektakuläre Beute erst zu einem Zeitpunkt in Paris eintraf, als Bonaparte auf der Jagd nach seinem orientalischen Traum längst von der Bildfläche verschwunden war und sich mit seiner Flotte dem ägyptischen Alexandria näherte.

Die Abwesenheit des übermächtigen Rivalen stiftete das Direktorium zu dem Irrtum an, dieser sei damit auch dem Bewusstsein der breiten Öffentlichkeit abhanden gekommen. Also müsste es mittels einer pompösen Inszenierung, mit der man die gewaltige Kunstbeute in Paris in Empfang nahm, gelingen, dem arg strapazierten Selbstwertgefühl der Nation zu schmeicheln und gleichzeitig durch den Abglanz dieser Schätze auch dem Direktorium Ansehen verschaffen. Das war eine plausible Überlegung, die jedoch durch den Umstand dementiert wurde, dass die große Begeisterung der Öffentlichkeit, die sich zunächst natürlich nicht an den in Kisten und unter Planen verborgenen Kunstwerken entzündete, sondern an den in Käfigen gehaltenen Löwen, Tigern und Panthern sowie den Bronzepferden von San Marco,[45] weniger dem Direktorium als dem Renommee Bonapartes zugutekam,[46] der offiziell strikt beschwiegen wurde.

Auch wenn die geraubten Kunstschätze im *Muséum central des Arts* im Louvre nur an drei Tagen jeder Dekade des Revolutionskalenders der Öffentlichkeit zugänglich waren und dann sicherlich nur von einer interessierten Minderheit bestaunt wurden, genügte die Gewissheit ihrer physischen Präsenz wie ihre gemutmaßte immense Bedeutung den meisten, um Erinnerung und Begeisterung für den Namen Bonaparte lebendig zu halten. Das erwies sich für diesen jetzt als umso bedeutsamer, als ihm nach der Zerstörung der französischen Landungsflotte durch Admiral Nelson bei Abukir die Nachrichtenverbindungen in die Heimat sehr erschwert waren. Das machte es Bonaparte unmöglich, jene Propagandakampagne fortzusetzen, mit der er zur Zeit des Italienfeldzugs so erfolgreich gewesen war. Dieser Effizienz verdankte sich jetzt aber das in der Öffentlichkeit herrschende unersättliche Verlangen, Nachrichten über Bonapartes Fährnisse im Orient zu erhalten, das sich nur zu häufig mit bloßen Gerüchten zufrieden geben musste, die weit überwiegend nur von Erfolgen zu berichten wussten. Zwar ließen sich Nachrichten vom Debakel der Seeschlacht bei Abukir, die vor allem aus englischen Quellen stammten, nicht völlig verschweigen, aber die wurden von Berichten über von Bonaparte zu Land erzielten spektakulären Erfolgen relativiert. Diese Methode wurde im Übrigen auch von Bonaparte beherzigt, wie sein aus Kairo datiertes Schreiben an das Direktorium vom 19. August 1798 zeigt, in dem er beiläufig das Debakel der eigenen Flotte mitteilt, nachdem er zuvor seine Erfolge in Alexandria, Kairo und in der Schlacht bei den Pyramiden geschildert hatte. Damit suchte er den Eindruck zu erwecken, als habe der Verlust seiner Flotte keinerlei Einfluss auf den weiteren Fortgang der Expedition.[47]

In bewährter Manier wurden alle diese Triumphe auf einigen wenigen Stichen wiedergegeben, die sich ihrer Anzahl nach zwar nicht mit der einschlägigen Ausbeute des Italienfeldzugs vergleichen ließ, die rund fünfhundert Bildzeugnisse ausmachte. Das jedoch wurde wettgemacht durch den lebhaften Absatz, den diese Bilddokumente des ägyptischen Feldzugs in Frankreich fanden. Auch der Umstand, dass nach Abukir die britische Blockade es vereitelte, verlässliche Nachrichten vom ägyptischen Schauplatz nach Paris gelangen zu lassen, erwies sich für Bonaparte als Vorteil: Deren Ausbleiben wurde durch Spekulationen und Gerüchte wettgemacht, mit denen die Zeitungen das Verlangen der Öffentlichkeit nach Neuigkeiten von Bonaparte stillten und bei deren Abfassung allem Anschein nach auch dessen Brüder einen lebhaften Beitrag leisteten, die ihre eigenen Perspektiven längst mit dessen weiteren Erfolgen verknüpft hatten. Ihr Wunschdenken gab vermutlich auch den Ausschlag für die nach Abukir völlig abwegige Vermutung, die der *Journal des Hommes Libres* vom 20 *Thermidor an VI* (7. August 1798) veröffentlichte, Bonaparte plane die Engländer in Indien anzugreifen. Der Comte de Volney, der wegen seiner 1783–1785 unternommenen Reise durch Syrien und Ägypten, über die er nach seiner Rückkehr einen Bericht veröffentlichte, als ein großer Orientexperte galt, veröffentlichte im *Moniteur* am 19. und 21. November 1798 zwei Artikel, in denen er sich über die »eigentliche Situation« Bonapartes, seine Pläne, die von ihm eingeschlagene Taktik, seine Verwaltung wie auch sein weiteres Geschick lang und breit ausließ. Zuvor hatten schon am 20 und am 21 *Brumaire an VII* (5. und 6. November 1798) der *Journal des Hommes Libres* und der *Clef du Cabinet* berichtet, Bonaparte sei zwar bei Jerusalem und Akkon auf Widerstand gestoßen, habe aber dennoch mit der Eroberung von Syrien begonnen. »Unsere Truppen haben nacheinander die Streitkräfte des Pascha vernichtet, sind in Damaskus eingedrungen (...) und marschieren nun auf den Euphrat zu, um Basra und dann Pakistan einzunehmen.« Etwas mehr als ein halbes Jahr später wartete der *Journal des Hommes Libres* vom 7 *Messidor an VII* (25. Juni 1799) mit der verblüffenden Nachricht auf, Bonaparte stünde fünfundachtzig Meilen vor Konstantinopel an der »Spitze einer Armee von zweihunderttausend Mann«, die neben französischen aus griechischen, armenischen, arabischen, armenischen, jüdischen und ägyptischen Soldaten bestehe.

Die Kolportage dieser Gerüchte und Illusionen, die weitgehend darin übereinstimmten, Bonapartes orientalisches Abenteuer als großen Erfolg hinzustellen, sorgte dafür, dass der Glanz seines in Italien erworbenen Mythos nicht verblasste, die Hoffnungen, die viele mit sei-

nem Namen verknüpften, nicht erlahmten. Was diesen Meldungen
nachträglich Substanz und Glaubwürdigkeit verschaffte, war eine Flut
von zunächst inoffiziellen Nachrichten, die Anfang Oktober 1799 in
Paris eintrafen und Kunde gaben von Bonapartes überwältigendem
Sieg über eine türkische Armee, die bei Abukir gelandet war. Diese
wurden binnen weniger Tage vom ersten Bericht über die siegreiche
Schlacht bestätigt, den Bonaparte dem Direktorium am 28. Juli 1799
gesandt hatte und der den Adressaten eben jetzt erreichte.[48] Kaum weniger bedeutsam als diese massierte Häufung von Siegesnachrichten
war der Zeitpunkt, zu dem sie in Paris eintrafen oder veröffentlicht
wurden und für gut eine Woche der Öffentlichkeit das beherrschende
Thema lieferten, denn das überschnitt sich mit der Nachricht von der
Rückkehr Bonapartes aus Ägypten und seiner Landung in Südfrankreich. Diese Koinzidenz ließ seinen Mythos umso mächtiger erstrahlen, als die breite Öffentlichkeit noch immer unter dem Eindruck der
an allen Fronten in Italien, Deutschland und Belgien erlittenen Niederlagen stand, deren Folgen Frankreich unmittelbar zu bedrohen
schienen. Zwar war diese Gefahr durch die militärischen Erfolge gebannt, die Brune am 19. September in Holland und Masséna am
29. September 1799 in der Schweiz über den Gegner errungen hatten,
aber das war eine Einsicht, die sich noch längst nicht herumgespro-
chen hatte. Außerdem wurden diese Erfolge in der öffentlichen Wahrnehmung Bonaparte kreditiert, dessen Namen einfach mit dem der
erfolgreichen Generäle verknüpft wurde.

Als am 6. Oktober die Nachricht des von Bonaparte am 27. Juli errungenen Siegs bei Abukir in Paris bekannt wurde, löste das eine große
Begeisterung aus, mit der lauthals die Erwartung ausgesprochen
wurde, er werde die Republik vor dem ihr drohenden Untergang bewahren und Frankreich den Frieden bringen. Diese Erwartungen
schienen sich zu erfüllen, kaum dass eine Woche später, am 13. Oktober, in Paris die Nachricht von der Landung Bonapartes in Fréjus bekannt wurde. Das hatte eine unmittelbare Wirkung, wie der Stim-
mungsbericht des Polizeiagenten Nr. 15 aus dem Arbeiterviertel des
faubourg Saint-Antoine vom *22 Vendémiaire* (13. Oktober 1799) zeigt:

»Wir besingen die Triumphe unserer Armee und die Rückkehr unseres Vaters, unseres Retters, Bonaparte ... Wir haben keine Arbeit; egal! Wir werden alle zusammen unter dem Befehl unseres guten Vaters Bonaparte marschieren. Wir sind uns gewiss, zu siegen und den Frieden herbeizuführen. Folglich werden wir keinerlei Mangel an Arbeit leiden, und das republikanische Frankreich wird die Handelsniederlassung und der Treffpunkt aller Nationen sein.«[49]

Das zeigt, dass zumindest für die Pariser Unterschichten die Rückkehr Bonapartes bereits gleichbedeutend mit seiner Machtergreifung war. Dessen konnte er sich bei seiner Ankunft in Südfrankreich zwar nicht gewiss sein, aber der Jubel, der ihm dort entgegenbrandete, verschaffte ihm die Gewissheit, als Heiland willkommen zu sein,[50] ein Rollenbild, auf das er sich umgehend berief. Von Aix-en-Provence schrieb er den Direktoren am 10. Oktober 1799, er habe von ihnen ein einziges Mal am 25. März 1799 vor Akkon Nachrichten erhalten, die vom 4. November und 25. Dezember 1798 datiert gewesen seien, die ihm Auskunft über die Erfolge französischer Waffen gegen Neapel gegeben hätten. Daraus habe er geschlossen, dass es bald zum Ausbruch eines Krieges auf dem Kontinent kommen müsse, was ihm bereits nahegelegt habe, sich nicht zu lange von Frankreich zu entfernen. Dank verschiedener diplomatischer Unterhandlungen wäre er zur Kenntnis englischer Zeitungen gelangt, die bis zum 6. Juni erschienen seien und denen er die Niederlagen Jourdans in Deutschland und Schérers in Italien entnommen habe. Auf der Stelle sei er daraufhin mit zwei Fregatten von Ägypten aufgebrochen. »Daran, die Gefahren abzuwägen, habe ich keinen Gedanken verschwendet; ich muss dort sein, wo meine Anwesenheit den größten Nutzen hat. Von diesen Empfindungen befeuert, hätte ich mich auch in meinen Mantel gehüllt und wäre selbst auf einem Boot abgefahren, wenn ich nicht die Fregatten gehabt hätte. – Ich habe Ägypten wohlgeordnet und unter der Aufsicht von General Kléber verlassen. Das Land war bereits ganz von Wasser bedeckt, und der Nil war so schön wie seit Menschengedenken nicht mehr.«[51]

Wer könnte eine so wohlbegründete, wenn auch nicht genehmigte

Entfernung von der Truppe als Desertion brandmarken? Kaum war die Nachricht von Bonapartes Landung bekannt geworden, wurde im Direktorium diese Frage zwar kurz erwogen, aber dabei blieb es.[52] Spätestens der Jubel, den die Öffentlichkeit Bonaparte bei seinem Erscheinen spendete, dürfte bei den Direktoren die stille Opportunitätserwägung angestoßen haben, was ihnen blühte, wenn sie jene Frage bejahten und die dann notwendigen Konsequenzen veranlassten. Aus Sicht Bonapartes war, ausweislich seines Schreibens, dieser Vorwurf jedenfalls völlig gegenstandslos. Auch war sein Mandat nicht mehr das eines Chefs der Ägyptenarmee; die begeisterte Akklamation, die ihm in Frankreich widerfuhr, bestätigte ihn in dem Auftrag, den er sich längst selbst gestellt hatte und der ihn als Retter, als Heiland auswies. Möglicherweise war auch schon die orientalische Hyperbolik, mit der er seine Verlautbarungen an die ägyptische Bevölkerung garnierte, nicht nur ein bewusst eingesetztes rhetorisches Mittel, sondern vielmehr ein Ausfluss des Unbewussten, das ihm den Glauben verschaffte, ein Instrument des Schicksals und der Vorsehung zu sein. Gewiss ist andererseits, dass das Erlebnis Ägypten ihn von einem anderen Glauben heilte: Bonaparte wähnte, dort Rousseaus »edlem Wilden« zu begegnen, aber der entlarvte sich ihm als elender Köter.[53]

Am frühen Morgen des 16. Oktober 1799 traf Bonaparte in Paris ein; drei Wochen später, am *18 Brumaire*, dem 9. November, beseitigte er das Direktorium und die Verfassung des Jahres III durch einen Putsch. Als Erster Consul war er der starke Mann Frankreichs.

Das Evangelium

Jedem Ende wohnt
ein Anfang inne

Der *Empire Napoléonien*, das von Napoleon Bonaparte geschaffene französische Kaiserreich, hatte kaum zehn Jahre Bestand. Sein Werden verdankte sich siegreichen Kriegen, sein Untergang verlorenen Siegen. Der Bestand des napoleonischen *Empire* zeigt die Stabilität eines Kartenhauses. Deren Ursachen hat dessen Schöpfer bis zuletzt nicht verstanden. Mit seiner Herrschaft nahm Napoleon für sich in Anspruch, die Französische Revolution und ihren universalen, die ganze Menschheit beglückenden Anspruch zu zähmen. Das versprach, der Revolution eine unwiderstehliche Exportfähigkeit zu verleihen. Darin verbarg sich jedoch ein Trugschluss, der mit dem Untergang des *Empire* endgültig zu Protest ging: Die von Napoleon behauptete Zähmung der Revolution erwies sich als bloßer Etikettenschwindel für eine Herrschaftstechnik, die ihm wie seinem korsischen Familienclan die Macht über Kontinentaleuropa verschaffte.

Im Spätherbst 1812, als sich das Desaster des Russlandfeldzuges nicht mehr leugnen ließ, verlor Napoleon endgültig den Nimbus der Unbesiegbarkeit, der ihm bislang Erfolg garantiert hatte. Das war umso misslicher, als sein Charisma wie auch sein diplomatisches Gewicht von Siegen ebenso abhängig waren wie die Stabilität des *Empire* oder die Beherrschung der Untertanen. Allein der Erweis seiner Überlegenheit sicherte den Fortbestand des *Empire*. Deshalb kam es für ihn auch in der Phase des Niedergangs nicht in Frage, Frieden zu schließen, auch wenn der die Chance geboten hätte, wenigstens den jeweiligen Status quo des Reichs zu behaupten. Für ihn war das nicht vorstellbar, denn ein solcher Frieden hätte ihm als Diktat der Sieger gegolten, das er nicht akzeptieren konnte.

Das erhellt, warum Napoleon noch Anfang Februar 1814 die Friedensverhandlungen von Châtillon ablehnte, mit denen ihm die Alliierten die Herrschaft für das Zugeständnis garantieren wollten, dass Frankreich sich mit den Grenzen der einstigen Monarchie bescheide. Außenminister Caulaincourt, der als Bevollmächtigter nach Châtillon entsandt worden war, erbat sich am 4. Februar neue Vollmachten, ein Verlangen, das er gegenüber dem Berater Napoleons, Maret, damit begründete: »Es ist keine Zeit mehr für Illusionen. Der Feind gebietet über immense Mittel und Kräfte. Sollte der Kaiser über so zahlreiche Truppen verfügen, dass sein Genie diese auch zum Sieg führte, dann muss man sicherlich nichts von unseren natürlichen Grenzen abtreten! Sollte uns aber das Glück so weit verlassen haben, dass wir im Augenblick nicht die erforderlichen Truppen haben, müssen wir der Not gehorchen und preisgeben, was wir nicht verteidigen können. Verlangen Sie deshalb von Ihrer Majestät eine präzise Entscheidung. In einer Frage von dieser Tragweite braucht es Bestimmtheit. Meine Hände dürfen mir nicht in irgendeiner Weise gebunden sein.«[1]

Caulaincourt, der unter dem Eindruck der Anfang Februar 1814 erlittenen empfindlichen Niederlage Napoleons bei La Rothière stand, erhielt jetzt Handlungsfreiheit, Frieden zu schließen.[2] Kaum aber schien Napoleon das Kriegsglück wieder hold zu sein – am 10. Februar besiegte er Blücher bei Champaubert, am 11. bei Montmirail und am 14. bei Vauchamps sowie die Österreicher unter Schwarzenberg am 17. und 18. Februar bei Montereau –, wurden Caulaincourt diese Vollmachten wieder entzogen. Napoleon versteifte sich fortan darauf, einen Frieden nur unter der Bedingung einer Anerkennung der »natürlichen Grenzen« Frankreichs sowie der Überlassung weiter Teile Italiens zu schließen.[3] Aber selbst diese Konditionen, auf die sich die Alliierten nicht einlassen würden, übermittelte er Caulaincourt nur, um ihn zu beschäftigen. Seine wahre Haltung offenbarte Napoleon im Schreiben an Bruder Joseph vom 18. Februar:

»Bevor ich mit meinen Operationen begann, machte ich den Alliierten das Angebot, dass ich bereit sei, auf Grundlage der alten Grenzen und dass sie ihren Vormarsch einstellten, den Frieden zu unterzeichnen. (...) Das haben sie ausgeschlagen, und mittlerweile hat sich das Schlachtenglück gewandelt, und alles ist damit wieder vom Ausgang eines ganz normalen Kriegsverlaufs abhängig, bei dem nicht mehr eine einzige Schlacht über die Bedrohung meiner Hauptstadt entscheidet, sondern vielmehr alle Chancen für mich sprechen. Daher sehe ich mich im Interesse des *Empire* wie auch meines Ruhmes dazu genötigt, einen wahren Frieden auszuhandeln. Hätte ich auf der Grundlage der Bedingung der alten Grenzen Frieden geschlossen, hätte ich binnen zwei Jahren wieder zu den Waffen greifen müssen und dies der Nation gegenüber damit gerechtfertigt, dass das kein Frieden gewesen sei, sondern eine Kapitulation, die ich unterzeichnet hatte. Das vermag ich aber erst jetzt einzugestehen, nachdem gänzlich neue Umstände eingetreten sind, denn das Glück hat sich wieder meiner besonnen, und mir steht es erneut frei, meine Bedingungen zu formulieren.«[4]

Der Brief zeigt den Realitätsverlust Napoleons. Mit drei Angriffsspitzen waren die Alliierten nach Frankreich hinein vorgestoßen, aber er klammerte sich an die Illusion, ihnen mit einer Reihe von Siegen den Schneid abgekauft zu haben. Diese angesichts des Vergleichs seiner Kräfte zum Potential der Alliierten völlig übertriebene Zuversicht bekam Marschall Augereau, der Befehlshaber der *Armée de Lyon,* zu spüren. Augereau, den Napoleon schon zeit des Italienfeldzugs nicht hatte ausstehen können, stauchte er am 21. Februar für seine angeblich aus schierem Mangel bedingten Untätigkeit zusammen, sich den Österreichern nicht in den Weg gestellt zu haben: »Ich habe achtzigtausend Feinde mit Bataillonen vernichtet, die nur aus Wehrpflichtigen bestanden, die keine Patronentaschen hatten und unzulänglich uniformiert waren! Die Nationalgarden, sagen Sie, seien erbärmlich: Ich habe hier viertausend davon aus Angers und der Bretagne, mit Bauernhüten, ohne Patronentaschen und mit Holzpantoffeln, aber guten Gewehren; ich habe das Beste aus ihnen gemacht. Sie hätten kein Geld, lassen Sie sich weiter vernehmen. Und woher hoffen Sie, welches zu bekommen? Erst müssen wir die Einnahmequellen den Händen unserer Feinde entreißen. Es fehlt Ihnen an Zaumzeug: Besorgen Sie es sich, wo auch immer. (...) Wenn Sie noch immer der Augereau von Castiglione sind [i.e. für seine Leistung in dieser Schlacht des Italienfeldzugs hatte ihn Napoleon 1804 zum Duc de Castiglione geadelt], dann behalten Sie Ihr Kommando; sollten aber Ihre sechzig Lebensjahre auf Ihnen lasten, dann treten Sie ab und übergeben Sie den Befehl an den ältesten Ihrer Generäle. Das Vaterland ist in Gefahr; es kann nur durch Kühnheit und guten Willen gerettet werden und nicht durch eitles Zaudern.«[5]

Diese Suada verrät den revolutionären Furor, der den General Bonaparte einst befeuerte. Dem verdankte Napoleon allenfalls noch einen letzten Sieg über den Gegner am 13. März bei Reims. Danach musste auch er sich eingestehen, dass die zusammengewürfelten und miserabel ausgerüsteten Truppen, die er zur Verfügung hatte, zu erschöpft waren, um diese hochbewegliche Kriegführung mit Erfolg fortsetzen zu können. Jetzt wäre sogar ein Napoleon zu Friedensgesprächen bereit gewesen, allerdings auch nur deshalb, weil er damit Zeit zu gewinnen suchte. Allein fortgesetzte Aufrüstung würde seine Chancen verbessern, den Gegner zu vernichten. Auf dieses Spiel, bei dem die Alliierten stets als die Dummen verkauft werden sollten, ließen sich diese jetzt nicht mehr ein. Darauf hatten sie sich bereits mit dem Vertrag von Chaumont verständigt, der auf den 1. März 1814 rückdatiert worden war. Das Abkommen stipulierte die Verpflichtung, keinen Separatfrieden mit Napoleon zu schließen, sondern solange zusammenzustehen und zu kämpfen, bis dessen Macht zerstört war.

Den Anstoß zu der Vereinbarung hatte Napoleon gegeben, der am 21. Februar 1814 Kaiser Franz I. einen Brief schrieb. Angesichts der

Serie von Siegen, die er über Preußen und Russen errungen hatte, forderte er damit »Monsieur mon Frère et très-cher Beau-Père« dazu auf, einen Sonderfrieden auf der Basis der von den Alliierten in ihrem in Frankfurt gemachten Angebot vom November 1813 abzuschließen.[6] Damals hatten die Alliierten Napoleon, der nach dem Desaster der »Völkerschlacht von Leipzig« und der Auflösung des Rheinbunds bereits stehend k.o. war, einen Frieden auf Grundlage einer Anerkennung der »natürlichen Grenzen« angeboten. Im Gegenzug sollte Frankreich der Unabhängigkeit der deutschen Staatenwelt und der Wiederherstellung der alten dynastischen Ordnung in Spanien ebenso zustimmen wie der Unabhängigkeit Italiens und Hollands.

Immerhin hatte Napoleon dieses Ansinnen nicht wie frühere von vornherein ausgeschlagen, sondern unter der Einschränkung, weder auf den Besitz von Mainz noch von Antwerpen verzichten zu können, ein gewisses Interesse gezeigt. Das signalisierte auch die Ernennung des früheren Botschafters in Sankt Petersburg, Caulaincourt, zum neuen Außenminister, der als Befürworter eines Friedensschlusses galt. Tatsächlich war es Napoleon wie stets nur darum zu tun, Zeit für die eigenen Rüstungsanstrengungen zu gewinnen. So jagte er etwa der Illusion nach, Frankreich erneut wie 1793 in gut revolutionärer Manier die Kraftanstrengung einer »levée en masse« abnötigen zu können. Deshalb berief er den von ihm völlig entmachteten Corps législatif ein. Damit verknüpfte er die Hoffnung, dessen Mitglieder verstünden sich in einer patriotischen Aufwallung dazu, die gesetzlichen Voraussetzungen für die Aufstellung einer »Volksarmee« zu schaffen. In dieser Zuversicht sah sich Napoleon aber gründlich enttäuscht: Der als »Körperschaft der Stummen« apostrophierte Corps législatif, der Gesetze lediglich verabschieden, aber diese zuvor nicht debattieren durfte, ermannte sich am 30. Dezember 1813 dazu, das Ansinnen Napoleons mit einer Dreiviertelmehrheit der dreihundert Abgeordneten abzulehnen.[7]

Napoleons Kalkül, Kaiser Franz I. sei wegen der Verwandtschaftsbande am ehesten zu becircen und zu einem Ausscheren aus der Fronde der Alliierten zu bewegen, erwies sich als weitere Illusion: Die

Alliierten hielten zusammen und rückten entschlossen auf Paris vor, das sich ihnen bereits in der Nacht des 30. März ergab, ohne dass es hier zuvor zu den erbitterten Kämpfen gekommen wäre, auf die Napoleon gesetzt hatte. Also musste er sich auch dorthin wenden, kam aber zu spät, denn die Nachricht von der Kapitulation der Hauptstadt erhielt er gegen 11.00 Uhr nachts bei seiner Ankunft in der Poststation *La Cour de France* von Fromenteau. Damit sah er sich mit der endgültigen Unvermeidbarkeit seines Scheiterns konfrontiert. Umso mehr galt es, das Stück davor zu bewahren, durch einen lächerlichen, unheroischen Schlussakt ruiniert zu werden. Keinesfalls durfte deshalb der Eindruck entstehen, der Held sei von Umständen zu Fall gebracht worden, die er nicht rechtzeitig erkannt oder zutreffend eingeschätzt hatte. Und schon gar nicht durften eigene Fehler eingestanden werden, die sich zum tragischen Verhängnis schürzten.

Plausibel und dramaturgisch vertretbar war für Napoleon deshalb nur das unvorhersehbar Böse schlechthin, der heimtückische Verrat: Alle hatten sie ihn verraten, um ihre eigene Haut, ihre lächerliche Existenz, zu retten. Das galt zumal für Bruder Joseph, der sein Versagen, Paris zu verteidigen, mit hilflosen Ausreden zu rechtfertigen suchte. Als sie Napoleon zu Ohren kamen, hatte er sofort seinen Text parat, wie Caulaincourt berichtet: »*Welch feige Niedertracht! ... Kapitulieren! ... Joseph hat alles verdorben! ... Vier Stunden zu spät! ... Wäre ich nur vier Stunden früher angelangt, alles wäre gerettet worden*, wiederholte er mit schmerzerfüllter Stimme. Dann, nachdem er all seine Kraft gesammelt hatte: *Vier Stunden haben alles ins Verderben gestürzt; binnen kurzem jedoch können der Mut, die Hingabe meiner guten Pariser alles retten. Mein Wagen, Caulaincourt! Fahren wir nach Paris! Ich werde mich an die Spitze der Nationalgarden und der Truppe stellen. Wir werden die Sache schon regeln.*«[8]

Der Vorsatz war schierer Leichtsinn und wurde Napoleon von seiner Umgebung ausgeredet. Jetzt suchte er Zuflucht in dem Einfall, gerade die vermeintliche Aussichtslosigkeit seiner Lage verschaffe ihm den Sieg, wie er Caulaincourt weiszumachen suchte: »Zweifellos wird sich noch alles retten lassen, und selbst diese schändliche Kapitulation wird dafür noch von Nutzen sein, sobald ich meine Truppen zur Hand habe, um schon morgen den Feind anzugreifen, der im Rausch seines Erfolgs und seines Einzugs in Paris schwelgt. Allein, ich werde drei Tage brauchen, um meine in alle Winde verstreuten Truppen zu sammeln. Wir werden kämpfen, Caulaincourt, denn besser ist es allemal, mit der Waffe in der Hand zu sterben, als sich vor den Gegnern zu demütigen.«[9]

Tatsächlich traf Napoleon alle Anstalten, den Kampf fortzusetzen, erteilte Befehle, zerstreute Truppenteile zu sammeln, Munition und Vorräte heranzuschaffen. Die Anweisungen glichen galvanischen Reflexen, die kein Wille mehr steuerte, denn nichts konnte mehr darüber hinwegtäuschen, dass er ausgespielt hatte. *Rien ne va plus.* Das signalisierte am Vormittag des 31. März der Einzug des Zaren, des preußischen Königs und des Fürsten Schwarzenberg an der Spitze ihrer Truppen in Paris. Am Abend dieses Tages entschieden die Alliierten, Napoleon oder Angehörige seiner Familie seien für sie keine Verhandlungspartner mehr.[10] Dem folgte am 2. April ein Beschluss, zu dem sich der Senat ermannte, den Napoleon als willenloses Werkzeug behandelt hatte: Ohne Aussprache fiel die Entscheidung, Napoleon des Kaiserthrons für verlustig wie auch dessen Familie jeglicher Erbansprüche darauf für null und nichtig zu erklären.[11] Mit diesem Votum hatten die Alliierten die Partie schon fast für sich entschieden, war das napoleonische Kaiserreich zumindest in staatsrechtlicher Hinsicht abgewickelt. Blieb nur noch die große Unsicherheit, ob die Armee noch loyal zu Napoleon stünde und ob es ihm gelänge, sich ihrer auch um den Preis eines Bürgerkriegs als willfähriges Instrument bedienen zu können. Die Drohung war keineswegs gering zu veranschlagen, denn bis zum 3. April hatte es Napoleon vermocht, rund vierzigtausend Mann im Raum von Fontainebleau zu sammeln. Außerdem hielten die unterbürgerlichen Schichten von Paris noch immer zu ihm. Das würde sich als fatal erweisen, denn ein erneutes Aufflammen der Kämpfe könnte die Funken schlagen, die einen Aufstand in Paris entfachten, der die Alliierten, die sich hier aufhielten, unmittelbar in große Gefahr brächte.

In dieser Konstellation erkannte Napoleon eine Chance für sich, wenn er dem Gegner so bald als möglich eine Schlacht unter den Mauern von Paris lieferte. Dem widersetzten sich jedoch die Marschälle, die sich stattdessen dafür aussprachen, die Truppen an der Loire zusammenzuziehen und dem Gegner entgegenzustellen.[12] Die Militärs wollten zwar die Unabhängigkeit Frankreichs verteidigen, aber nicht um den Preis eines Bürgerkriegs, der Paris in Mitleidenschaft gezogen hätte. Diese Haltung wurde noch bekräftigt, kaum dass sich in der Nacht vom 3. auf den 4. April in Fontainebleau die Kunde vom Senatsbeschluss verbreitete, Napoleon zu entthronen. Napoleon blieb das zwar nicht verborgen, aber er vertraute der Illusion, den »Defätismus« der Generäle durch sein bloßes Erscheinen überwinden zu können. Damit scheiterte er jedoch beim Kriegsrat am Mittag des 4. April, zu dem er sechs Marschälle um sich versammelte, auf die seine Argumente keinerlei Eindruck machten. Gegenüber Caulaincourt bemerkte er:

»Die Marschälle, viele der Generäle haben den Kopf verloren. Sie können nicht erkennen, dass es ohne mich keine Armee mehr geben wird und dass sie ohne Armee auch keinerlei Garantien mehr für sich selber haben. Dem Feind, der in Paris steht, wollen sie sich in den Wolfsrachen werfen. Sie haben nichts gesagt, aber ich habe nur zu deutlich gespürt, dass sie meine Abdankung befürworten. Sie glauben allen Ernstes, dass damit nur ein Mann ausgetauscht wird. Die Narren wollen nicht einsehen, dass das Heil Frankreichs, ihr eigenes Wohlergehen nur durch mich gewährleistet wird, dass das, was man ihnen verspricht, nur eine Falle ist, man meinem Sohn keinerlei Garantie bieten kann und das alles nur ein Mittel darstellt, sie zum Verrat zu verlocken, um das Land zu verderben.«[13]

Das zeigt, Napoleon ließ sich nicht mehr durch Ergebenheitsadressen beeindrucken. Er ahnte, wie schnell die Loyalitäten erodieren konnten. Um Intrigen und Verrat der Militärs zu vereiteln, galt es umgehend eine Schlacht zu schlagen. Das entsprach seiner Spielernatur: Noch einmal musste er alles wagen. Deshalb musst er auch das alte Doppelspiel fortsetzen und Verhandlungen mit den Alliierten anknüpfen. »Was mich anbelangt,« bemerkte er zu Caulaincourt, »so habe ich meinen Entschluss gefasst. Während Sie verhandeln, werden wir eine Schlacht schlagen, und die wird die ganze Frage entscheiden.« Die Garde, ließ er Caulaincourt wissen, marschiere bereits auf Essonnes. Dort stünde Marschall Marmont mit einem Armeecorps. Deshalb käme es mit den Verhandlungen vor allem darauf an, Zeit zu gewinnen, damit er seine Operationen unbehelligt ausführen könne. Im Übrigen sei seine vom Senat ausgesprochene Entthronung ohne Bedeutung, wenn die beabsichtigte Schlacht den Gegner zwinge, fünfzig Meilen zurückzuweichen. Die Franzosen ließen sich durch einen Erfolg ebenso leicht beeindrucken wie durch einen Misserfolg.[14]

Um ganz sicher zu gehen, dass sein Plan aufginge, fügte er den Instruktionen für Caulaincourt noch eine Abdankungserklärung zu Gunsten seines gerade dreijährigen Sohnes bei, deren Adressaten neben dem Zaren auch die eigenen Marschälle waren, die er damit noch einmal auf unbedingte Loyalität einschwören wollte: »Die ausländischen Mächte haben erklärt, Kaiser Napoleon sei ein Hindernis für die Wiederherstellung des Friedens wie der Integrität des französischen Staatsgebiets. Seinen Prinzipien und Schwüren getreu, alles für das Wohlergehen und den Ruhm des französischen Volkes zu unternehmen, erklärt Kaiser Napoleon seine Bereitschaft, zu Gunsten seines Sohnes abzudanken, und dass er das Dokument dieser Bereitschaft dem Senat in der gebotenen Form mittels einer Botschaft zukommen lässt, sobald Napoleon II. ebenso wie die verfassungsgemäße Regentschaft der Kaiserin von den Mächten anerkannt worden sind. Unter dieser Voraussetzung wird sich der Kaiser sofort an einen Ort zurückziehen, auf den man sich verständigt hat. Niedergelegt in unserem Schloss von Fontainebleau am 4. April 1814. Napoleon.«[15]

Auch dieser überraschende Schachzug zielte nur auf Zeitgewinn, denn Napoleon spekulierte darauf, dass Kaiser Franz noch immer fern von Paris in Dijon weile und der Zar es nicht wagen würde, in dieser Frage, die das künftige Schicksal von dessen »Lieblingstochter« Marie-Luise unmittelbar berührte, namens der Alliierten allein zu entscheiden. Das war alles so fein gesponnen wie eh und je, allein sämtli-

che Voraussetzungen, auf die sich Napoleons doppeltes Spiel gründete, lösten sich jetzt in Nichts auf: Marschall Marmont stand seit
dem 2. April mit den Alliierten in geheimen Verhandlungen, und als
Caulaincourt am Nachmittag des 4. April zu seiner neuerlichen Mission nach Paris aufbrach, ging er mit seinem Corps von rund zwölf-
tausend Mann ins Lager des Gegners über.

Die Desertion Marmonts war ein Fanal. Der Schritt warf nicht nur
alle Kalkulationen Napoleons über den Haufen, weil der Marschall die
besten Truppen befehligte, sondern schlimmer noch, dieser Verrat
gab ein Beispiel, dem andere folgten. Damit verfügte Napoleon über
keinerlei Machtmittel mehr. In den Verhandlungen mit Caulaincourt
zog der Zar daraus die fälligen Konsequenzen: Eine Abdankung Napoleons zu Gunsten einer Regentschaft käme nicht mehr in Betracht.
Der bedingungslose Thronverzicht und die sofortige Exilierung Napoleons, für die er die Insel Elba nannte, sowie die Restauration der
Bourbonenherrschaft im Rahmen einer neuen staatlichen Ordnung
Frankreichs seien die einzige Lösung.[16]

Die Nachricht von der Desertion Marmonts erreichte Napoleon am
frühen Morgen des 5. April. In einer Proklamation an die Armee, mit
der er den durch dieses Beispiel bei der Moral der Truppe angerichte-
ten Schaden einzudämmen suchte, rechnete er auch mit dem Senat
ab, dem er den grotesken Vorwurf machte, er sei jahrelang das wider-
spruchslose Werkzeug seiner Herrschaft gewesen. Die Proklamation
endete aber mit Sätzen, in denen sich Napoleons Resignation anzukündigen schien: »Das Wohlergehen Frankreichs ist mit dem Schicksal des Kaisers verknüpft. Heute, da sich das Glück gegen ihn gewendet hat, kann nur noch der Wille der Nation ihn dazu veranlassen,
länger auf dem Thron zu verharren. Sollte er jedoch zu der Einsicht
gelangen, dass er das einzige Hindernis für den Frieden darstellt, wird
er freiwillig dieses letzte Opfer für Frankreich bringen. (...) Die Armee
kann versichert sein, dass die Ehre des Kaisers niemals im Widerspruch stehen wird zum Wohlergehen Frankreichs.«[17]

Von Resignation konnte jedoch keine Rede sein, denn Napoleon
klammerte sich noch immer an die fixe Idee, den Kampf an der Loire

fortsetzen zu können. Davon verabschiedete er sich erst, als er erkennen musste, dass das Beispiel Marmonts im Offizierscorps Schule
machte und man ihm den Gehorsam aufkündigte. Diese Auskunft gab
ihm Marschall Ney, mit dem sich Napoleon in den frühen Morgen-
stunden des 6. April beriet; auch Berthier und Oudinot ließen sich
entsprechend vernehmen.[18] Als Napoleon danach wieder mit Caulaincourt konferierte, sprach er erneut mit dem Eigensinn eines verzoge-
nen Kindes von einer mit Bedingungen verknüpften Abdankung. Als
ihm sein Gesprächspartner ein weiteres Mal auseinandersetzte, dass
die Alliierten dem niemals zustimmen würden, gab ihm Napoleon zur
Antwort: »Tatsächlich, was wäre mir der Thron noch nütze, da ich
nichts mehr für Frankreich tun kann. Der Thron ist nicht mehr als ein
Stück Holz, an das ich mich nicht klammere.«[19]

Sich zur Abdankung zu resignieren war das eine; ein entsprechendes Dokument zu unterzeichnen ein anderes, denn es mussten noch
eine Fülle von Details, wie etwa der Unterhalt des Ex-Kaisers und wer
dafür aufkommen sollte, ausgehandelt werden. Schließlich waren am
20. April alle Vorbereitungen getroffen, standen die Kutschen zur Abreise in Fontainebleau bereit, die Napoleon und seine Begleitung nach
Fréjus zur Einschiffung nach Elba bringen sollten. Der mit den Alliierten geschlossene Abdankungsvertrag sicherte Napoleon die souveräne Herrschaft über die zweihundertzweiundzwanzig Quadratkilo-
meter große Insel Elba mit ihren knapp vierzehntausend Bewohnern
zu. Dieses Miniaturkaiserreich verschaffte ihm insoweit Sicherheit, als
man sich hier vor ihm sicher wähnte. Um sich dessen jedoch ganz sicher zu sein, unterhielten Frankreich und Österreich ein Heer von
Spitzeln, während sich England, nobel oder geizig, damit begnügte,
einen Kommissar auf der Insel zu postieren.

Natürlich war es ein Einfall von geradezu grotesker Dummheit,
diese in Sichtweite Italiens und nur wenig weiter von Frankreich entfernt gelegene Insel einem Mann wie Napoleon zum Exil anzuweisen.
Den Einfall dazu hatte Zar Alexander gehabt, den die Einwände seiner
Bundesgenossen nicht umzustimmen vermochten.[20] Bemerkenswert
war die Kritik an dieser Entscheidung, die Kaiser Franz I. gegenüber

Metternich äußerte: »Die Insel Elba ist mir nicht recht, denn sie ist für Toscana ein Schaden, man disponiert mit Gegenständen für Andere, die meiner Familie taugen, was man in Hinkunft nicht angehen lassen kann, und Napoleon bleibt zu nahe an Frankreich und Europa. Übrigens muss getrachtet werden zu erhalten, dass Elba, wenn die Sache nicht verhindert werden kann, nach Napoleons Tod zu Toscana komme.«[21] Der Einwand dieses Herrschers lässt für das künftige Geschehen auf dem Wiener Kongress tief blicken, der sich im Herbst versammelte, um die politische Neugestaltung des nach-napoleonischen Europa zu vereinbaren: Elba, das seit 1736 zum Königreich beider Sizilien gehörte, war erst im April 1797 in den Besitz von Großherzog Ferdinand von Toskana aus dem Hause Habsburg gekommen und wurde schon im Mai 1801 von Frankreich annektiert.[22]

Kaum auf Elba angelangt, musste dem fünfundvierzigjährigen Napoleon sofort aufgehen, wie lächerlich beschränkt seine Gestaltungsmöglichkeiten waren. Der vormalige Herrscher über Europa sah sich in einen kargen Steingarten verwiesen, dessen bescheidene Erträge sich nur mit großen Mühen und immensen Kosten steigern lassen würden. Chateaubriand, wahrlich kein Freund oder Bewunderer Napoleons, hat dessen Situation mit Empathie verstanden: »War die Insel Elba ein befriedigender Zweck für Napoleon? Konnte er sich mit der Herrschaft über einen Turm bescheiden wie Tiberius auf Capri, mit einem Gemüsegarten wie Diokletian in Salona?«[23] Wie jede rhetorische Frage beantwortete auch diese sich selbst: Elba war für Napoleon keine Herausforderung, sondern nur eine demütigende Zumutung. Diese Einsicht überfiel Napoleon sehr schnell. Damit schrumpfte für ihn die Bedeutung Elbas darauf, ein Wartesaal zu sein, ein Horchposten und Ausguck, von dem aus er mit grimmiger Genugtuung die sich verschlechternden politischen Zustände, die wachsende Unzufriedenheit mit der Bourbonenherrschaft in Frankreich ebenso beobachtete wie die größer werdenden Risse im Lager der Alliierten.

Auch wusste Napoleon davon, dass man in Wien mit dem Gedanken umging, ihn auf Elba auszuheben und nach St. Helena zu deportieren. Das war eine Drohung, der er zuvorkommen musste. Später, auf St. Helena, äußerte er sich gegenüber seinem Chronisten Las Cases mit Bestimmtheit in eben diesem Sinne: Die einschlägigen Pläne der Sieger hätten seinen Entschluss, nach Frankreich zurückzukehren, beschleunigt.[24] Je länger er sich in Gedankenspielen mit dieser Absicht beschäftigte, desto größer wurde die mit deren Ausführung verbundene Erfolgsgewissheit, wie er sich einem anderen seiner Getreuen auf St. Helena gegenüber eröffnete: »Ich hatte die im *peuple* und in der Armee herrschende Stimmung genau beobachtet, und schließlich fühlte ich mich so unwohl, dass ich damit kein sonderliches Wagnis einging, außer dem, das eigene Leben aufs Spiel zu setzen.«[25]

Die in Frankreich wachsende Unzufriedenheit mit dem neuen *Ancien Régime* war für Napoleon nur ein Anlass, Elba zu verlassen und den tollkühnen Versuch zu wagen, die Macht in Frankreich zurückzuerobern. Ein anderer war, dass die Bourbonen sich weigerten, ihm die vertraglich vereinbarten zwei Millionen *francs* jährlich zur Bestreitung seines Unterhalts auszuzahlen.[26] Dieser Vertragsbruch drohte, seinem Zaunkönigtum, dessen Erträge auch nicht annähernd zur Deckung der Ausgaben ausreichten, die materielle Basis zu entziehen.[27] Also galt es, dem drohenden Bankrott zuvorzukommen. Hinzu kam noch ein dritter, für Napoleon charakteristischer psychologischer Aspekt: Er weigerte sich hartnäckig, die eigene Verantwortung für die Niederlage anzuerkennen, die ihn nach Elba verschlagen hatte. So gut wie jedem seiner Besucher versicherte er, allein Verrat habe ihm dieses Schicksal beschieden.

Eine ganz andere, phantastische Begründung für sein Handeln nannte Napoleon im April 1816 auf St. Helena Las Cases. Seine Abdankung sei lediglich ein taktischer Rückzug gewesen, um den Bourbonen die Gelegenheit zu verschaffen, sich erneut zu kompromittieren. »Wenn die Bourbonen eine fünfte Dynastie [i. e. Napoleon begriff sich als Gründer der vierten Dynastie eines französischen Herrschergeschlechts] beginnen wollten, hätte ich nichts machen können, wäre meine Rolle beendet gewesen. Allein, sie beharrten auf dem Einfall, die dritte Dynastie fortzusetzen, weshalb ich nicht säumte, wieder auf der Bildfläche zu erscheinen.«[28] Damit begingen die Bourbonen nach seinem Verständnis den unverzeihlichen Fehler, die Revolution und die napoleonische Herrschaft einfach auslöschen und an den *Ancien Régime* der Zeit vor 1789 anknüpfen zu wollen. Das war ein gravierender Verstoß gegen die gültige Legitimation von Herrschaft, auf die sich Napoleon berufen konnte, wie er Las Cases bei anderer Gelegenheit auseinandersetzte: »Ich vermochte allein gestützt auf das Prinzip der Volkssouveränität zu herrschen, das sie [i. e. die Bourbonen] ausschloss.«[29] Noch plastischer will er sich, wie ebenfalls Las Cases überliefert, darüber einmal im *Conseil d'État* geäußert haben: »Ich habe keineswegs die Krone usurpiert, sondern sie lediglich aus der Gosse geborgen; das Volk hat sie mir dann aufs Haupt gesetzt: Dessen Handeln gilt es zu respektieren!«[30]

Dieses Verständnis von der alleinigen Legitimität seiner Herrschaft führte Napoleon mit der *Proklamation an das französische Volk* propagandistisch aus, die er unmittelbar nach seiner Ankunft in Golfe-Juan in Südfrankreich am 1. März 1815 veröffentlichte: »Dank Eurer Entscheidung auf den Thron gelangt, ist alles, was ohne Eure Zustimmung veranlasst wurde, illegitim. Seit fünfundzwanzig Jahren hat Frankreich neue Interessen, neue Institutionen und neuen Ruhm, die alle nur durch eine nationale Regierung und von einer Dynastie garantiert werden können, die sich diesen neuen Umständen verdanken. Ein Fürst, der über Euch herrscht, der auf meinen Thron durch die Gewalt von Armeen gesetzt wurde, die unser Land verheerten, wird vergeblich versuchen, sich auf die Prinzipien des Feudalrechts zu stützen; er vermag damit allein nur der Ehre und den Ansprüchen einer kleinen Zahl dem Volk feindlich gesinnter Individuen zu genügen, die seit fünfundzwanzig Jahren in allen Nationalversammlungen verurteilt wurden. Eure Ruhe im Inneren und eure Wertschätzung draußen werden für immer verloren sein. – Franzosen, in meinem Exil habe ich Eure Klagen und Wünsche vernommen: Ihr verlangt die Regierung Eurer Wahl, die allein legitim ist; Ihr beklagt meinen langen Schlaf, macht mir zum Vorwurf, meinem Ruhebedürfnis die großen Interessen des Vaterlands zu opfern. – Inmitten von Gefahren aller Art habe ich die Meere überquert; ich bin unter Euch angelangt, um meine Rechte, die auch Eure Rechte sind, einzufordern.«[31]

Diese Worte entsprachen, so schien es, der Begeisterung, die Napoleon überall auf seinem Zug nach Paris entgegenschlug, wo er am Abend des 20. März 1815 eintraf. Wie schon zuvor bei seiner überraschenden Rückkehr aus Ägypten 1799 wurde er auch jetzt wieder, so musste es für ihn den Anschein haben, von einer großen Mehrheit der Franzosen als Retter begrüßt.

Davon konnte jedoch keine Rede sein, wie ein kundiger Beobachter, der liberale Publizist Benjamin Constant, ausführte: »Bonaparte hatte auf seiner Seite weder die gesamte Armee, die Freunde der Aufklärung [i.e. die Jakobiner], den Adel [i.e. die Angehörigen der von ihm geschaffenen *Noblesse de l'Empire*], die Kaufleute noch gar die Mehrheit der Käufer von Nationalgütern [i.e. des von der Revolution enteigneten Kirchen- und Adelsbesitzes] oder schließlich die weit größere Anzahl jener, die unter seiner Herrschaft ihre Karriere zwar begonnen hatten, dieser aber unter dem König fortsetzen wollten. Seine wahren Anhänger waren die Landbewohner, die unter den Bedrückungen seiner vormaligen Verwaltung, sieht man von der Wehrpflicht einmal ab, kaum gelitten hatten und die andererseits mehr als jede andere Schicht die Übergriffe des Adels [i.e. des alten Adels] zu erdulden hatten, dessen ungezügelte Arroganz während der kurzen Zeit seiner Blüte die Hassgefühle wiederbelebte, die sich unter seiner lang andauernden Leidenszeit etwas abgemildert hatten. Es waren eben diese Landleute, von denen sich Bonaparte umringt und im Triumph getragen sah, sobald er den Boden Frankreichs betreten hatte.«[32]

Auch Napoleon beschlich die Ahnung, dass sein Wiedererscheinen in Frankreich und seine Machtübernahme keineswegs auf ungeteilte Begeisterung stießen. Besonders musste ihn irritieren, dass die vertraute Riege seiner früheren Minister nicht bereit war, die einst von ihnen ausgeübten Ämter erneut zu übernehmen.[33] Die Schwierigkeiten Napoleons, eine Regierung zu bilden, war Teil des größeren Problems, wie er sich die Fortsetzung der Herrschaft vorstellte. Auf St. Helena hat Napoleon die schiere Unmöglichkeit unumwunden eingestanden, die Herrschaftspraxis des *Empire* einfach wieder aufzunehmen. »Die Entwicklungen, die eingetreten waren, hatten die öffentliche Meinung derart erschüttert und grundlegende Veränderungen in den Abläufen und bei den Personen bewirkt, dass dieses ganze System, das mit so viel Mühe errichtet worden war, dem Zustand Frankreichs nicht mehr angemessen zu sein schien.« Das habe dazu genötigt, »etwas Neues, wesentlich Größeres zu schaffen, das sich als geeignet erweist, alle Hoffnungen zu befriedigen und allen Meinungen zu willfahren«.[34] Seinen als *vol d'aigle* apostrophierten Triumphzug von Golfe-Juan nach Paris erlebte Napoleon, wie dies der einschlägig erfahrene Marquis de Lafayette erkannte, deshalb geradezu als einen politischen Passionsweg: »Napoleon, in der Provence ein Republikaner, in Lyon ein halber Republikaner und in Paris ein absolutistischer Kaiser, gelangte zu der Einsicht, dass es für ihn kein Heil gäbe, wenn er sich nicht als konstitutioneller Herrscher kostümiere. Sein Geist und sein Wesen sind wie zwei Strömungen, die miteinander im Kampf liegen. Das Ergebnis ist eine widrige Mischung aus kaiserlichen, terroristischen und liberalen Direktiven. Allein, die öffentliche Meinung ist weitaus stärker als er, und, da er ein außergewöhnliches Talent besitzt, unterwirft er sich allem, was er nicht beherrschen kann, mit einer Geschicklichkeit, von der die anderen [i. e. die Bourbonen] weit entfernt waren.«[35]

In diese vom Zwang der Umstände diktierte Anpassung würde ein so eigenwilliger Charakter wie der Napoleons sich aber kaum auf Dauer widerspruchslos schicken. Zunächst jedoch galt es, die Komödie überzeugend zu geben, und das hieß, den versprochenen *Empire libéral* mit so viel konstitutionellem Flitter zu dekorieren, dass keine Zweifel an Napoleons Absichten aufkamen. Das hatte auch eine außenpolitische Pointe, denn das Gelingen der Machtübernahme in Frankreich war nicht zuletzt abhängig davon, wie sich die Alliierten dazu stellten, denen Napoleon als der personifizierte Gottseibeiuns galt. Deshalb ließ er es nicht an Gesten und Erklärungen mangeln, mit denen er einen grundsätzlichen Wandel seines Wesens glaubhaft zu machen suchte. Damit stieß er nicht nur bei einem Ultraroyalisten wie

dem Baron de Frénilly auf Unglauben, der in seinen *Erinnerungen*
spottete: »Das Erste, was Bonaparte in den Tuilerien unternahm, (...)
war, sich als Schaf, als Lamm ohne Groll und Makel auszugeben, als
Freund der ganzen Welt, den es einzig und allein danach verlangte,
in seinem kleinen Königreich in häuslicher Zurückgezogenheit sein
Dasein zu fristen.«[36] Anlass für diesen Spott war die Erklärung, die Napoleon am 26. März 1815 auf Druck seiner Minister im *Conseil d'État*
abgab, die nur unter der Bedingung in die Regierung eingetreten waren, dass er sich öffentlich zur Mäßigung verpflichtete: »Ich habe auf
die Ideen des *Grand Empire* Verzicht geleistet, für den ich seit fünfzehn
Jahren lediglich die Fundamente gelegt habe. In Zukunft werden das
Glück und die Festigung des *Empire français* alle meine Gedanken beherrschen.«[37]

Das war nur die Ouvertüre, der sich eine von Napoleon an die alliierten Souveräne adressierte Zirkularnote anschloss, mit der er be-
kundete, seine Rückkehr sei allein mit »ungeteilter Zustimmung der
Nation« erfolgt, und die mit der Versicherung schloss: »Nachdem ich
der Welt das Spektakel großer Kämpfe geboten habe, wird es von
nun an *plus doux* sein, keine andere Rivalität mehr geben als jene der
Vorteile des Friedens, keine andere Auseinandersetzung als die, um
das Glück der Völker anzuerkennen.« Frankreich werde sich diesen
Erwartungen verpflichtet wissen. »Eifersüchtig auf seine Unabhängigkeit bedacht, wird es unwandelbares Prinzip seiner Politik sein, die
Unabhängigkeit der anderen Nationen auf das Genaueste zu respektieren.«[38] Dieses und andere Schreiben, mit denen Napoleon seine
Friedfertigkeit betonte, prallten jedoch an der eisigen Ablehnung ab,
mit der die auf dem Wiener Kongress versammelten Mächte reagierten. Nicht nur wurde er keiner Antwort gewürdigt, sondern die Emissäre Napoleons scheiterten auch meist schon daran, überhaupt die
Grenzen Frankreichs zu überschreiten.

Auch die feierliche Versicherung Napoleons, den mit Ludwig XVIII.
geschlossenen Friedensvertrag von Paris anzuerkennen, die den Alliierten jeden Vorwand nehmen sollte, gegen ihn vorzugehen, verfing
nicht. Alle damit verknüpften Illusionen wurden endgültig zerstört,

als die Bevollmächtigten der Signatarstaaten dieses Friedens am 12. Mai 1815 den Beschluss verkündeten, die erneute Thronbesteigung Napoleons sei in völkerrechtlicher Hinsicht ohne jeden Belang. Damit war alles gesagt. Vorsichtshalber wurde jedoch betont, dass sich die Mächte gleichwohl nicht für befugt erachteten, Frankreich eine bestimmte Regierung aufzunötigen. Das war die Bekräftigung der gegen Napoleon bereits am 13. März von den Alliierten verhängten Achterklärung, mit der man die Unklarheit beseitigte, man wolle das napoleonische Regime durch eines der Bourbonen ersetzen. Jetzt war die Botschaft eindeutig: Napoleon würde nicht toleriert werden; er war weiterhin der Feind, den es galt, in gemeinsamer Anstrengung unschädlich zu machen.[39]

Diese Haltung der Alliierten verbat jede Illusion, und es war Caulaincourt, der daraus auch als Erster den zutreffenden Schluss zog: »Sich an die Möglichkeit zu klammern,« schrieb er Napoleon am 7. Juni 1815, »den Frieden zu wahren, wäre heute eine gefährliche Blindheit. Wenn diese Hoffnung, die man vollständig aufgeben muss, die Ursache dafür war, dass sich Ihre Majestät in der Hauptstadt verweilte, dann gibt es diese Rechtfertigung nicht mehr. (...) Der Krieg ist auf allen Seiten gegen uns im Gange. Nur noch auf dem Schlachtfeld vermag Frankreich den Frieden wieder zu erringen. Selbst wenn das Ausland mit seinen Vorstößen innehält, dann nur, um uns umso sicherer zu treffen. Also gebietet es das nationale Interesse, ihm eher zuvorzukommen, als es zu erwarten.«[40]

Das war schon seit längerem absehbar gewesen, aber Napoleon hatte sich der Einsicht verweigert, weil er hartnäckig auf einen Erfolg seiner diplomatischen Offensive bei den Alliierten vertraute. Deren Erfolg, so wähnte er, würde von der Vollendung des *Empire libéral* nachdrücklich unterstützt werden, den es deshalb zügig zu vollenden gelte. Dieses Kalkül diente ihm als Ausrede, mit der er geradezu verzweifelt zu überspielen suchte, dass ihm der *amor fati*, der ihn früher auszeichnete, abhanden gekommen war. Emblematisch für diesen Verlust war der Entwurf des *Empire libéral*, den Napoleon zu verwirklichen suchte, obwohl er damit seinem früheren Selbst Gewalt antun musste. Unter diesem Prozess kam ihm das Selbstvertrauen endgültig abhanden, weshalb er nur noch zwanghaft, ohne Überzeugung und Zuversicht ob des eigenen Erfolgs, handelte. In der erzwungenen Muße auf St. Helena kam Napoleon bei den unablässig unternommenen Versuchen, eine Erklärung für sein Scheitern zu finden, sich einmal selbst, zumindest ansatzweise, auf die Spur, als er gegenüber Las Cases mit der Einsicht herausrückte:

»Es kann als ausgemacht gelten, dass ich damals [i. e. in der Zeit unmittelbar nach der Rückkehr von Elba] nicht mehr das Empfinden eines sicheren Erfolgs in mir verspürte; darin war jedenfalls nicht mehr mein Selbstvertrauen vorrangig begründet. Sei es, dass das Alter, das für gewöhnlich das Glück begünstigt, mir abhandenzukommen begann, sei es, dass in meiner Wahrnehmung, in meiner Vorstellung das Außerordentliche meiner Karriere beschädigt war; jedenfalls war mir das Empfinden gewiss, mir ginge etwas ab. Es war jedenfalls nicht mehr dieses Glück, das mir stets treu war und sich mir immer erfüllte, es war allein das bitterste Geschick, dem ich noch mit aller Gewalt die eine oder andere Gunst entriss und das sich dafür nur zu bald rächte. Auffallend ist, dass ich damals nie einen Vorteil erlangte, auf den nicht sofort wieder ein Rückschlag gefolgt wäre. – Ich habe Frankreich durchmessen, und bis zur Hauptstadt wurde ich vom Elan der Bürger und allgemeiner Begeisterung getragen; kaum war ich jedoch in Paris angelangt, musste ich erleben, dass man wie durch einen Zauber, ohne jeden stimmigen Grund, plötzlich vor mir zurückwich, alles um mich herum erkaltete.«[41]

Als Korse war Napoleon zeitlebens anfällig für Aber- und Wunderglauben. Der verstellte ihm jetzt die Einsicht in die riesige Diskrepanz, die sich zwischen seinen Projektionen oder Wünschen und der Wirklichkeit auftat. Deshalb vermochte er auch nicht das Zögern seiner früheren Minister zu verstehen, die sich nur sehr langsam bereitfanden, wieder Ämter zu übernehmen. Das war ein Verhalten, das sich sehr von der Begeisterung unterschied, mit der er auf dem Weg nach Paris begrüßt worden war. Daraus hatte er auf stürmische Zustimmung geschlossen, die ihm vermeintlich ganz Frankreich entgegen-

brächte und der er nachjagte, sobald er bemerken musste, dass es sich
so nicht verhielt. Das war der Grund, warum Napoleon viel wertvolle
Zeit mit der Ausgestaltung des *Empire libéral* vertat. Der Alarmruf
Caulaincourts vom 7. Juni kam viel zu spät, um das drohende Unheil
noch abzuwenden: Wenige Tage später zog Napoleon in die Schlacht,
deren Ausgang sein Schicksal endgültig besiegeln sollte.

Es war seine Widersacherin, Mme de Staël, die, als alles vorbei war,
eine Handlungsalternative Napoleons zum *Empire libéral* durchspielte:
»Wenn es ein Verbrechen war, Bonaparte zurückzurufen, so war es
eine Tölpelei, einen solchen Mann als konstitutionellen Herrscher
kostümieren zu wollen. Von dem Augenblick an, an dem man ihn wieder zurückhatte, hätte man ihm die Militärdiktatur anvertrauen müssen, galt es die Wehrpflicht wieder einzuführen, hätte sich die Nation
zu einer *levée en masse* ermannen müssen, kurz, es wäre alles zu unterlassen gewesen, was nachteilig für die Freiheit war, sobald die Unabhängigkeit bedroht wurde. Man brachte Bonaparte zwangsläufig in
Verruf, indem man ihm zumutete, eine Sprache zu führen, die im Widerspruch zu der stand, die während fünfzehn Jahren die Seine gewesen war. Es war nur zu offensichtlich, dass er sich nicht zu Prinzipien
bekennen konnte, nur weil die Umstände ihn dazu nötigten und die
sich derart von denen unterschieden, denen er zuvor folgte, als er allmächtig war. (...) Der Schrecken, der ihm eigentümlich war, die Macht,
die ihm aus diesem Schrecken zuwuchs, diesen Schrecken gab es nicht
mehr. Er war wie ein Bär mit einem Maulkorb, dessen Brummen man
noch vernahm, den aber dessen Dompteur nach Belieben tanzen ließ.
Statt ihn dazu zu nötigen, stundenlang über Verfassungsfragen zu fa-
seln, einen Mann, dem abstrakte Ideen und rechtliche Schranken zutiefst zuwider waren, hätte er vier Tage nach seinem Wiederauftauchen
in Paris in den Krieg ziehen müssen, noch bevor die Rüstungsbewe-
gungen der Alliierten zum Abschluss gekommen waren, vor allem jedoch innerhalb der Frist, in der die Verblüffung über sein Erscheinen
auf der Bildfläche die Wahrnehmung beherrschte.«[42]

Die Überlegungen, die Mme de Staël anstellte, sind jenen ähnlich,
die Napoleon im Evangelium nach Las Cases entwickeln sollte, um für

sich Zukunftsfähigkeit zu reklamieren. Die Bedingung der Möglichkeit dafür war jedoch die Schlacht von Waterloo: Erst diese *défaite glorieuse* wies ihm auf St. Helena jene Perspektiven, die sich ihm zuvor in dieser Deutlichkeit nicht erschlossen hatten. Das zeigt sehr schön das Gespräch, das Napoleon unmittelbar nach seiner Rückkehr von Elba in den Tuilerien mit dem Comte Louis-Mathieu Molé führte, auf den er große Stücke hielt, der sich aber seinem Ansinnen, das Außen-, Innen- oder Justizministerium zu übernehmen, hartnäckig verweigerte: »Wir beginnen die Revolution von Neuem. Man kann sich nicht das ganze Übel ausmalen, das die unglücklichen Fürsten [i.e. die Bourbonen], ohne sich dessen bewusst zu sein, Frankreich zugefügt haben. Von ihnen wurde alles wieder infrage gestellt, was längst entschieden war; ich finde erneut alle Parteien vor, der alte Hass lodert allenthalben auf, und sie haben den freiheitlichen Ideen, jenem zu Beginn der Revolution virulenten Verlangen, wieder die Intensität verschafft, die diese längst verloren hatten. Schließlich habe ich bei meiner Landung angekündigt, eine weitaus liberalere Verfassung als die *charte* der Bourbonen stiften zu wollen und dass für deren Verabschiedung die gesamte Nation zu Rate gezogen werden soll.«[43]

Mit dieser Ankündigung spannte sich Napoleon eine Falle, in der er jetzt gefangen saß und aus der ihn auch der *Empire libérale* nicht befreien würde, denn die bourbonische Restauration hatte Frankreich in eine unübersichtliche politische Konkurrenz gespalten, in der Royalisten und Jakobiner, Liberale und Bonapartisten um die Meinungshoheit konkurrierten. Den Versuch zu wagen, diese sich gegenseitig ausschließenden Geltungsansprüche und Ordnungsentwürfe mittels einer Verfassung, die es allen irgendwie recht machte, zu synchronisieren, versprach ein aberwitziges Unterfangen zu sein, das selbst Napoleons Charisma überfordern musste. Nach seiner Ankündigung gab es für ihn aber kein Zurück mehr. Also wurde eine aus Ministern und vertrauten Ratgebern bestehende Kommission berufen, die einen Verfassungsentwurf ausarbeiten sollte, über dessen Annahme ein Plebiszit entschiede.

Die neue Verfassung, die bereits am 21. April abschließend beraten und einen Tag später paraphiert wurde, litt ausweislich ihres Namens, der sie als »Acte additionnel« auswies, an einem großen Makel: Wie zuvor schon Ludwig XVIII., der die von ihm oktroyierte *Charte* auf das neunzehnte Jahr seiner Herrschaft datiert hatte, konnte auch Napoleon nicht der Versuchung widerstehen, die vermeintliche Kontinuität der Verfassung des *Empire* zu behaupten. Der *Acte additionnel* suchte deshalb eine Kompromissformel für ein dem Zeitgeist geschuldetes liberales Verständnis von individueller Sicherheit, öffentlicher Freiheit und einer Erweiterung des repräsentativen Systems zu stiften, die sich aber der Achtung der monarchischen Autorität unterzuordnen hatten. Das verklärte die Präambel zu einer politischen Tugend, deren Maßgabe es sei, »den erhabensten Begriff politischer Freiheit und individueller Sicherheit mit der Kraft und der notwendigen Konzentration derart zu vermitteln, dass die Achtung der Unabhängigkeit des französischen Volks durch das Ausland und die Würde unserer Krone gewährleistet ist«.[44]

Trotzdem der *Acte additionnel* verglichen mit der *Charte* oder der ursprünglichen Verfassung des *Empire* weitaus liberaler war, stellte er einen Kompromiss vor, der viele enttäuschte. Dazu gehörte auch Napoleon, der gelegentlich der letzten Beratungen des Entwurfs seinem Zorn gegen die Bedenken freien Lauf ließ, die gegen das Recht auf Enteignung, auf dem er hartnäckig bestand, geäußert wurden: »Man zwingt mich, einen Weg einzuschlagen, der nicht der meine ist; man hat mich geschwächt und in Bande geschlagen. Frankreich sucht nach mir und findet mich nicht. Die öffentliche Meinung war ausgezeichnet, jetzt ist sie abscheulich. Frankreich fragt sich, was aus der alten Macht des Kaisers geworden ist, der Macht, die es braucht, um Europa in die Schranken zu weisen. Was labert man mir von Güte, von abstrakter Gerechtigkeit, von den natürlichen Rechten? Das wichtigste Gesetz ist die Notwendigkeit; das wichtigste Recht ist das öffentliche Wohl. Man verlangt von mir, dass die Menschen, die ich mit Wohltaten überhäuft habe, sich dieser bedienen, um gegen mich im Ausland zu konspirieren. Derlei kann und darf nicht sein. Jeder Franzose, jeder Soldat, jeder Patriot ist befugt, von mir Rechenschaft über die Reichtümer einzufordern, die ich seinen Feinden habe zukommen lassen. Sobald der Frieden geschlossen ist, wird man weitersehen. Jedem Tag seine Strafe, jedem Umstand sein Gesetz, einem jeden seine Natur. Der meinen entspricht es nicht, ein Engel zu sein. Meine Herren, ich wiederhole: Man muss sie wiederfinden, man muss die alte Macht des Kaisers wiedererkennen.«[45]

Der Ausbruch war nicht nur kaiserliches Staatstheater. Zwar enthielt der *Acte additionnel* keinen Passus, dem Napoleon zuvor nicht zugestimmt hätte, aber damit hatte er sich selbst offensichtlich zu viel zugemutet, wie ihm erst jetzt klar wurde. Napoleon musste das ganze Dokument wie ein ungeliebter Wechselbalg erscheinen, zu dessen Vaterschaft er sich unter dem Druck der in der Öffentlichkeit vorherrschenden Erwartungen notgedrungen bereitgefunden hatte. Der Versuch, diese mit den eigenen Herrschaftsinteressen zu vereinbaren, war jedoch von vornherein zum Scheitern verurteilt. Auch wenn sich Napoleon in der Frage von Enteignungen durchsetzen konnte, die in der *Charte* vom 4. Juni 1814 genau spezifiziert worden waren,[46] ein entsprechender Passus aber in der *Acte additionnel* dank seiner Intervention nicht auftauchte, hatte er nichts gewonnen, sondern nur Misstrauen geweckt. Und das mit gutem Grund, denn entschädigungslose Enteignungsdrohungen waren für Napoleon ein unverzichtbares Zuchtmittel, um Abweichler und Widersacher seines Regimes zur Räson zu bringen. Carnot, der mit seiner Kritik nicht hinterm Berg hielt, soll zu Napoleon bemerkt haben: »Ihr *Acte additionnel* verschafft Ihrer Sache einen größeren Schaden als eine verlorene Schlacht; und diejenigen, die ihre Unterschrift darunter setzen, beschädigen gemeinsam mit Ihnen Ihre Popularität.«[47] Die Prognose erfüllte sich nicht nur in Paris. Hier machte die Veröffentlichung des *Acte additionnel* am 23. April im *Moniteur* einen für Napoleon »verheerenden Eindruck«, wie der Präfekt Baron Sers schrieb.[48] Wie zu Zeiten der Revolution gab auch jetzt Paris den Takt an, der die im ganzen Land herrschende öffentliche Meinung beeinflusste. Finanzminister François Mollien identifizierte diese ablehnende Stimmung damit, dass »die einem Bastard gleichende Regierung der ›Hundert Tage‹ nichts anderes war als eine unverdauliche Melange der großen Macht, die 1814 zusammenbrach, und eines neuen Regimes, das bislang weder von Frankreich noch von der Dynastie, die es angeschafft hatte, verstanden wurde, auch wenn sie für das Land wie den Herrscher den einzigen Schutzschild darstellte. Die Revolution der ›Hundert Tage‹ kam weder einem von Revolutionen wie Eroberungen erschöpften Frankreich zupass noch einem Europa, das sich wieder auf seinen altehrwürdigen Grundlagen niederlassen wollte, noch gar dem fünfzehnten Jahr eines Jahrhunderts, das viel mehr philosophisch geprägt war als das vorhergehende und das in der Zivilisation seinen wahren Ruhm erkannte, diesem jedenfalls von allen Völkern der Vorzug vor dem Waffenruhm eines Einzelnen gegeben wurde.«[49]

Der in Paris lebende englische Liberale John Cam Hobhouse konstatierte im Zusammenhang mit dieser Kritik einen Wandel der öffentlichen Meinung, wie er ihn noch nie erlebt habe. Die einhellige Kritik von Royalisten und Republikanern nahm bereits am Titel des Dokuments Anstoß, das als *Acte additionnel aux Constitutions de l'Empire* firmierte und eingangs »Napoleon als Kaiser der Franzosen kraft der Gnade Gottes und der Verfassungen« auswies. Das zeige, so würde gesagt und geschrieben, »dass Napoleon das alte System des Despotismus, den *Empire*, erneut für gültig erachte; dass er damit auch die *Charte* von Ludwig XVIII., dessen Herrschaft und seine eigene Abdankung einfach unterschlage, die diese Konstitutionen sämtlich zunichte gemacht hatten, als hätte es sie niemals gegeben; dass er schließlich selbst Kaiser von Gottes Gnaden sei, ohne jede Unterbrechung und ganz in der Manier des Monarchen, dessen vermeintlich neunzehnjährige Herrschaft er selbst lächerlich gemacht hatte.«[50]

Der Verdacht, aus dem sich jene Kritik an der Zusatzakte speiste, die lediglich als neuer Fassadenanstrich eingeschätzt wurde, die den *Empire* dem gewandelten Publikumsgeschmack genehm machen sollte, findet seine Bestätigung in einer Bemerkung Napoleons, die Jean-Jacques Régis de Cambacérès überliefert hat. Auf dessen Bemerkung, wie sehr der Geist der Freiheit die Gemüter ergriffen habe, versetzte jener: »In weniger als sechs Wochen werden Sie erleben, wie ich dieses unnütze Geschwätz zum Schweigen gebracht habe.«[51] Keine Frage: Dieses »Geschwätz« enervierte ihn, aber er musste stillhalten und schweigen, um seine angebliche Wandlung zu beglaubigen. Das nötigte ihn dazu, so lange zu heucheln, bis ihm der Lorbeer des Schlachtensiegers wieder die ihm gemäße Legitimation als Herrscher verschaffte. Das erkannte er nachträglich als großen Fehler, wie er Gourgaud gegenüber am 8. September 1817 auf St. Helena eingestand: »Die Kanaille von Liberalen hat mich, indem sie mich mit Verfassungsfragen behelligte, viel Zeit gekostet. Letzten Endes bin ich nur ein Mann, aber all meine Zeit wurde mit Diskussionen vertan. Ich hätte sie alle zum Teufel jagen sollen. Stark war ich allein durch das Volk.«[52]

Die breite öffentliche Kritik, die an dem *Acte additionnel* geübt wurde, zeigte Napoleon zu Genüge, dass er die mit diesem liberalen Gambit eröffnete Partie verloren hatte. Allein die Zweifel an seiner Glaubwürdigkeit nötigten ihn jetzt dazu, sie bis zum Ende zu spielen. Darin bestärkte ihn auch Benjamin Constant, dem er sich am 23. März 1815 mit der Bemerkung eröffnete: »Der neuen Verfassung ist kein Erfolg beschieden.« »Das ist das, was man vermeint«, versetzte Constant. »Sorgen Sie also dafür, dass man zu ihr Vertrauen fasst, indem man sie in Kraft setzt.« Darauf Napoleon: »Ohne dass sie gebilligt worden wäre? Dann wird man sagen, dass ich mich über das Volk lustig mache!« Constant: »Sobald das Volk erkennt, dass es frei ist, dass es Repräsentanten besitzt, dass Sie der Diktatur entsagt haben, wird es nicht meinen, man mache sich über es lustig.« Nach kurzer Überlegung äußerte Napoleon: »Alles in allem liegt darin ein Vorteil. Wenn man mich so handeln sieht, wird man umso mehr von meiner Entschlossenheit überzeugt sein. Dies gilt es zu erweisen.«[53]

Also ließ Napoleon das Dekret veröffentlichen, das die Einberufung der Wahlmännerkollegien für die Wahl der Abgeordneten anordnete. Um die verlorene Glaubwürdigkeit wieder zu gewinnen, so hatte ihm Constant geraten, müssten die Wahlen für die Kammern noch vor dem Plebiszit über die Verfassung stattfinden. Als sich Napoleon diesem Rat beugte, glaubte er einmal mehr, dem Zwang von Umständen zu gehorchen, von dem die Glaubwürdigkeit seiner Wandlung zum Liberalen abhinge. Dabei verkannte er völlig die Pointe, auf die Constant mit seinem Rat abzielte, als er am 1. Mai Lafayette triumphierend schrieb: »Endlich ist das Dekret, das die Versammlung der Deputierten [i. e. der Wahlkollegien] anordnet, erschienen! Binnen drei Wochen ist die Nation ermächtigt, die Verfassung in Wirkung zu setzen. Das würde ihr Fehler sein, wenn sie das nicht ausnutzt, denn noch nie gab es eine liberalere Verfassung.«[54] Das war der springende Punkt: Solange die Kammer noch nicht durch Wahlen konstituiert war und tagte, konnte die Verfassung weder in Kraft gesetzt werden, noch besaß sie eine bindende Wirkung.

Constants Überlegung verrät das Wahnsystem, in dem die Liberalen steckten, das sich ihrem unerschütterlichen Glauben an die schiere Machtwirklichkeit einer Verfassung verdankte. Darin erkannten sie das probate Mittel, zweierlei erreichen zu können: zum einen Napoleon auf den Respekt der Verfassung zu verpflichten, also ihn dazu zu nötigen, als Autokrat abzudanken; zum anderen sich seiner unbestrittenen Fähigkeiten als Feldherr zu bedienen, um den Gefahren zu begegnen, die Frankreich seitens der Alliierten drohten. Ein derartiges Kalkül hegte etwa Lafayette, der unkte: »Eine Million zweihunderttausend Soldaten aller Nationen schicken sich an, mit vielfach größeren Mitteln die Komplotte von Pillnitz und Koblenz [i. e. die Revanchegelüste, die von den in beiden Orten sich sammelnden Adelsemigranten gegen die Revolution von 1789 ausgebrütet wurden] zu erneuern, diesmal verstärkt durch die wütenden Rachegefühle aller Völker, die sich nach Frankreich ergießen, dessen Mittel, sich dagegen zur Wehr zu setzen, entweder seit zehn Jahren in den Weiten Europas verschwendet oder von der Restauration beseitigt wurden. (...) Es ist bekannt, dass das Eingreifen der Mächte mit enormen Zugeständnissen erkauft worden ist, und ein großer Teil unserer Festungen wie unserer Vermögen wird daran gegeben werden müssen, um die Beschützer der Legitimität zu entschädigen.«[55]

Damit ist das Dilemma skizziert, in dem Liberale wie Napoleon gefangen waren und sich gegenseitig belauerten. Eine Auflösung war nur denkbar, indem die einen oder der andere den Kürzeren zogen. Wem dieses Los zufiele, darüber würde nach Lage der Dinge eher auf dem Schlachtfeld als durch den Ausgang der Kammerwahlen entschieden werden, die von Carnot in seiner Eigenschaft als Innenminister unverzüglich vorbereitet wurden. Während sich dieser strikt jeglicher Einflussnahme zugunsten einer Partei oder Napoleons versagte, war Polizeiminister Fouché entschlossen, das Wahlergebnis umso ungehemmter im Sinne seiner Absichten zu manipulieren, wie er sich einem Besucher gegenüber äußerte:

»Dieser Mann [i.e. Napoleon] ist bei seiner Rückkehr noch viel verrückter als bei seinem Abgang. Er unternimmt große Anstrengungen, aber die werden ihm nur eine Frist von drei Monaten stunden. (...) Für sein Unternehmen hat er sich den denkbar ungünstigsten Moment ausgesucht. Ganz Europa steht unter Waffen. (...) Die Könige und ihre Minister sind noch immer auf dem Kongress versammelt. (...) Er [i.e. Napoleon] kann ein oder zwei Schlachten gewinnen, einige Divisionen der Alliierten vernichten, aber den Sieg wird er nicht davontragen. – Er wird (...) vier oder fünf große Armeen gegen sich haben. Er wird feststellen, dass der Gott der Schlachten immer aufseiten der stärkeren Bataillone steht, sofern diese nicht allzu tollpatschig geführt werden. Während wir das abwarten, überwachen wir ihn hier mithilfe der Nation. (...) In der Zeit, in der er die ausgeleerten Arsenale durchsucht, Alarm schlägt oder die Nummerierung der Regimenter ändert, verschaffen wir ihm eine Abgeordnetenkammer, in der er von allem etwas findet. Ich werde ihm weder Barère [i.e. Bertrand Barère, einen der Repräsentanten des revolutionären Terrors, der zeit seines Bestehens dem Wohlfahrtsausschuss angehörte] oder Cambon [i.e. Joseph Cambon, Mitglied des im September 1792 gewählten Konvents und bis April 1795 Vorsitzender von dessen Finanzausschuss], noch, wie Sie sicherlich vermuten, Lafayette ersparen. Soviel zum Charakter der Versammlung. Die Zeit der Ausschlüsse [i.e. um sich die Versammlung gefügig zu machen] ist vorbei, und heute sind Leute wie diese eine Garantie für uns andere, für Männer, die aus der Revolution ihre Lehren gezogen haben.«[56]

Die Stimmigkeit einer solchen Äußerung lässt sich kaum bezweifeln, denn die Machenschaften Fouchés, mit denen er Napoleon zu schaden suchte, sind vielfach belegt.[57] Auch ließ sich Fouché in dem nämlichen Tenor Anfang Mai 1815 gegenüber Étienne-Denis Pasquier vernehmen: »Noch vor Monatsende wird er [i. e. Napoleon] sich genötigt sehen, zur Armee abzugehen. Ist er erst einmal fort, werden wir die Herren im Hause sein. Ich wünsche mir, dass er ein oder zwei Schlachten gewinnt, die dritte wird er jedoch verlieren, und dann werden wir unsere Rolle ausspielen. Seien Sie versichert, wir werden alles zu einem guten Ende bringen.«[58]

Der Ausgang der Wahlen für die Kammer Mitte Mai 1815 war nicht überraschend. Das galt auch für die Wahlbeteiligung. Die Wahlkollegien, deren Mitglieder die Abgeordneten votierten, waren im Landesdurchschnitt zu weniger als fünfzig Prozent besetzt, was sich mit der massiven Wahlenthaltung der Royalisten erklären lässt. Die von diesen Rumpforganen für fünf Jahre bestimmten sechshundertzweiundfünfzig Abgeordneten waren in ihrer überwältigenden Mehrheit Liberale jeglicher Spielart, die rund fünfhundert Abgeordnetensitze einnahmen, während sich den »Bonapartisten« allenfalls achtzig und den Jakobinern rund dreißig Abgeordnete zurechnen ließen.[59]

Lafayette, der im Departement Seine-et-Marne gewählt worden war, hat den Charakter der Versammlung beschrieben: »Fast die gesamte Kammer stand zu Napoleon mit den nämlichen unüberwindlichen Vorbehalten, wie sie Napoleon dem Volk gegenüber hegte, das in ihm nur das kleinere von zwei Übeln sah. (...) Gleichwohl trugen die Abneigung und das Misstrauen, die von der geflüchteten Dynastie geweckt worden waren, der Parteigeist wie vor allem auch das Kalkül, das einen Teil der Wähler zur Wahlenthaltung veranlasst hatte, dazu bei, der Versammlung eine gewissermaßen bonapartistische Mehrheit zu verschaffen. Jedenfalls gab es unter den Abgeordneten eine große Mehrheit, die das Heil des Vaterlands nur im Schutz des Throns und des Arms von Napoleon gewahrte. Aber von dieser Mehrheit gaben nur sehr wenige den Ideen des kaiserlichen Systems den Vorzug vor den Institutionen der Freiheit.«[60]

Gemessen an Napoleons Erwartungen war dieser Wahlausgang

eine herbe Enttäuschung, denn sein Regime war einer Mehrheit nur wegen des herrschenden Notstands akzeptabel und wurde keineswegs als eine ideale Lösung akklamiert, die Revolution auf Dauer zu beenden. Das musste für ihn eine fatale Bilanz seiner vierzehnjährigen Herrschaft sein, die über die Armee und den kleinen Kreis jener hinaus, die sich für ihre Bewunderung seines Regimes üppig hatten belohnen lassen, keinerlei Zustimmung fand. Ein solches Erlebnis war umso ernüchternder, als er seine Rückkehr an die Macht unter den Auspizien einer genau gegenteiligen Erwartung angetreten hatte. Kaum tröstlicher war das Ergebnis des Plebiszits über den *Acte additionnel*, das von Ende März für zehn Tage landesweit angesetzt war und mit dem alle Männer, die älter als einundzwanzig Jahre waren, zur Stimmabgabe aufgerufen waren. Da es an einer Zustimmung, durch Manipulationen garantiert, von vornherein nichts zu zweifeln gab – mit Ja votierten eineinhalb Millionen, mit Nein nur rund sechstausend Wähler –, war auch dieses Ergebnis eindeutig: Sowohl der Ausgang der Kammerwahlen wie das Ergebnis des Plebiszits zeigten, dass die Wähler dem Herrschaftsanspruch Napoleons die Legitimation verweigerten. Wie schon einmal galt es für ihn auch jetzt wieder, den Anspruch auf den Thron mit dem Schwert durchzusetzen.

Zuvor jedoch musste Napoleon noch ein friedvolles Spektakel inszenieren. Bei seinem Aufenthalt in Lyon hatte er das leichtfertige Versprechen gemacht, Beratung und Beschlussfassung aller Maßnahmen zur Modifikation der Verfassungen des *Empire* einer Repräsentativersammlung auf dem *Champ de Mai* zu überantworten. Dieser aberwitzige Gedanke wurde jedoch schnell wieder fallengelassen, so dass der *Acte additionnel* noch nicht einmal das Ergebnis der Beratungen einer verfassunggebenden Versammlung, sondern das einer Kommission war, in der Napoleon den Ton angab. Um dennoch etwas vom fragwürdigen Zauber eines an die Zeit Pippin des Kurzen und der Karolinger erinnernden Rituals eines *Champ de Mai* zu retten, wurde durch Dekret vom 22. April ein aufwendiges Kostümfest für den 26. Mai anberaumt. Wegen der unvermeidlichen Verzögerungen bei der Stimmabgabe für das Plebiszit musste dieses Fest auf den 1. Juni verlegt werden. Als dessen Schauplatz wurde der Pariser *Champ de Mars* bestimmt, der für diesen Zweck aufwendig hergerichtet werden musste.

Da Sinn und Absicht der Festlichkeit zuvor nur sehr unzulänglich kommuniziert worden waren, wurden in der Öffentlichkeit damit die aberwitzigsten Vermutungen verknüpft.[61] Eine, die von den Liberalen verbreitet wurde, lautete, Napoleon habe sich entschlossen, die zivile Gewalt den Repräsentanten der Nation anzuvertrauen und nur den Oberbefehl über die Armee zu behalten. Die Bonapartisten hingegen hofften auf das genaue Gegenteil, nämlich dass er seine Diktatur für die Zeit bis zum Friedensschluss verkünde.[62] Eine dritte Version, die Fouché streute, lautete schließlich, Napoleon werde zugunsten seines Sohnes abdanken.[63]

»Die Versammlung des *Champ de Mai*«, schrieb Fouché, »war nichts anderes als das Spektakel eines verblasenen Pomps, mit dem Napoleon, der als *Citoyen* verkleidet war, darauf hoffte, die Masse durch das Prestige einer öffentlichen Zeremonie verführen zu können.«[64]

Der Eindruck, auf den man mit Prunk und Pracht spekulierte, wurde dadurch verdorben, dass man es damit übertrieb. Die Kostüme, die Napoleon und seine anwesenden drei Brüder – Joseph, Lucien und Jérôme – bei dieser Gelegenheit zur Schau stellten – der Kaiser in rotem Velours und darüber ein mit Hermelin gefütterter Purpurmantel, die Brüder in weißem Velours mit Spitzen und kurzen Mänteln *à l'espagnole* – schienen aus dem Fundus der Oper entliehen zu sein. Ähnlich verschwenderisch und gleichzeitig lächerlich gewandet waren auch die weiteren Würdenträger. Ein anderer Aspekt der Feier, der sich nachteilig auf deren Wahrnehmung auswirkte, war, dass die Tribünen, Altäre, Treppen und sonstigen Kulissenelemente, mit denen Napoleons Architekt Fontaine die kahle Plaine des Marsfeldes hatte möblieren lassen, so unglücklich angeordnet waren, dass einzelne Abläufe des Zeremoniells den Blicken vieler Zuschauer verborgen blieben.

Die Malaise, die ihm das hohle Spektakel einflößte, inspirierte Fleury de Chaboulon, ein Bewunderer Napoleons, zu herber Kritik:

»Napoleon hatte zu seinem Unglück keinen besseren Einfall, als die Inszenierung auf dem *Champ de Mai*, so wie er sie stattfinden ließ. Das will sagen, dass er versuchte, die Sinnleere dieses Festtages mit religiösen und militärischen Feierlichkeiten zu kaschieren, um an die Gemüter zu rühren und durch neue Bande den schon bestehenden Bund zwischen sich, dem Volk und der Armee zu festigen.«[65] Diese Kritik übersah jedoch, dass Napoleon aus der Verlegenheit, in der er steckte, das Bestmögliche zu machen suchte. Nach dem Urteil anderer scheint ihm das auch gelungen zu sein, denn das am meisten beeindruckende Zeremoniell dieses Tages war für den englischen Napoleon- Bewunderer John Cam Hobhouse ein gewissermaßen napoleonischer Klassiker, die Verleihung der Adler an die einzelnen Regimenter, verknüpft mit dem Fahneneid und der sich daran anschließenden Truppenparade.

»Mein Freund und ich«, schreibt Hobhouse, »erblickten eine Szenerie, die prächtiger war, als sie irgendeine Feder beschreiben könnte. Der Monarch auf seinem offenen Thron, bekrönt mit einem weißen Federbusch, schien die Spitze einer von Adlern, Waffen und Uniformen schimmernden Pyramide zu bilden, die sich aus einer riesigen Fläche, bedeckt mit Soldaten, erhob, die von einer so großen Menschenmenge flankiert wurde, dass die Böschungen auf beiden Seiten sich ausnahmen wie ein Teppich aus lauter Köpfen. Der Mann, der Anlass, alles fügte sich zusammen, um uns mit einer überwältigenden, nicht deutbaren Bewunderung für das Schauspiel zu erfüllen, das vor uns ablief. Gesteigert wurde dieser Eindruck noch durch die Bajonette, die Brustpanzer und die Helme, die blitzten, so weit das Auge reichte, die Fähnchen, die an den Lanzen flatterten, und die Musik, die zu spielen begann, was ankündigte, dass sich die ganze Szenerie in der Nähe wie der Ferne in Bewegung setzte.«[66]

Ave Caesar, morituri te salutant. Der Untergang, dem diese schimmernde und stolze Wehr im Schlamm und Morast der Schlachtfelder von Ligny, Quatre-Bras und Waterloo entgegenzog, lag um weniger als drei Wochen in der Zukunft.

Die Leidensgenossen

Napoleon weigerte sich zunächst, die Niederlage vom 18. Juni 1815 in der Schlacht von Waterloo anzuerkennen. Im Schreiben an Bruder Joseph vom folgenden Tag charakterisierte er das Geschehen verharmlosend als »échauffourée«,[1] als Geplänkel. Damit suchte er anzudeuten, dass künftige Siege diese Niederlage bald vergessen machen würden. Als er am Morgen des 21. Juni in Paris eintraf, war ihm die Kunde von der Katastrophe von Waterloo schon vorausgeeilt. Aber selbst das hinderte Napoleon zunächst nicht daran, den ganzen Tag über mit Vertrauten zu beratschlagen, welche neuen Opfer sich Frankreich abfordern ließen. Dafür war aber, wie Villemain trocken bemerkte »keine Saison mehr«.[2] Das ging des anderen Tags auch Napoleon auf, der angesichts der nach Paris vorrückenden siegreichen Alliierten sich in das Unvermeidliche schickte und Bruder Lucien am 22. Juni die Abdankungserklärung diktierte. »Mein politisches Leben ist beendet, und ich proklamiere meinen Sohn mit dem Titel Napoleon II. zum Kaiser der Franzosen.«[3]

Der schnelle Verzicht beeindruckte niemanden. Die Abgeordnetenkammer nahm die Abdankung mit Zustimmung zur Kenntnis, ignorierte aber die Proklamation des vierjährigen Sohns als Napoleon II. Außerdem wurde eine Exekutivkommission mit fünf Mitgliedern gebildet, die als provisorische Regierung handeln sollte. Als ihr Chef fungierte Fouché, was für Napoleon sicherlich die bitterste Demütigung war. Das war aber auch ein Signal, das er nicht mehr missverstehen konnte: Am Abend wies er Admiral Decrès an, zwei Fregatten auf der Reede von Rochefort in Bereitschaft zu halten. Das blieb aber zunächst folgenlos, denn Napoleon machte keine Miene, Paris zu verlassen. Dazu musste er am 24. Juni durch eine Resolution der Kammer aufgefordert werden, die ihm bedeutete, seine weitere Anwesenheit sei nur ein Anlass für Unruhen und eine öffentliche Gefahr.[4] Tags darauf, am 25. Juni, verschwand Napoleon, gelangte aber nur bis Malmaison, wo er bei seiner Stieftochter Hortense unterkam. Für Napoleon war das eine Zwischenstation auf der Flucht, denn die Alliierten kamen unablässig näher, und für Leib und Leben Napoleons konnte die provisorische Regierung keinerlei Gewähr übernehmen. Am 29. Juni machte er sich deshalb auf den Weg nach Rochefort, wo er am 3. Juli eintraf. Hier wurde wertvolle Zeit damit vertan, für Napoleon Freies Geleit zu erwirken, damit er bei einer Flucht nach Amerika die Blockade der englischen Flotte unbehelligt passieren könne. Diese Verzögerung nutzte nur seinen Häschern, die jetzt wussten, wo er sich aufhielt, und die deshalb den Blockadering umso enger schnüren konnten. Das nötigte schließlich am 14. Juli 1815 den zaudernden Napoleon dazu, sich zu dem unvermeidlichen Entschluss durchzuringen, sein weiteres Schicksal vom Großmut des »perfiden Albion« abhängig zu machen.[5] Einen Tag später ließ er sich zu dem englischen Kriegsschiff *Bellerophon* übersetzen. Damit befand er sich in der Hand der Sieger.

Alles in allem gab ein Sammelsurium von dreiundfünfzig Personen, Männer, Frauen und Kinder, Militärs, Hofleute und Dienerschaft, Napoleon das Geleit in die englische Gefangenschaft.[6] Als die *Bellerophon* am 24. Juli auf der Reede von Torbay in Südwestengland den Anker warf, war über Napoleons weiteres Schicksal die Entscheidung gefallen. Napoleon wie vermutlich die meisten jener, die ihn begleiteten, klammerten sich an die Illusion, auf den britischen Inseln interniert zu werden. Darin sahen sie sich jedoch enttäuscht, denn die britische Re-

gierung hatte beschlossen, Napoleon nicht in Großbritannien in Gewahrsam zu nehmen. Neben möglichen rechtlichen Bedenken sprach
dagegen vor allem die Überlegung, wie Premierminister Robert Jenkinson 2nd Earl of Liverpool Außenminister Castlereagh schrieb, dass
seine Anwesenheit hier oder auch sonstwo in Europa nur dazu bei-
trüge, eine gewisse Gärung in Frankreich zu fördern. In Gesprächen
mit der Admiralität sei ihm St. Helena »als der am besten geeignete
Ort in der Welt für die Verwahrung einer solchen Person« empfohlen
worden. »Angesichts einer derart großen Entfernung und an einem
solchen Ort würden alle Intrigen von vornherein unmöglich sein;
außerdem, so weit der europäischen Welt entrückt, dürfte er schnell
vergessen werden.«[7]

Napoleon Bonaparte kommt am 18 October 1815 bei der Insel St. Helena an

In einem Memorandum vom 22. Juli riet Generalmajor Torrens Kolo-
nialminister Bathurst zu St. Helena mit dem Argument, »die ganze
Insel ist eine einzige Festung und ist deshalb vorzüglich geeignet für
die Inhaftierung des Ex-Kaisers«.[8] Zwei Tage später schrieb der Earl of
Bathurst Wellington: »Wir sind so gut wie entschlossen, (...) Bonaparte
nach St. Helena zu schicken. Hinsichtlich des Klimas gibt es keine Einwände, und die Lage der Insel wird es uns möglich machen, ihm alle

Verbindungen zur Welt zu verwehren, ohne dass wir derart strenge Auflagen vorsehen müssten, die wir sonst gezwungen wären, ihm zuzumuten. Außerdem besteht jeder Anlass für die Annahme, dass an einem Ort, von dem wir auch alle Neutralen fernhalten können und mit dem folglich so wenig Verbindung besteht, Bonapartes Existenz sehr schnell in Vergessenheit geraten wird.«[9]

Der Kabinettsbeschluss, ihn auf St. Helena zu internieren, wurde Napoleon an Bord der unterdessen vor Plymouth ankernden *Bellerophon* am Vormittag des 31. Juli vom Staatssekretär im Kriegsministerium, Generalmajor Sir Henry Bunbury, in Begleitung von Admiral Keith, dem Oberkommandierenden der britischen Kanal-Flotte, zur Kenntnis gebracht. Dagegen protestierte Napoleon sofort mit sehr detaillierten und begründeten Einwänden, die nahelegen, dass er mit einem entsprechenden Bescheid gerechnet hatte.[10] Auf diesen Schwall reagierten die beiden britischen Offiziellen mit eisigem Schweigen. Das Urteil war gefällt. Eine Revision nicht zugelassen. Das dürfte den Enthusiasmus mancher, die ihm das Geleit gaben, gedämpft haben. Es war aber nur Napoleons Arzt Louis-Pierre Maingault, der sich sofort lauthals weigerte, seinen Patienten nach St. Helena zu begleiten. Das ließ sich umso leichter verschmerzen, als sich der Schiffsarzt der *Bellerophon*, der neunundzwanzigjährige Ire Barry O'Meara, erbötig machte, Maingaults Stelle zu übernehmen. Da O'Meara sowohl französisch wie italienisch beherrschte und Napoleon ihn nicht unsympathisch fand, erklärte er sich bereit, ihn als seinen Arzt zu akzeptieren.[11] Anderen, die sich vielleicht im Unterschied zu Maingault nicht getraut hatten, angesichts des Reiseziels und der unbekannten Dauer des dortigen Aufenthalts Napoleon ihre Loyalität aufzukündigen, wurde diese Entscheidung von der britischen Regierung abgenommen, die dessen Begleitung auf sechsundzwanzig Personen begrenzte. Was viele von ihnen umtrieb, als Schicksalsgenossen das Los Napoleons zu teilen, verraten an die britischen Behörden gerichtete Briefe: Falls sie es wünschten, sollte ihnen binnen sechs Monaten die Rückkehr nach Europa garantiert werden.[12]

Die allermeisten jener, die Napoleon als Begleiter zugestanden wurden, waren ihm nicht vertraut, sondern allenfalls flüchtig bekannt. Eine Ausnahme machte der 1773 in Châteauroux geborene Divisionsgeneral Henri-Gatien Comte de Bertrand, der Napoleon seit dem Italienfeldzug verbunden war und der an allen nachfolgenden Feldzügen teilgenommen hatte. Das garantierte ihm ein zügiges Avancement und großzügig bemessene Dotationen sowie im März 1808 die Verleihung des Titels eines *Comte de l'Empire*. Seine militärisch-technische Meisterleistung vollbrachte Bertrand als Chefingenieur der *Armée d'Allemagne* 1809, als er bei Kaiser-Ebersdorf, vier Meilen südlich von Wien, in weniger als einem Monat eine von sechzig Bogen getragene Holzbrücke über diverse Flussarme zum linken Donauufer schlug, die Napoleon als »die schönste Konstruktion seit römischer Zeit« bezeichnet haben soll. Seit seiner Ernennung zum *Grand maréchal du Palais* im November 1813 wich er nicht mehr von der Seite des Kaisers, den er auch ins Exil nach Elba wie auch bei dessen Rückkehr nach Paris und an die Macht begleitete. Um seine Abreise aus dem Elysée nach Malmaison am 27. Juni 1815 zu verheimlichen, benutzte Napoleon die Kutsche Bertrands, die ihn am Gartentor erwartete.

Bei Bertrand gab sicherlich ein von großer Loyalität zu Napoleon getragenes Pflichtbewusstsein den Ausschlag, den gestürzten Kaiser in die Verbannung zu begleiten. Napoleon verdankte er nicht nur seine militärische Karriere, sondern auch insgesamt sechs Dotationen in Form von Renteneinkünften aus Gütern im Großherzogtum Warschau, im Königreich Westphalen, in Hannover, im Département de Jemappes oder dem *Mont de Piété* [i.e. Pfandhaus] von Mailand, die ihm zwischen 1807 und 1813 zugesprochen worden waren und die Jahreseinkünfte von über einhundertzweiundzwanzigtausend *livres* abwarfen. Diese Geldzuflüsse versiegten jedoch in dem Maße, wie diese Gebiete nach 1813 der französischen Herrschaft entglitten.

Napoleon war es zum weiteren auch, der Fanny Dillon, die sich der Werbung Bertrands zunächst heftig widersetzte, dazu vermochte, diesen zu erhören und im September 1808 zu heiraten. Trotz ihres anfänglichen Widerstands wurde es eine glückliche, mit vier Kindern gesegnete Ehe, allerdings um den Preis, dass Bertrand sich stets dem

Willen seiner Angebetenen beugen musste und ihre Capricen zu er-
tragen hatte. Seine bis an die Grenze zur Hörigkeit gesteigerte Unter-
ordnung unter die Wünsche seiner Frau stürzten den armen Bertrand
bisweilen in arge Loyalitätsnöte gegenüber Napoleon, an denen dieser
sich ergötzte. Das blieb natürlich den anderen Begleitern nicht verborgen, die sich darüber weidlich alterierten, was Bertrand dazu bestimmte, zum Hofstaat auf St. Helena mit Rücksicht auf ein ungestör-
tes Familienleben auf Distanz zu gehen. Deshalb nahm er in Hutt's
Gate seinen Wohnsitz, in einem Gebäude, das an der Peripherie des
Geländes um Napoleons Residenz Longwood House lag, in dem sich
der Ex- Kaiser frei bewegen konnte. Der von Bertrand gewählte Abstand trug indes entschieden dazu bei, das Verhältnis zwischen ihm
und den anderen Begleitern Napoleons dauerhaft zu vergiften. Ständi-
ger Anlass für Sticheleien war die fragile Gesundheit Fanny Bertrands,
die den besorgten Gatten immer wieder veranlasste, die verpönte
Frage einer Abreise aufs Tapet zu bringen. Aber selbst der Umstand,
dass die Bertrands sich ihrem selbst gewählten Geschick beugten und
bis zum Lebensende Napoleons im Unterschied zu anderen ihrer Leidensgenossen auf St. Helena ausharrten, wurde ihnen mit Undank
vergolten: Bertrand sah sich der Funktion entkleidet, als Napoleons
Testamentvollstrecker zu fungieren; diese Aufgabe wurde stattdessen
dem intriganten Montholon übertragen, der im Unterschied zum
Grand maréchal du Palais stets verfügbar war und sich so das ungeteilte
Wohlwollen und Vertrauen Napoleons erschlich.

Der Comte und die Comtesse Charles de Montholon waren in so
gut wie jeder Hinsicht das Gegenteil des Ehepaars Bertrand. Der 1783
geborene Charles de Montholon stammte aus alter, angesehener Familie, war von glatter Weltläufigkeit, besaß Manieren und Charme.
Diese Eigenschaften wie der Einfluss seines Schwiegervaters, des
Diplomaten Charles-Louis de Sémonville, den Napoleon 1808 zum
Comte de l'Empire und zum Senator ernannt hatte, gaben den Ausschlag, dass Montholon in der Kavallerie rasch Karriere machte und
1809 mit gerade einmal 26 Jahren zum Oberst befördert wurde.

Die Epauletten eines Obristen wurden Montholon noch durch den

Titel eines Grafen vergoldet. Fast gleichzeitig mit dieser Standeserhöhung erhielt er 1809 die Berufung zum Kammerherrn der Kaiserin Joséphine. Nachdem sich Napoleon von Joséphine hatte scheiden lassen, um die Prinzessin Marie-Luise aus dem Hause Habsburg zu heiraten, bekam Montholon 1812 den Auftrag, das französische Kaiserreich bei deren Onkel, dem Großherzog Ferdinand von Würzburg, als Botschafter zu vertreten. Diese überraschende Wende seiner Karriere kam Montholon sicherlich sehr gelegen, denn sie bewahrte ihn vor der Teilnahme an Napoleons Russlandfeldzug. Damals beging Montholon jedoch einen Fehler, der ihn das Wohlwollen des Kaisers kostete, der ihn seines Botschafterpostens enthob, als er die zwar in Trennung lebende, aber noch nicht von ihrem Gatten, einem Genfer Bankier, geschiedene Albine Vassal heiratete. Ein solches Betragen schätzte Napoleon ganz und gar nicht und damit konnte ihn auch nicht versöhnen, dass Albine de Montholon noch vor Jahresende 1812 einen Sohn gebar. Auch wenn dieses freudige Ereignis nachträglich eine Erklärung für die überstürzte Eheschließung lieferte, sahen sich die Montholons für eine Weile gesellschaftlich kompromittiert.

Das nötigte das Paar dazu, Paris zu meiden und bis zur ersten Abdankung Napoleons das Eheglück auf dem Lande zu genießen. Unter der Restauration wurde Montholon von Ludwig XVIII. zum Brigadegeneral, allerdings ohne aktive Verwendung, befördert. Sobald Napoleon von Elba zurückkehrte, setzte sich Montholon mit ihm in Verbindung. Der Kaiser der »Hundert Tage« konfirmierte zwar den militärischen Rang, den der König Montholon verliehen hatte, verzichtete aber auf dessen Reaktivierung, weshalb der sich damit bescheiden musste, als Kammerherr Dienst zu tun. Dieses Amt versah er insbesondere nach Waterloo mit auffälliger Hingabe und betonte stets, dass er dem Kaiser folgen werde, wohin auch immer der sich wende. Für diese Opferbereitschaft gab es gute Gründe, denn Montholon hatte große Schulden aufgehäuft, war auch mit seiner Familie überworfen, und die Pariser Gesellschaft strafte ihn weiterhin mit Verachtung. Also hatte er kaum eine andere Wahl, als dem vom Glück verlassenen Kaiser unbedingte Treue zu halten, die ihm sicherlich reich vergolten werden würde. Diese Rechnung ging auch auf, allerdings musste er für die mehr als zwei Millionen *francs*, die er als Testamentsvollstrecker Napoleons für sich herausschlagen konnte, einen hohen Preis bezahlen, verbrachte er doch sechs Jahre seines Lebens damit, dessen Gefangenschaft zu teilen. Das war für ihn jedoch keine Lehre, denn weitere sechs Jahre leistete er auch Napoleons Neffen, dem späteren Napoleon III., Gesellschaft, als dieser nach dem missglückten Putschversuch von Boulogne im August 1840, an dem Montholon sich beteiligt hatte, inhaftiert wurde.

Auf St. Helena erlangte Montholon innerhalb des Hofstaats im Exil schnell eine vergleichsweise große Bedeutung, die er vor allem seiner Frau verdankte, die zwar vier Jahre älter war als er, sich aber Charme und Aussehen ihrer jüngeren Jahre bewahrt hatte. Spielend gelang es ihr deshalb, Fanny Bertrand den Rang abzulaufen und die unangefochtene Rolle einer Ersten Dame am Hof von Longwood zu spielen. Das fiel ihr umso leichter, als sie es auch verstand, die jäh wechselnden Stimmungen Napoleons mit demonstrativer Liebenswürdigkeit und Witz zu überspielen und dem abgedankten Kaiser eine gewisse Lebensfreude zu verschaffen. Napoleon vergalt das dem Paar mit besonderer Wertschätzung, was insbesondere den mit Montholon gleichaltrigen Baron Gaspard Gourgaud mit rasender Eifersucht und glühendem Hass erfüllte.

Der 1783 in Versailles geborene Gourgaud entstammte einer Familie, die seit zwei Generationen in der Pariser Theaterwelt unter dem Künstlernamen Duganzon eine große Rolle spielte. Abweichend von dieser Familientradition absolvierte Gourgaud die *École polytechnique* und entschied sich für die militärische Laufbahn. In den napoleonischen Kriegen machte er rasch Karriere. Als Leutnant der Artillerie nahm er 1805 am Feldzug gegen Österreich teil, als Hauptmann war er im Spanienfeldzug im Herbst 1808 bei der Belagerung von Saragossa zugegen und avancierte 1811 zum Adjutanten im Stab des Kaisers. Der wurde ein Jahr später auf ihn aufmerksam, als Gourgaud am 16. August 1812 als einer der Ersten in den Moskauer Kreml eindrang und jene Mine entdeckte, die Napoleon mit Gefolge in die Luft sprengen sollte. Diese Umsicht wurde ihm mit der Ernennung zum *Baron de l'Empire* belohnt.

Als Gourgaud im März 1813 zum Chef einer Schwadron der berittenen Artillerie befördert wurde, hätte er nach dem Dienstreglement seine Tätigkeit im kaiserlichen Stab quittieren müssen. Dagegen wehrte er sich und bestürmte den Kaiser mit Eingaben, in seinem Fall eine Ausnahme zu machen. Schon das verriet eine Anhänglichkeit an die Person Napoleons, die später geradezu krankhafte Züge annehmen sollte. Als Ende März 1813 im Generalstab der Posten eines Ersten Offiziers eingerichtet wurde, der den Dienst der Ordonnanzoffiziere koordinieren und beaufsichtigen sollte, wurde Gourgaud dazu berufen.

In den letzten Tagen des Feldzugs von 1814 avancierte Gourgaud zum Oberst. Unter der bourbonischen Restauration wurde er am 1. November 1814 zum Stabschef der in Paris stationierten 1. Armeedivision ernannt. Als Napoleon am Abend des 20. März 1815 wieder in den Tuilerien eintraf, fand sich dort am anderen Morgen Gourgaud in der Paradeuniform eines kaiserlichen Ordonnanzoffiziers ein und sah sich prompt in seinem Rang als Oberst sowie in seiner früheren Funktion als Erster Ordonnanzoffizier bestätigt. In dieser Verwendung nahm Gourgaud an den letzten Schlachten Napoleons teil und wurde zum *Maréchal de Camp*, zum Brigadegeneral, befördert. Von nun an wich Gourgaud nicht mehr von der Seite des entmachteten Kaisers. Die Kehrseite dieser Anhänglichkeit war Gourgauds krankhafte Eifersucht, denn er beharrte darauf, der Lieblingsjünger seines Herrn und Meisters zu sein. Wer ihm diese Stellung streitig zu machen suchte, den verfolgte er mit offenem Hass.

Von allen Begleitern Napoleons kostete es Gourgaud vermutlich die größte Überwindung, sich den vielfältigen Zwängen und Entsagungen zu unterwerfen, die ein so enges Zusammenleben unter den widrigen Bedingungen einer strikt überwachten Verbannung verlangte. Dazu trugen aber auch die Langeweile und Melancholie bei, die Gourgaud laut seinem Tagebuch zu ersticken drohten. Bezeichnend dafür sind die Tagebucheinträge von Ende Juni 1816: »Dienstag, 25. – *Ennui, ennui!* Mittwoch, 26., idem. Donnerstag, 27., idem. Freitag, 28., idem. Sams-

tag, 29., idem. Sonntag, 30., großer *Ennui*, Seine Majestät niederge-
drückt. Ich lasse mir aus der Stadt [i. e. Jamestown, dem Hauptort der
Insel] eine Frau kommen; ich schlafe mit ihr ... gebe ihr sechs Pfund.
Die gesamte Dienerschaft des Hauses empört sich über mich.«[13] Derartige Zwischenfälle steigerten die latenten Spannungen, die in dem
kleinen Hofstaat herrschten. Anteil daran hatte aber auch Napoleon,
dem es große Freude machte, Gourgauds ausgeprägte Empfindlichkeiten mit sarkastischen Äußerungen zu provozieren. Schließlich
wusste der sich nicht mehr anders zu helfen, als den Gouverneur Sir
Hudson Lowe darum zu bitten, St. Helena verlassen zu dürfen. Die Behauptung, dieses Zerwürfnis sei nur inszeniert worden, um Gourgaud
mit einer geheimen Mission Napoleons zum Zaren zu schicken, ist
eine durchsichtige Erfindung, um die Legende von St. Helena vor
Schaden zu bewahren. Gleichermaßen eine Erfindung ist auch die
weitere Behauptung, Gourgauds abschätzige Äußerungen über Napoleon, zu denen er sich in Gesprächen mit dem Gouverneur, dem von
seinen Leidensgenossen als »Kerkermeister« verachteten Sir Hudson
Lowe, unmittelbar vor seiner Abreise hinreißen ließ, seien ebenfalls
Teil der verabredeten Inszenierung gewesen. Bei Gourgaud habe sich
dessen »Theaterblut« bemerkbar gemacht, weshalb er den Fehler begangen habe, vor dem ihn Montholon angeblich mittels eines Kassi-
bers zu warnen suchte: »Der Kaiser findet, mein lieber Gourgaud, dass
Sie Ihre Rolle allzu sehr übertreiben. Er fürchtet, dass Sir Hudson
Lowe am Ende doch die Augen geöffnet werden. Sie wissen, wie findig
er ist. Seien Sie deshalb ständig auf der Hut und beschleunigen Sie Ihre
Abreise, ohne dass jedoch deutlich würde, dass Sie diese nicht mehr
erwarten können.«[14] Dieser Kassiber ist jedoch eine komplette Fäl-
schung Montholons, wie Frédéric Masson nachgewiesen hat.[15]

Der vierte Begleiter Napoleons, der dem Hofstaat auf St. Helena als
Sekretär angehörte, war der einzige Zivilist unter lauter Militärs. Im
Unterschied zu diesen besaß Emmanuel-Auguste-Dieudonné Comte
de Las Cases noch eine weitere, sofort ins Auge fallende Qualität: Er
war noch kleiner von Wuchs als Napoleon. Ein anderes Alleinstel-
lungsmerkmal von Las Cases in der Entourage von Longwood war,

dass er dem alten Adel entstammte. 1766 geboren, begann Las Cases
seine Karriere in der königlichen Kriegsmarine, ehe ihn die Revolution
1790 in die Emigration nach London trieb. Hier schlug er sich damit
durch, dass er eine wohlhabende, zumeist weibliche Klientel in Astronomie oder Geschichte unterrichtete. Die dafür notwendigen Kenntnisse vertiefte er durch Lektüren und verarbeitete diese zu bekömm-
lichen Portionen, die er dann mit pädagogischem Talent ausreichte.
Unter dieser Tätigkeit kam er auf den Einfall, ein mit Schaubildern,
Tabellen und Karten reich garniertes Werk unter dem Titel *Géographie
de l'Histoire* zu verfassen und unter dem Namen Le Sage mit einigem
Erfolg zu verlegen. Dieses Werk war die Vorstufe zu seinem noch viel
größeren Erfolg, dem *Atlas historique, généalogique et chronologique*,
der ebenfalls unter dem Autorennamen Le Sage zum ersten Mal 1801
in London erschien und der bis über die Mitte des 19. Jahrhunderts immer wieder neu aufgelegt wurde. Das Werk präsentierte nach Ländern
geordnet und in Form übersichtlicher analytischer Darstellungen die
großen Ereignisse der Universalgeschichte. Schon die erste Londoner
Ausgabe dieses Werks machte Las Cases zu einem wohlhabenden
Mann. Die im April 1802 erlassene Generalamnestie für Emigranten
nutzte er, um bereits Anfang Mai in Paris aufzutauchen, wo er sofort
mit dem Drucker Didot eine französische Ausgabe des *Atlas* vereinbarte, die auch in Frankreich ein großer Erfolg wurde.

Nach über elf Jahren zurück in der Heimat fühlte sich Las Cases,
wie er gesprächsweise am 27. März 1816 auf St. Helena gegenüber
Napoleon einbekannt haben will, lediglich als ein Besucher, der nur
seiner Neugierde gefolgt war, aber nicht wusste, ob er bleiben würde.
»Ich war wirklich ein Fremder, übel gelaunt und voller schlechter Gesinnung. Dann kam das Kaiserreich, das war eine große Sache: Das
waren, sagte ich mir, die mir vertrauten Sitten, meine eingelebten
Meinungen, meine Prinzipien, die triumphierten, zumal es nicht mehr
war als ein Unterschied in der Person des Souveräns. Als dann die
Kampagne von Austerlitz begann, zeigte sich mein Herz überrascht,
wieder für Frankreich zu schlagen: Meine Lage war verzwickt, denn
ich fühlte mich wie von vier Pferden gezogen; ich schwankte zwischen

blinder Leidenschaft und nationalem Empfinden; die Erfolge der französischen Armee und ihres Befehlshabers stießen mich ab, aber ihre Niederlage hätte mich auch gedemütigt. Schließlich retteten mich die Wunder von Ulm und die Herrlichkeit von Austerlitz aus dieser Verlegenheit. Der Ruhm hat mich besiegt. Ich bewunderte, erkannte und liebte mit einem Mal Napoleon, und von da an wurde ich Franzose bis zum Fanatismus. Seitdem beherrschte nur das mein Denken, Reden, Empfinden und damit haben Sie mich an Ihrer Seite.«[16]

Die Schilderung der Umstände dieser Konversion ist plausibel, denn schon im September 1806 wandte sich Las Cases an den Kaiser und bewarb sich erfolglos um einen Posten bei Hofe. Zwei Jahre später, zu Beginn des Jahres 1808, als Napoleon damit begonnen hatte, einen eigenen Adel zu schaffen, wurde Las Cases erneut vorstellig mit dem Verlangen nach dem Titel eines Barons; für das damit verknüpfte Majorat könne er Kapitaleinkünfte über die dafür notwendigen zwanzigtausend *livres* nachweisen. Ende Oktober des Jahres wurde ihm dieser Wunsch erfüllt, erschien das Dekret, das Las Cases das gewünschte Adelsprädikat verlieh. Wieder ein Jahr später erhielt er schließlich im Dezember 1809 die Ernennung zu einem der einhundertsiebenunddreißig Kammerherren am Hof des Kaisers. Ein halbes Jahr später nahm er eine weitere Sprosse der Karriereleiter als er *Maître des requêtes* im *Conseil d'État* mit Zuständigkeit für die Belange der Marine wurde.

Nach der Abdankung Napoleons 1814 floh Las Cases wieder nach London, kehrte aber zurück, sobald die »Hundert-Tage-Herrschaft« seines Idols begann, dem er erneut als Kammerherr diente: Von den vierzig Kammerherren, die zu Beginn von Napoleons zweiter Herrschaft ernannt wurden, waren bei der Rückkehr Napoleons von Waterloo im Elysée nur drei zur Stelle: Montholon, Montalembert und Las Cases.[17] Außer ihm war es nur Montholon, der Napoleon ins Exil begleitete. Für Montholon war diese Entscheidung eine Flucht vor der ihm unweigerlich drohenden gesellschaftlichen Ächtung. Etwas Vergleichbares drohte Las Cases nicht, zumal man ihm für sein Verhalten während der »Hundert-Tage-Herrschaft« keinen Vorwurf hätte machen können. Über seine Beweggründe, dem an sich selbst gescheiterten Napoleon einschließlich dessen Verbannung nach St. Helena die Treue zu halten, kann man nur spekulieren. Möglicherweise war die voyeuristische Faszination, diese dem Erleben der Mitwelt entrückte Tragödie aus unmittelbarer Nähe zu gewahren und von ihr Zeugnis zu geben, das Motiv, das den Entschluss bestimmte. Der Aufenthalt auf St. Helena als Begleiter des Ex-Kaisers würde ihm den Stoff für einen neuen *Atlas historique* verschaffen, der die vergangene Zukunft zum Thema hatte, die Napoleon als Überwinder und Vollender der Revolution personifizierte. Der *Mémorial*, den Stendhal als »Meisterwerk des *chambellanisme*« qualifizierte,[18] liefert auch dafür den Nachweis. Das steht im Einklang mit der Selbsteinschätzung, die Las Cases in seinen 1819 veröffentlichten *Memoiren* äußerte, in denen er sich bescheinigte: »Die hochherzige Aufopferung von Las Cases für Napoleon übertrifft bei weitem alle seine anderen Handlungen, und es wird zweifelsohne diese Aufopferung sein, die sein Andenken der Nachwelt überliefert.«[19]

Mit Ausnahme Bertrands verfolgten also die anderen Begleiter, die aus freien Stücken Napoleons Schicksal teilten, mit diesem Entschluss zwar unterschiedliche, aber zugleich auch höchst eigennützige Motive, die in ihren Tagebüchern reflektiert werden. Zugleich erhellen diese auch, warum sich ihre Schreiber von Anfang an belauerten, einander mit Spott, Häme und Eifersüchteleien verfolgten und in einer zunehmend heftiger ausgefochtenen Konkurrenz um die Anerkennung des Kaisers standen. Napoleon diente dieser Wettstreit häufig als Amusement, das er durch gezielte Einflussnahme noch zu steigern suchte. Bisweilen erregte dieses Treiben aber auch seinen Zorn, wenn es allzu toll wurde. Damit lief man Gefahr, dass Unstimmigkeiten den englischen Bewachern zur Kenntnis gelangten, was sofort den Anschein der Harmonie des Hofstaats beschädigt hätte, auf den Napoleon gesteigerten Wert legte.

Das Tagebuch, das der ausgeprägt narzisstische Gourgaud schrieb, ist die ausführlichste Darstellung dieser Händel, die den Hofstaat von Longwood in Bewegung hielten. Der besondere Reiz dieser Bilderbogen besteht darin, dass die von Hass oder Eifersucht geschärfte Feder

Gourgauds die *Dramatis personae* in einer geradezu verstörend lebens-
wirklichen Weise schildert. Er zeigt schonungslos, wie sie sich belau-
ern, gegeneinander intrigieren, übervorteilen und darum wetteifern,
sich der besonderen Wertschätzung der Person zu versichern, die im
Mittelpunkt ihres Interesses steht und den Betrieb in Gang hält. Für die
ungeschminkte Wahrheit dieser Darstellung spricht, dass Gourgaud
mit rücksichtsloser Genauigkeit gegen sich selbst all seine Enttäuschungen, lächerlichen Missgeschicke, unerwiderten Leidenschaften,
zerschellten Illusionen wie vor allem auch schwärzesten Depressio-
nen registriert und penibel mit geradezu masochistischer Genauigkeit
schildert. Schließlich macht er auch keinerlei Hehl daraus, wie sehr er
Napoleon mit allen Verirrungen und Verwirrungen liebt, die für gewöhnlich dazu gehören, wie rasende Eifersucht und blinde Leidenschaft. Ohne ihn, so war er überzeugt, habe er keine Zukunft. Er müsse
sich an ihn klammern, in seiner unmittelbaren Nähe bleiben, um überhaupt leben zu können. Mit dieser geradezu an Hysterie grenzenden
Fixierung auf Napoleon war Gourgaud auch schon seinem Kameraden
Planat de la Faye auffällig geworden, der davon eine eindrückliche
Schilderung gegeben hat.[20]

Durchaus möglich, dass Napoleon die unbedingte Verfallenheit,
die Gourgaud für ihn verspürte, ahnte und er ihm gerade deswegen
umso gleichgültiger begegnete. Das erklärte es auch, warum er ihn mit
jener gedankenlosen Freundlichkeit behandelte, mit der man auf die
Zutraulichkeiten eines jungen Hundes reagiert. Diese Bequemlichkeit
des Herzens scheint bei Napoleon auch den Ausschlag gegeben haben, statt des ihm gut vertrauten Ordonnanzoffiziers Nicolas Louis
Planat de la Faye sich für Gourgaud zu entscheiden. Der hatte zuvor in
einer heftigen Unterredung mit Bertrand darauf bestanden, an Stelle
von Planat de la Faye als dritter Offizier von Napoleons Suite mitgenommen zu werden.[21] Das zu bereuen sollte Napoleon reichlich Gelegenheit haben, zumal er die Themen, über die er vorzugsweise mit
Gourgaud sprach, auch mit Planat de la Faye hätte erörtern können,
der, urteilt man nach seinen Briefen und Schriften, eine entschieden
reifere und umfassend gebildete Persönlichkeit war.[22]

Die Aufzeichnungen Gourgauds machen zum weiteren auch Mitteilung von seiner großen Isolation im Kreis seiner Gefährten. Bertrand und Montholon hatten Frau und Kinder nach St. Helena mitnehmen können, Las Cases seinen fünfzehnjährigen Sohn, der ihm als Kopist von Nutzen war. Alle drei verbanden außerdem einen Zweck mit ihrem Aufenthalt auf der Insel. Für Bertrand war dies Pflichterfüllung; Montholon hatte für sich keine andere Wahl gesehen und hegte außerdem die vage Hoffnung, dass sich seine Gefolgschaft Napoleons reichlich auszahlen würde. Ein konkretes geschäftliches Kalkül dürfte allein Las Cases gehabt haben, der die Monologe und Gespräche Napoleons publizistisch verwerten wollte. Gourgaud lässt sich ein vergleichbares Motiv nicht unterstellen; er war der reine Tor, der sich mit der Behauptung Gewicht zu verschaffen suchte, wäre er in Frankreich geblieben, hätte man ihn wie den Marschall Ney nach kurzem Prozess erschossen. Das verriet eitle Dummheit, die ihm seine Leidensgenossen mit beißendem Spott vergalten.

Vermutlich hat nicht viel daran gefehlt, dass Gourgaud an der Konstellation zerbrochen wäre, in der er sich auf St. Helena gefangen sah und die er im Tagebuch offen und schonungslos darstellte. Das ließ sich nur dadurch vermeiden, dass er sich aus dem Liebeszauber befreite. Dazu suchte Napoleon ihn am 25. Dezember 1816 zu provozieren, als er ihm, entnervt von Gourgauds eifersüchtigem Betragen, ins Gesicht schleuderte: »Sie haben geglaubt, als Sie hierher kamen, Sie seien mein Kamerad, ich bin aber niemandes Kamerad. (...) Sie wollen hier der Mittelpunkt von allem sein, so wie die Sonne unter den Planeten. Aber diese Zentralstellung steht nur mir zu. Seitdem wir hier sind, haben Sie mir allen Kummer angeschafft. Hätte ich das vorher gewusst, wären von mir nur Domestiken mitgenommen worden; ich könnte sehr gut allein leben, und wenn man dann dieses Lebens überdrüssig ist, hat man sich schnell einen Dolchstoß gegeben. Wenn es Ihnen derart schlecht geht, dann könnten Sie uns eher verlassen, als wegen Madame de Montholon [i.e. die Gourgaud vermutlich nicht zu Unrecht verdächtigte, die Geliebte Napoleons zu sein] Streit zu suchen.«[23]

In Gourgauds zunehmend verzweifelteres Werben um Anerkennung und Liebe, dem sich Napoleon meist schroff verweigerte, dem
er bisweilen aber auch aus sich freundlich gebender Gleichgültigkeit
nachgab, mischte sich ein starkes homoerotisches Verlangen Darüber
wurde sich Gourgaud erst gegen Ende seiner Leidenszeit bewusst, als
er am 18. November 1817 Bertrand sein Herz ausschüttete und ihm
eröffnete: »*Einer von uns beiden muss hierbleiben; ich kann meine Ehre
nicht drangeben.* Darauf versetzte Bertrand, dass ich nur Gefallen er-
regen könne, was aber allein von mir abhinge. – *Habe ich einen Arsch,
einen Nacken, um Gefallen zu finden? Das ist, als rieten Sie mir, Gold zu
scheißen! Gefallen, gefallen, was aber muss man dafür anstellen, Herr Marschall?*« [24]

In Bertrands Tagebuch findet sich unter dem Datum des 18. November 1817 lediglich der Vermerk: »Gespräch mit Gourgaud, der ab-
reisen will.«[25] Dazu kam es erst nach neuerlichen Auseinandersetzungen, die Anfang Februar 1818 stattfanden und die damit endeten, dass
Gourgaud im Namen Napoleons nahegelegt wurde, den Gouverneur
aus gesundheitlichen Gründen darum zu bitten, St. Helena verlassen
zu dürfen.[26] Am 13. Februar verschwand Gourgaud aus Longwood,
und einen Monat später, am 14. März, bestieg er ein Schiff, das ihn
nach England brachte. Diese Lösung kündigte sich bereits Anfang Januar 1818 an. In einem längeren Monolog, den Bertrand protokollierte
und bei dem ein spürbar erleichterter Napoleon vom Ästchen aufs
Stöckchen kam, bemerkte er ohne jeden Zusammenhang: »Ich bin
drei, vier, zehn Mal glücklicher, seitdem Gourgaud abgereist ist. Welche Strapaze! Jeden Tag wollte er mich wider meinen Willen ficken. Zu
Ali [i.e. einem der Bediensteten von Napoleon in Longwood] bemerkte Gourgaud, wenn er Las Cases nochmals begegne, würde er ihn
töten [i.e. neben Montholon war La Cases, der bereits am 25. November 1816 auf Geheiß des Gouverneurs Longwood und St. Helena hatte
verlassen müssen, ein besonderes Hassobjekt Gourgauds]; auch sagte
er ihm, dass er eifersüchtig gewesen sei; das entspräche durchaus
der Wahrheit, denn sein Charakter sei so veranlagt. Tatsächlich hätte
mich das dazu genötigt, die Heuchelei zu lieben. Man hat Fehler, aber

man verbirgt sie. Man trägt Hosen, um seinen Hintern zu verhüllen. Man ist verschlagen, aber man ist nicht dazu verpflichtet, das jedermann wissen zu lassen. Dabei handelt es sich nicht um Offenheit, die im Übrigen, verstünde man sie so, eine sehr schlechte Eigenschaft wäre.«[27]

Natürlich meinte Napoleon nicht wörtlich, was er sagte, aber er bediente sich gerne der rauen und obszönen Sprache, wie Soldaten sie untereinander führten. Das Verlangen nach Anerkennung, nach Liebe, das den an seiner Einsamkeit leidenden Gourgaud verzehrte, der das Objekt seiner Verehrung, das ihn nach seinem übersteigerten Empfinden nicht an- oder wahrnahm und das er deshalb stürmisch bedrängte, war Napoleon verständlicherweise zutiefst zuwider. Eben das drückte er mit drastischen Worten aus, die seine ganze Empörung über die Zumutung, die Gourgaud für ihn darstellte, zum Ausdruck brachten.

Gourgauds Tagebuch seiner Leidenszeit auf St. Helena ist erstmals 1899 stark bearbeitet ediert worden. Es bietet die ungeschminkte Lektüre der Psychopathologie eines Mannes, der unter den Zwängen der von ihm erlittenen Gefangenschaft gewissermaßen wieder in die Pubertät regredierte. Dieser Charakter von Gourgauds Tagebuch macht es als Quelle für das »Evangelium von St. Helena« weitgehend wertlos. Das gilt, wenngleich aus anderen Gründen, auch für das Diarium seines damaligen Konkurrenten und Intimfeindes Montholon, das erstmals 1846–1847 in zwei Bänden und in englischer Sprache unter dem Titel *History of the Captivity of Napoleon at St. Helena* in London erschien. Titel wie Ersterscheinungsort verweisen auf eine buchhändlerische Spekulation: Schon vor seinem Tod 1821 war Napoleon in England eine oft bewunderte, in jedem Fall aber mit lebhafter Neugierde betrachtete Gestalt, über die zahlreiche Bücher geschrieben wurden. Sir Walter Scotts neun Bände umfassende Biographie *The Life of Napoleon*, die 1827 in London verlegt wurde, ist dafür das wohl bekannteste Beispiel. Für seine Absicht, mit der Veröffentlichung des Tagebuchs vor allem einen geschäftlichen Erfolg zu erzielen, spricht auch, dass Montholon 1847 eine zweibändige französische Ausgabe unter dem

Titel *Récits de la Captivité de l'Empereur Napoléon à Sainte-Hélène* lancierte, deren Absatz diese Erwartungen aber noch mehr enttäuschte als die der Londoner Edition.

Für diesen Misserfolg des Werks in Frankreich gibt es zwei Erklärungen: Las Cases' *Mémorial de Sainte-Hélène* war erstmals 1823 in acht Bänden in Paris erschienen, die einen derart reißenden Absatz fanden, dass bis zum Tod ihres Verfassers 1842 immer wieder Neuauflagen veranstaltet werden mussten. Nur vier von ihnen, die 1824, 1830, 1835 und 1840 erschienen, wiesen größere und vom Verfasser veranlasste Korrekturen, Zusätze oder Kürzungen auf. Die erste, von Charlet aufwendig illustrierte zweibändige Ausgabe des *Mémorial*, die 1842, zwei Jahre nach Überführung der sterblichen Reste Napoleons von St. Helena nach Paris, veröffentlicht wurde, erfreut sich bis heute wegen ihrer üppigen Bebilderung besonders großer Wertschätzung.[28] Das legt die Vermutung nahe, dass die Wissbegierde des an Napoleon interessierten Publikums durch die Lektüre des *Mémorial* weitgehend gesättigt war. Dafür spricht zum weiteren, dass sich Montholons *Récits de la Captivité* über weite Strecken wie eine nicht sonderlich originelle oder intelligente Paraphrase des *Mémorial* lesen. Das dürfte sich daraus erklären, dass Montholon seinen ebenfalls formal als Tagebuch gestalteten Bericht nicht oder allenfalls nur in flüchtigen Notizen zeit seines Aufenthalts auf St. Helena zu Papier gebracht hatte. Für die Ausarbeitung der *Erinnerungen* nutzte er vermutlich die erzwungene Muße einer anderen Gefangenschaft, die er gemeinsam mit dem Prätendenten Louis-Napoléon nach dessen in Boulogne misslungenem Putschversuch vom Herbst 1840 bis zu seiner Entlassung 1846 in der Festung Ham in der Picardie verbrachte.

Montholon war im Oktober 1821 nach Frankreich zurückgekehrt, wo er nach der Trennung von seiner Frau mit dem Geld, das er aus der Vollstreckung von Napoleons Testament erlöst hatte, in großem Stil lebte. Dem setzte 1829 seine Zahlungsunfähigkeit ein jähes Ende, die ihn dazu nötigte, nach England zu gehen, wo er sich mit dem dort im Exil lebenden Sohn von Napoleons Bruder Louis, dem einstigen König von Holland, zusammentat und dessen Ehrgeiz tatkräftig unterstützte, in der Nachfolge des Onkels in Frankreich an die Macht zu kommen. Sein Engagement für die napoleonische Sache, die keineswegs in einer brunnentiefen Vergangenheit verloren gegangen war, verschaffte Montholon einen zusätzlichen Anreiz, die *Récits de la Captivité* zu verfassen. Damit suchte er einen Beitrag zur Popularisierung des napoleonischen Erbes und damit mittelbar für den vom Neffen erstrebten politischen Erfolg zu leisten.

Zur Absicht der künftigen politischen Wirksamkeit, die Montholon den *Récits de la Captivité* zusprach, bekannte er sich ausdrücklich im Vorwort zu deren französischer Ausgabe: »Ohne die schmerzensreiche Muße, die ihm [i. e. Napoleon] der Hass zugefügt hat, wäre ihm die Hälfte seines Ruhmes geraubt worden. Als Eroberer, Gesetzgeber und Monarch hatte er die Welt bedeckt mit seinen Monumenten; allein künftigen Jahrhunderten hätten davon einige wie die Pyramiden Rätsel aufgeben können; insbesondere hätten diesen Jahrhunderten die besonderen Motive, die für zahlreiche seiner Handlungen den Ausschlag gaben, oder seine ganz persönlichen Ansichten über die Verhältnisse und die Menschen unverständlich bleiben müssen. Wäre er auf dem Thron gestorben, dann hätte er den allerintimsten und ihm ganz besonders eigentümlichen Teil seines Wesens mit ins Grab genommen; damit wären uns nicht nur der private Mensch, sondern auch der überlegene Denker und Schriftsteller unbekannt geblieben.«

Diese vielen alles versprechende Ankündigung ist aber nur der Introitus für eine Selbstreklame der *Récits de la Captivité*, die darauf abgestellt ist, deren größtes Manko, erst 26 Jahre nach dem Tod ihres Protagonisten publiziert zu werden, mittels einer angeblich unübertrefflichen dokumentarischen Qualität und Vollständigkeit mehr als aufzuwiegen: »Die zwei Bände, die hiermit dem Publikum vorgelegt werden, enthalten die am meisten authentische und vollständige Erzählung von den letzten Lebensjahren Napoleons, die angesichts einer so außergewöhnlichen Existenz zwar arm an Handlungen, dafür aber reich an Emotionen und Ideen sind. Tatsächlich endet der *Mémorial de Sainte-Hélène* mit dem 25. November 1816, der *Journal* von O'Meara

[i. e. *Napoléon en Exil*] mit dem Juli 1818, während die anderen Berichte
[i. e. von Angehörigen der Dienerschaft] nichts anderes als geschäftliche Spekulationen, Pasquills oder flüchtige Aperçus sind, die jeglicher Bedeutung ermangeln. Der Verfasser dieser *Récits* ist der Einzige, der ihm vom 21. Juni 1815 bis zum 5. Mai 1821, also von der zweiten Abdankung des Kaisers bis zu seinem letzten Atemzug und seiner Beerdigung, nicht für einen Augenblick von der Seite gewichen ist. Während sechs Jahren engster und herzlichster Familienzugehörigkeit war es seine einzige Tätigkeit, dem Kaiser Tag und Nacht Trost zu spenden, die Streiche seiner Kerkermeister aufzufangen und seine Gedanken zu sammeln. Kein anderer Mensch besaß im gleichen Maß sein Vertrauen; kein Mensch hatte einen so engen Umgang mit ihm, war mit seinem Innersten so vertraut. Schließlich, von Napoleon selbst damit beauftragt, sein Haupttestamentsvollstrecker und Verwalter aller seiner Papiere zu sein, war General Montholon besser als jede andere Person in der Lage, seine Mitteilungen mit dem Siegel der Exaktheit und der Garantie ihrer offiziellen Richtigkeit zu versehen. Seine Stellung unterscheidet sich insofern von der aller Historiker; ihnen allen hat er einen Vorteil voraus: Er hat ständig aus einer lebhaft sprudelnden Quelle geschöpft und wird deshalb selber zu einer Quelle, aus der notwendigerweise die anderen schöpfen müssen, denn hinsichtlich des Gegenstands, über den er handelt, besitzt er das Privileg der alleinigen Verfügungsgewalt.«[29]

Wer den Mund in einem Vorwort zum eigenen Werk derart voll nimmt, ist bisweilen ein Hochstapler, Rosstäuscher und Betrüger der übelsten Sorte. Montholon macht davon keine Ausnahme, denn seine *Récits* sind ein Plagiat, für das er außer dem *Mémorial* von Las Cases oder O'Mearas *Napoléon en Exil* weitere Veröffentlichungen mit Erinnerungen von Zeitgenossen oder Werke zu den napoleonischen Kriegen ausschlachten konnte, die bis 1840 in großer Zahl erschienen waren. Mit großem Abstand jedoch ist der *Mémorial* die von Montholon am intensivsten genutzte Vorlage. Das kann nicht Wunder nehmen, denn La Cases hatte im *Mémorial* in kunterbunter Fülle Ausführungen Napoleons über die unterschiedlichsten Gegenstände versammelt, die sich wie Klötzchen eines Baukastens neu zusammensetzen und einem anderen Zeitraster innerhalb des Ablaufs von fast sechs Jahren zuordnen lassen.

Ein Beweis für diese Behauptung lässt sich sehr einfach führen. Las Cases wurde von St. Helena, wie Montholon hervorhebt, bereits am 25. November 1816 ausgewiesen, also nach gut 16 Monaten, die er in enger Tuchfühlung mit Napoleon verbracht hatte. In seinen 1819 veröffentlichten *Erinnerungen* bescheinigte sich Las Cases: »Es entspricht der Wahrheit, dass niemand auf dieser Welt, selbst jene nicht, die durch Blutsbande und älteste Beziehungen mit ihm verknüpft sind, die Gelegenheit hatten, den Kaiser ebenso intim zu kennen und ihn zu schätzen wie Las Cases, der ihn während achtzehn Monaten beständig in allen Einzelheiten seines Privatlebens aus größter Nähe sah und erlebte. Es geschah nicht nur dank der Zustimmung des Kaisers, sondern auch zu seiner großen Zufriedenheit, dass dieser treue Diener regelmäßig Tagebuch führte und ihm jeden Abend eine Seite daraus vorlegte, die einen detaillierten Bericht von allem enthielt, was vorgefallen war, was er wahrgenommen hatte und was ihm tagsüber anvertraut worden war.«[30] Diesem intimen Umgang, dessen sich Las Cases mit dem Ex-Kaiser rühmte, verdankte sich, wie diese Mitteilung besagen soll, die Wahrhaftigkeit des im *Mémorial* mitgeteilten Materials, das in der heute maßgeblichen zweibändigen Ausgabe von Marcel Dunan ohne die Anhänge mit den Varianten achthundertundneun respektive achthundertundsiebenundzwanzig Druckseiten im Octav-Format umfasst. Montholons *Récits*, deren Berichtszeitraum, wie er mit Stolz betonte, die ganze Zeitspanne von Napoleons Gefangenschaft bis zu Tod und Bestattung vom Juni 1815 bis Mai 1821 umfasst, haben im nämlichen Format einen Umfang von lediglich vierhundertzweiundsiebzig respektive fünfhundertfünfundsiebzig Seiten.

Nach dem Grundsatz *non multa sed multum* sollte das nichts besagen, denn schließlich könnte man vermuten, Montholon sei mit größerer Ökonomie zu Werke gegangen als der sich gerne in Ausschweifungen und Schwafeleien verlierende Las Cases. Das fällt jedoch nicht sonderlich ins Gewicht, wie sich schnell feststellen lässt, denn der

erste Band der *Récits* Montholons behandelt einen Berichtszeitraum,
dem die Ausweisung von Las Cases Ende November 1816 den Termin
setzt. Es will jedoch nicht einleuchten, dass in den ersten sechzehn
Monaten der Gefangenschaft so viel Stoff anfiel wie in den sich anschließenden dreiundfünfzig Monaten oder viereinhalb Jahren, denn
von den fünfhundertfünfundsiebzig Seiten des zweiten Bandes sind
gut einhundert Seiten der Wiedergabe von Dokumenten, wie Verfas-
sungsentwürfen, dem Testament oder der Obduktionsakte Napoleons, sowie einer ausführlichen Schilderung der Bestattung gewidmet. Auch versank Napoleon wegen des Abgangs von Las Cases weder
in tiefe Depression noch in Schweigen, sondern war bis zum Beginn
des Jahres 1821, als ihm seine Krebserkrankung spürbar zuzusetzen
begann, so munter und gesprächig wie eh und je. Zieht man schließlich zu einem rein quantitativen Vergleich noch die *Cahiers de Saint-
Hélène*, das von Bertrand vom April 1816 bis Mai 1821 geführte Tagebuch, heran, von dessen Existenz Montholon keinen Schimmer hatte
und das erst zwischen 1949 und 1959 in drei Bänden erschien, wird die
Aussage noch deutlicher: Bertrand, der im Unterschied zu Montholon
nicht in einem vergleichbar regen und intimen Umgang mit Napoleon
stand, hat den Zeitraum von Dezember 1816 bis Mai 1821 auf insgesamt fast achthundert Oktavseiten dargestellt.

Einen weiteren Hinweis, dass Montholon vorwiegend den *Mémorial* plagiierte, liefert der Umstand, dass der erste Band der *Récits* nach
den Daten der Wochentage sowie nach Monaten untergliedert ist. Das
ist eine Anordnung, die im Wesentlichen auch der *Mémorial* aufweist.
Umso mehr fällt auf, dass im zweiten Band der *Récits*, für den Montholon auf das Gebrauchsmuster von Las Cases verzichten musste, die
Untergliederung des Berichts nach den Daten der Wochentage oder
wenigstens der Erwähnung von Monaten nur noch höchst kursorisch
erfolgt. Mit anderen Worten: Die aus dem Kasten von Las Cases ent-
nommenen Bauklötzchen konnte Montholon auf die Fläche eines Be-
richtszeitraums von viereinhalb Jahren nur in Al-fresco-Manier vertei-
len, weil ihm dafür kein verlässliches Zeitraster zur Verfügung stand.

Montholons *Récits* werden trotz ihrer bereits den Zeitgenossen ersichtlichen Schwächen – die erste und einzige Ausgabe von 1847 war für deren Verleger dem Vernehmen nach ein Verlustgeschäft, für das der Autor bei Louis-Napoléon vergeblich um eine Entschädigung einkam[31] – in der Napoleon-Literatur immer wieder gerne zitiert. Der Grund dafür ist, dass in der Suada Napoleons, die in den *Récits* mitgeteilt wird, gelegentlich wie eine *silberne Rippe* eine Phrase oder Metapher aufblitzt, die sich ausnimmt, als habe er sich von den romantischen Sprachbildern seiner großen Bewunderer, wie Sir Walter Scott, Chateaubriand oder Heinrich Heine, inspirieren lassen. Das ist verwirrend und überdies geeignet, die Glaubwürdigkeit der Ausführungen Montholons zu beschädigen.

Auch die *Cahiers de Sainte-Hélène* des General Bertrand sind in diesem Zusammenhang nicht von Belang, denn als sie in den Jahren 1949–1959 veröffentlicht wurden, war der Prozess der Sedimentierung von Erinnerungen und Deutungen, dem sich das »Evangelium von St. Helena« verdankt, längst abgeschlossen. Gleichwohl sind die *Cahiers* für dessen Beurteilung von eminenter Bedeutung, insofern sie die bislang fraglos gültige Exklusivität der vom *Mémorial* überlieferten Äußerungen Napoleons streitig und damit auch deren »Wahrheit« u. U. einem kritischen Urteil zugänglich machen. Dieses Versprechen lösen die *Cahiers* vor allem dadurch ein, dass sie sich als eine Chronik des Geschehens auf St. Helena verstehen, die sich darauf beschränkt, nur zu berichten oder die Urteile und Einschätzungen der Protagonisten kommentarlos zu referieren. Bertrand verstand sich als Protokollant, dem jeder literarische Ehrgeiz fremd war und der, was anlag, in der Reihenfolge notierte, wie es ihm unterkam. Das zeigt unmissverständlich, dass er dieses Protokoll nach seiner Aufnahme weder sprachlich noch stilistisch bearbeitete, geschweige nach thematischen Zusammenhängen zu ordnen suchte. Seine Aufzeichnungen erhalten dadurch eine ungeschminkte Frische und haben nicht zuletzt den immensen Vorzug, dass die Äußerungen Napoleons bisweilen in dem rohen Jargon wiedergegeben werden, in dem er sich nur zu gerne auszudrücken beliebte. In dieser unverfälschten Ausdrucksweise werden von ihm auch Urteile oder Meinungen formuliert, deren scharf konturierte Aussagen keine gedrechselte Hofsprache, die ein Kammerherr wie Las Cases aus dem Effeff beherrschte, weichgespült hat und damit in ihrer Wirkung verfälscht. Wer also Napoleon gleichsam im Originalton hören will, der muss die *Cahiers* lesen. Das bedeutet aber auch, dass man hier den aus dem *Mémorial* vertrauten Napoleon entweder gar nicht oder nur sehr gedämpft vernimmt.

Der Messias der Revolution

D ie Begleiter Napoleons figurierten als Hofstaat in der Verbannung, der dem entmachteten Kaiser als Auditorium diente, sich und seine einstige Herrschaft der Nachwelt gegenüber zu rechtfertigen. Eine ideale Voraussetzung dafür war, dass im Erleben vieler Zeitgenossen in der Revolution von 1789 Traum und Trauma zusammenfielen. Umso leichter musste es Napoleon fallen, die Erzählung seines politischen Handelns an der Maxime zu orientieren, das Trauma gebannt, den Traum jedoch verwirklicht zu haben. Folgerichtig wird Napoleon in den Berichten seiner Leidensgenossen unisono als Repräsentant und Verfechter der revolutionären Prinzipien gewürdigt, die er nicht nur gegen alle Anschläge der Reaktionäre und Royalisten verteidigte, sondern die auch stets der Leitgedanke seiner Herrschaft waren.

Las Cases intoniert dieses Register mit den volltönenden Worten, die er Napoleon im April 1816 in den Mund legte: »Die Gegenrevolution, selbst wenn man ihr freie Bahn lässt, wird sich unweigerlich von selbst in der Revolution ertränken. Gegenwärtig genügt eine von jungen Ideen geschwängerte Atmosphäre vollauf, um die alten Feudalisten zu ersticken; denn nichts wird die großen Prinzipien unserer Revolution zerstören oder auslöschen. (...) Sie sind in Großbritannien lebendig, sie illuminieren Amerika, und sie sind in Frankreich nationalisiert; da haben sie den Dreifuß, von dem das Licht erstrahlen wird, das die Welt erhellt!!! Sie werden alle Entwicklungen bestimmen; sie werden der Glaube, die Religion, die Moral aller Völker werden. Und diese merkwürdige Ära wird sich, was immer man auch sagen mag, mit meiner Person verbinden. Bedenkt man alles, dann habe ich die Fackel der Revolution zum Lodern gebracht, ihre Prinzipien geheiligt, und heute werde ich dank der Verfolgung, die ich erleiden muss, zum Messias. Freunde und Feinde, alle bezeichnen mich als den ersten Soldaten, als den größten Repräsentanten der Revolution. Auch wenn ich nicht mehr lebe, werde ich dennoch für alle Völker das Leitgestirn ihrer Rechte bleiben, wird mein Name der Kriegsruf ihrer Anstrengungen, die Devise ihrer Hoffnungen sein.«[1]

Die revolutionären Prinzipien, als deren Repräsentant sich Napoleon sah und gesehen werden wollte, erfüllten sich insbesondere in zwei Begriffen, zwei Erwartungen: Gleichheit und Freiheit. Das Verlangen nach Gleichheit war der Motor der Revolution gewesen wie auch die Ursache dafür, dass man den kaiserlichen Despotismus weithin kritiklos ertrug. Das war Napoleon nur zu sehr bewusst, weshalb er auf St. Helena keine Gelegenheit ausließ, seine Leidenschaft für dieses tragende Prinzip der Revolution zu betonen. Außer Frage kann stehen, dass Napoleon unter *égalité* die Verwirklichung der rechtlichen und staatsbürgerlichen Gleichheit vor dem Gesetz verstand, wie sie von der bürgerlichen Revolution 1788–1790 eingefordert wurde. Die im weiteren Verlauf der Revolution dominierenden Gleichheitsforderungen demokratischer oder sozialer Ausprägung lehnte er jedoch entschieden ab. Zu O'Meara bemerkte er etwa am 7. September 1817: »Es entspricht der Wahrheit, dass der Adel, den ich geschaffen habe, der Adel des Volkes ist: Ich habe den Sohn eines Pächters wie den eines Handwerkers zum Herzog oder zum Marschall gemacht, je nach den Talenten, die ich bemerkte. Gleichermaßen wahr ist aber auch, dass ich ein System genereller Gleichheit einführen wollte und dass es meine Absicht war, dass jeder, unabhängig von Stand oder Geburt, zu allen Ämtern zugelassen ist, eine Eignung natürlich vorausgesetzt.

Ebenfalls zutreffend ist, dass ich alle Vorrechte des alten Adels beseitigen und eine Regierung errichten wollte, die, wenn auch hart, dennoch vor allem volkstümlich sein sollte.«² In einem längeren Text, den
Napoleon am 20. August 1820 nach der Lektüre einiger Pamphlete aus
Europa, deren Inhalt ihm missfallen hatte, Montholon diktierte, führte
er u. a. aus: »Ich habe das Kaiserreich nicht geschaffen, um meinen
persönlichen Ehrgeiz zu befriedigen: Die Krone fügte meinem Ruhm
nichts mehr hinzu. Ich habe das Kaiserreich allein zum Wohl der Revolution geschaffen. (...) Alles, was an Gleichheit zu geben möglich war,
haben die Franzosen von mir erhalten.«³

Ein politisches System, das sich dem Prinzip der Gleichheit ver-
schrieb, hatte vor allem auf zweierlei zu achten: auf die Gleichheit der
Rechte wie der Pflichten. Die Revolution von 1789 hatte beiden Prinzipien zum Durchbruch verholfen, als sie die Steuerprivilegien von Adel
und Klerus abschaffte, es den Bürgern zur Pflicht machte, durch Steuern für die Staatsausgaben aufzukommen, und allen Rechtsgleichheit
garantierte. Napoleon war Demagoge genug, um vor allem die Chancengleichheit herauszustellen. Noch an Bord der *Northumberland* bemerkte er am 30. September 1815: »Mein Ehrgeiz war, wie ich zugebe,
groß; allein, er stützte sich auf die Meinung der Massen. Ich war immer davon überzeugt, dass die Souveränität im Volk verankert ist. Das
Kaiserreich, so wie ich es errichtete, war nichts anderes als eine Republik. Nachdem ich durch die Stimme des Volkes auf den Thron gerufen
worden war, lautete meine Maxime stets: Bahn frei für die Talente,
ohne Rücksicht zu nehmen auf die Unterschiede in der Herkunft. Wegen dieses Systems der Chancengleichheit werde ich von der europäischen Oligarchie verabscheut.«⁴

Dass Talent allein aber nicht genüge, es vielmehr ausgebildet werden müsse, um sich entfalten zu können, war Napoleon bewusst, weshalb er großen Wert auf eine umfassende Schulbildung legte: »Eines
meiner wichtigsten Anliegen war, dass sich die Bildung in allen Volks-
klassen verbreiten konnte. Ich sorgte dafür, dem Volk in allen Bil-
dungseinrichtungen kostenlosen Unterricht erteilen zu lassen oder die
Aufwendungen, die dafür erbracht werden mussten, so niedrig zu hal-

DER MESSIAS DER REVOLUTION 225

ten, dass selbst ein einfacher Bauer sie bestreiten konnte. Die Museen waren jedermann zugänglich. (...) Alle meine Anstrengungen waren darauf abgestellt, das Gros der Nation aufzuklären, anstatt es durch Unwissen und Aberglauben abzustumpfen.«[5] Eine breite Volksbildung bezeichnete Napoleon als wesentlich für die von ihm angestrebte Gesellschaftsordnung. »Es gibt welche, die die Völker täuschen wollen, dabei aber nur in die eigene Tasche wirtschaften, und die deshalb bestrebt sind, diese in völligem Unwissen zu halten; je aufgeklärter die Völker sind, desto mehr Menschen werden von der Notwendigkeit der Gesetze wie davon, sie zu verteidigen, überzeugt sein, und umso ruhiger, glücklicher und erfolgreicher wird sich die Gesellschaft ausnehmen. (...) Allein mein Gesetzbuch hat dank seiner Einfachheit in Frankreich weitaus mehr Gutes bewirkt als alle Gesetze, die ihm vorausgingen. Meine Schulen, mein Unterrichtswesen haben bislang noch unbekannte Generationen vorbereitet.«[6]

Dem Gleichheitspostulat der Revolution, zu dem sich Napoleon uneingeschränkt bekannte, widersprach die von ihm kreierte »Noblesse de l'Empire«. Diesen Widerspruch suchte er einerseits dadurch aufzulösen, dass er betonte, dieser Adel stelle keineswegs wie der Geburtsadel eine in sich abgekapselte Kaste dar, sondern jedermann hätte auf Grund seiner Verdienste zu ihm Zugang, weshalb er also seinem Wesen nach eine Meritokratie darstelle.[7] Zum anderen behauptete er, »die vernünftige Demokratie beschränke sich lediglich darauf, allen Chancengleichheit zu garantieren«.[8] Insofern sei das Egalitätsprinzip durch den neuen Adel nicht gefährdet, der laut Napoleon für die Stabilität des Staates unverzichtbar sei. »Der Staat ohne Aristokratie ist wie ein Schiff ohne Ruder, wie ein Ballon in der Luft.«[9] Auch sonst glaubte Napoleon der »Noblesse de l'Empire« eine Reihe praktischer politischer Vorteile zusprechen zu können, denn zum einen leiste dieser neue Adel einen Beitrag dazu, Frankreich mit Europa, das den alten Adel behalten habe, zu versöhnen. Zum anderen gelte dies auch für Frankreich. »Man hat mir zum Vorwurf gemacht, ich hätte eine Vorliebe für den alten Adel. Man hat mich darin nicht verstanden. Es war die Staatsraison, die mir mein Betragen diktierte. Von dem Augenblick

an, an dem die Tore Frankreichs den Emigranten wieder offenstan-
den, war es ein Gebot der Notwendigkeit, dass sich der alte Adel um
mich scharte und die Livrée des neuen Königs trug, den Frankreich
sich auserkoren hatte, indem es mich auf den Thron setzte. Hätte ich
dem alten Adel den kaiserlichen Hof verschlossen, dann hätte er nur
den Präfekten in der Provinz allerlei Schwierigkeiten bereitet, denn
unbeschadet aller Verluste, die der alte Adel durch die Revolution erlitten hat, besaß er dennoch einen großen Einfluss auf die Bewohner
des platten Landes, unter denen er lebt.«[10]

Trotzdem stellte sich Napoleon immer wieder die Frage, ob es nicht
doch ein Fehler gewesen sei, gegen das Prinzip unbedingter Gleichheit, »das der Nation derart gut gefallen hat«, mit dieser Ausnahme
verstoßen zu haben.[11] In der langen Unterredung, die er am 17. April
1821 mit Montholon hatte und in der er angesichts seines nahen Todes
eine Bilanz seines Lebens zog, traf er die bittere Feststellung: »Mein
Adel wird für meinen Sohn keinerlei Stütze sein. Es dürfte noch mehr
als eine Generation brauchen, ehe der meine Farben trägt, bis er aus
Tradition den geheiligten Schatz aller meiner moralischen Eroberungen bewahrt.«[12] Hinter dieser Einsicht verbirgt sich eine Erklärung für
den Untergang seines Regimes, denn mit der Förderung der Chancengleichheit wurde von Napoleon vor allem das Ziel verfolgt, seine Herrschaft von Parteien und Fronden unangefochten zu etablieren. Voraussetzung dafür war, dass er diese aufhob, indem er ihre Gegensätze
neutralisierte. Im *Mémorial* ist deshalb immer wieder davon die Rede,
dass Napoleon sich rühmte, »stets Männer aus allen Klassen, aus allen
Parteien um sich geschart zu haben, ohne jemals auf deren Vergangenheit zu achten oder sie danach zu fragen, was sie zuvor getan, gesagt oder gedacht haben. Das Einzige, was er verlangt habe, war, dass
alle ausnahmslos und mit innerer Überzeugung dem gemeinsamen
Ziel, dem Wohl und dem Ruhm aller zustrebten und sich als wahre und
gute Franzosen erwiesen. Vor allem aber habe er sich niemals an die
Führer gewandt, um deren Parteien für sich zu gewinnen; im Gegenteil, er habe immer die Masse der Parteigänger angesprochen, um deren Häupter dann mit Gleichgültigkeit zu behandeln. Derart sei seine

Politik im Innern stets angelegt gewesen. Und trotz der jüngsten Ereignisse würde er dies auch nicht bereuen«.[13]

Napoleon sah sich vor die Herausforderung gestellt, die beiden Frankreich, das der Revolution wie jenes des *Ancien Régime*, zu einem Dritten, dem *Empire*, zu verschmelzen. Der letzte Teil dieser Aufgabe, den alten Adel und die Emigranten in eine Gesellschaftsordnung zu integrieren, die von der Revolution geschaffen worden war, erwies sich jedoch als schwer zu bewerkstelligen. Das erklärt, warum Napoleon die sozialen Kräfte immer wieder umwarb. Solche Rücksichtnahme zahlte sich letzten Endes aber nicht aus. Napoleon war aber realistisch genug, um sich nach seinem Sturz einzugestehen, dass sich der alte Adel ihm gegenüber nicht undankbarer verhielt als jene Kreaturen, die er mit Geld, Ehren und Würden überschüttet hatte. Das hinderte ihn jedoch nicht daran, sich zu bescheinigen, sein Streben, eine Einheit aller Franzosen jenseits des Epochenbruchs der Französischen Revolution herzustellen, sei richtig und gerechtfertigt gewesen. Als Zement sollte ihm dafür die prinzipielle, rechtlich abgesicherte Gleichheit aller dienen. Ihre wesentliche Aufgabe sollte es sein, die Gesellschaft zu formieren, damit sie gemäß den unveränderlichen Prinzipien seiner Herrschaft organisiert werden konnte. Diese Prinzipien waren eine strikt hierarchisch gegliederte Autorität und Ordnung, deren gesellschaftliche und politische Legitimation in der Person und Institution des Kaisers ihren Ursprung hatte. Deshalb konnte er immer wieder von sich behaupten: »Je suis la patrie« – Ich bin das Vaterland.[14]

In einer Hinsicht, die mit Ausnahme Gourgauds von den anderen Leidensgenossen beschwiegen wurde, bekannte Napoleon sich jedoch zu einer antiegalitären Anschauung, die sein Verständnis einer hierarchisch gegliederten Autorität und Ordnung illustriert: Die Frauen wollte er, wie dies auch der *Code civil* festlegte, unter keinen Umständen rechtlich oder sozial mit den Männern gleichstellen. Zu Gorgaud bemerkte er einmal mit jenem brutalen Realismus, der einer seiner markanten Wesenszüge war: »In Frankreich erfahren die Frauen eine allzu große Wertschätzung. Sie dürfen aber nicht den Männern als gleichberechtigt gelten, denn sie sind in Wirklichkeit nichts anderes als Maschinen, die Kinder zu machen haben. Während der Revolution haben sie sich empört, sich eigene Versammlungen geschaffen, ja, sie wollten sogar eigene Bataillone bilden. Man sah sich gezwungen, das zu unterbinden. Die Gesellschaft wäre vollends in Unordnung geraten, wenn die Frauen aus dem Zustand der Abhängigkeit herausgetreten wären, in dem sie gehalten werden müssen. Derlei hätte nur endlose Auseinandersetzungen und Kämpfe zur Folge gehabt. Ein Geschlecht muss dem anderen untertan sein.«[15]

Sieht man Napoleons Eintreten für das revolutionäre Prinzip der Gleichheit im Lichte dieser Ausführungen, so wird deutlich, dass es für ihn lediglich funktionale Bedeutung hatte. Das Prinzip der Gleichheit galt es nur in so weit zu respektieren und zu fördern, wie es seinem uneingeschränkten Herrschaftsanspruch dienlich war. Von der späteren bonapartistischen Ideologie konnte dieser Sachverhalt mühelos überspielt werden, weil sie von der gut begründeten Annahme ausging, dass sich die Menschen eher für ihre Interessen als für ihre Rechte einsetzen. Das erklärt auch, warum Napoleon wesentlich größere Anstrengungen unternehmen musste, um glaubhaft zu machen, dass er das andere große Prinzip der Revolution von 1789, die Freiheit, nicht minder schätzte und achtete als die Gleichheit.

»Die Freiheit«, bemerkte Napoleon 1815 gegenüber Benjamin Constant, »war die Leidenschaft meiner Jugend«. Außer Zweifel stehen auch die republikanischen Neigungen, zu denen er sich damals bekannte. Erst das Erlebnis revolutionärer Exzesse und Grausamkeiten ließ diese Sympathien verblassen. Von daher rührte auch die Abscheu, die Napoleon gegenüber Mob und Aufruhr empfand, der angeblich seine antiliberalen Ordnungsvorstellungen inspirierte, die er zeit seiner Herrschaft zu realisieren suchte. Gleichwohl wurde er auf St. Helena nicht müde, sich als Anwalt des Liberalismus und der politischen Freiheitsrechte zu gerieren. Diese Beteuerungen stehen jedoch in einem erheblichen Widerspruch zur Praxis des autoritären Regimes, das Napoleon in Frankreich errichtet hatte. Diesen Widerspruch suchte die Vulgata von St. Helena vergessen zu machen, indem sie den antiliberalen Charakter des napoleonischen Regimes »mit der Notwendigkeit des Augenblicks« rechtfertigte, wie Napoleon gegenüber Las Cases bemerkte.[16] O'Meara erklärte er einmal seine Herrschaft in Analogie zur römischen Geschichte: »Das Regierungssystem muss dem Geist der Nation und den Erfordernissen des Augenblicks entsprechen. Frankreich verlangte es nach einer starken Leitung. Solange ich an der Spitze der Staatsgeschäfte stand, kann ich sagen, dass Frankreich sich in derselben Situation befand wie Rom, als man sich zu der Einsicht bekannte, es bräuchte einen Diktator, um die Republik zu retten.«[17]

Der Zwang zum diktatorischen Handeln sei ihm, wie Napoleon wiederholt versicherte, von zwei Seiten aufgenötigt worden: von außen wie von innen. »Nachdem ich an die Macht gelangt war, erwartete man von mir, dass ich mich wie ein Washington verhalte. Solche Worte kosteten nichts, und sicherlich haben die, die sie leichthin äußerten, dies getan, ohne die Zeit, den Ort, die Menschen und die Umstände zu bedenken. Wäre ich in Amerika, dann wäre ich aus freien Stücken ein Washington gewesen, auch wenn ich mir damit nur wenig Verdienste erworben hätte, denn ich vermag nicht zu erkennen, wie ich es vernünftigerweise anders hätte anstellen können. Hätte er [i. e. Washington] sich jedoch in Frankreich befunden, angesichts der Auflösung im Innern und der drohenden Invasion von außen, dann hätte ich ihn gerne dazu angestiftet, er selbst zu sein (...); dann aber wäre er nichts anderes gewesen als ein Dummkopf und hätte die Fortdauer des großen Unglücks nur verlängert.«[18] Fünf Jahre später, am 20. August 1820, hatte sich ihm dieser Gedanke epigrammatisch verdichtet, als er zu Montholon bemerkte: »Das Beispiel der Vereinigten Staaten ist absurd; lägen die Vereinigten Staaten im Herzen Europas, dann hätten sie keine zwei Jahre dem Druck der Monarchien standhalten können.«[19]

Damit beschrieb Napoleon das Dilemma, mit dem er seine Diktatur, die er gegen die eigenen Überzeugungen ausgeübt haben will, rechtfertigte: Von außen bedrohte das republikanische Frankreich eine Allianz der europäischen Monarchien, die von der Absicht geleitet wurde, die Prinzipien der Revolution von 1789 zu vernichten. Dieser Allianz musste mit der Konzentration aller Kräfte widerstanden werden. Voraussetzung dafür aber war, dass eine despotische Machtfülle in die Hand eines Einzelnen gelegt wurde. »Das Kaiserreich, so wie ich es im Hinblick auf einen allgemeinen Frieden organisierte, war nach meiner Überzeugung die Garantie aller nationalen Interessen. Wenn man mir Despotismus vorwirft, dann nur deshalb, weil man nicht begriffen hat, dass er für die *Grandeur* so lange notwendig war, bis ich diese um den Preis von hundert Schlachtensiegen auf den Trümmern einer Ordnung errichtet hatte, die von der Revolution zwar umgestürzt, aber noch längst nicht so gründlich zerstört worden war, dass von ihr nicht eine neuerliche Erhebung hätte ausgehen können. Man vergisst dabei auch, dass diese Revolution uns isolierte und der Feindschaft aller Monarchien Europas auslieferte.«[20]

Diese Diktatur wurde Napoleon unmittelbar nach dem Staatsstreich vom *18 Brumaire* durch die Umstände aufgezwungen. Deren Errichtung sei auch keineswegs das Ziel des Staatsstreichs gewesen, der ihm zufolge auch keiner war, sondern vielmehr ein Akt kollektiver Vernunft! »Frankreich, das sich von mehreren Seiten angegriffen sah, lief Gefahr, unter den Schlägen eines vereinten Europas unterzugehen, und vertraute deshalb das Steuerruder den Händen eines Einzelnen an, und alsbald war ich es, der Erste Consul, der ganz Europa die Gesetze diktierte.«[21] Die Fülle der Aufgaben, mit der sich Napoleon unmittelbar nach dem *18 Brumaire* konfrontiert sah, wie auch die zahlreichen Gefahren, die er meistern musste, verglich er einmal bei anderer Gelegenheit mit der Situation Englands: »England kann auf einem Terrain operieren, dessen Fundamente bis ins Erdinnere hinabreichen; der Boden, auf dem ich stand, war dagegen aus Sand. (...) Ich säuberte eine Revolution. (...) Ich habe alle ihre weit verstreuten guten Entwicklungen, die es wert waren, bewahrt zu werden, gebündelt. Aber ich war gleichzeitig auch dazu gezwungen, die Revolution mit meinen starken Armen zu schützen, sie vor Angriffen von allen Seiten zu bewahren. Und es ist eben wegen dieser Haltung, dass ich nochmals für mich in Anspruch nehme, dass die öffentliche Sache, der Staat, wahrhaft ich selber war. – Ringsum starrte alles vor Waffen, um

unsere Prinzipien zu vernichten; und just in deren Namen, aber im genau gegenteiligen Sinne machte man auch im Inneren Front gegen
mich: Hätte ich mich nur etwas nachgiebiger verhalten, dann wäre
man alsbald wieder in die Zeit des Direktoriums zurückgefallen, dann
wäre ich das Objekt und Frankreich das unfehlbare Opfer eines Gegen-
Brumaire gewesen.«[22]

Das Werk, das sich Napoleon vorgenommen hatte, war aber selbst
nach zahllosen Erfolgen und Anstrengungen noch nicht vollendet.
Überall und stets lauerten Gefahren, die den Bestand des Erreichten
bedrohten, wie er Montholon gegenüber im Februar 1820 eingestand:
»Ich habe den Abgrund der Anarchie geschlossen, das Chaos entwirrt,
die Revolution gesäubert, die Völker geadelt und die Könige gestärkt,
allenthalben den Wetteifer entfacht, alle Verdienste belohnt und die
Grenzen des Ruhmes noch weiter gezogen. Wenn ich die Freiheit
durch politische Konzepte behindert habe, dann nur deshalb, weil die
Zügellosigkeit, die Anarchie und alle Kalamitäten der Unordnung
noch immer auf der Türschwelle lauerten.«[23]

Was musste also noch geschehen, damit endlich das Reich der Freiheit begann, als dessen Sachwalter die spätere bonapartistische Ideologie den Kaiser darstellte? Napoleon nannte dafür unterschiedliche
Voraussetzungen und Fristen. Eine der wichtigsten war, dass das Volk
im Stande sein müsse, richtigen Gebrauch von der Freiheit zu machen,
denn, so offenbarte sich Napoleon Montholon, »die unabdingbare
Voraussetzung für eine verfassungsmäßige Ordnung ist die Bildung,
die den französischen Massen abging«.[24] Das war ein Argument, das
seiner Herrschaft auch den Anstrich einer Erziehungsdiktatur verschaffte: »Der Empire, wie ich ihn verstand, war nichts anderes als die
Regularisierung des republikanischen Prinzips. Er festigte das Re-
formwerk der Verfassunggebenden Versammlung und verwandelte
die alte französische Monarchie in ein junges Königtum voller *Grandeur* und Zukunft. Die Menschen, die mir vorwerfen, den Franzosen
nicht genügend Freiheiten gegeben zu haben, sind entweder von übler
Gesinnung oder sie wissen nicht, dass 1804, als ich mir die Krone aufs
Haupt setzte, sechsundneunzig von hundert Franzosen nicht lesen

konnten und dass sie auch von der Freiheit nicht mehr verstanden als das Delirium des Schreckensjahres 1795. Alles, was ich an Freiheit diesen zwar gelehrigen, aber völlig unwissenden und durch die revolutionäre Anarchie und den Krieg demoralisierten Massen geben konnte, habe ich ihnen gegeben. Die Zeit würde dann schon den Rest besorgen, denn die Institutionen des Empire bargen den Keim aller Freiheiten. Es genügt nicht, dass ein Volk den Anspruch erhebt, ich möchte frei sein, in dem Sinne der Freiheit, wie sie von den Aposteln des Liberalismus gepredigt wird; notwendig ist vielmehr, dass es auf Grund seiner Erziehung der Freiheit würdig ist.«[25]

Auch was die Dauer seiner Diktatur anbelangte, wartete Napoleon mit verschiedenen Erklärungen auf. Im Unterschied zu den römischen Diktatoren, die ihm als Vorbild dienten und denen jeweils für lediglich sechs Monate umfassende Herrschaftsbefugnisse zugesprochen wurden, währte Napoleons Allmacht vierzehn Jahre. Das hat er einmal lakonisch damit gerechtfertigt: »Nun gut! Die Gefahr war stets dieselbe, der Kampf schrecklich und die Krise bedrohlich nahe. War unter diesen Umständen die Diktatur nicht geradezu notwendig, unabdingbar?«[26] Den Beweis dafür liefere das Jahr 1815: Weil er die Diktatur nach seiner Rückkehr von Elba abgelehnt habe, sei möglicherweise er die Ursache für den Untergang Frankreichs. Mittels einer »nationalen Junta, die aus von mir ausgesuchten Mitgliedern der Gesetzgebenden Versammlung bestanden hätte, ausnahmslos Männer, die der Nation bekannt und des Vertrauens aller würdig gewesen wären, hätte ich meine Militärdiktatur mit der geballten Macht der öffentlichen Meinung gefestigt. Damit wäre ich im Besitz einer Tribüne gewesen und von ihr aus hätte ich ganz Europa unsere Prinzipien vermittelt. Die Souveräne hätten gezittert, sobald sie gewahrten, wie die Völker davon angesteckt worden wären. Sie hätten geschwankt, verhandelt oder wären untergegangen!«[27]

Der Dramatik jener Tage am nächsten kam Napoleon wohl, als er sich am Abend des 13. Juni 1816 zu der ihn quälenden Einsicht bekannte: »Die Franzosen von 1815 waren nicht mehr die von 1812. Ludwig XVIII. hatte sie alle konstitutionalisiert. Das war die Herrschaft von 1789, die sich wiederholte. Man sprach mir von nichts anderem als von den öffentlichen Freiheiten, den Kammern und was weiß ich sonst noch! Man verschwendete meine Zeit damit, dass man mir Regierungssysteme und Verfassungsprojekte unterbreitete. Das hat mich vollends verwirrt.«[28] Eine konstitutionelle Herrschaft war für Napoleon undenkbar. Damit gestand er indirekt ein, dass er sich nie und nimmer vorzustellen vermochte, das seit dem *18 Brumaire* ununterbrochen ausgeübte diktatorische Regime aufzugeben. Dessen ungeachtet behauptete er am 24. August 1816 gegenüber Las Cases, wenn er Russland 1812 besiegt hätte, dann »hätte ich meinen Sohn an der Herrschaft beteiligt, wäre meine Diktatur zu Ende gewesen und die verfassungsmäßige Regierung hätte begonnen«[29]

Dieses Versprechen will wenig besagen, weil es von der Praxis der napoleonischen Herrschaft stets entschieden dementiert wurde. Zum weiteren steht es im Widerspruch zu den deshalb häufig geäußerten und nur zu plausiblen Mutmaßungen, dass Napoleon, wäre er als Sieger aus der Schlacht von Waterloo nach Paris zurückgekehrt, sofort die Kammern verjagt und eine uneingeschränkte Diktatur errichtet hätte. O'Meara, der ihn darauf ansprach, antwortete Napoleon lebhaft: »Nein, nein, ich hätte die letzte Verfassung beibehalten, auch wenn ich davon überzeugt war, dass sie großer Veränderungen bedurfte.«[30] Welche Korrekturen ihm vorschwebten, darüber schwieg sich Napoleon aus. Auf welche Schwierigkeiten er aber gestoßen wäre, wenn er Änderungen an der Verfassung hätte vornehmen wollen, darüber äußerte er sich gegenüber Las Cases: »... welche Ängste könnte das französische Volk deswegen hegen? Gaben ihm nicht die Kammern und die Verfassung schon hinreichende Garantien? (...) Wie hätte ich diese verletzen können? Ich hatte für mich nur Millionen von Armen, ich war nur ein einzelner Mann. Die öffentliche Meinung hatte mich erneut an die Macht gebracht und hätte mich gleichermaßen auch wieder stürzen können. Aber, von dieser Gefahr einmal abgesehen, was hätte ich gewinnen können?«[31]

Das entsprach jener Argumentationslinie, an der Napoleon stets festhielt: Seine Herrschaft sei eine »legale Diktatur«, die sich auf die

Zustimmung der Nation stütze und die wegen der herrschenden gefahrvollen Umstände unverzichtbar sei. Auch handele es sich dabei um eine zivile Herrschaft und nicht, wie seine Gegner unermüdlich betonten, um eine »Militärdiktatur«. Deshalb konnte er in diesem Zusammenhang die Ansicht vertreten: »Der Thron hat im Zusammenhang mit unseren liberalen Ideen unbemerkt aufgehört, Herrschaft zu sein, und ist zu einem reinen Amt geworden.«[32] Das konnte nichts anderes besagen, als dass das kaiserliche Regime konstitutionell war, in dem Sinne, als es auf der Verfassung basierte. Mithin war der Kaiser nicht im Besitz unbeschränkter Souveränität, sondern diese wurde vom Volk, dem eigentlichen Souverän, an ihn delegiert. Eine solche Auslegung strapazierte jedoch die Ambivalenz der vermeintlichen Aussage Napoleons zum Äußersten. Das verweist bereits auf den Verfassungsentwurf, den er Montholon 1820 für Napoleon II. diktiert haben soll und dessen einhundertdreiundzwanzig Artikel einen Musterkatalog liberaler Glaubensgewissheiten darstellen.[33] Das entspricht der Behauptung, die Las Cases kolportiert: »Der Kaiser wird (schon auf Grund seiner Natur, wie er sagte) für die uneingeschränkte Freiheit eintreten.«[34]

Die Pauschalität dieser Aussage wird vermeintlich durch den Inhalt des Gesprächs gedeckt, das Napoleon Mitte April 1815 mit Benjamin Constant führte, den er für seine Mitarbeit an der Ausarbeitung einer liberalen Verfassung zu gewinnen suchte. Allein schon die Begegnung dieser beiden Männer und der rege Austausch, in den sie miteinander eintraten, wird gerne als Beweis für die große Wandlung angesehen, die Napoleon nach seiner Abdankung auf Elba erlebt habe. Constant, der einst zu den Bewunderern des Ersten Consul Bonaparte zählte, hatte sich schon bald von ihm enttäuscht abgewandt und seinen schärfsten Kritikern zugesellt, unter denen er, gemeinsam mit seiner Freundin Germaine de Staël, einer der liberalen Wortführer war. Am 19. März 1815, einen Tag bevor Napoleon von Elba kommend wieder in den Tuilerien Einzug hielt, aus denen Ludwig XVIII. erst am Morgen Hals über Kopf geflüchtet war, hatte Constant im *Journal des Débats* einen Aufsatz veröffentlicht, in dem er mit »Bonaparte« abrechnete:

»Mit dem König haben wir die konstitutionelle Freiheit, die Sicherheit und den Frieden; mit Bonaparte die Sklaverei, die Anarchie und den Krieg. Unter Ludwig XVIII. erfreuen wir uns einer repräsentativen Regierung, regieren wir uns selber. Unter Bonaparte wird uns ein Regiment von Mamelucken erwarten, wird allein sein Schwert uns regieren. (...) Er ist noch viel schrecklicher und hassenswerter als Attila, als Dschingis Khan, denn er kann sich der Ressourcen der Zivilisation bedienen.«

Diese Eröffnungen führten alles andere als Verständigung im Schilde. Umso größer musste also die Überraschung Constants sein, als er am 14. April 1815 die Aufforderung Napoleons erhielt, sich zu einem Gespräch mit dem Kaiser in den Tuilerien einzufinden. Aus Sicht Napoleons war dieser Wunsch verständlich, denn der Gedankenaustausch mit seinem ärgsten Kritiker würde ihm selbst im Lager der Gegner Anerkennung verschaffen, seinen Anspruch bestätigen, ein anderer geworden zu sein, der sich zum Liberalismus bekannte. Die Einladung, bei der Ausarbeitung einer neuen Verfassung mit Hand anzulegen, musste Constant verständlicherweise in große Verlegenheit stürzen. Sagte er zu, gab er sich als opportunistischer Karrierist zu erkennen, der sein Fähnchen in den Wind hängte. Vielleicht jedoch war diese Aufforderung als Beweis für die Aufrichtigkeit von Napoleons Gesinnungswandel zu verstehen? Oder handelte es sich dabei nur um besondere Heimtücke, den Mann gründlich zu kompromittieren, indem man ihn als Berater gewann, der zuvor Napoleon so heftig angegriffen und der feierlich geschworen hatte, sich dessen Regime nicht anzuschließen? Das war allemal wirksamer, wollte man ihn verderben, als wenn man ihn durch Verfolgung zum Märtyrer gemacht hätte.

Das waren die Überlegungen, die Constant anstellte und auf die er zwei Antworten formulierte. Mit Gewalt der Mischung aus Demagogie und Despotismus, die Napoleon verkörperte, ein Ende setzen zu wollen, war unmöglich. Also musste man Napoleon dazu bringen, sich selbst als Diktator abzuschaffen. Das konnte nur gelingen, wenn man ihm die sichere Aussicht auf Erfolg vorführte, die selbst ihm eine verfassungsmäßige Regierung offerierte. Der Erfolg, den man damit erzielte, wäre umso gewisser, als diese Lösung auch den in der öffentlichen Meinung virulenten Tendenzen entsprach. Eine weitere Gefahr außer der Despotie Napoleons, die es zu bannen galt, war die Drohung, dass ausländische Mächte Frankreich eroberten. Wie aber diese Mächte abwehren, ohne sich zu Napoleon zu bekennen? Die Flucht des Königs, die allgemeine Unterwerfung, die diese Flucht zur Folge hatte, ließen jegliche Hoffnung illusionär erscheinen, die Fahne der konstitutionellen Monarchie je wieder aufzupflanzen, denn weit wichtiger als die Frage Monarchie oder Republik war die der nationalen Unabhängigkeit. Das war die unverzichtbare Voraussetzung für alles Weitere. »Was mich betrifft, so gestehe ich ein, dass, was immer meine Meinung zu Napoleon gewesen war, allein der Angriff des Auslands es mir zur Pflicht gemacht hätte, ihn zu unterstützen. Solange ich mit meinen Schriften den König bis zum letzten Augenblick seines Aufenthalts in Paris verteidigt habe, war er von anderen Franzosen umgeben, die, wie ich, versprachen, ihm zur Seite zu stehen. (...) Als ich mich Bonaparte anschloss, zogen die Preußen, die Engländer, die Österreicher und die Russen bewaffnet gegen Frankreich.«[35]

Durch diese Überlegungen gestärkt, fand sich Constant zu der Unterredung ein, zu der ihn Napoleon in die Tuilerien eingeladen hatte. Seine Eindrücke dieser Begegnung fasste Constant in dem Urteil zusammen: »Er versuchte nicht, mich zu täuschen, weder hinsichtlich seiner Ansichten noch über die Lage, in der sich Frankreich befand. Er gab keineswegs vor, durch die erlittenen Schicksalsschläge korrigiert worden zu sein. Auch vermied er es, sich das Verdienst zuzuschreiben, durch bloße Neigung zur Freiheit zurückgefunden zu haben. Seine Interessen wog er mit einer Kälte, mit einer Unparteilichkeit ab, die allzu sehr an Gleichgültigkeit grenzte, und er erörterte, was möglich zu sein schien und was vorzuziehen wäre.«[36]

Um seinen Besucher aus der Reserve zu locken, forderte ihn Napoleon auf: »Lassen Sie mich Ihre Ideen wissen«, um dann selbst fortzufahren: »Öffentliche Erörterungen, freie Wahlen, verantwortliche Minister, die Pressefreiheit, das alles will ich ... Vor allem die Presse-

freiheit; sie ersticken zu wollen, ist aberwitzig. Dieser Aufsatz [i. e. Anspielung auf ein Elaborat Constants über die Pressefreiheit] hat mich
überzeugt ... Ich bin ein Mann des Volkes; wenn das Volk wirklich die
Freiheit zu haben wünscht, werde ich sie ihm geben. Ich habe seine
Souveränität anerkannt. Deshalb muss ich jetzt auch seinen Wünschen, ja selbst seinen Launen mein Ohr leihen. Niemals war es meine
Absicht, das Volk zu meinem Vergnügen zu unterdrücken. Ich hatte
große Pläne; das Schicksal hat über diese entschieden; (...) Ich hasse
keineswegs die Freiheit. Ich habe sie nur beiseitegeschoben, als sie
mir im Weg war; aber ich habe sie verstanden, ihre Ideen waren mir
Nahrung ... Das Werk von fünfzehn Jahren ist zerstört, man kann es
nicht von neuem beginnen. Man bräuchte dafür zwanzig Jahre und
müsste zwei Millionen Menschen opfern ... Abgesehen davon will ich
den Frieden, aber den bekomme ich nur durch Siege. Ich will Ihnen da
keine falschen Hoffnungen machen; auch wenn ich behauptete, es
gebe Verhandlungen, wird es keine geben. Ich sehe einen schwierigen
Kampf, einen langen Krieg vor uns. Um darin zu bestehen, muss mich
die Nation unterstützen; als Gegenleistung, so glaube ich, verlangt sie
dafür die Freiheit. Die wird sie bekommen ...«[37]

Napoleon konnte gewinnend sein und wusste, was sein Gegenüber
von ihm hören wollte, zumal er Constant für die Ausarbeitung des *Acte
additionel aux Constitutions de l'Empire* vom 22. April 1815 einzuspan-
nen suchte, da dessen Mitarbeit dem Unterfangen ein liberales Güte-
siegel verschaffte. Eben auf diesen Effekt kam es Napoleon vor allem
an: Der *Acte additionel* galt als Urkunde für seine liberale Herrschaft,
die jetzt mit einem Zwei-Kammer-System garniert wurde und die sich
zum Prinzip der Volkssouveränität bekannte, das allerdings im un-
bedingten Respekt vor der Autorität der Krone seine Grenze finden
sollte.

Benjamin Constant hat das alles überrissen und sich durch die liberalen Beteuerungen Napoleons keineswegs täuschen lassen, wie
seine Ausführungen zeigen, die er auf den Bericht von dessen Suada
folgen ließ: »Es war nur zu offensichtlich, dass, auch wenn die Erfahrungen Napoleon gezeigt hatten, die Freiheit für ihn augenblicklich

notwendig sei, er dennoch keinesfalls davon überzeugt war, dass diese Freiheit, die er als ein Mittel einzusetzen entschlossen war, auch das wichtigste Ziel seines Strebens war (...). Ich weiß nur zu gut, dass irgendwelche vagen Erklärungen zu Gunsten der Souveränität des Volkes keinerlei Hindernis für die Übergriffe der Autorität darstellen, zumal es immer die Inhaber der legislativen oder der exekutiven Autorität sind, die für sich beanspruchen, den Willen des souveränen Volkes auszudrücken (...). In all seinen Reden habe ich diese Verachtung für Diskussionen und Beratungen herausgeschmeckt, die ein typisches Charaktermerkmal von Menschen sind, die den Instinkt absoluter Macht besitzen. In seinen Ausführungen war immer mehr von *Grandeur* und gleichzeitig auch eine viel umfangreichere Verachtung zu vernehmen, denn er äußerte sich gestützt auf die in zwölf Jahren errungenen Siege und die Stirn von nimmerwelkem Lorbeer bekränzt. (...) Gleichwohl vermag ich nicht zu leugnen, diese Unterredung hatte in gewisser Hinsicht meine vorher gehegte Überzeugung verringert, seine Macht und die Freiheit seien miteinander nicht vereinbar.«[38]

Dieser allzu spät, auch Benjamin Constant nicht wirklich überzeugende, zumal auch nur sehr halbherzig unternommene Versuch Napoleons, sein Regime liberal zu drapieren, trug ironischerweise dazu bei, dessen Untergang nach der Niederlage von Waterloo zu beschleunigen. Die Fundamentalopposition der verbündeten Royalisten und Liberalen in den beiden Kammern verschaffte ihnen eine politische Bedeutung, wie sie ihnen Napoleon nie hatte zugestehen wollen. Die militärische Niederlage wurde durch den »Verrat« der Kammern vervollständigt, die damit den Nachweis für das Scheitern des »liberalen« Napoleon erbrachten. Die Konsequenzen, die Napoleon aus dieser Erfahrung zog, hat allein Gourgaud protokolliert, der am 16. Dezember 1815 dessen Bemerkung notierte: »Man muss keine beratenden Versammlungen haben. Die Männer, auf die man glaubt sich in diesen Versammlungen verlassen zu können, wechseln ihre Ansichten allzu leicht. Waterloo! Waterloo! ... Die englische Verfassung ist für Frankreich nicht geeignet.«[39] Dass diese Bemerkung, die in krassem Widerspruch zum »liberalen Image« Napoleons steht, das von Las Cases im *Mémorial* so umsichtig entworfen wurde, nicht lediglich ein empörter Aufschrei angesichts der noch allzu frischen Erinnerung an den »Verrat« der Kammern war, beweist der Umstand, dass der gestürzte Kaiser auf den Tag genau ein Jahr später nochmals darauf zu sprechen kam, diesmal jedoch mit einer Kühle, die vorausgegangene Reflexion verrät: »Ich bin durchaus der Überzeugung, dass Frankreich keinerlei Verfassung braucht. Dies ist ein zutiefst monarchisches Land. Ich will damit sagen, keine beratenden Körperschaften, auch wenn es diese immer gehabt hat wie Provinzialständeversammlungen, Generalstände, Parlamentshöfe. Aber keinerlei gesetzgebende Körperschaften. Wenn man in einem Land eine Revolution anzetteln will, dann muss man nur eine solche Versammlung einberufen. Sehr bald bilden sich dann zwei Parteien, treten Hass und Leidenschaften in Erscheinung.«[40]

Das war Napoleons wahre Überzeugung, während sein Bekenntnis zum konstitutionellen Liberalismus, für den er vorgeblich mit dem *Acte additionel* eintrat, lediglich eine den Umständen geschuldete opportunistische Ausrede war. Das zeigen seine Bemerkungen zu Gourgaud am 29. November 1815: »Möglicherweise habe ich einen Fehler begangen, die Kammern einzuberufen. Ich glaubte, dass sie mir von Nutzen seien und mir die Mittel verschafften, die ich nicht gehabt hätte, wäre ich Diktator geblieben. Es war jedoch ein Fehler, damit wertvolle Zeit zu verschwenden, dass ich mich mit einer Verfassung abplagte, zumal ich sowieso die Absicht hatte, die Kammern aufzulösen, sobald ich siegreich gewesen wäre und damit außerhalb jeder Bedrängnis. Aber es war auch umsonst, dass ich mir von diesen Kammern irgendeine Unterstützung versprach. Ich habe mich darin gründlich getäuscht. Sie haben mir vor Waterloo geschadet und mich danach einfach im Stich gelassen.«[41] Sehr aufschlussreich ist, wie sich Napoleon gut eine Woche später, am 8. Dezember 1815, Gourgaud zufolge äußerte. Den Anlass bot, dass Las Cases aus englischen Zeitungen über die Entwicklung in Frankreich informierte und Napoleon diese Mitteilungen gut machiavellistisch kommentierte: »Der König [i. e.

Ludwig XVIII.] müsste jetzt damit beginnen, Härte zu zeigen und erst danach Milde zu üben. Er müsste ein ausgesprochen feudalistischer König sein und die Parlamente [i.e. die obersten Gerichtshöfe im Frankreich des *Ancien Régime*, die eine sehr ambivalente Rolle als Kontrollorgane der monarchischen Macht spielten] wieder etablieren. Augenblicklich kann er alles machen; wenig später wird ihm das nicht mehr möglich sein. Er muss aus der Verblüffung Nutzen ziehen, in der sich die Nation befindet, wie aus der Anwesenheit ausländischer Truppen. Die englische Verfassung passt nicht zu Frankreich. Nach der Rückkehr von Elba habe ich mich nur mit der Verfassung abgegeben, um der damals herrschenden Mode zu genügen, aber wäre ich siegreich gewesen, dann hätte ich sofort die Kammern davongejagt. So eine beratende Versammlung ist schon eine schreckliche Angelegenheit.«[42] In eben diesem Sinne äußerte sich Napoleon schließlich auch am 23. September 1817,[43] diesmal aber auch in Gegenwart von Montholon, der seine Äußerungen jedoch völlig sinnenstellt wiedergab, indem er ihn das Fazit ziehen lässt: »Wäre ich als Sieger zurückgekehrt, dann hätte ich mir die Zeit genommen, um die Regierung richtig konstitutionell zu organisieren.«[44]

Die liberalen Ideen, zu denen sich der gefallene Kaiser vor allem nach dem Zeugnis von Las Cases bekannte, sind, so muss man vermuten, propagandistische Zuspitzungen vieldeutiger Äußerungen, auf deren Formulierung sich Napoleon umso besser verstand, als sein Verhältnis gegenüber der Revolution von Anfang an von Ambivalenz geprägt war. Das offenbarte er sehr schön, als er sich Mitte März 1821 über François Guizot alterierte, der in seiner Ende des Jahres 1816 veröffentlichten Abhandlung *Du Gouvernement représentatif et de l'état actuel de la France* die Feststellung traf, die *Revolution* sei lenkbar gewesen, nicht aber die *Gegenrevolution*. Das sei ein Irrtum, denn so Napoleon: »Man muss die *Interessen* der Revolution von den *Theorien* der Revolution unterscheiden. Die Theorien gingen den Interessen voraus. Die Interessen traten erst in der Nacht zum 4. August [i.e. 1789] in Erscheinung: nach der Abschaffung des Adels und der Abgabe des Zehnten. Ich habe alle Interessen der Revolution bewahrt. Ich hatte keinerlei Absicht, sie zu zerstören. Das ist das, was meine Stärke ausmachte; das erklärt auch, warum ich imstande war, die Theorien der Revolution beiseitezuräumen. Alle bewahrten die Ruhe, weil sie darum wussten, dass der Kaiser die Gegenrevolution weder wollte noch sie sich wünschen konnte. Mit mir an der Macht war die Pressefreiheit nicht notwendig. Hinzu kam, dass man der Revolution mit ihren Versammlungen, Unruhen und internen Streitereien sehr überdrüssig war. – Allein die Bourbonen verlangt es nach der Gegenrevolution. Sie lehnen die Interessen der Revolution ab. Die Adeligen wollen ihren Besitz wieder haben, ihre Zehnten. Unter den Bourbonen gibt es für die Interessen der Revolution nur zusammen mit den Theorien der Revolution eine Garantie, d.h. mit der Pressefreiheit, den Versammlungen, den vom Volk gewählten Stadtverwaltungen etc., kurz mit allen subversiven Prinzipien einer Regierung. – Die Theorien der Revolution sind nur dazu gut, die Theorien der Gegenrevolution zu paralysieren. Im Gegensatz dazu habe ich unter meiner Neigung, monarchisch zu regieren, die Interessen der Revolution gewahrt und deren Theorien verbannt. (...) Die Schaffung meines Adels war die beste Methode, die Interessen der Revolution zu konsolidieren. Ohne diesen Adel wäre meine Regierung von der gesamten alten Noblesse überrannt worden. Verständlicherweise hätte ich sie den Bourgeois vorgezogen. Statt ihrer standen mir die Herzöge von Bassano, von Danzig oder von Istrien zur Seite, weshalb ich keinerlei Veranlassung hatte, die anderen zu nehmen, und zumal jene auch keinerlei Beweggrund hatten, den Zehnten wieder zu erheben, auf die Nationalgüter [i.e. der unter staatlicher Verwaltung stehende enteignete Besitz von Kirche und Adel] zurückzukommen, mit einem Wort, die Interessen der Revolution in Frage zu stellen.«[45]

Die Unterscheidung zwischen *Interessen* der Revolution, die er akzeptiert und verteidigt, und *Theorien* der Revolution, die von ihm abgelehnt und bekämpft werden, liefert die Erklärung des Napoleon eigentümlichen Begriffs von *Liberalismus*. Mit diesem Begriff hantierte er das erste Mal gelegentlich des Putsches vom *18 Brumaire* des Jahres VIII [i.e. 9. November 1799], als er am Nachmittag dieses Tages sein Handeln vor dem »Conseil des Anciens« damit rechtfertigte, dass ihm die Direktoriumsmitglieder Barras und Moulins vorgeschlagen hätten, »die Führung einer Partei zu übernehmen, die sich mit der Absicht trage, alle Männer auszuschalten, die sich zu liberalen Ideen bekennen«.[46] Als tags darauf der Putsch erfolgreich abgeschlossen war, verkündete Bonaparte in einer Proklamation: »Die bewahrenden, schützenden und liberalen Ideen sind durch die Vertreibung der aufrührerischen Cliquen, von denen die Versammlungen eingeschüchtert wurden, wieder in ihre Rechte eingetreten.«[47]

Mit dieser Erklärung suchte Bonaparte die eigene, unabhängige Position inmitten der konkurrierenden Parteimeinungen zu markieren und seinen Machtanspruch damit zu rechtfertigen, dass er konservative wie freiheitliche Ideen und Ansprüche für prinzipiell gleichberechtigt und als keineswegs antagonistisch ansehe. Der Charme dieser Koppelung bestand darin, dass eine Verbindung von konservativen und freiheitlichen Interessen einen vielversprechenden Ausweg aus der das Land lähmenden Konfrontation zwischen einem revolutionären Radikalismus der Jakobiner auf der einen und dem gegenrevolutionären Radikalismus der Royalisten auf der anderen Seite zu weisen schien. Eine solche Lösung verhieß auch als weitere Pointe, der endemischen Korruption des Direktoriums ein jähes Ende zu setzen und damit die heraufziehende Anarchie zu bannen, in der Frankreich über kurz oder lang zu versinken drohte.

Der Liberalismus, wie ihn Bonaparte verstand, versprach pragmatisch darauf abgestellt zu sein, die Errungenschaften der Revolution von 1789 zu garantieren, aber die radikalen Weiterungen fortgesetzter revolutionärer Leidenschaften zu vereiteln. Das appellierte an die Furcht der bürgerlichen Republikaner vor der Gegenrevolution, deren ordnungspolitischer Triumph mit dem weiteren Versumpfen der Revolution immer wahrscheinlicher zu werden drohte. Einen Ausweg aus diesem Dilemma versprach deshalb eine zügige Beendigung der Revolution bei gleichzeitiger Garantie des Eigentums wie der erlangten Besitzstände und Freiheiten. Dieses von Bonaparte als »liberal« etikettierte Konzept nahm die Zeitung *Ami des Lois* in ihrer Ausgabe

vom *16 Frimaire an VIII* (7. Dezember 1799), möglicherweise durch
einen Wink des Ersten Consuls dazu »inspiriert«, zum Anlass, unter
der Rubrik »Variétés« – »Verschiedenes« – die folgende Erläuterung
einzurücken: »Im Mund von Bonaparte haben die Worte *idées libérales*
eine ganz andere Bedeutung als im Mund von Aristokraten, die sich
anzuschicken scheinen, diese Ausdrucksweise liebevoll zu pflegen,
um sich ihrer mit der Absicht zu bedienen, die Leistungen der Republikaner zu schmälern und eine Wertschätzung zu beanspruchen, auf
die sie keinen Anspruch haben. Bonaparte hingegen begreift mit *idées
libérales* alles das, was dazu beiträgt, die Republik schöner, liebens-
werter zu machen; alles das, was dazu beiträgt, die Revolution zu ver-
sittlichen, ihre Fehler und Irrtümer zu reparieren; er versteht sich auf
den Großmut der Sieger gegenüber den Besiegten ebenso wie auf die
Nachsicht, die nicht der Festigung der Republik von Schaden ist, oder
auch darauf, die Verirrten wieder mit den Gesetzen zu versöhnen; er
ist einverstanden mit den wohltätigen Institutionen, mit der politischen und religiösen Toleranz, hat Vertrauen zur Reue, versteht sich
schließlich auch auf das Vergessen aller Beleidigungen und ist aufgeschlossen für alle Einfälle einer starken und großzügigen Seele.«[48]

Die kurze Proklamation vom 15. Dezember 1799, mit der Bonaparte den Franzosen die Frohbotschaft übermittelte, dass sich die drei
Consuln auf eine neue, auf die vierte Verfassung seit 1791 verständigt
hätten, nimmt sich fast wie ein Echo auf jene Eloge aus, die seine *idées
libérales* würdigte: »Die Verfassung gründet sich auf die wahren Prinzipien einer repräsentativen Regierung, auf die heiligen Rechte des
Eigentums, der Gleichheit und der Freiheit. (...) Bürger, die Revolution
ist auf die Prinzipien fixiert, von denen sie ausgegangen ist. Sie ist beendet.«[49]

Allein Bonapartes vollmundige Behauptung, die Verfassung gründe
sich »auf die wahren Prinzipien einer repräsentativen Regierung«,
war eine zynische Mystifikation. Das kommentierte die *Gazette de
France* mit dem Zitat eines Bürgers, der, als er gefragt wurde, was
denn der Inhalt der Verfassung sei, sich mit der Antwort beschied:
»Bonaparte!« Der *Citoyen français* hingegen äußerte seine tiefe Ver-

wunderung über den Umstand, dass eine derart wichtige Verfassungsurkunde in lediglich fünfundneunzig Artikel reglementierender Aussagen gepresst worden sei. »Keines der großen Prinzipien des Völkerrechts, der Pflichten der Regierung, der bürgerlichen, politischen oder religiösen Freiheit wird genannt oder proklamiert. Das ist zweifellos ein sicheres Mittel, um zu verhindern, dass falsche oder missbräuchliche Folgerungen daraus gezogen werden ...«[50]

Darauf angelegt, alle Illusionen, die mit der Consulats-Verfassung verknüpft werden könnten, gründlich zu zerstören, war das letzte Buch des einstigen Finanzministers in der Spätphase des *Ancien Régime*, Jacques Necker, das er als politisches Testament zwei Jahre vor seinem Tod veröffentlichte und das mit der Feststellung anhebt: »Der erste Umstand, der einen bei Lektüre dieser Verfassung überrascht, ist, dass bei einer Regierung, die sich als republikanisch bezeichnet, kein Teil der politischen Belange, auf jeden Fall keiner von irgendeiner Bedeutung, der Nation anvertraut wurde. Nicht allein nur in den rein demokratisch oder gemischt verfassten Republiken, sondern auch in den konstitutionellen Monarchien ist das Volk an der Wahl der Gesetzgebenden Versammlung, an der Ernennung der Verantwortlichen beteiligt, die über sein Wohl und Wehe entscheiden.«[51]

Mit den düsteren Prophezeiungen sollte Necker sich nicht täuschen, denn nichts wäre in der Tat naiver gewesen, als ausgerechnet von einem Bonaparte ein Eintreten für die Belange der Freiheit zu erwarten. Alle einschlägigen Hoffnungen, die er mit ambivalenten Worten zu wecken suchte, wurden umgehend durch den sehr realen Despotismus seiner Machtausübung dementiert. Der Preis, der für die Beendigung der Revolution gefordert und bezahlt wurde, war die völlige Entmündigung des als souverän proklamierten Volks und die Diktatur des Ersten Consul, von der die materiellen Interessen, aber keinesfalls die gefährlichen Theorien der Revolution gewährleistet wurden. Gleichwohl hat Napoleon auch während des Kaiserreichs nie darauf verzichtet, die große funktionale Bedeutung der »idées libérales« für die eigene Selbstinterpretation oder die imperialistische Propaganda zu betonen. Eines der wahrhaft groteskesten Beispiele dafür ist das Begleitschreiben vom 15. November 1807, mit dem er seinem jüngsten Bruder Jérôme, den er zum Souverän des von ihm zusammengeschusterten »Königreichs Westphalen« berufen hatte, die Verfassung übersandte, die dieses Königreich zu einem napoleonischen »Modellstaat« machen sollte:[52] »Es gilt darauf Acht zu haben, dass Ihre Völker sich einer Freiheit, einer Gleichheit und eines Wohlstands erfreuen, die den Völkerschaften Germaniens unbekannt sind, und dass diese liberale Regierung auf die eine oder andere Weise den heilsamsten Einfluss auf das System des Rheinbunds wie auf die Machtstellung Ihrer Monarchie hat. So zu herrschen wird ein viel mächtigerer Schutzwall sein, um Sie gegen Preußen zu sichern als die Elbe, die Festungen und die Protektion durch Frankreich. Welches Volk wünschte sich dann noch, unter die Willkürherrschaft Preußens zurückzukehren, sobald es die Wohltaten einer weisen und liberalen Verwaltung erfahren hat? Die Völkerschaften Deutschlands, Frankreichs, Italiens und Spaniens dürsten nach Gleichheit und wollen die Herrschaft liberaler Ideen. In all den Jahren, in denen ich die Angelegenheiten Europas lenke, hatte ich reichlich Veranlassung, mich davon zu überzeugen, dass dieses ganze Lärmen, das wegen der Privilegien gemacht wird, im Widerspruch steht zur öffentlichen Meinung. Seien Sie ein konstitutioneller König.«[53]

Auch wenn die napoleonische Herrschaftspraxis alles andere als »liberal« gewesen ist, wird dadurch dennoch nicht die faktische Paradoxie beseitigt, dass das von Napoleons Propaganda popularisierte Schlagwort der »idées libérales« ganz maßgeblich den politischen Begriff des Liberalismus während des 19. Jahrhunderts beeinflusst hat. Als liberal galt zunächst, und so verstand Bonaparte wie Napoleon diesen Begriff, die rückhaltlose Anerkennung der einschneidenden eigentumsrechtlichen Veränderungen, die von der Revolution durchgesetzt worden waren. Verknüpft damit war die Verwirklichung des Gleichheitsprinzips, von dem sich Napoleon stets gewiss sein konnte, dass es die Franzosen weit höher veranschlagten als das Prinzip der Freiheit. Mit der zügigen Erfüllung dieser beiden Voraussetzungen erweiterte sich jedoch das Begriffsfeld von Liberalismus um die Postulate einer politischen Praxis toleranter und großzügiger Anerkennung individueller Rechte sowie von politischen Handlungsspielräumen auf der Grundlage des Repräsentativsystems. Auch wenn Napoleon nach Kräften bestrebt war, die Folgen dieser Begriffserweiterung durch seine Herrschaftspraxis ungeschehen zu machen, musste er dennoch nach der Rückkehr von Elba erkennen, dass seine erneute Machtausübung mit der Bedingung von deren Anerkennung verknüpft war. Trotzdem diese Entscheidung die Niederlage von Waterloo keineswegs vereitelte, sondern sie sogar, wie Napoleon wähnte, heraufbeschwor, blieb ihm, sollte er deswegen dennoch wie auch trotz der daraus resultierenden Verbannung politisch zukunftsfähig bleiben, keine andere Wahl, als sich auf St. Helena als einsamer und oft missverstandener Vorkämpfer liberaler Ideen zu stilisieren.

Das weckt erste Zweifel und wirft die Frage auf, ob Napoleon tatsächlich der *auctor*, das handelnde Subjekt, jenes Evangeliums des *Mémorial de Sainte-Hélène* war, als dessen Protokollant und Sekretär der Comte de Las Cases fungierte.

Das Evangelium
nach Las Cases

F ür die Mit- und Nachwelt war die Erzählung der napoleonischen Epopöe eine riesige Projektionsfläche, auf der sich Erfahrungsraum und Erwartungshorizont perspektivisch miteinander verschränkten. Das einhundert Tage dauernde Versprechen des
Empire libéral, das Debakel von Waterloo und der Wiener Kongress
waren Ereignisse, deren Gleichzeitigkeit eine Fülle von Möglichkeiten
freisetzte, von der die Phantasie der Zeitgenossen vor dem Erlebnis-
hintergrund der revolutionären »Sattelzeit« in einer zuvor nie ge-
kannten Weise angeregt wurde. Allein deshalb ließ sich vorhersehen,
dass in Frankreich weder die Neuauflage der gescheiterten bourbonischen Restauration noch die politische Neuordnung des zuvor von
Napoleon beherrschten Europa durch die auf dem Wiener Kongress
gefundenen Kompromisse auf sonderliche Begeisterung stoßen würden. Was eintrat, war noch verwirrender, denn die Enttäuschungen,
die durch das Auftreffen dieser realpolitischen Lösungen auf ihnen
nicht kompatible Erwartungen ausgelöst wurden, setzten ihrerseits
Erwartungen und Wünsche frei, die sich für ganz andere Konzeptio-
nen begeisterten.

Damit tat sich die Chance auf, die sich artikulierende Unzufriedenheit zu fassonieren, ihr eine Richtung und ein Ziel zu geben. Deren
Fluchtpunkt personifizierte sich idealerweise in einer Gestalt, die
nicht nur Charisma besaß, sondern die auch durch ihr tragisches
Scheitern ausgewiesen war, das eintrat, als sie ihre Bestimmung verwirklichen wollte, die vorgeblich das Wohl ihrer Zeitgenossen beabsichtigte. Ein solches Handlungsraster war aus zwei Gründen optimal:
Zum einen entsprach es – *mutatis mutandis* – dem Kreuzestod und der
damit initiierten Heilsgeschichte Jesu Christi; zum anderen bot sich
an, die Hauptrolle mit Napoleon zu besetzen, wofür dieser in einem
Gespräch, das sich um Glaubensfragen drehte, die einschlägige An-
regung lieferte. Bezüglich des Evangeliums bemerkte er mit geradezu theologischem Scharfsinn, wie Bertrand unter dem 12. Juni 1816
notierte:[1]

»Der Glaube garantiert uns die Existenz Jesu Christi, für die uns
die historischen Beweise aber fehlen. Josephus [i. e. der jüdische Ge-
schichtsschreiber Flavius Josephus] ist der Einzige, der ihn überhaupt
erwähnt, und das auch nur mit Randbemerkungen, die von manchen
als spätere Hinzufügungen angesehen werden. Er sagt nur ein Wort:
Jesus Christus trat in Erscheinung und wurde gekreuzigt. Die gesamte
historische Überlieferung strotzt indes von Leuten, die ebenfalls hin-
gerichtet wurden und denen sich auch das nachsagen lässt, was von
Jesus Christus behauptet wird. – Die Evangelisten berichten von keinem Geschehen, für das man einen Nachweis beibringen kann, und
die Evangelien sind in dieser Hinsicht, wie gewisse Leute sagen, mit
Geschick geschrieben worden. Das Evangelium enthielt nichts anderes als eine schöne Moral und wenig Fakten.«[2]

Napoleon, der wusste, dass Las Cases Tagebuch führte und seine
Äußerungen akribisch protokollierte, wie er sich bei der gelegentlichen
Lektüre von dessen Notizen vergewissern konnte, hatte diesen zum
Neid der anderen Begleiter von Anfang an als Lieblingsjünger auserkoren, den er auch als Gesprächspartner bevorzugte. Im Urteil Napoleons sprach für die Rolle von Las Cases als Hofhistoriograph vor
allem, dass er als Verfasser des *Atlas historique* wie auch als Mitglied

des *Conseil d'État* seine einschlägigen Fähigkeiten unter Beweis gestellt hatte. Das legte es nahe, Las Cases, den Gourgaud in seiner Eifersucht treffend als »Jesuiten« apostrophierte, die Aufgabe anzusinnen, als Evangelist des »weltlichen Heiland« zu figurieren, wie Heinrich Heine Napoleon bezeichnete.[3] Dazu brauchte es keinen förmlichen Auftrag mit eindeutiger Rollenbeschreibung, sondern es genügte eine Bemerkung, die sich sehr à propos verstehen ließ. Außerdem gab es für Napoleons Existenz im Unterschied zu der von Jesus Christus eine Überfülle an Beweisen.[4] Dieser Umstand verpflichtete dessen Evangelisten dazu, eine »schöne Moral« zu entwickeln, die sich dadurch auszeichnete, dass sie den Tatsachen, die von der Existenz Napoleons Mitteilung machten, nachträglich einen Sinn einstiftete, der dessen Handeln als unanfechtbar und im Einklang mit dem Wollen des Zeitgeists auswies. Um diesen naheliegenden Einfall zu realisieren, brauchte es nur noch einen Plot, der die Handlungsabläufe in Übereinstimmung mit dem Vorbild synchronisierte und der gleichzeitig plausibel eine innerweltliche Version der neutestamentarischen Heilsgeschichte entwickelte. Der Plot war die Erzählung vom Leiden und Sterben Napoleons in der Unwirtlichkeit St. Helenas unter der Tyrannei des Kerkermeisters Sir Hudson Lowe, die dem Evangelium nach Las Cases die Anmutung bewährter Glaubwürdigkeit verlieh. Und wie beabsichtigt ergab sich dessen ideologiestiftende Wirkung nicht allein akzessorisch aus der begeisterten Rezeption, die das Werk nach seiner Erstveröffentlichung 1823 fand, sondern war in dessen Erzählung bereits angelegt.

Der *Mémorial de Sainte-Hélène* verdankt sich der kongenialen Zusammenarbeit von Napoleon und Las Cases: Der eine lieferte mit seiner Lebensgeschichte den Stoff, dem der andere einen Zuschnitt verlieh, der seither gemachten Erfahrungen und gewandelten Erwartungen angepasst war. Der Anteil, den Las Cases am *Mémorial* hat, beschränkt sich also nicht nur auf die Protokollierung und Überlieferung der Gespräche Napoleons, die diesen als vermeintlichen *auctor* oder Subjekt jenes »Evangeliums« vorstellen. Die weitaus bedeutsamere Leistung von Las Cases war, dass es ihm gelang, die Botschaft Napo-

leons aus weltenferner Verbannung so zu fassonieren, zu stilisieren
und redaktionell zu bearbeiten, dass sie sich den in Frankreich und
Europa ab den 1820er Jahren grassierenden Ansichten der öffentlichen Meinung einspiegeln ließ. Mit anderen Worten: Das Evangelium
nach Las Cases ist keineswegs eine irgendwie literarisch stilisierte
Kompilation verbürgter Äußerungen Napoleons. Vielmehr beurkun-
det es Anschauungen Napoleons, die dessen nachweisbarem Tun und
Lassen bisweilen entschieden widersprechen. Andererseits aber stehen diese Auslassungen im Einklang mit dem vorherrschenden liberalen Zeitgeist und machten eben deshalb eine umso größere Sensation.

Eben darauf, dass sich diese Sensation als buchhändlerischer Erfolg
materialisierte, hat Las Cases mit dem *Mémorial* abgestellt. Diese Gewissheit drängt sich auf, wenn man das Manuskript der ursprünglichen
Fassung des Evangeliums nach La Cases, das bei seiner Verhaftung
am 25. November 1816 von den britischen Bewachern konfisziert und
ihm erst im September 1821 wieder ausgehändigt wurde, mit dem
edierten *Mémorial* vergleicht. Das war bislang nicht möglich, weil das
Originalmanuskript von Las Cases einfach deshalb nicht überliefert
war, weil sein Autor es vernichtete. Dafür hatte er einleuchtende
Gründe wie zumal den, einen solchen Vergleich zu scheuen. Bevor ihm
jedoch dieses Originalmanuskript im September 1821 zurückerstattet
wurde, war eine Kopie des gesamten Textes von über neunhundert
Seiten angefertigt worden, die unter den Papieren des damaligen für
die Kolonien zuständigen Staatssekretärs Lord Henry Bathurst in dessen Schloss Cirencester Park aufbewahrt wurde. In einem bereits 1923
veröffentlichten Bestandskatalog der Sammlung war auch diese Kopie
aufgeführt, die zusammen mit den anderen Dokumenten 1965 von
Cirencester Park in die Verwahrung der British Library überführt und
in die »Bathurst, Lennox and Melville Papers 1417–1904« eingereiht
wurde. Dann dauerte es aber noch einmal vierzig Jahre, bis diese Kopie 2005 hier »entdeckt« und weitere zwölf Jahre, ehe eine Edition
vorgelegt wurde.[5]

Allerdings vermeiden es die Herausgeber, aus dieser Edition der
Kopie des Originalmanuskripts die Schlussfolgerungen auf den *Mémo-*

rial zu ziehen, die sich förmlich aufdrängen, wenn man beide Texte miteinander vergleicht. Selbstverständlich konstatieren sie, dass das Manuskript seinem Umfang nach wesentlich kürzer ist als der *Mémorial*, bescheiden sich dafür aber mit der Erklärung, dass Las Cases die Umstände seiner Gefangenschaft und seiner Irrfahrten durch Europa, ehe er sich im Herbst 1821 wieder in Paris niederlassen konnte, ausführlich geschildert und dem Textbestand zum Komplex St. Helena im Druck angehängt habe. Das macht in der achtbändigen Originalausgabe des *Mémorial* den Umfang eines Bandes aus, greift aber als Erklärung für die Unterschiede in der Textlänge von Handschrift und Druckversion entschieden zu kurz. Die Abweichungen im Unfang lassen sich zum weiteren teilweise auch damit erklären, dass Las Cases, wie von Marcel Dunan in seiner kritischen Ausgabe des *Mémorial* nachgewiesen, bisweilen sehr umfangreiche Exzerpte von zwanzig und mehr Seiten in seinen Text eingefügt hat, die er zeitgenössischen Darstellungen der napoleonischen Zeit entnommen hat. Auch hat sich Las Cases nicht entblödet, Napoleon immer mal wieder als hymnischen Rezensenten seines *Atlas historique* sehr ausführlich mit Bemerkungen zu Wort kommen zu lassen, die er dem Ex-Kaiser in den Mund legte.

Diese freihändige Selbstreklame ist für sich genommen zwar weiteren Aufhebens nicht wert, wird aber bedeutsam, wenn man in der Druckfassung des *Mémorial* Äußerungen Napoleons in wörtlicher oder indirekter Rede entdeckt, die im Manuskript nicht auszumachen sind. Die Vermutung, dass Las Cases eine Art doppelter Buchführung betrieben habe, mit der er den Redeschwall Napoleons getrennt von den übrigen Schilderungen dokumentierte und es ihm gelungen sei, diese Dokumentation dem Zugriff der Engländer zu entziehen, wäre völlig absurd. Davon auszugehen, er habe die von ihm überlieferten Mitteilungen Napoleons über all die Jahre hinweg, in denen er umständehalber eine gehetzte Existenz führte,[6] im Gedächtnis bewahrt, wäre nicht minder abwegig.

Las Cases hat einmal, am 4. August 1816, über die Schwierigkeiten räsoniert, die sich ihm stellten, die Äußerungen Napoleons genau zu protokollieren. Im Zusammenhang mit den ausschweifenden Plänen, Paris und die größeren europäischen Städte, die in seinem Machtbereich lagen, zu verschönern, über die sich Napoleon ausließ, notierte Las Cases: »Ich bedauere hier sehr, dass ich zu dieser Zeit die weiteren Überlegungen nicht festhalten konnte; sie waren so zahl-, so einfallsreich! Heute erlaubt es meine Genauigkeit nicht, mir den Anschein zu geben, sie reproduzieren zu können. Das sind im Übrigen Klagen, die ich gegen mich erhebe und die sich unglücklicherweise nur zu oft bei mir melden. Wenn man in den Ausführungen des Kaisers zahlreiche Lücken gewahrt, (...) dann erklärt sich das daraus, dass ich mir in St. Helena in aller Hast Notizen machte, indem ich meinem Gedächtnis vertraute, diese zu gegebener Zeit aufzufüllen, oder ich beschied mich mit Kürzeln, mit hieroglyphischen Zeichen. Ich wusste, dass ich an der Quelle saß; heute jedoch widerfährt es mir, dass ich manches vergessen habe oder ich mich in meinen eigenen Zeichen nicht mehr auskenne.«[7]

Die Erklärung in eigener Sache wurde von Las Cases mit Geschick platziert, denn die diversen und stets sehr konkreten städtebaulichen Phantasien, die Napoleon entwickelte, ließen sich ohne genaue Kenntnis der vorhandenen Zustände nicht einfach freihändig nachzeichnen. Solche Schwierigkeiten stellten sich bei anderen Themen wie etwa dem zukünftigen politischen Agieren nicht. Hier musste jeweils nur immer eine halbwegs konsistente Argumentation abgespult werden. Damit drängt sich die Vermutung auf, dass Las Cases, der als früheres Mitglied des *Conseil d'État* eine große amtliche Routine besaß, sich wie kein anderer Begleiter Napoleons dank seines engen und vertrauten Umgangs dem Ex-Kaiser mental anverwandelte. Das verschaffte ihm ein Kapital, das ihm bei der Ausarbeitung des *Mémorial*, für die ihm das Manuskript oft nur als Gerüst diente, wie dessen Vergleich mit der im Druck erschienenen Fassung zeigt, sehr zustatten kam und er sich deshalb sehr geläufig als »his master's voice« vernehmen lassen konnte.

Eben das erhellt auch, was die Herausgeber der »Urschrift« des *Mémorial* nur erstaunt konstatieren, dass zahlreiche der oft zitierten

Maximen Napoleons hier gar nicht vorkommen, sondern nur in der Fassung, die im Druck erschienen ist. Das gilt etwa für Napoleons berühmten Stoßseufzer »Quel roman pourtant que ma vie!« wie auch für die Behauptung: »Je suis le Messie de la Révolution« oder »Toute l'Europe peut être cosaque, ou toute en république«. Alle diese und andere bekannte *bon mots* mehr aus dem *Mémorial*, die sich zu Perlen einer bonapartistischen Gebetsschnur auffädeln lassen, sind unbeschadet ihrer vermeintlichen Stimmigkeit oder vorgeblichen Authentizität vermutlich nichts anderes als Erfindungen, von großer Empathie für Napoleon zeugende Phrasen, als deren Urheber man Las Cases vermuten muss. Daran ändert auch nichts, dass ihm gelegentlich der Prince de Eckmühl und *maréchal de France* Louis-Nicolas Davout, der General Jean-Martin Petit, Befehlshaber der Kaiserlichen Garde in Fontainebleau bei der ersten Abdankung Napoleons am 20. April 1814, Gourgaud und auch Planat de la Faye bei der Redaktion der Druckfassung zur Hand gingen ebenso wie Bertrand und Montholon, sobald sie aus St. Helena zurückgekehrt waren, oder auch Barry O'Meara, dessen *Napoleon in Exile or a Voice from St. Helena* bereits 1822 erschienen war.[8]

Es sind aber nicht nur die *silbernen Rippen* jener bekannten und oft zitierten »napoleonischen« Maximen, die man in der »Urschrift« des *Mémorial* vermisst, sondern ihrer Authentizität wegen fraglich sind auch die jeweiligen Ausführungen der thematischen Zusammenhänge, in deren Fluss diese aufblitzen und die in aller Regel größere Passagen darstellen. Das lässt nur den Schluss zu, dass Las Cases aus freien Stücken ganze Textblöcke in direkter, indirekter Rede oder als Paraphrase erfunden hat, deren Urheberschaft er Napoleon zuschreibt. Dabei konnte er umso überzeugender verfahren, als er in aller Regel mit Gegenständen hantierte, mit denen sich der Ex-Kaiser in der erzwungenen Muße der Verbannung sowieso beschäftigte. Im *Mémorial* werden diese in einer Weise verhandelt, die sich von den überlieferten Ansichten, die Napoleon sonst dazu hatte und äußerte, deutlich unterscheiden durch ihre liberale Tendenz oder einleuchtende Selbstkritik, die er an seinem eigenen Handeln übt. Mit anderen Worten: Der Napoleon des *Mémorial* agiert und reflektiert innerhalb eines Spektrums, das sich deutlich von jener tyrannischen Manier abhebt, die seiner Geschäftsführung als Kaiser von Frankreich und Chef der *Grande Nation* eigentümlich war: Der Napoleon nach Las Cases hat nicht nur reichlich Kreide gefressen, sondern ist gewissermaßen vom großen bösen Wolf zur liberal gesinnten Großmutter mutiert.

Der Schattenriss für diese Metamorphose Napoleons wurde Las Cases vom patentierten Liberalen Benjamin Constant souffliert. Dessen *Mémoires sur les Cent-Jours*, die zunächst in der Zeitschrift *Minerve française* von September 1819 bis März 1820 erschienen, lieferten ihm das einschlägige Vorbild für seine Umdeutung. Constant hatte sich, wie geschildert, bei der Rückkehr Napoleons nach Paris am 20. März 1815 von einem rabiaten Gegner in dessen engen Mitarbeiter verwandelt, dem sich maßgeblich die Formulierung des *Acte additionel aux Constitutions de l'Empire* verdankte. Diese staunenswerte Konversion rechtfertigte Constant in den *Mémoires* mit seiner patriotischen Bürgerpflicht, alles dafür einzusetzen, um die Freiheit und Unabhängigkeit Frankreichs zu gewährleisten, bedeute dies auch, deshalb in die Dienste Napoleons treten zu müssen. Allein die mit dessen Machtübernahme gewachsene Gefahr einer Intervention ausländischer Mächte habe es ihm förmlich zur Pflicht gemacht, wie er verschiedentlich betonte, Partei für Napoleon zu ergreifen. Wie 1792 war auch jetzt das Vaterland bedroht, war es die Pflicht aller Bürger, zusammenzustehen, ihre parteilichen Differenzen zu vergessen und sich für Frankreich einzusetzen.[9]

Diese programmatische Überlegung, mit der Constant seinen radikalen Gesinnungswandel motivierte, wurde von Napoleon ausweislich seiner Bekenntnisse geteilt, mit der er seinen Gesprächspartner bei ihrer ersten Begegnung überraschte, als er sich für die aktive Mitsprache aller, öffentliche Diskussionen, freie Wahlen, verantwortliche Minister und schrankenlose Pressefreiheit aussprach. Napoleon bekannte sich damit zu einem radikalen Sinneswandel, der sich als seine späte Bekehrung zum Liberalismus qualifizierte. Damit verbunden war sein Bekenntnis, dass die legitime Machtausübung sich auf die

Anerkennung der Souveränität des Volkes gründe. Um die Glaubwürdigkeit seiner Konversion zu bekräftigen, garnierte Napoleon diese mit der feierlichen Versicherung: »Ich bin kein Eroberer mehr; ich kann es nicht mehr sein. Ich weiß jetzt, was möglich ist und was nicht. Ich habe nur noch eine Mission zu erfüllen, Frankreich wieder aufzurichten und ihm eine Regierung zu geben, die ihm zusagt.«[10]

Den Nachweis für die Aufrichtigkeit dieses verblüffenden Gesinnungswandels Napoleons liefert Constant mit dessen Schilderungen nach der Rückkehr von Waterloo. Sie zeigen Napoleon als eine tragische und tief verletzte Figur, die sich von allen verraten sieht, sich aber dennoch aufopfert, um Frankreich den drohenden Absturz in einen Bürgerkrieg zu ersparen. »Augenblicklich geht es nicht um mich, sondern um Frankreich. Man will, dass ich abdanke! Hat man aber die unvermeidlichen Folgen dieser Abdankung bedacht? Um mich, um meinen Namen ist die Armee geschart: Nimmt man mich ihr weg, wird sie sich auflösen. Dankte ich heute ab, gäbe es in zwei Tagen keine Armee mehr ... Diese Armee versteht keineswegs alle Eure Subtilitäten. Oder glaubt man etwa, dass metaphysische Axiome, Erklärungen der Rechte oder Parlamentsreden eine Auflösung der Armee vereiteln könnten? ... Wenn man mich zurückgestoßen hätte, als ich bei Cannes landete, das hätte ich verstanden; mich aber heute im Stich zu lassen, das begreife ich nicht ... Man stürzt nicht ungestraft eine Regierung, wenn die Feinde auf fünfundzwanzig Meilen sich angenähert haben. (...) Hätte man mich vor zwei Wochen gestürzt, wäre das mutig gewesen ... Jetzt jedoch bin ich ein Teil dessen, was der Feind angreift, ich gehöre also zu dem, was Frankreich verteidigen muss ... Wenn Frankreich mich preisgibt, gibt es sich selbst auf, gesteht es seine Schwäche ein, erkennt es seine Niederlage an, ermutigt es die Frechheit des Siegers. Es ist nicht die Freiheit, die mich im Stich lässt, es ist Waterloo, es ist die Angst, eine Angst, von der nur Eure Feinde den Nutzen haben.«[11]

Auf diesen Ausbruch folgte seine nüchterne Abwägung, welche Handlungsoptionen sich ihm noch boten. Mit der Aufforderung der Kammern, abzudanken, sei er in der Wahrnehmung durch das Volk seiner konstitutionellen Macht verlustig gegangen und nur noch ein Militärführer. Auf die Armee könne er sich also verlassen, zumal diese sich immer um den sammelt, der sich entschlossen zeigt, nicht das Auftauchen einer fremden Fahne zu dulden. Und selbst, wenn er davon ausginge, dass nicht alle der weit verstreuten Armeeeinheiten zu ihm hielten, so würde der Teil, der ihm die Treue wahrte, dank der gewaltbereiten und zahlreichen Klasse rasch anschwellen, die, weil sie besitzlos ist, sich leicht empört und eben so leicht zu lenken ist, weil sie keinerlei Bildung besitzt.

Der Zufall wollte es, dass unter diesen monologischen Überlegungen, die Napoleon anstellte, laute Rufe »Vive l'Empereur« von der Avenue de Marigny durch die geöffneten Fenster in den Élysée drangen. Eine große Menschenmenge, vor allem Männer der arbeitenden Schichten, drängte sich hier befeuert von einem »enthousiasme en quelque sorte sauvage« und suchte die Mauern des Élysée zu überwinden, um Napoleon zu schützen und zu verteidigen. »Wie Sie sehen«, sagte Napoleon zu Constant, »sind das keineswegs die, die ich mit Ehren und Schätzen überschüttet habe. Was sind die mir also schuldig? Sie kamen mir zwar unter, aber ich habe sie in ihrer Armut belassen. Was sie in Bewegung setzt, ist der Instinkt der Not, die Stimme des Landes spricht aus ihnen; und wenn ich es wollte, wenn ich es zuließe, dann würde die widerspenstige Kammer binnen einer Stunde weggefegt ... Allein das Leben eines Mannes rechtfertigt nicht diesen Preis. Ich bin nicht aus Elba zurückgekehrt, um Paris mit Blut zu überschwemmen.«[12]

Damit bekräftigte Napoleon, was er Constant gelegentlich ihrer ersten Unterredung am 14. April gesagt hatte, er wolle nicht der König einer »Jacquerie«, eines Bauernaufstands, sein.[13] Zweifeln kann man aber daran, ob er sich wirklich so in sein Schicksal ergeben äußerte, wie ihn Constant mit der Aussage zitiert, das Leben eines Mannes rechtfertige nicht ein derartiges Aufbegehren. Das bezog Napoleon lediglich auf die lärmenden Haufen des *peuple*, die ihm ihre Unterstützung andienten, auf die er gut und gerne verzichten konnte, es sei denn, er entschlösse sich dazu, wie Constant im weiteren ausführt,

angesichts von Gefangenschaft und Tod vom Pfad der Zivilisation abzuweichen. Dafür wäre eine »entfesselte Demagogie, die er mit der
Enteignung der Besitzer und der Verfolgung der höheren Klassen
hätte mästen können, sein schreckliches, aber einziges Hilfsmittel gewesen. Er hätte vielleicht der Marius [i. e. der römische Feldherr und
Staatsmann Gaius Marius, der siebenmal in seiner politischen Laufbahn das Konsulat bekleidete und sich dabei gegen die ihn ablehnen-
den adeligen Optimaten im Senat auf die Bewegung der Popularen
stützte] von Frankreich werden können, und Frankreich wäre gewiss
das Grab der Adeligen und vielleicht auch das Grab der Fremden geworden. Mit Schrecken und Abscheu wies er diesen Gedanken jedoch
von sich. Er gab seinem Untergang den Vorzug vor einer derart ab-
scheulichen Chance auf Rettung. In dieser Entscheidung scheint ein
gewisses Verdienst auf. (...) Bonaparte, der von Europa geächtet worden war, musste alles für seine Freiheit und sein Leben fürchten. Wie
viele Männer haben, um das Eine oder das Andere zu retten, die
Freundschaft verraten, ihr Vaterland drangegeben! Wie viele haben
sich zu Henkern gemacht, um nicht Opfer zu werden! Derjenige, der
noch immer mächtig war dank der Reste einer seit zwanzig Jahren un-
besiegbaren Armee, der stark war dank der großen Menge, die sein
Name elektrisierte, die von der Rückkehr einer Regierung in Schrecken versetzt wurde, die ihr als gegenrevolutionär galt und die auf
nichts anderes wartete, um sich auf ihre Gegner zu stürzen, als ein Signal zum Aufruhr, eben derjenige hat lieber seine Macht niedergelegt,
als um diese mit Massakern und Bürgerkriegen zu kämpfen, und hat
sich bei dieser Gelegenheit sehr um das Menschengeschlecht verdient
gemacht.«[14]

In der hemmungslosen Bewunderung, die Constant mit dieser
Suada Napoleon zollte, sprach sich vor allem auch seine Erleichterung
über ein Betragen des besiegten Kaisers aus, das seinen abrupten Ge-
sinnungswechsel und seine Hinwendung zu dem zuvor von ihm als
Dschingis Khan geschmähten Tyrannen nicht nur nicht desavouierte,
sondern seine damalige Entscheidung auch auf das Schönste rechtfertigte: Unter dem pädagogischen Umgang mit ihm hatte sich Napoleon

zu einem Menschenfreund und Liberalen verpuppt. Diese Entwicklung suchte Constant mit lobenden Kommentaren zu verdeutlichen
und zu propagieren, mit denen er den nichtssagenden Hinweis Napoleons auswalzte, der am Ende ihrer ersten Unterredung von sich bekannte: »Ich altere. Man ist mit fünfundvierzig nicht mehr der, der
man mit 30 war. Die Ruhe eines konstitutionellen Königs könnte mir
zusagen.«[15]

Damit lag die Schablone für einen liberalen Napoleon vor. Jetzt galt
es nur noch, diesen Umriss plastisch zu formen, ihm dauerhaften
Gehalt einzustiften, um ihn dem liberalen und romantischen Zeitgeist
zu vermitteln. Dafür eigneten sich vorzüglich die großen Fresken, die
das Evangelium nach Las Cases von den Absichten und Zielen der
von Napoleon verfolgten europäischen Machtpolitik entwarf, zumal er
mit dieser ausnahmslos gescheitert war. Das erwies sich jetzt als eminenter Vorteil, denn nun ließ sich in großen Zügen beherzt ausmalen,
welche weiteren Absichten er verfolgen wollte. Sehr häufig ist das russische Debakel der Ausgang für diese Exkurse Napoleons, über das er
sich am 24. August 1816 etwa vernehmen ließ: »Ich habe Armeen besiegt, aber ich konnte nicht über die Flammen, das Eis, die Lähmung,
den Tod obsiegen! Das Schicksal erwies sich mir als überlegen. Aber
dennoch, welches Unglück für Frankreich, für Europa!«

Bis hierhin sind die Ausführungen Napoleons auch im Urtext des
Manuskripts dokumentiert. In der Druckversion des *Mémorial* wird im
weiteren jedoch die nachfolgende Suada in wörtlicher Rede zitiert:
»Der Frieden, in Moskau geschlossen, hätte alle meine kriegerischen
Unternehmen beendet (...) Der Prozess des Jahrhunderts wäre damit
gewonnen, die Revolution vollendet gewesen. Dann hätte man sie nur
noch mit dem vermitteln müssen, was von ihr nicht schon zerstört
worden war. Diese Aufgabe wäre mir zugefallen: Darauf habe ich mich
schon seit langem vorbereitet, *vielleicht sogar auf Kosten meiner Popularität*. Aber das hat kein Gewicht. Ich wäre der Brückenbogen zwischen
der alten und der neuen Ordnung, der geborene Vermittler zwischen
beiden gewesen. Ich war im Besitz der Grundlagen und des Vertrauens
des Einen, und ich hätte mich mit dem Anderen identifiziert. Ich war

beiden zugehörig und hätte in aller Gewissenhaftigkeit jeder Ordnung ihren Teil gelassen. Mein Ruhm wäre meine Billigkeit.«

Für die europäische Staatenassoziation, die ihm als Ziel vorschwebte, wären allenthalben die nämlichen Prinzipien, ein identisches System vonnöten: ein europäisches Gesetzbuch, ein oberster europäischer Gerichtshof, der die irrtümlichen Urteile korrigierte, eine identische Währung mit unterschiedlichen Münzen, gleiche Maße und Gewichte, dieselben Gesetze usw. »Europa wäre bald nichts anderes als ein und dasselbe Volk, und jeder, wohin auch immer er reiste, hätte sich stets im gemeinsamen Vaterland befunden. (...) Aus Russland zurück in Frankreich, am Busen des großen, starken, wunderbaren, ruhigen und ruhmreichen Vaterlands hätte ich dessen unverrückbare Grenzen proklamiert; jeder künftige Krieg sollte nur defensiv sein; jede neuerliche territoriale Ausdehnung als *anti-national* geächtet werden. Ich hätte meinen Sohn an der Verwaltung des Kaiserreichs beteiligt; *meine Diktatur* wäre beendet, und seine konstitutionelle Herrschaft hätte begonnen ... Paris wäre die Hauptstadt der Welt und die Franzosen der Neid der Nationen geworden!«[16]

In den von Las Cases mitgeteilten Visionen Napoleons erscheint Europa als eine beliebig formbare und verwertbare Entität. So etwa, wenn er den verbannten Ex-Kaiser am 18. April 1816 in einer Passage, die auch nicht im Urtext des *Mémorial* dokumentiert ist, über Möglichkeiten spekulieren lässt, die eine grundsätzliche Wende seines Schicksals bewirkten. »Schließlich gibt es eine letzte Chance, die auch die wahrscheinlichste wäre, dass man mich gegen die Russen bräuchte, denn nach der augenblicklichen Lage zu urteilen, könnte vor Ablauf von zehn Jahren ganz Europa entweder kosakisch oder völlig republikanisch sein.«[17] Bezeichnenderweise stellt Russland für den just dort am eigenen Machtehrgeiz gescheiterten Kaiser stets die Gefahr für Europa dar, die nur er zu bannen imstande wäre, wie er sich am 28. April 1816 vernehmen ließ: »An der Spitze des übrigen Europa könnte ich gegen Russland zu Felde ziehen. Diese Unternehmung wäre populär, ihr Motiv im europäischen Interesse. Das sei die letzte Anstrengung, der sich Frankreich unterwinden müsste. Seine künftigen Bestimmungen, die eines neuen europäischen Systems, wären das Ergebnis dieses Kampfes.«[18]

Wie das neue europäische System seinen Vorstellungen zufolge beschaffen sein sollte, lässt Las Cases Napoleon am 25. Oktober 1816 in direkter Rede entwickeln, die, was nicht überrascht, ebenfalls nicht im Manuskript des *Mémorial* dokumentiert ist: »Dieser Krieg [i. e. gegen Russland] hätte der populärste in Zeiten der Moderne sein müssen; es war ein durch und durch vernünftiger und an wahren Interessen orientierter Krieg; einer, der Ruhe und Sicherheit für alle bezweckte, der ausschließlich friedfertige und bewahrende Absichten verfolgte und der gleichermaßen kontinental wie europäisch war. Sein Erfolg versprach ein Gleichgewicht neuer Kombinationen zu festigen, dank derer die in den Zeitläuften lauernden Gefahren verschwunden und durch die Aussicht auf eine ruhige Zukunft ersetzt worden wären. Von irgendwelchem Ehrgeiz, der mit meinen Absichten verbunden gewesen wäre, konnte keinerlei Rede sein. (...) Hätte man es also für möglich halten können, dass ich ausgerechnet damit scheiterte und darin meinen Untergang fand? Niemals habe ich selbstloser gehandelt, niemals zuvor hätte ich soviel Anerkennung verdient; allein, gleichsam als wenn die öffentliche Meinung auch ihre Epidemien kennte, brauchte es nur einen Augenblick, um einen Schrei, eine Empörung gegen mich zu mobilisieren. Man bezichtigte mich, der Tyrann der Könige zu sein, ausgerechnet mich, der ich ihre Stellung gestärkt hatte; mit einem Mal war ich niemand anderes als der Vernichter der Rechte der Völker, ausgerechnet ich, der so viel für diese getan hatte und der sich anschickte, noch mehr zu tun. Die Völker und die Könige, diese ansonsten unversöhnlichen Feinde, haben sich verbündet, haben im Einverständnis miteinander gegen mich konspiriert! Ich könnte mich zwar damit trösten, dass mir das Wohlwollen der Völker beim Sieg wieder gewiss wäre, allein der entging mir, und ich sehe mich überwältigt. Soviel zu den Menschen und meiner Geschichte! Die Völker oder die Könige und vielleicht alle beide zusammen werden mich beklagen, und mein Andenken wird hinlänglich, woran ich nicht im mindesten zweifele, gerächt sein für das Unrecht, das man meiner Person zugefügt hat.«[19]

Der Sieg über Russland war also laut Las Cases für Napoleon die Bedingung der Möglichkeit für die Einigung Europas unter französischer Herrschaft. Diese Perspektive illustriert eine Passage, die unter dem Datum des 28. April 1816 im *Mémorial*, nicht aber in dessen Urfassung zu finden ist: »In Austerlitz habe ich Alexander [i.e. Zar Alexander I.], den ich zu meinem Gefangenen hätte machen können, die Freiheit gelassen. – Nach Jena habe ich dem Haus von Preußen den Thron belassen, den ich hätte beseitigen können. – Nach Wagram habe ich es unterlassen, die österreichische Monarchie zu zerstückeln. – Könnte man das alles einer einfältigen Großzügigkeit zuschreiben? Starke und kluge Leute hätten alles Recht, mich dessen zu bezichtigen. Auch wenn ich dieses Empfinden, das mir keineswegs fremd ist, nicht dementieren will, verfolgte ich damit noch weit größere Überlegungen. Meine Absicht war, die Verschmelzung der großen europäischen Belange vorzubereiten, so wie es mir mit den Parteien in Frankreich gelungen war. Mich plagte der Ehrgeiz, eines Tages den Schiedsrichter zu spielen bei der *grande cause* von Völkern und Königen; also musste ich mir Kredit bei den Königen verschaffen, musste ich mich unter ihnen beliebt machen. Das konnte, wie ich wohl spürte, mir aber nicht gelingen, ohne auf Seiten der Völker an Zustimmung zu verlieren; ich war jedoch allmächtig und wenig furchtsam; mich beunruhigte deshalb nicht das gelegentlich vernehmbare Murren der Völker, zumal ich mir gewiss war, dass das Ergebnis sie mir unweigerlich zutreiben würde.«[20]

Die Vision, die Napoleon vorschwebte, findet sich im *Mémorial* unter dem Datum des 11. November 1816, aber nicht in dessen Urtext in extenso ausgeführt: »Eine meiner größten Überlegungen galt der geographischen Agglomeration, der Konzentration zusammengehöriger Völker, deren Bande sich gelöst hatten, die durch Revolutionen oder die Politik zersplittert worden waren. Dergestalt zählt man in Europa, wenngleich verteilt, über dreißig Millionen Franzosen, fünfzehn Millionen Spanier, fünfzehn Millionen Italiener, dreißig Millionen Deutsche: Meine Absicht war, alle diese Völker jeweils im Rahmen ein und derselben Nation zu formieren. Begleitet von einem derarti-

gen Gefolge hätte man unter dem Segen künftiger Jahrhunderte einen
schönen Einzug in die Nachwelt genommen. Solchen Ruhmes wäre
ich wahrhaft würdig gewesen.« Wenn man mit dieser neuen Marke-
terie der europäischen Völker erfolgreich wäre, sei einem unter der
Voraussetzung, dass die Aufklärung allüberall und in jeder Hinsicht
Geltung besitze, der Traum erlaubt, sich für die große europäische Familie die Übernahme des amerikanischen Kongresses auszumalen,
die eine wahrhaft kraftvolle Perspektive der Grandeur, des Behagens
und des Wohlstands eröffnete.

Im weiteren werden dann die Bedingungen der Möglichkeit erörtert, die jeweiligen europäischen Völker zu Nationen zu fassonieren,
die zwar alle diesem Ziel unterschiedliche, aber keineswegs unüber-
windbare Schwierigkeiten entgegenstellten. Besonders zuversichtlich
könne man hier für Italien sein, wo bereits große Fortschritte hinsichtlich der Einheit gemacht worden seien. Ganz anders verhielte es sich
jedoch mit den Deutschen: »Die Agglomeration der Deutschen verlangt größere Langsamkeit, auch wenn ich bereits ihre wahrhaft monströse Komplexität vereinfacht habe. Keineswegs war es so, dass sie
nicht bereit gewesen wären, sich zu vereinigen. (...) Wie konnte es nur
dazu kommen, dass kein deutscher Fürst das einschlägige Verlangen
seiner Nation richtig eingeschätzt und seinen Vorteil daraus gezogen
hat? Gewiss ist auf jeden Fall, dass wenn der Himmel mich als deutscher Fürst hätte zur Welt kommen lassen, dann hätte ich unbeschadet
der zahlreichen Krisen unserer Zeit ganz sicher dreißig Millionen ge-
einte Deutsche regiert; soweit ich sie [i. e. die Deutschen] zu kennen
glaube, bin ich immer noch überzeugt, dass sie, wenn sie mich einmal
gewählt und proklamiert hätten, niemals im Stich gelassen hätten
und ich folglich nicht hier wäre ... (...) Was auch immer sein wird, diese
Zusammenballung wird früher oder später einfach durch die Macht
der Umstände erfolgen. Der Anstoß dazu ist gegeben, und ich glaube
nicht, dass nach meinem Sturz und dem Verschwinden meines Systems in Europa ein anderes stabiles Gleichgewicht möglich sein wird
als eine Vereinigung und Konföderation der großen Völker. Der Souverän, der als Erster im ersten großen Konflikt beherzt die Sache der

Völker in die Hand nimmt, wird sich an der Spitze von ganz Europa wiederfinden und kann dann alles wagen, was ihm beliebt.«[21]

Diese vermeintliche Vision Napoleons eines Europa der National-staaten formulierte die große propagandistische Verführung, der ausgerechnet der Neffe Napoleon III. zu seinem und Frankreichs Schaden erlag. Allenfalls für die nationalstaatliche Einigung Italiens dürfte Napoleon ein gewisses Faible gehabt haben, wie einige Äußerungen belegen, die Bertrand überliefert. »Wenn die Italiener mich nur richtig unter Druck gesetzt hätten, wäre ich bereit gewesen, ihre Unabhängigkeit zu proklamieren. Im Grunde waren sie bereits unabhängig. Sie verwalteten sich selbst, und ich habe mich nur eingemischt, wenn es etwas zu unterschreiben galt. Nach der Schlacht von Leipzig habe ich erwogen, Italien in die Freiheit zu entlassen.«[22] Seinen Familienangehörigen gab er den Rat, ihren Aufenthalt in Italien zu nehmen, da man ihn dort in guter Erinnerung habe. »Ich wollte immer aus den Italienern eine *Grande Nation* machen. Damit hätte ich großartige Ergebnisse erzielt. Deshalb hält man dort meine Erinnerung in Ehren.«[23]

Wie wenig diese Auskünfte in der Sache jedoch besagen, zeigt die reflektierte Antwort, die Napoleon am 22. Januar 1817 auf die Frage Bertrands gab, ob er denn glaube, dass es für Frankreich von Vorteil sei, wenn Italien in einem Königreich vereint sei: »Das ist eine komplexe, schwer zu beantwortende Frage. Die mit Abstand schwächste Grenze verläuft gegenüber Österreich. Italien kann da sehr leicht angegriffen werden. Also muss es besonders Österreich fürchten und folglich bei Frankreich Zuflucht suchen. Es kann aber als ausgemacht gelten, dass Italien das Mittelmeer beherrscht und Frankreich aus dieser Rolle verdrängt. – Die Politik Frankreichs war immer darauf aus, in Deutschland und Italien an kleine Staaten anzugrenzen. Die Einwohnerschaft des Königreichs Italien wäre ungefähr die nämliche, die Österreich heute aufweist. Vielleicht hätten wir dann einen viel gefährlicheren Feind an unseren Toren. Dieser Art sind die Fragen, in denen man versuchen muss, die Zukunft zu lesen.«[24]

Es lässt sich nicht bestreiten, dass die von Napoleon initiierten

»Flurbereinigungen« in der italienischen und deutschen Staatenwelt Nebenfolgen hatten, die den Prozess der Nationalstaatsbildung im Laufe des 19. Jahrhunderts förderten. Dies war jedoch ein Effekt, der in keiner Weise seinen Absichten entsprach, denen ein irgendwie gleichberechtigtes Miteinander anderer Nationalstaaten mit der *Grande Nation* undenkbar war. Deren Wesen erfüllte sich in ihrer Alleinstellung, die auch dadurch zur Geltung gebracht wurde, dass alle anderen europäischen Staaten, die im Unterschied zu Frankreich nicht die Klammer einer Nation besaßen, ihr auf die eine oder andere Weise tributär waren.

Das sollte sein Verhängnis werden. Napoleons rücksichtsloser Umgang mit den europäischen Staaten, die er seinem Willen unterwarf oder einfach annektierte, sie jedenfalls gründlich ausplünderte und amputierte, um sie als ohnmächtige Satelliten der *Grande Nation* zu gängeln, war die Ursache für seinen tiefen Sturz, gegen den er bis zuletzt aufbegehrte. Las Cases diente ihm dafür als das Werkzeug seiner Wahl. Dessen *Mémorial*, dieses vermeintliche Kompendium letzter Einsichten Napoleons, war ganz auf eine durchschlagende postume Wirkung angelegt. Der *basso continuo* des Evangeliums nach Las Cases lautet, Napoleon sei genau in dem Augenblick als die beherrschende Figur aus dem europäischen Machtspiel genommen worden, in dem er sich anschickte, seine lang gehegten Pläne zu verwirklichen, die allen Beteiligten, Konkurrenten wie Kontrahenten, eine ungetrübte und erfolgreiche Zukunft verhießen.[25]

Tatsächlich jedoch besaß Napoleon kein politisches Konzept, das dem von Frankreich beherrschten Europa eine dauerhafte stabile Ordnung zu verschaffen versprach. Was er dazu verlauten ließ, stand stets im Widerspruch zu seinem tatsächlichen Handeln. Das wird besonders evident an seiner Behandlung von Polen und Preußen. Beiden Staaten hätte er als Puffer gegenüber Russland, das ihm als Bedrohung erschien, besondere Aufmerksamkeit schenken müssen. Was Polen anbelangte, verstieg er sich gegenüber Las Cases am 25. Oktober 1816 zu der wahrhaft absurden Behauptung: »Indem ich Polen wieder aufrichtete, diesen wahrhaften Schlussstein des gesamten Gewölbes [i. e.

der von ihm zu schaffenden europäischen Ordnung], wäre ich damit einverstanden gewesen, wenn ein König von Preußen, ein österreichischer Erzherzog oder jeder andere dessen Thron eingenommen hätte. Für mich war ich auf keinerlei Ruhm erpicht; ich beanspruchte nur den Ruhm der guten Tat, die Segnungen der Zukunft.«[26]

Den Polen gegenüber beschied sich Napoleon stets nur damit, ihnen Hoffnungen auf einen eigenen, gegenüber Preußen, Russland und Österreich, den einstigen Teilungsmächten, unabhängigen Staat zu machen. Gleichzeitig hütete er sich aber, dieses Versprechen auch nur ansatzweise einzulösen. Das Großherzogtum Warschau, das Napoleon nach dem mit Russland und Preußen geschlossenen Frieden von Tilsit vom Juli 1807 aus der preußischen Teilungsbeute Polens geschaffen hatte und als dessen nominelles Haupt der sächsische König fungierte, war für die Polen, die sich einen polnischen Staat erhofften, allenfalls dessen zynisches Surrogat. Gleichwohl beschied er Montholon im Februar 1816 damit: »1812 habe ich für Polen alles getan, was ich konnte, ohne die Interessen Frankreichs zu beschädigen. Ich habe durch die Verträge mit Österreich und Preußen die Wiederherstellung des polnischen Königreichs vorbereitet. Hätte ich über Russland den Sieg errungen, wäre Polen ein großes Königreich auf starker Grundlage und mit einer Armee von zweihunderttausend Mann geworden; für Russland wäre es dann eine unüberwindliche Barriere. Die Polen sind die Franzosen des Nordens; sie sind ein Volk der Tapferen.«[27]

Polen blieb also ausgelöscht, ein Schicksal, dem Preußen, wie sich Napoleon gegenüber Las Cases rühmte, seiner Großmut wie seines strategischen Weitblicks wegen 1807 ebenso entging wie das Wiener Kaiserreich zwei Jahre später nach Wagram einer Zerstückelung in die drei Monarchien Böhmen, Ungarn und Österreich.[28] Das war Unsinn, denn es entsprach nicht seinem tatsächlichen Handeln, wie Napoleon im Gespräch mit Bertrand im April 1817 eingestand: »In diesem Feldzug [i.e. dem von 1806 gegen Preußen] hätte ich das Haus von Preußen beseitigen und ihm nur Königsberg lassen sollen, während Schlesien und (der preußische Teil von) Polen an Sachsen gefallen wäre und ich Jérôme oder einen anderen nach Berlin gesetzt hätte.«[29] Ein Jahr

später, im April 1818, kam Napoleon erneut auf das Thema zu sprechen: »Nach einem so großen Erfolg wie dem in der Schlacht von Jena
und der Übergabe der Festung Magdeburg konnte ich mein Verlangen
nicht zügeln, möglichst viel aus meinem Sieg herauszuschlagen; allein, nachdem ich einen Gegner derart gedemütigt hatte, hätte ich ihn
besser gänzlich auslöschen sollen. In Tilsit hätte ich die Möglichkeit
dazu gehabt. Russland hätte Preußen im Stich gelassen. Ich war aber
seit acht oder zehn Monaten abwesend von Paris. Ich wollte schleunigst dorthin zurück, und deshalb beeilte ich mich, Frieden zu schließen [i.e. in Tilsit mit Russland am 7. Juli und mit Preußen am 9. Juli].
Dabei handelt es sich um eine Entschuldigung, aber nicht um eine vernünftige Erklärung. Tatsache ist, ich hätte Preußen auslöschen können und hätte es auch tun müssen. Niemals hätte ich ihm Schlesien
belassen dürfen. Russland besaß keine Armee mehr, hätte mir also
keinen Krieg erklären können und wäre deshalb dazu bereit gewesen,
Preußen zu opfern.«[30]

Wie sehr ihn dieses Versäumnis wurmte, zeigt sich daran, dass Napoleon schon ein halbes Jahr später, im Oktober 1818, Bertrand erneut
eingestand: »Der größte Fehler, den ich gemacht habe und den mir die
Geschichtsschreibung zum Vorwurf machen wird, ist, dass ich nicht
das Haus Brandenburg verjagt habe. Gelegentlich der Schlacht bei
Friedland hätte ich das gekonnt, ohne deshalb eine weitere Kampagne
fürchten zu müssen. (...) Ich hätte den König von Preußen in Königsberg seinem Schicksal überlassen müssen und Jérôme nach Berlin setzen und ihm auch Schlesien und Polen anvertrauen sollen.«[31] Napoleons wiederholtes Hadern in Sachen Preußen verrät vor allem, wie
politisch unbedarft er agierte, nachdem er den Zenit seiner Erfolge
überschritten hatte. Auch war ihm offensichtlich nicht klar, dass Mit-
teleuropa nicht nur ein größeres, sondern auch ein weitaus komplexe-
res Schachbrett war als Oberitalien, wo er es immer nur mit einem
ernst zu nehmenden Gegenspieler zu tun gehabt hatte. Schließlich,
und das ist wahrlich ein Armutszeugnis, suchte er auf Rezepte zu re-
kurrieren, mit denen er bislang schon alles andere als erfolgreich gewesen war, von denen er aber offenbar nicht lassen konnte, weil er

selbst als Kaiser noch immer den Traditionen seines korsischen Clans verhaftet blieb.

In seinem Siegesrausch, den Staat Friedrichs des Großen an einem einzigen Tag in einer Doppelschlacht bezwungen zu haben, hatte er Preußen gedemütigt, rund um die Hälfte seines Staatsgebiets amputiert und diesem Torso eine Kriegskontribution auferlegt, deren exorbitante Summe die erst am 8. September 1808 abgeschlossene Pariser Konvention auf einhundertzwanzig Millionen *francs* fixierte. Bis zu deren vollständiger Bezahlung blieben französische Besatzungstruppen im Land, die von Preußen besoldet und ernährt werden mussten. Eine damit vergleichbare Härte hatte Napoleon gegenüber keinem anderen der von ihm eroberten oder abhängigen Staaten walten lassen. Also stellt sich die Frage, was er damit bezwecken wollte. Eine plausible Antwort darauf hatte Napoleon weder damals noch später, als ihn das ungelöste Problem, das er sich mit Preußen eingehandelt hatte, auf St. Helena erneut plagte. Das Problem stellte sich ihm aber nicht nur mit Preußen, sondern mit dem gesamten einfallslosen administrativen und dynastischen Konzept, das er dem von ihm eroberten Europa jeweils überstülpte und bei dem er zu spät gewahren musste, dass sich das Potential an Mitgliedern des Bonaparte-Clans, die sich als Satrapen eigneten, erschöpft hatte.

Das stürzte Napoleon in eine Verlegenheit, über die ihn Las Cases am 24. September 1816 eine längere Tirade anstimmen lässt, auf die sich, was nicht überrascht, kein Hinweis in der Urschrift des *Mémorial* findet: »Mir war nicht das Glück eines Dschingis Khan mit seinen vier Söhnen beschieden, die keine andere Rivalität kannten als die, ihm zu Diensten zu sein. Wenn ich hingegen einen zum König machte, wähnte der sich alsbald einer *von Gottes Gnaden* zu sein, eine derart epidemische Wirkung hat diese Formel.[32] (...) Vielleicht sagt man mir: Warum versteifen Sie sich darauf, Staaten, Königreiche zu schaffen? Die Sitten und die in Europa herrschende Situation machen das erforderlich. Jede neue territoriale Erweiterung Frankreichs steigert die Angst aller, lässt sie wüste Schreie ausstoßen und rückt den Frieden in immer weitere Ferne. Wohlan, fährt man fort, warum frönt man aber dann der

Eitelkeit, einen jeden aus meiner Familie auf einen Thron zu setzen? Das ist alles, was der gemeine Mann wahrnimmt. Warum entscheidet man sich nicht eher für irgendwelche einfachen Leute, die weitaus fähiger sind? Darauf versetze ich, dass es sich mit den erblichen Thronen nicht so verhält wie mit einer gewöhnlichen Präfektur. Die Fähigkeiten, die Möglichkeiten sind in der Menge heute so allgemein verbreitet, dass man sich sehr hüten muss, den Gedanken an einen Wettbewerb zu wecken. In der Aufregung, in die wir dann auch wegen der zeitgemäßen Sitten geraten, träumt man bald von Stabilität und erbrechtlicher Beschränkung. Was hätte man sonst für Kämpfe, Parteiungen und Unglücksfälle zu gewärtigen!!! (...) Überhaupt, welche natürlicheren Stützen gäbe es für mich als meine Nächsten? Könnte ich mit Besserem seitens Fremder rechnen?«[33]

Das waren allesamt hilflose Ausflüchte, die keinen Beweis dafür beibringen, was ausgerechnet die Mitglieder des Bonaparte-Clans dazu bestimmte, Herrscher zu sein. Im Falle Preußens war auch nicht Napoleons Problem, dass ihm der eigene Clan keinen Kandidaten für den preußischen Thron bieten konnte, sondern dieser Mangel machte mit einem Mal nur offensichtlich, dass er keinerlei Konzept hatte, was er eigentlich erreichen wollte. Dieses Dilemma, an dem er scheiterte, diagnostizierte einer seiner Bewunderer, Stendhal: »Was mich anbelangt, so bin ich davon überzeugt, dass Bonaparte über keinerlei politisches Talent verfügte. Andernfalls hätte er nicht nur in Italien eine freiheitliche Verfassung gestiftet, sondern überall, und statt der illegitimen Könige wie auch er einer war, hätte er diese aus den jeweils herrschenden Familien ausgesucht. Auf längere Sicht hätten ihn die Völker für diese Wohltat bewundert.«[34] Dem implizit war, dass Napoleon jegliche Idee abging, wie ein Europa unter seiner Herrschaft aussehen und ohne die dauernde Androhung von Gewalt und Strafe funktionieren sollte. In dieser Hinsicht war der Kaiser buchstäblich nackt, dessen Blöße indes der *Mémorial* vor Entdeckung schützten sollte: Damit erfand Las Cases den liberal gesinnten Napoleon, der die von ihm gebändigte Revolution den von ihm eroberten Völkern Europas zum Geschenk machte, denen er gleichzeitig mit dem Versprechen den Weg zu zukünftigem Heil wies, dass ihre nationalstaatliche Vereinigung ein Herzensanliegen sei, das sein Erneuerungswerk krönen werde.

Diese Visionen waren mit dem bisherigen Denken und Wollen Napoleons kaum vereinbar. Auch lässt sich nur schwer vorstellen, dass er diese Absichten nur Las Cases anvertraute, der bereits Ende des Jahres 1816 St. Helena verließ, während er den anderen Jüngern, einschließlich des aus Irland stammenden englischen Marinearztes Barry O'Meara, ausweislich deren Tagebüchern nur seine bekannten Ansichten eröffnete. Las Cases erweist sich mithin als Napoleons »spin doctor« *avant la lettre*, der ihm im *Mémorial* Ansichten suggerierte, die ihn als erstaunlich zukunftsfähig auswiesen, weil sie Antworten auf Sehnsüchte gaben, die das 19. Jahrhundert in der nachnapoleonischen Zeit bewegten. In diesem Zusammenhang unterlief Las Cases ein sein Verfahren entlarvender Fehler, als er Napoleon am 10. oder 11. März 1816 über Griechenland deklamieren lässt: »Griechenland wartet auf einen Befreier! ... Das wäre eine schöne Krone des Ruhmes! ... Ihr Träger würde seinen Namen für immer zu dem von Homer, Platon und Epaminondas hinzufügen! ... Vielleicht war ich gar nicht weit davon entfernt! ... Als ich im Zuge der Kampagne in Italien an die Adria gelangte, schrieb ich dem Direktorium, dass ich das Reich Alexanders vor Augen habe! ...«[35] Das musste den von der Romantik verzückten Zeitgenossen sehr nahegehen, die am Freiheitskampf der Griechen so lebhaften Anteil nahmen. Allein die Revolution, die der Startschuss für die Unabhängigkeitsbewegung der Griechen gegen ihre türkischen Unterdrücker war, fand erst fünf Jahre nach dieser vermeintlichen Feststellung Napoleons am 25. März 1821 statt, ein Datum, das deshalb heute der griechische Nationalfeiertag ist. Aber weder dieser Anachronismus noch gar der Umstand, dass Napoleon weder 1815 geschweige denn 1797, als er an der italienischen Adriaküste war, irgendetwas von griechischen Freiheitsregungen bemerkte, konnte Las Cases davon abhalten, ihn zum Propheten, wenn nicht gar zum Vorkämpfer, der griechischen Unabhängigkeit zu machen. Derlei war Napoleon nach Las Cases gewissermaßen wesenseigentümlich, konnte er doch für sich in Anspruch nehmen, die Auswüchse der Revolution

beschnitten und lediglich deren allen zugute kommenden Errungenschaften gefördert zu haben, an denen er dank seiner siegreichen Er-
oberungszüge ganz Europa teilhaben ließ.

Dementsprechend äußerte sich Napoleon ausweislich der Urschrift
des *Mémorial* gegenüber Las Cases, als er am 10. August 1815 für sich
in Anspruch nahm, er habe mit seiner Abdankung vor allen Nationen
als Zeugen nichts anderes als »die heiligen Rechte der Unabhängigkeit der Völker« in Anspruch genommen und damit »jeden Gedanken
an seine persönlichen Ambitionen zerstört: Er ist als Heros aus einer
Sache hervorgegangen, deren Messias er bleibt«.[36] Das könne er von
sich umso mehr behaupten, als »derjenige, der heute als der Mann der
Revolution verleumdet wird, eben jener ist, der auf wundersame
Weise diese in ihrem Lauf aufgehalten hat mit der Kraft und der Herrlichkeit eines Athleten, der einen in Schussfahrt rollenden Karren zum
Stillstand bringt; er war es, der Frankreich wieder in die europäische
Gesellschaft eingliederte; ihm ist die Wiedereinführung der Sitten,
der Grundsätze, der Ausdrucksweise unserer modernen Zivilisation
zu danken; er war es, der die Spuren dieser Revolution mit dem schönsten Widerschein des Ruhmes verschwinden ließ. Als die Alliierten in
Frankreich eindrangen, konnten sie es sich nicht versagen, seinen
Zeugnissen, seinen Institutionen wie seiner Verwaltung ihre Anerkennung zu zollen, die zu den widerstandsfähigsten und am besten durch-
dachten zählen, die man bislang gesehen hatte.«[37]

Das war ein vergleichsweise zurückhaltendes Eigenlob, an das
Napoleon anknüpfte, als er am 1. Mai 1816 wohl nach der Lektüre des
bereits 1810 von Lewis Goldsmith in London veröffentlichten *Recueil
des manifestes, proclamations, discours etc.* einige Bemerkungen fallen
ließ,[38] die er mit einer Hoffnung verknüpfte: »Alles in allem haben sie
leichtes Spiel, mich zu verkürzen, zu unterdrücken oder zu entstellen,
aber es wird ihnen sehr schwerfallen, mich gänzlich verschwinden zu
lassen. Ein französischer Historiker wird dennoch dazu verpflichtet
sein, sich dem Kaiserreich zu widmen; und, wenn er ein Herz hat, wird
er mir schon etwas zubilligen, wird er meinen Anteil benennen, und
seine Aufgabe wird ihm leichtfallen, denn die Tatsachen sprechen für

sich, scheinen so hell wie die Sonne.«[39] Vorsichtshalber jedoch legte ein umsichtiger Las Cases jene Tatsachen, die angeblich für sich sprechen, in der Druckfassung des *Mémorial* Napoleon als Monolog in den Mund:

»Ich habe den anarchistischen Abgrund geschlossen und das Chaos geordnet. Ich habe die Revolution ausgenüchtert, die Völker sittlich gehoben und die Könige gestärkt. Ich habe jeden Wettstreit befeuert, alle Verdienste gewürdigt und die Grenzen des Ruhmes erweitert! Das alles ist schon etwas! Und schließlich, was ließe sich mir vorwerfen, gegen das mich ein Historiker nicht verteidigen könnte? Wären dies meine Absichten? Aber da bleibt genug, mich loszusprechen. Mein Despotismus? Er wird jedoch nachweisen, dass die Diktatur unbedingt notwendig war. Wird man mir den Vorwurf machen können, ich hätte die Freiheit eingeschränkt? Er jedoch wird zeigen, dass die Zügellosigkeit, die Anarchie und die große Unordnung noch immer auf der Schwelle lauerten. Wird man mir vorwerfen, dass ich allzu sehr den Krieg geliebt habe? Dann wird er den Beweis führen, dass ich immer angegriffen wurde; dass ich die universale Monarchie anstrebte? Er wird aufzeigen, dass diese allein das Werk glücklicher Umstände war, dass es unsere Feinde höchst selbst waren, die uns schrittweise dahin gebracht haben; schließlich, wird man mir meinen Ehrgeiz vorwerfen? Ach, ohne Zweifel, mit diesem Vorwurf trifft man mich zutiefst; aber die wahrlich größte und am höchsten zielende Ambition, die es je gegeben hat, diejenige also, die das Reich der Vernunft und die vollumfängliche Ausübung aller menschlichen Fähigkeiten anstrebte! Hier wird sich der Historiker vielleicht mit dem Bedauern bescheiden müssen, dass ein derartiger Ehrgeiz nicht seine Erfüllung gefunden habe! *Nach einigen Minuten schweigenden Überlegens sagte der Kaiser:* Mein Lieber, in wenigen Worten ist das meine ganze Geschichte.«[40]

Napoleon mit diesem Monolog zu zitieren, mit dem er, ohne sich in Details zu verlieren, einfach pauschal für sich in Anspruch nahm, der Überwinder der Revolution und gleichzeitig der Vollstrecker ihrer Absichten zu sein, war ein genialer Einfall. Las Cases bewies nicht zuletzt damit eine Meisterschaft, die ihm Stendhal attestierte, als er entsprechend seiner Gewohnheit auf der Interimsbroschur des ersten Bands der Ausgabe des *Mémorial* von 1830 die Bemerkung notierte: »Monsieur de Las C. besitzt keinerlei Geist. Umso besser und hundertmal besser ist es, dass er nichts vom Las Cases dem Napoleon beimischt, wie das Monsieur Fain [i. e. Agathon Jean François Fain, seit 1813 geheimer Sekretär des Kaisers und Verfasser von mehrbändigen Erinnerungen an die letzten drei Jahre von Napoleons Herrschaft] getan hätte.«[41]

Das, was einen Stendhal dazu bewegte, ein solches Urteil zu fällen, weist den *Mémorial* als das Evangelium der Napoleon-Legende aus,[42] das den entscheidenden Beitrag dazu leistete, wie er am 2. November 1816 gesagt haben soll, »dass meine Bestimmung sich genau gegenteilig zu der anderer verhält: Ihr Sturz lässt sie für gewöhnlich an Wertschätzung verlieren, mein Untergang hingegen steigert mein Ansehen ins Unendliche. Jeder Tag beraubt mich meines Anscheins eines Tyrannen, eines Mörders eines Wilden ...«[43] So ist es gekommen, wie Chateaubriand trocken bemerkte: »Sein Renommee wurde uns durch sein Unglück nahegebracht; sein Ruhm profitierte von seinem Unstern.«[44] Napoleons Tod auf St. Helena am 5. Mai 1821 verlieh seinem Image neuen verführerischen Glanz, dem der *Mémorial*, der 1823 erschien, zusätzlich Steigerung und Dauer verschaffte. Damit erfüllte sich, was Chateaubriand in seinen 1849/1850 veröffentlichten *Mémoires d'Outre-Tombe* konstatierte: »Die Welt gehört Bonaparte; das, was dem Verheerer nicht gelang, zu erobern, nimmt sein Renommee in Besitz; zu Lebzeiten hat er die Welt verfehlt, als Toter besitzt er sie.«[45]

Die Apotheose

Die lange Inkubationszeit

D ie Julimonarchie, die mit der Julirevolution von 1830 zur
Macht gelangte, war in gewisser Weise ein Verschnitt der
Dynastien, Staats- und Regierungsformen, die Frankreich
seit dem *Ancien Régime* erlebt hatte. Dafür stand zunächst einmal die
Person des neuen Herrschers Louis-Philippe aus dem Hause Orléans,
ein Spross des vom jüngeren Bruder Ludwigs XIV., Philippe II. von Orléans, gegründeten Zweigs der Bourbonen, der sich häufig im Widerspruch zu der Frankreich regierenden Hauptlinie gefiel. Exemplarisch
dafür ist der Vater Louis-Philippes, bekannt »Philippe-Egalité«. Diesen Namen legte er sich während der Revolution zu, als er sich als
deren Verfechter gerierte. Im Januar 1793 gehörte er als Abgeordneter
im Nationalkonvent zu denen, die für die Hinrichtung seines Cousins
Ludwig XVI. votierten. Der Sohn von »Philippe-Egalité«, der 1773
geborene Louis-Philippe, hatte angesichts dessen keine andere Wahl,
als seinerseits eine Revolutionskarriere einzuschlagen. Als einer der
Adjutanten des Generals Charles-François Dumouriez nahm er am
20. September an der Kanonade von Valmy und am 6. November 1792
an der Schlacht von Jemappes teil, mit denen die Revolution gegen
die Invasionsheere Preußens und Österreichs erfolgreich verteidigt
wurde. Nach dem gescheiterten Putsch, den Dumouriez gegen das

radikale Revolutionsregime unternahm, ging Louis-Philippe Anfang
Juni 1793 ins Exil, lebte in der Schweiz, den Vereinigten Staaten und
zuletzt im Königreich Neapel.

Das war ein Lebensweg, der Louis-Philippe all jenen empfahl, die
der bourbonischen Restauration, die ihm die Rückkehr nach Frankreich ermöglicht hatte, mit Misstrauen oder Ablehnung gegenüberstanden. An diesem keineswegs vorteilhaften Eindruck, den er in legi-
timistischen Kreisen machte, änderte nichts, dass er sich hinsichtlich
seiner Meinung zur Restauration zurückhielt. Auch half es ihm wenig,
dass er stets großen Wert auf die Feststellung legte, nie ein Parteigänger Napoleons gewesen zu sein. Ebenso unwirksam war, dass er
standesgemäß eine Prinzessin aus der neapolitanischen Bourbonen-
dynastie geheiratet hatte, die damals als das reaktionärste Herrschergeschlecht galt. Umso willkommener musste ihm sein, dass er und
seine Schwester 1825 im Rahmen der Entschädigungen, die Emigranten für während der Revolution erlittene Vermögensverluste bewilligt
wurden, mit über zwölf Millionen *francs* die mit Abstand größte
Summe erhielten. Außerdem bekamen sie den Besitz der Schlösser
von Saint-Cloud und Le Raincy sowie des Palais Royal in Paris zurückerstattet. Insbesondere in diesem prächtigen Anwesen inmitten von
Paris gefiel sich Louis-Philippe in einer Hofhaltung, die an verschwen-
derischer Pracht die von Ludwig XVIII. in den nahen Tuilerien weit
übertraf. Das aufwendige Fest, das Louis-Philippe gelegentlich des Be-
suchs von Schwägerin und Schwager des Königspaars von Sizilien in
Paris am 16. April 1830 gab, hat der damalige Attaché an der österreichischen Botschaft, Graf Rodolphe Apponyi, anschaulich geschildert.[1]

Wie schon dem Vater »Philippe-Egalité« diente auch dessen Sohn
der Palais Royal als ein erfolgreiches Mittel, die eigene Popularität zu
fördern. Mit seinen Geschäften, Cafés und Restaurants, die in den Ga-
lerien im Erdgeschoss untergebracht waren und die einen kleinen Park
umschlossen, war der Palais Royal eine beim Publikum beliebte Oase
des Luxus und der Ausschweifung. Spätestens seit der Revolution, in
deren Anfängen der Ort eine große Rolle spielte,[2] war dieses Palais ein
Biotop, das Auskunft gab über die Befindlichkeit der öffentlichen Mei-

nung. Das wurde nach dem Zeugnis des Grafen Apponyi gelegentlich des Fests erneut bestätigt, das der Herzog von Orléans am Abend des 2. Juni 1830 seinem Vetter, König Karl X., in den Räumen des Palais Royal gab. Er sei, schreibt Apponyi im *Tagebuch*, beim Tanzen in der Galerie du Théâtre-Français gewesen, als man ihm zuflüsterte, im Garten des Palais Royal herrsche Tumult. Von einem Fenster aus habe er eine große Menschenmenge gesehen, die den Garten bevölkerte und die wie das sturmgepeitschte Meer in wüster, aber noch weit mehr erschreckender Bewegung war, denn deren Wellen seien von gehässigen Regungen animiert worden, die sich in den lauthals vorgetragenen Forderungen geäußert hätten »*A bas les habits galonnés! A bas les aristocrats!*« Das sei die lärmende Kulisse eines großen Feuers gewesen, das um die Statue des Apollo loderte und das durch Gartenstühle genährt wurde, die in die Flammen geworfen wurden. Dieses wüste Treiben, bei dem der Widerschein des Feuers mit dem Licht, das die bunten Lampions zur Beleuchtung der Festsäle warfen, sich ebenso wie das Lärmen der Menge mit den Klängen der Musik vermischte, die zum Tanz aufspielte, habe bei manchen älteren Festbesuchern Reminiszenzen an die Jahre 1791 und 1792 der Revolution geweckt.[3]

Das wüste Treiben im Garten des Palais Royal in den Nachtstunden des 2. Juni 1830 war das Menetekel der bourbonischen Restauration: Ihr Ende kam mit den *Trois Glorieuses*, mit den dreitägigen revolutionären Unruhen vom 27. bis 29. Juli. Dieses Schicksal hatte das Regime Karls X. mit den Ordonnanzen heraufbeschworen, gesetzlichen Regelungen, die von der Exekutive ohne Befassung des unmittelbar zuvor gewählten Parlaments, in dem die liberalen und gemäßigten Kräfte die Mehrheit hatten, am 25. Juli verkündet worden waren. Das Verfahren wurde formal mit Artikel XIV der *Charte constitutionelle*, dem Grundgesetz der bourbonischen Restauration, gerechtfertigt, das Frankreich von Ludwig XVIII. am 4. Juni 1814 oktroyiert worden war. Dieser Artikel bestimmte, dass die Monarchie bei akuter Bedrohung ihrer Substanz befugt sei, durch Exekutivanordnungen Vorkehrung zu treffen. Sich auf diesen Verfassungsartikel jetzt mit den vier Ordonnanzen zu berufen, die eine Auflösung der gerade gewählten Kammer sowie Neuwahlen auf der Basis eines stark eingeschränkten Wahlrechts für die künftigen Parlamentswahlen und massive Beschneidungen der Pressefreiheit vorsahen, war eine eindeutig missbräuchliche Auslegung der Bestimmungen der *Charte constitutionelle*. Als der *Moniteur* diese Ordonnanzen am 26. Juli veröffentlichte, wurden die Funken zu einer Explosion geschlagen, deren Pulver schon seit längerem durch das ultrareaktionäre Herrschaftsgebaren Karl X. aufgehäuft worden war. Seit seiner Thronbesteigung Ende Mai 1825 war dieser Herrscher nur darauf bedacht, die Monarchie durch fortschreitende Einschränkung liberaler Einflüsse zu festigen. Der Kampf gegen den Zeitgeist, den der von starren Prinzipien geleitete, höchst mittelmäßige Monarch damit unternahm, bescherte ihm jedoch das genaue Gegenteil seiner Erwartungen: den Sturz und das Ende der bourbonischen Dynastie als französisches Herrschergeschlecht.

Von den revolutionären Wirren, die Frankreich während des 18. und 19. Jahrhunderts heimsuchten, unterschied sich die Julirevolution von 1830 in zweifacher Hinsicht: Die Zahl der Opfer, die in den drei Tagen des akuten Aufruhrs zu beklagen waren, belief sich auf lediglich rund achthundert Insurgenten und zweihundert Mitglieder der gegen sie aufgebotenen Ordnungskräfte. Noch weit auffälliger als die geringen Opferzahlen war jedoch, dass die Liberalen, die entscheidenden Anteil an der Revolution hatten, nicht deren Hauptnutznießer waren. Den Ausschlag dafür gab, dass sie keine überzeugende Führungsfigur hatten. Das war auch das Dilemma der Bonapartisten, die mit dem kränklichen jungen Mann, dem Sohn Napoleons, der als Herzog von Reichstadt im Schloss Schönbrunn bei Wien unter Kontrolle gehalten wurde, keinen Staat machen konnten. Die Republikaner schließlich boten sich umso weniger als eine Alternative zur Herrschaft der Bourbonen an, als die schlechten Erfahrungen, die man mit einer chaotischen Republik in Frankreich gemacht hatte, noch unvergessen waren.

Alle diese Verlegenheiten bargen die Chance, Louis-Philippe, Chef des Hauses Orléans, als eine Figur aufzubauen, um das mit der Julirevolution entstandene Machtvakuum zu füllen. Diese Absicht verfolgte ein einflussreicher Klüngel, der sich um den Bankier Jacques Laffitte scharte und dem auch eine ganze Reihe namhafter Publizisten wie Adolphe Thiers und François-Auguste Mignet angehörten. Unter Ausnutzung ihrer Meinungshoheit war es für sie ein Leichtes, die wenigen harmlosen Republikaner als Schreckgespenster zu beschwören. Damit ließen sich die Aspirationen der Legitimisten wie der Bonapartisten gleichermaßen lähmen, während es gleichzeitig gelang, die große Masse der politisch Unentschlossenen zu gewinnen.[4] Dieses Kalkül war umso erfolgreicher, als Marie Joseph Lafayette, auf dessen Führung die Republikaner ihre Hoffnungen gesetzt hatten, sich in wahrhaft spektakulärer Weise zu den Orleanisten bekannte, was diesen den endgültigen Erfolg bescherte.

Diesem Ausgang ging aber noch ein mehrere Tage andauerndes Gezerre mit teilweise grotesken Zügen voraus. Dazu gehörte etwa, dass der Journalist Évariste Dumoulin, ein glühender Bonapartist, eine Proklamation aufsetzte, die den Sohn Napoleons zum Kaiser ausrief, und für diese Lösung um Unterstützung warb. Das war keineswegs so absurd, wie es sich ausnahm, denn am häufigsten hatten sich die Revolutionäre in den letzten drei Tagen in Paris mit Parolen wie »Lang lebe Napoleon!« vernehmen lassen. Das verriet eine Stimmung in der erregten Menge, die sich politisch ausmünzen lassen könnte. So sah es jedenfalls Lafayette, der kein Parteigänger Napoleons war und der deshalb Dumoulin, als er mit seiner Proklamation am Morgen des 30. Juli im Pariser Rathaus, der traditionellen Kommandozentrale der Revolution, erschien, einfach für mehrere Stunden in einem Zimmer einsperrte, bis die Gefahr gebannt war, der Aufruf könnte Wirkung entfalten.[5]

Durch die Julirevolution, die ein auf Paris beschränkter Aufruhr war, geriet das politische System in Unordnung. Die Abgeordnetenkammer, in der eine kleine Gruppe von Deputierten die Revolution mit ihrem Protest gegen die Ordonnanzen angefacht hatte, beanspruchte nun das Recht für sich, nicht nur das Land zu verwalten, sondern auch über den Träger der Krone zu entscheiden und die Verfassung zu modifizieren. Gleichzeitig gab es aber noch eine weitere Autorität, die von denselben Kräften installiert worden war: die provisorische Kommission der Stadtverwaltung, die von den Abgeordneten beauftragt war, sich um die städtische Ordnung sowie vor allem um die Versorgung von Paris zu kümmern. Allerdings hing deren Autorität von den Julirevolutionären ab, die das Rathaus kontrollierten und die sie gewähren ließen. Diese Kombination entwickelte unter den in der Stadt herrschenden revolutionären Wirren jedoch rasch eine eigene Dynamik, mit der Folge, dass die städtische Kommission wie eine provisorische Regierung agierte, die, ohne Rücksprache mit den Abgeordneten zu halten, deren Geschäfte wahrnahm.

Zu den konkurrierenden Mächten, die den Ausgang der Revolution zu beeinflussen suchten, zählte auch die reguläre Armee. Zwar waren die Einheiten, deren Loyalität unter den Kämpfen mit den Revolutionären in Paris erheblich gelitten hatte, von Marschall Marmont abgezogen worden, aber der große Rest der in der Provinz oder in Algerien stationierten Linientruppen stand nach wie vor in Treue fest zu Karl X. Dieser Drohung suchte Lafayette dadurch zu begegnen, dass er die drei Jahre zuvor aufgelöste Nationalgarde, die sich aus dem Pariser Bürgertum rekrutierte, neu aufstellte. Das ließ sich umso schneller bewerkstelligen, als die Nationalgardisten bei der Auflösung der Truppe ihre Waffen behalten hatten. Es war aber nicht nur die Gefahr einer Gegenrevolution, die von der Nationalgarde gebannt werden sollte, sondern diese wurde nicht weniger gebraucht, um die provisorische Regierung auch vor möglichen revolutionären Übergriffen zu schützen: Die bewaffneten Haufen der Empörer waren noch immer in der Stadt unterwegs und ihnen war zuzutrauen, dass sie gegen jede Regierung aufbegehrten, die nicht ihren Wünschen entsprach. Allerdings erschöpften sich diese im Wesentlichen im Verlangen, die Herrschaft der Bourbonen zu beseitigen, ein Ziel, dem sich außer den davon unmittelbar Betroffenen niemand widersetzte.

Karl X. klammerte sich an den Thron, der ihm mit der Julirevolution abhanden gekommen war. Bei Ausbruch der Unruhen hatte er Paris fluchtartig verlassen und sich ins Schloss von Saint-Cloud begeben. Von dort hoffte er, die Dinge wieder in die Hand zu bekommen.

Dafür sprach, dass die Revolution noch keine vollendeten Tatsachen geschaffen hatte. Weder war die Republik proklamiert, noch war ein anderer zum Herrscher ausgerufen worden. Also schien nicht alles verloren, ließe sich durch Verhandlungen und Konzessionen vielleicht eine Lösung finden, die Karl X. den Thron sicherte. Mit einschlägigen Sondierungen wurde der frühere Minister Eugène de Vitrolles beauftragt, der bei dieser von ihm ausführlich geschilderten Mission jedoch an der Intransigenz seines Auftraggebers scheiterte.[6]

Entscheidend für diesen Ausgang war, dass die führenden Köpfe der Julirevolution, Laffitte und Thiers, im Herzog von Orléans die Person ausgemacht hatten, die sich dazu eignete, die Rolle eines konstitutionellen Monarchen zu spielen. Popularität wie Lebensweg des Fürsten versprachen dafür hinlänglich Gewissheit zu geben. Der Charme dieser Lösung war zum weiteren, dass sie das Machtvakuum füllte, das sich mit der Flucht Karls X. und des Rückzugs der königlichen Truppen aus Paris aufgetan hatte. Das galt es zu schließen, wollte man mögliche Alternativen wie die Proklamation einer jakobinischen Republik, eine bonapartistische Diktatur oder gar eine monarchische Reaktion vermeiden. All diese Gefahren waren aber so lange akut, wie der abgehalfterte König nicht ins Exil gegangen war und ihm die Armee loyal verbunden blieb. Das machte den Herzog von Orléans gewissermaßen zu der Lösung, die sich den Anhängern Karls X. gegenüber damit rechtfertigen ließ, er schütze einerseits die monarchischen Interessen und bewahre andererseits Frankreich vor einem Bürgerkrieg.

Diese politische Rechnung, die von Mitgliedern der Pariser Gesellschaft aufgemacht wurde, die außer ihrer Gegnerschaft eines Königtums »à la Charles X« keinen anderen gemeinsamen politischen Nenner hatte,[7] drohte aber nicht so schnell aufzugehen, wie umständehalber geboten: Louis-Philippe, der Wunschkandidat für den vakanten Thron, verweigerte sich dem Ansinnen zunächst hartnäckig.[8] Unterdessen hatte sich auch Karl X. davon überzeugen lassen, dass, wenn er der Krone verlustig ginge, dies auch für alle seine Nachfahren gelte. Deshalb fand er sich jetzt dazu bereit, den Forderungen der Revolutionäre nach einer neuen Regierung, Aufhebung der Ordonnanzen und Neuaufstellung der Pariser Nationalgarde stattzugeben, denen er sich bislang verweigert hatte. Eine entsprechende, vom König unterfertigte Erklärung nahmen die vier Emissäre Karls X. mit, die sich am Morgen des 30. Juli nach Paris begaben, um mit dem Führungszirkel der Abgeordneten, der in Laffittes Haus tagte, über den Fortbestand der bourbonischen Monarchie auf der Grundlage dieser Zugeständnisse zu verhandeln. Dort angelangt, stießen sie auf den Abgeordneten Auguste Bérard, der ihnen rundheraus versicherte, eine Verständigung zwischen den Bourbonen und dem Rumpfparlament sei nicht mehr denkbar, denn die politische Lage sei eine ganz andere. Jetzt ginge es nicht mehr um das Haus Bourbon oder das Haus Orléans, sondern die Wahlmöglichkeit laute: Orléans oder die Republik, die nur die Thronbesteigung des Herzogs von Orléans vereiteln könne. Das sei im Übrigen eine Lösung, die stetig mehr Zulauf habe.[9]

Das war ein Bluff, denn weder hatte man die ausdrückliche Zustimmung des Herzogs von Orléans, noch war der Verweis auf die Republik mehr als eine durchsichtige Drohung. Auch musste Bérard bekannt sein, dass eine Mehrheit der Abgeordneten nach wie vor einen Dynastiewechsel ablehnte und deshalb zu einer Verständigung auf Grundlage der von Karl X. angebotenen Konzessionen bereit gewesen wäre. Das änderte aber nichts daran, dass die Emissäre Karls X., die eben jene Kompromissbereitschaft übermitteln sollten, bei den Verfechtern der Orléans-Lösung ins Leere liefen. Die Ungewissheit darüber, welchen Ausgang die Julirevolution nehmen würde, begann erst zu weichen, als der desillusionierte Karl X. am 2. August zu Gunsten seines Enkels, des Herzogs von Bordeaux auf den Thron Verzicht leistete, ehe er am frühen Morgen des 3. August die Flucht ins englische Exil antrat. Den letzten Anstoß dazu hatten Nachrichten gegeben, weitere Einheiten der Armee und der königlichen Garden verweigerten Befehle. Damit war die Sicherheit des Monarchen nicht länger zu gewährleisten.

Das endgültige Verschwinden Karls X. steigerte den Druck, dem sich der Herzog von Orléans ausgesetzt sah, dem Drängen der Abgeordneten nachzugeben und sich die Krone von Gnaden des Volkes aufs Haupt setzen zu lassen. Ein erster entscheidender Schritt dazu war, dass der Herzog von Orléans am 31. Juli nach einigem Zaudern und Zieren die ihm von den Abgeordneten angetragene Würde eines *Lieutenant-général du Royaume* akzeptierte, der in Krisenzeiten monarchische Vollmachten ausübte. Der Herzog, der sich zwar erst seit wenigen Stunden in Paris aufhielt, durchschaute die hier herrschenden revolutionären Wirren. Deshalb wollte er sich nicht damit zufriedengeben, dass ihm die Autorität eines *Lieutenant-général du Royaume* von einem zufälligen Klüngel von Parlamentariern zugesprochen wurde. Vielmehr bestand er darauf, sich dafür auch den Segen der im Pariser Rathaus versammelten Revolutionäre zu holen und sich dabei auch der Unterstützung Lafayettes und der Pariser Nationalgarden zu versichern. Von den Abgeordneten begleitet, machte er sich also hoch zu Ross auf den Weg, um vom Palais-Bourbon durch die wegen der Barrikaden kaum passierbaren Straßen zum Hôtel de Ville zu gelangen, wo er von Lafayette und den Mitgliedern der provisorischen Regierung empfangen wurde. Von den hier Anwesenden wurde die Proklamation, die den Herzog von Orléans zum *Lieutenant-général du Royaume* ausrief, zwar mit Beifall quittiert, aber der kontrastierte mit dem feindlichen Lärmen der Menge, die sich auf der Place de Grève vor dem Rathaus versammelt hatte und die sich zu deutlich vernehmbaren Parolen wie »Vive la République!« und »À bas le Duc d'Orléans« bekannte. Das verhieß angesichts der nach wie vor sehr prekären Situation, in der sich die Revolution befand, nichts Gutes. Lafayette entschloss sich nun, sein Prestige als Republikaner in die Wagschale zu werfen. Er ergriff eine große Trikolore und trat zusammen mit dem Herzog von Orléans auf einen Balkon des Rathauses vor die Menge, die ihn mit lauten Rufen »Vive Lafayette!« akklamierte, den neben ihm stehenden Herzog aber geflissentlich ignorierte. Erst als Lafayette den Herzog von Orléans brüderlich umarmte, die Trikolore beide Männer malerisch umspielte, brandete tosender Beifall auf, ertönten Rufe wie »Vive le Duc d'Orléans!« »Vive Lafayette!«

Chateaubriand hat die Szene in seinen *Erinnerungen* ausführlich geschildert und sie mit den Worten kommentiert: »Der republikanische

Kuss eines Lafayette machte einen König.«[10] Dieser Ausgang der Julirevolution erinnert stark an das Bild vom kreißenden Berg, der eine
Maus gebar, zumal das neue Regime des »Bürgerkönigtums« einen
politischen Wechselbalg mit liberaler Komponente vorstellte, der seinen Daseinszweck darin erfüllte, einerseits das Gespenst einer jakobinischen Republik wie andererseits die Drohung einer Restauration des
Ancien Régime zu bannen.

Der *Journal des Débats* vom 10. August 1830 wartete hingegen mit
einer Deutung auf, die vermutlich den Vorstellungen entsprach, die
dessen hauptsächliche Strippenzieher, die Laffitte, Thiers, Bérard
e tutti quanti damit verbanden: »Philippe I. ist proklamiert; der Herzog
von Orléans wurde zum König. Dieser Wechsel der Dynastie ist die
Vollendung der Revolution. 1830 ist die Krönung von 1789. Die Revolution hatte eine völlig neue Gesellschaft geschaffen; zu tun blieb
nur noch, einen König zu machen, zumal Bonaparte gelegentlich der
Revolution König war, aber keineswegs durch sie. Die Revolution hatte
die Macht der Krone zu Boden gestürzt. Bonaparte hat sie kühn an sich
gerissen. Es war er selbst, der sich seinen Titel verschaffte; und als er
in Notre-Dame die Krone vom Altar nahm und sie sich aufs Haupt
setzte, bewies er damit dem Augenschein aller, was er gemacht hatte.
Bonaparte hat sich wahrhaft mit seinen eigenen Händen gekrönt; es
war keinesfalls die Revolution, die ihn auf den Thron setzte; sie hat
allein die Voraussetzungen dafür geschaffen, dass er ihn besteigen
konnte.«

Mit anderen Worten: Die große Innovation der Julirevolution war,
dass sich ihr ein Herrschaftssystem verdankte, das einerseits die Scylla
der Republik wie andererseits die Charybdis des *Ancien Régime* durch
eine konstitutionelle Monarchie vermied, die durch die Souveränität
des Volkes legitimiert war. Eben das macht sie auch dem napoleonischen Kaisertum überlegen, denn dieses hatte sich selbst ermächtigt,
während sich die Monarchie der Orléans einer Vereinbarung mit dem
souveränen Volk verdankte, deren Voraussetzungen erst durch die Julirevolution geschaffen worden waren. Dieser vermeintliche Vorzug
bot aber, wie sich schnell zeigte, keine Garantie für die innere Stabili-

tät des neuen Regimes, das sich sein Heil deshalb mit dosierten Anleihen bei einer Vergangenheit zu verschaffen suchte, die auch nach fünfzehn Jahren bourbonischer Restauration noch sehr gegenwärtig war: Der große Schatten, den Napoleon nicht erst seit seinem Tod auf St. Helena am 5. Mai 1821 warf, beherrschte jetzt erst recht die Vorstellungswelt der Julimonarchie, der es wegen der gefühlten eigenen Belanglosigkeit gefiel, in den glanzvollen Erinnerungen dieser ruhmreichen Vergangenheit zu schwelgen.

Für das neue Regime bot diese Nostalgie keinerlei Anlass, um seinen Bestand zu bangen, denn der Bonapartismus besaß weder eine Führungsfigur, noch wies er eine politische Doktrin auf, die sich zu einer Waffe hätte schmieden lassen. Wie groß dieser Mangel war, zeigte sich an der traurigen Figur des Prätendenten, Napoleons einzigem legitimen Sohn, der jetzt den offiziellen Titel eines Herzogs von Reichstadt führte und der von Metternich im Gewahrsam seines »goldenen Käfigs« in Wien gehalten wurde. Dieser Thronanwärter war so harmlos, dass Metternich glaubte, schon vor dessen frühem Tod am 22. Juli 1832 Louis-Philippe vor den Ambitionen von dessen Vetter und potentiellem Nachfolger in der Anwartschaft auf den Kaiserthron warnen zu müssen: »Ich möchte Sie bitten,« schreibt er in einem vom 21. Juni datierten Brief an den österreichischen Botschafter in Paris, »König Louis-Philippe auf eine Person aufmerksam zu machen, die dem Herzog von Reichstadt nachfolgen wird. (...) Der junge Louis Bonaparte [i. e. der bei seiner Mutter, der früheren holländischen Königin Hortense und Frau des jüngeren Bruders Napoleons, Louis, im schweizerischen Arenenberg am Bodensee lebte] ist ein Mann, der sich in den Intrigen der Geheimbünde tummelt; wie der Herzog von Reichstadt steht auch er ganz im Bann der Prinzipien des Kaisers. Am Todestag des Herzogs wird er sich an die Spitze der französischen Republik berufen wähnen.«[11]

Metternich sollte sich nicht irren, denn schon vier Jahre später, am 30. Oktober 1836, erschien Louis-Napoléon an der Spitze eines Trupps von Desperados in Straßburg und suchte mit dem Ruf »Vive l'Empereur!« vergeblich die dortige Garnison zur Meuterei anzustiften. Der dilettantische Putschversuch wurde schnell erstickt, aber die Regierung ließ erstaunliche Milde walten: Der Rädelsführer Louis-Napoléon wurde einfach in Lorient auf ein Schiff nach Amerika gesetzt, und Louis-Philippe ließ ihm ein üppiges Zehrgeld für die Reise auszahlen. Anklage wurde inkonsequenterweise jedoch gegen die Komplizen des gescheiterten Putschs erhoben, die ausnahmslos freigesprochen wurden. Nachdem man den Rädelsführer einfach hatte laufen lassen, konnte das nicht verwundern. Umso mehr aber hätten die Sympathiebekundungen irritieren müssen, zu denen diese Freisprüche Anlass gaben: Damit bekundeten die Anhänger Napoleons, dass sie dessen Andenken weit höher veranschlagten, als alle Liberalitäten, mit denen die Julimonarchie dieses zu überspielen suchte.

Die napoleonische Nostalgie, die mit der Julirevolution einsetzte, die alle früheren einschlägigen Verbote und Restriktionen der Bourbonen mit einem Mal beseitigt hatte, war von Louis-Philippe von Anfang an mit Aufmerksamkeit registriert worden. Im Gegensatz zu den Bourbonen begegnete er dem Phänomen nicht mit Repression und Verboten, sondern mit neugierigem Wohlwollen, das seine Absicht verriet, etwas von dem Glanz, der diese Erinnerungen umspielte, seiner eigenen höchst belanglosen Herrschaft zugute kommen zu lassen. Das hatte Metternich seit langem schon mit Misstrauen verfolgt, der seinem Botschafter, dem Grafen Apponyi, am 9. Juli schrieb: »Es scheint, dass das Kabinett dem Treiben der Bonapartisten eine große Bedeutung beimisst. Diese Partei gilt es sicherlich aufmerksam zu überwachen, aber man darf sich dennoch nicht hinsichtlich ihres tatsächlichen Werts täuschen. Der Bonapartismus ist nichts anderes als ein durch das militärische Prestige nobilitierter Radikalismus; als Prinzip ist er zu nichts nutze, und in der Wagschale hat er, verglichen mit dem Legitimismus, keinerlei Gewicht; heute muss man ihn bei den einfachen anarchischen Elementen einreihen. Das Regime von 1830 hat damit begonnen, ein auf allerlei Rücksichten bedachtes System zu sein, und der König Louis-Philippe fällt ständig diesem Fehler zum Opfer.«[12]

Metternichs Sicht war bei weitem zu pessimistisch, zumal das Ver-

langen, dem Louis-Philippe damit nachhing, für den Bestand seines
Regimes auch völlig harmlos war, wie Heinrich Heine als kluger Beobachter französischer Zustände feststellte. Dessen ungeachtet gebe es
aber auch die Meinung, »dass der Sohn des Mannes nur zu erscheinen
brauche, um der jetzigen Regierung ein Ende zu machen. Man weiß,
dass der Name Napoleon das Volk hinreißt und die Armee entwaffnet.
Die besonnenen, echten Demokraten sind jedoch keineswegs geneigt,
in die allgemeine Huldigung einzustimmen. Der Name Napoleon ist
ihnen freilich lieb und wert, weil er fast synonym geworden ist mit
dem Ruhm Frankreichs und dem Siege der dreifarbigen Fahne. In Napoleon sehen sie den Sohn der Revolution; in dem jungen Reichstadt
sehen sie nur den Sohn eines Kaisers, durch dessen Anerkennung sie
dem Prinzip der Legitimität huldigen würden. Dieses wäre jedenfalls
eine lächerliche Inkonsequenz. Ebenso lächerlich ist die Meinung,
dass der Sohn, wenn er auch nicht die Größe seines Vaters erreiche,
doch gewiss nicht ganz aus der Art geschlagen, und immer ein kleiner
Napoleon sei. Ein kleiner Napoleon!«[13]

Das Fehlen eines Prätendenten oder dessen nicht nur von Heine
durchschaute Unzulänglichkeit waren ebenso wie die doktrinäre
Schwäche des Bonapartismus entscheidende Voraussetzungen für
dessen Neutralisierung durch den »Orleanismus«. Das zeigte sich
nicht zuletzt auch daran, dass die Julimonarchie den Triumph der ihres
politischen Gehalts weitgehend entleerten napoleonischen Legende,
der nach 1830 auf den Pariser Bühnen ausgekostet wurde, nach Kräften förderte. Zur Illustration dieses Phänomens, das mit der neuen
Theatersaison Ende August 1830 mit Macht einsetzte, genügt die Aufzählung der Namen jener Stücke, die damals beim Pariser Publikum
besonders beliebt waren: *Le Passage du Mont Saint-Bernard, Schoen-
brunn et Sainte-Hélène, La Bataille d'Austerlitz, Napoléon à Brienne, Joséphine ou le Retour de Wagram, Bonaparte Lieutenant d'Artillerie, Qua-
torze Ans de la Vie de Napoléon, l'Homme du Siècle, La République,
l'Empire et les Cent-Jours* ...

Heine blieb diese thematische Häufung bei der hauptstädtischen
Theaterproduktion, die sich eng am Publikumsgeschmack orientierte,

nicht verborgen, die von ihm in den Briefen *Über die französische Bühne* zutreffend gedeutet wurde: »Nicht bloß die alten Bonapartisten, sondern auch die große Masse des Volks wiegt sich gern in diesen Illusionen, und die Tage des Kaiserreichs sind die Poesie dieser Leute, eine Poesie, die noch dazu Opposition bildet gegen die Geistesnüchternheit des siegenden Bürgerstandes. Der Heroismus der imperialen Herrschaft ist der einzige, wofür die Franzosen noch empfänglich sind, und Napoleon ist der einzige Heros, an den sie noch glauben.

Wenn Sie dieses erwägen, teurer Freund, so begreifen Sie auch seine Geltung für das französische Theater und den Erfolg, womit die hiesigen Bühnendichter diese einzige, in der Sandwüste des Indifferentismus einzige Quelle der Begeisterung so oft ausbeuten. Wenn in den kleine Vaudevilles der Boulevard-Theater eine Szene aus der Kaiserzeit dargestellt wird oder gar der Kaiser in Person auftritt, dann mag das Stück auch noch so schlecht sein, es fehlt doch nicht an Beifallsbezeugungen, denn die Seele der Zuschauer spielt mit, und sie applaudieren ihren eigenen Gefühlen und Erinnerungen. Da gibt es Couplets, worin Stichworte sind, die wie betäubende Kolbenschläge auf das Gehirn eines Franzosen, andere, die wie Zwiebeln auf seine Tränendrüsen wirken. Das jauchzt, das weint, das flammt bei den Worten: *Aigle français, soleil d'Austerlitz, Iéna, les pyramides, la Grande Armée, l'honneur, la vieille garde, Napoléon* ... oder wenn gar der Mann selber, *l'homme* zum Vorschein kommt, am Ende des Stücks, als Deus ex machina! Er hat immer das Wünschelhütchen auf dem Kopfe und die Hände hinterm Rücken und spricht so lakonisch als möglich. Er singt nie. Ich habe nie ein Vaudeville gesehen, worin Napoleon gesungen. Alle anderen singen. Ich habe sogar den Alten Fritz, *Frédéric le Grand*, in Vaudevilles singen hören, und zwar sang er so schlechte Verse, dass man schier glauben konnte, er habe sie selbst gedichtet.«[14]

Die zwar virulente, aber entpolitisierte Erinnerung an die napoleonische *gloire* und *grandeur* erlaubte es der Julimonarchie umso gefahrloser, sich beim personellen Austausch der Funktionsträger, die das neue Regime notwendig machte, aus dem großen Reservoir von Fachleuten des Kaiserreichs wie vor allem der *Cent-Jours* zu bedienen, die zeit der bourbonischen Restauration zumeist kaltgestellt worden waren.[15] Die verblüffende Harmlosigkeit der Bonapartisten hat der linke Republikaner Louis Blanc in seiner *Histoire de dix Ans* bilanziert: »Was die bonapartistische Partei anbelangt, die aus lauter gewichtigen Männern besteht, so war diese überall verwurzelt, im Volk, in der Verwaltung, in der Armee, ja sogar innerhalb der *Pairie* [i.e. dem Hochadel]. Aber sie besaß nur eine Fahne, kein Prinzip. Eben das war der tiefere Grund ihrer Ohnmacht. Außerdem befanden sich jene, die berufen gewesen wären, die Partei zu führen, längst in sicheren Positionen, die auszufüllen ihnen weitaus wichtiger war. Das waren namentlich Generäle des Kaiserreichs, die meisten von ihnen fortgeschrittenen Alters, die sich mehr für Schlachten als für Volksaufstände eigneten und bei denen die Leidenschaft für das Unvorhersehbare längst befriedigt, wenn nicht gar vollends erloschen war. Hinzu kommt, dass ihnen die Regierung auch wenig zu wünschen übrig ließ.«[16]

Wie gering die Gefahr des Bonapartismus für die Julimonarchie von offizieller Seite veranschlagt wurde, zeigt das Gesetz, mit dem die Rückkehr all jener autorisiert wurde, die während der bourbonischen Restauration des Landes verwiesen worden waren. Ausgenommen davon blieben lediglich die Mitglieder der Familie Bonaparte, die in der Schweiz, Italien oder den USA lebten. Fast gleichzeitig wurden den Abgeordneten eine ganze Reihe von Bittschriften übermittelt, in denen der Wunsch geäußert wurde, die sterblichen Überreste Napoleons von St. Helena nach Paris zu überführen und sie unter der Säule auf der Place Vendôme beizusetzen. Die Forderung, die in der breiten Öffentlichkeit auf Zustimmung stieß, kam der Regierung jedoch aus außenpolitischen Gründen, die auch von der Mehrheit in der Kammer geteilt wurden, höchst ungelegen. Zur Kompensation der enttäuschten Wünsche wurde am 8. April 1831 der Erlass bekannt gemacht, die aus erbeuteten Kanonen gegossene Siegessäule auf der Place Vendôme wieder mit einem Standbild Napoleons zu krönen, das von der bourbonischen Restauration 1815 gestürzt worden war. Allerdings dauerte es dann noch zwei Jahre, bis diese Zusage eingelöst wurde.

Für die Julimonarchie stellte weder die Napoleon-Nostalgie noch gar der Bonapartismus eine ernsthafte Gefahr da. Das zeigte sich nicht zuletzt gelegentlich deren schwerster Krise vor 1848, der Choleraepidemie, die Paris von Februar bis Juni 1832 heimsuchte. Die Unruhen und Aufstände, die während dieser Schreckenszeit aufflammten und bei denen immer wieder der Name Napoleon als Parole zu vernehmen war, versickerten ebenso rasch wie folgenlos. »Napoleon« war lediglich die Chiffre einer glorreichen Erinnerung, aber nicht die eines politischen Programms, das Zukunft verhieß. Um diese schien es im Übrigen auch endgültig geschehen zu sein, sobald in Paris bekannt wurde, dass der Herzog von Reichstadt, der König von Rom und *fils de l'homme*, wie Napoleon von seinen Anhängern apostrophiert wurde, also Napoleon II., am 22. Juli 1832 in Wien gestorben war. Sämtliche Titel und Namen, die der Sohn Napoleons führte, illustrieren nur die tiefe, ausweglose Misere eines Lebens, über das er auf dem Totenbett gesagt haben soll: »Zwischen meiner Wiege und meinem Grab ist eine große Null.« Als Herzog von Reichstadt war er ein österreichischer Fürst, für die Franzosen ein Fremder, und dennoch war er für viele Anhänger der napoleonischen Legende als *fils de l'homme* ein ferner Bezugspunkt all ihrer Hoffnungen. Einen Monat vor seinem Tod soll er den Wunsch geäußert haben, an der Seite seines Vaters zur letzten Ruhe gebettet zu werden. Entsprechende Verhandlungen, die Napoleon III. 1863 mit Österreich führte, blieben jedoch ergebnislos. Es waren die Nationalsozialisten, die sich den Coup nicht entgehen ließen und die Gebeine des *Aiglon* im Dezember 1940 aus der Wiener Kapuzinergruft in das von der Wehrmacht besetzte Paris schaffen ließen, wo sie seither im Invalidendom in der Nachbarschaft des *Aigle* ruhen.

Der Strategie, den Bonapartismus zu neutralisieren, sich gleichzeitig aber die Napoleon-Nostalgie für das eigene Regime zunutze zu machen, hielt Louis-Philippe die Treue: Zum dritten Jahrestag der Julirevolution und fast auf den Tag genau ein Jahr nach dem Tod des *Aiglon* wurde am 28. Juli 1833 die neue Statue des *Aigle* auf der Spitze der Vendôme-Säule enthüllt. Louis-Philippe war zugegen und stimmte seinen Hut schwenkend als erster den Ruf »Vive l'Empereur!« an, in den die versammelte Menge begeistert einfiel.

Die Einweihung des Napoleon-Standbilds auf der Vendôme-Säule war ein durchsichtiges Manöver. Die Regierung stand zu dieser Zeit wegen ihres Plans, Paris mit einem System kostspieliger Befestigungswerke zu umgeben, unter heftiger Kritik der Öffentlichkeit. Napoleon, so erinnerte sich jetzt mancher, hatte die Hauptstadt an den Grenzen Frankreichs oder sogar jenseits derselben verteidigt. Die republikanische Opposition geizte also nicht mit Spott und mancherlei Verdächtigungen, wie der damalige Polizeichef von Paris, Henri-Joseph Gisquet, in seinen *Memoiren* berichtet: »Die Statue von Napoleon steht auf der Spitze ihrer Säule. Der *juste milieu*, der spürt, wie der Boden unter seinen Füßen ins Rutschen gerät, klammert sich an den grauen Umhang. Der 9. August [i. e. der Tag, an dem Louis-Philippe 1830 zum König der Franzosen proklamiert wurde] streckt seine Hand nach der Popularität einer Bronze aus.«[17]

Das Regime ließ sich durch solchen Spott jedoch nicht irritieren, sondern setzte sein Programm ikonographischer Aneignung des napoleonischen Kaiserreichs fort. Das nächste Projekt, die Vollendung des von Napoleon nach der Schlacht von Austerlitz im August 1806 begonnenen Baus eines Triumphbogens, der nach dem Vorbild des römischen Titusbogens seine Schlachtensiege verherrlichen sollte und der 1814 mit der ersten Abdankung eingestellt wurde, war bereits 1824 von Ludwig XVIII. wieder in Angriff genommen worden. Diese Arbeiten, die dem Bauwerk eine der bourbonischen Restauration gemäße Sinnstiftung verschaffen sollten, gelangten jedoch nicht über das Stadium der Planung hinaus.

Das erleichterte es Louis-Philippe, unmittelbar nach seinem Machtantritt im August 1830, die Fertigstellung des Triumphbogens gemäß seiner ursprünglichen napoleonischen Konzeption in Angriff zu nehmen. Allerdings entschieden er und Adolphe Thiers, der zeitweilige Innenminister und Führer des linken Flügels des *Parti du Mouvement*, über die Figuren sowie die Thematik der Bas-Reliefs, mit denen der Triumphbogen geschmückt wurde. Das Monumentalbauwerk wurde in seiner heutigen Gestalt 1836 vollendet und am 29. Juli feierlich eingeweiht.

Die Vollendung dieser von Napoleon begonnenen Monumente stand lediglich in einem diskreten Zusammenhang mit der Herrschaft Louis-Philippes. Erst mit einem dritten Projekt erhob das Bürgerkönigtum den Anspruch, sich selbstbewusst in die ruhmreiche französische Geschichte einzureihen. Das gab den Anstoß zu dem am 1. September 1833 gefassten Beschluss, das Schloss von Versailles als Geschichtsmuseum zu nutzen, das von der *Gloire* Frankreichs Zeugnis geben sollte.[18] Der Gedanke, das riesige Bauwerk einer solchen Bestimmung zu widmen, hatte bereits das Verhängnis vereitelt, dass es der Spitzhacke zum Opfer fiel, nachdem die königliche Familie zu Beginn der Revolution im Oktober 1789 zur Übersiedelung nach Paris genötigt worden war. Versailles schien damit ein Los bestimmt, das viele andere Gebäude ereilte, die durch den politischen Umsturz ihre einstige Bedeutung verloren hatten und abgerissen wurden. Diesem Schicksal entging das Schloss von Versailles, weil sich die Einsicht durchsetzte, die der Anlage einen symbolischen Wert als historisches Monument zusprach, den von der Revolution überwundenen Feudalismus zu dokumentieren.

Napoleon, der nach seiner Kaiserkrönung zunächst mit der Absicht umging, das Schloss zum Zentrum seiner Herrschaftsherrlichkeit umzubauen, nahm wegen der immensen Kosten davon Abstand und beschied sich damit, nur einige notwendige Instandsetzungsarbeiten ausführen zu lassen. Gleichwohl scheint für ihn Versailles eine Herausforderung geblieben zu sein, wie er Las Cases gegenüber am 4. August 1816 bekannte: »In meinen bisweilen ausschweifenden Ideen bezüglich Paris wollte ich mich seiner bedienen, um daraus im Laufe der Zeit eine Art von Vorstadt zu machen, eine nah gelegene bedeutsame Landschaft, einen Blickpunkt der großen Hauptstadt; und um Versailles dieser Absicht entsprechend zu gestalten, hatte ich einen besonderen Einfall, für den ich mir ein ganzes Programm entwickeln ließ. – Von den schönen Rabatten hätte ich alle diese Nymphen, die nur schlechten Geschmack verraten, alle diese neureich anmutenden

Ornamente verjagt und durch gemauerte Panoramen jener Haupt-
städte, in die wir siegreich eingezogen waren, wie auch aller berühmten Schlachten, die unsere Armeen auszeichneten, ersetzt. Das wären
ebensoviele Monumente von ewiger Dauer unserer Triumphe wie unseres nationalen Ruhmes gewesen, die, vor den Toren der Hauptstadt
Europas aufgestellt, unweigerlich das übrige Universum dazu genötigt
hätten, sie zu besuchen.«[19]

Zum Glück wurde von diesem schauerlichen Vorhaben nichts reali-
siert, aber einem aufmerksamen Leser des *Mémorial de Sainte-Hélène*
wie Louis-Philippe war diese Mitteilung eine Inspiration, in den beiden Flügeln des Schlosses von Versailles ein der Geschichte Frankreichs gewidmetes Nationalmuseum einzurichten. Dafür schwebte
ihm die nationalpädagogische Sinnstiftung vor, die Orléans-Dynastie
im Zusammenhang der französischen Geschichte zu verorten. Das offerierte der Julimonarchie auch die Chance, sich von dem Verdacht zu
befreien, vom Glanz der napoleonischen Zeit zu schmarotzen, um von
der eigenen Belanglosigkeit abzulenken: Im Zusammenhang mit der
gesamten französischen Geschichte würde das Regime seinen eigenen Belang gemäß dem Motto unter Beweis stellen, das an der Stirn-
seite des Flügels angebracht wurde: *À toutes les gloires de la France.*

Die zentrale Achse des Geschichtsmuseums ist die in zwei Teile gegliederte *Galerie des Batailles*, in der Schlachtengemälde versammelt
sind, deren von Nord nach Süd verlaufende Abfolge die Chronologie
der französischen Geschichte abbildet: Im ersten Teil wird die vorneu-
zeitliche Vergangenheit Frankreichs mit Historienbildern von heute
nur noch den Spezialisten geläufigen Siegen etwa in der *Bataille de
Taillebourg* (1214), der von *Mons-en-Puelle* (1304) oder der *Bataille de
Cassel* (1328) dokumentiert. Die Schnittstelle zum triumphalen Bilder-
reigen der Neuzeit wird von für das französische Nationalbewusstsein
emblematischen Bildwerken der Jeanne d'Arc markiert, an die sich
dann Schlachten und Siege von Franz I., Heinrich IV., Ludwig XIV. und
Ludwig XV. anschließen. Vier Bilder sind den militärischen Großtaten
der Revolutionskriege gegen die Koalition der europäischen Monarchen gewidmet, während vier weitere die Erfolge Napoleons auf den

Schlachtfeldern von Austerlitz, Jena, Friedland und Wagram zum Gegenstand haben.

Vor der *Galerie des Batailles* befindet sich ein Saal, der dem Geschehen des Jahres 1792 gewidmet ist, in dem die Revolution die großen Freiwilligenheere aufbot, denen es in der Folge gelang, den Vormarsch der österreichischen und preußischen Truppen auf französischem Boden zu stoppen. Die Schlacht von Jemappes und die Kanonade von Valmy, an denen Louis-Philippe jeweils als Soldat der Revolution teilnahm, werden hier auf großen Gemälden gezeigt. Ein Bildnis von Louis-Philippe findet sich ebenfalls unter den Porträts von Offizieren, die sich bei diesem Feldzug auszeichneten und vermittelt damit gewissermaßen dessen Anspruch als Verteidiger von Revolution und Freiheit dank der Julirevolution als Chef des Staates zu figurieren.

Dass die Geschichte mehr und anderes ist als eine bloße Abfolge von Siegen und Niederlagen, davon zeugen die großen Gemälde im *Salle de 1830*, der jenem *Salle de 1792* komplementär ist, dessen Bildprogramm sich als eine Rechtfertigung des Kampfs der anfänglich liberal gesinnten Revolution für die Freiheit interpretieren lässt. Dem gleichsam klappsymmetrisch zugeordnet ist der *Salle de 1830*, in dem auf großen Leinwänden die einzelnen Etappen der Machtübernahme durch Louis-Philippe nach der Julirevolution dargestellt sind. Gezeigt werden hier ausnahmslos offizielle Handlungen, welche die grundlegenden Prinzipien der konstitutionellen Monarchie, Freiheit und öffentliche Ordnung sowie unbedingte Geltung der *Charte*, dokumentieren und bekräftigen. Die propagandistische Absicht, die damit verfolgt wurde, betonte das Selbstverständnis der Julimonarchie einer nationalen Versöhnung, mit der die Bürger darauf verpflichtet werden sollten, das Wohl der Nation über die Verfolgung eigener Interessen zu stellen. Diesen Zusammenhang strich auch der offiziöse Artikel heraus, der zur feierlichen Eröffnung des neuen Museums am 10. Juni 1837 im *Journal des Débats* erschien.

In diesem Sinne hat auch ein Zeitgenosse wie Victor Hugo die Sinnstiftung des Museums verstanden: »Was König Louis-Philippe in Versailles vollbracht hat, ist wohlgeraten. Dieses Werk vollendet zu haben, weist ihn als so groß aus wie einen König und so unvoreingenommen wie einen Philosophen; aus einem monarchischen Denkmal hat er ein nationales Denkmal geschaffen, indem er eine gewaltige Idee sich in einem riesigen Bauwerk entfalten ließ, er die Gegenwart mit der Vergangenheit konfrontierte, 1789 mit dem Jahr 1688 [i. e. Beginn des Kriegs Ludwigs XIV. gegen die Augsburger Allianz, einem Defensivbündnis europäischer Mächte, das gegen die französischen Expansionsbestrebungen zwei Jahre zuvor geschlossen worden war], den Kaiser mit dem König, Napoleon mit Ludwig XIV.; mit einem Wort, das wunderbare Buch, das die Geschichte Frankreichs ist, wurde in einen herrlichen Einband eingeschlagen, den man Versailles nennt.«[20]

Es ist das Schicksal von Museen, selber museal zu werden. Diesem Fatum entging auch der *Musée historique* nicht, dessen Schöpfer Louis-Philippe bald im Schatten jenes Mannes verschwand, von dem er wähnte, er hätte dessen Andenken mit seinem Regime verschmolzen.

Der Prozess der Heiligsprechung

D ie Niederlage bei Waterloo, die sein zweites Scheitern unvermeidlich machte, und vor allem die Verbannung nach St. Helena zerstörten fürs Erste Napoleons Ansehen in Frankreich. Dieser Prozess hatte schon in den Jahren zuvor eingesetzt, als rigorose Rekrutenaushebungen, neue Steuern und die Wirtschaftskrise von 1810–1811 die Unzufriedenheit immer größerer Bevölkerungsschichten mit dem Regime wachsen ließen. Das militärische Debakel von Waterloo war buchstäblich der letzte Tropfen, der das Fass zum Überlaufen brachte. Jetzt äußerte sich offener Hass auf den, der dafür verantwortlich war, dass weite Teile des Landes von den Siegern besetzt und ausgeplündert wurden. Die Franzosen mussten nun Erfahrungen machen, die sie den von ihnen Besiegten zugemutet hatten. Umso heftiger und einvernehmlicher die Verfluchung Napoleons, von der die Segel der bourbonischen Restauration gebläht wurden, die deshalb keinerlei Mühe hatte, ihre Herrschaft über Frankreich auf die schweigende Zustimmung der Beherrschten zu gründen. Vor dieser Brise segelten auch die bedeutenden oder unbedeutenden Schriftsteller des Landes, denen Chateaubriand 1814 mit seinem Pamphlet

De Buonparte et des Bourbons die Richtung wies und die bis 1821 einige hundert gegen Napoleon gerichtete Schriften erscheinen ließen.[1]

Der auch in den Ländern der Sieger virulente Hass auf den Mann, der jetzt mit Attila oder Tamerlan auf eine Stufe gestellt wurde, begann erst mit dem Tod Napoleons zu verebben, dessen Nachricht sich Anfang Juli 1821 in Europa verbreitete. Diese Koinzidenz war keineswegs zufällig: Die Todesnachricht war vielmehr das Signal, das Entwarnung gab, dass die Drohung, die Napoleon verkörperte, ein für allemal gebannt war. Diese Erleichterung schärfte aber nur das Erlebnis einer großen Sinnleere, die nach der jähen Verflüchtigung der Drohung Napoleons mit einem Mal allenthalben wahrgenommen wurde und die weder in Frankreich mit der bourbonischen Restauration noch in den Staaten der kontinentalen Siegermächte durch die reaktionäre Heilige Allianz gefüllt werden konnte. Unter dem Einfluss der Französischen Revolution, deren Wirkung durch das siegreiche Ausgreifen der napoleonischen Herrschaft auf die kontinentaleuropäische Staatenwelt enorm verstärkt wurde, war allenthalben das Nationalgefühl geweckt worden, das in der bürgerlichen Öffentlichkeit rasch Bedeutung erlangte und diese dazu veranlasste, Unzufriedenheit mit den durch die Heilige Allianz garantierten gesellschaftlichen und politischen Verhältnissen zu artikulieren. Gegen das Prinzip dynastischer Legitimität, das die Heilige Allianz verfocht, betonten die nationalen Bewegungskräfte das Recht der Völker, in Freiheit über die eigenen Geschicke bestimmen zu können. Das war auch das vom Liberalismus verteidigte Credo, auf das gestützt die Revolution von 1789 die Souveränität des Volkes proklamiert und das Dogma vom Gottesgnadentum der absoluten Monarchien hinweggefegt hatte.

In der nach dynastischen Machtinteressen zugeschnittenen Staatenwelt, in der die Heilige Allianz den Ton angab, verschwisterten sich Liberalismus und Nationalismus, während in Frankreich die Romantik beide Strömungen in einem großherzigen Idealismus vereinigte, der sich allüberall für die Interessen unterdrückter Nationen oder Individuen engagierte. Daraus entwickelte sich eine europaweite, von den Eliten der einzelnen Länder getragene Bewegung, die in der Be-

geisterung für die Befreiung der Griechen von der türkischen Unterdrückung, die Mitte der 1820er Jahre aufschäumte, ihren charakteristischen Ausdruck fand. Weitaus bedeutsamer als diese griechische
Freiheitsfolklore war jedoch die rapide anwachsende Feindschaft
gegen die Heilige Allianz oder die Bourbonische Restauration, die
beide als Symbole der Reaktion und der Unterdrückung unter Anklage
gerieten. Das wertete deren Opfer zu Märtyrern auf. Davon profitierte
vor allem Napoleon, kaum dass er am 5. Mai 1821 in der Verbannung
auf St. Helena gestorben war, wie Heinrich Heine 1827 im »Buch Le
Grand« im zweiten Teil der *Reisebilder* hellsichtig diagnostizierte:
»Der Kaiser ist tot. Auf einer öden Insel des indischen (! recte des at-
lantischen) Meeres ist sein einsames Grab, und Er, dem die Erde zu
eng war, liegt ruhig unter einem kleinen Hügel (...). Und St. Helena ist
das heilige Grab, wohin die Völker des Orients und Okzidents wall-
fahrten in buntbewimpelten Schiffe, und ihr Herz stärken durch große
Erinnerung an die Taten des weltlichen Heilands, der gelitten unter
Hudson Lowe, wie es geschrieben steht in den Evangelien Las Cases,
O'Meara und Antommarchi.«[2]

Wie zutreffend Heinrich Heine die Bedeutung des *Mémorial de
Sainte-Hélène* von Las Cases für den radikalen Wandel im Urteil über
Napoleon einschätzte, bestätigte Victor Hugo mehr als ein halbes Jahrhundert später in seinem 1862 erschienenen Roman *Les Misérables* mit
unterdessen erfahrungsgesättigter Bestimmtheit. Dafür steht Hugos
Schilderung des Knaben Marius, der bei seiner Lektüre des *Moniteur*,
des *Mémorial*, der Bulletins und Proklamationen Napoleons auch den
Namen des eigenen Vaters, eines Offiziers der *Grande Armée*, entdeckt. Das wird für ihn zum Anstoß eines völligen Wandels der von
ihm bislang gehegten Ansichten und Urteile: »Die Republik, das Kaiserreich waren für ihn nur bedrohliche Worte gewesen. Die Republik,
eine Guillotine im Dämmerlicht; das Kaiserreich, ein Säbel in der
Nacht. (...) Seit seiner Kindheit hatte man ihn derart vollgestopft mit
den Parteimeinungen von 1814 über Bonaparte, dass alle Vorurteile
der Restauration, alle deren Interessen und Instinkte darauf hinausliе-
fen, Napoleon zu entstellen. Die Restauration verabscheute ihn noch

mehr als Robespierre. Mit großem Geschick nützte sie die Erschöpfung der Nation und den Hass der Mütter aus. Bonaparte wurde dadurch geradezu zu einer Art von Fabelungeheuer, und, um ihn gemäß der Phantasie des Volkes zu malen, die, wie wir andeuten wollen, der von Kindern ähnelt, ließ die Partei von 1814 nacheinander alle fürchterlichen Masken erscheinen, von dem, was grauenhaft ist in seiner schieren Größe, bis hin zu dem, was erschreckt durch Lächerlichkeit, von Tiberius bis hin zum Butzemann.«[3]

Der *Mémorial* weckte die Erinnerung der Väter, die bislang von den traumatischen Erfahrungen der Niederlage und Besatzung wie auch durch die strikte Gesinnungspolitik der Restauration der Vergessenheit überantwortet worden war. Das verursachte einen grundsätzlichen Wandel in der Wahrnehmung Napoleons durch die Zeitgenossen: Der bislang das Bewusstsein dominierende Despotismus seiner Herrschaft wurde verdrängt durch den Ruhm, der ihn umgab und dessen Erinnerung jetzt der Freiheit als Schmuck diente. Dieser grundsätzliche Anschauungswandel fand seinen Ausdruck in einem Napoleon-Bild, das ihn als überzeugten Liberalen zeichnete, den der *Mémorial* in all seinen Facetten authentifizierte und als die leibhaftige Verkörperung der Prinzipien der Revolution von 1789 auswies. Die von Las Cases ausgebreitete Beweislast war umso überzeugender, als sie den unwiderlegbaren Anspruch von *famous last words* erheben konnte. Sie formulierte eine Wahrheit, die vor allem auch deshalb unangreifbar wurde, weil sie ihre Bestätigung vermeintlich in der absehbaren historischen Entwicklung fand: Für die wachsende Schar jener, die davon zutiefst überzeugt waren, galten die Revolutionen von 1830 wie 1848, die fast zeitgleich im einstigen europäischen Herrschaftsbereich Napoleons stattfanden, als untrügliche Beweise.

Die durchschlagende Wirkung des *Mémorial* verdankte sich nicht zuletzt auch zahlreichen narrativen Unzulänglichkeiten, die sich mit der Hast, mit der sich Las Cases der Schlussredaktion widmete, erklären lassen, die andererseits jedoch den dokumentarischen Anspruch des Werks umso nachdrücklicher betonen. Für den Prozess der »Heiligsprechung« Napoleons spielte aber gerade diese Art der Darstel-

lung eine bedeutende Rolle. Das gilt besonders für die Schilderung des
vermeintlichen Martyriums, das Napoleon auf der einsamen Felsen-
insel bis zu seinem Tod fast sechs Jahre lang erdulden musste. Das
Evangelium nach Las Cases lieferte die eindrücklichsten Schilderungen von Napoleons Leiden, die als Beweismittel seiner Kanonisierung
dienten. Das Verfahren ist ebenso einfach wie in der Sache überzeugend: Die Umstände von Napoleons Gefangenschaft – die lebensfeind-
liche Inselwelt, die von seinen Peinigern gewollte und verantwortete
dauernde Misshandlung des Verbannten, dem jede Erleichterung ab-
geschlagen und der ebenso unzulänglich behaust wie ernährt wurde –
werden zu einem immer detaillierteren und gewaltigeren Fresko
menschlicher Niedertracht und Grausamkeit ausgemalt.

Dank des großen Erfolgs, der dem *Mémorial* beschieden war, gewann die Kanonisierung Napoleons unendlich an Dynamik. Verbannung und Tod verklärten ihn jetzt geradezu zu einem Heiligen, in
dessen Verehrung all jene Trost und Stärkung fanden, die unter den
reaktionären Verhältnissen, die nach 1814 in Europa Einzug hielten,
das Nachsehen hatten, oder sogar litten. Das war zunächst einmal die
Grande Armée jener, deren Biographien mit der Herrschaft Napoleons
untrennbar verwoben waren: frühere Soldaten, Beamte der kaiserlichen Verwaltung, Angehörige der napoleonischen Funktionseliten,
für die das Regime der Bourbonen umso weniger Verwendung hatte,
als es sie unter Generalverdacht stellte. Über diesen Kreis und über die
Grenzen Frankreichs hinaus avancierte Napoleon jetzt auch schnell
zu einem wahren Volksmythos, der mit Ausnahme von Spanien und
Russland in so gut wie allen europäischen Staaten, einschließlich des
Vereinigten Königreichs, und auch in den USA grassierte. Das mutet
umso paradoxer an, als viele dieser Länder unter Napoleons Fuchtel
gestanden hatten und auch die nachteiligen Erinnerungen an die
Zeit seiner Herrschaft noch sehr lebendig waren. Der *Mémorial* von
Las Cases, der unmittelbar nach seinem Erscheinen 1823 in andere
Sprachen übersetzt wurde und der damit auch die weniger Gebildeten
erreichte, zeichnete nun ein neues, verführerisches Bild des Erobe-
rers und Despoten Napoleon, dessen eigentliche Ziele Freiheit und

Wohlfahrt der Völker gewesen seien. Dieses neue Image, durch das Martyrium in der Verbannung beglaubigt, ließ Napoleon zum Idol der Liberalen wie all jener werden, die von dem Empfinden geplagt wurden, die Verlierer der reaktionären politischen wie gesellschaftlichen Zustände zu sein, die nach seinem Sturz in Europa Einzug gehalten hatten.[4]

Propagiert und popularisiert wurde dieses Bild auch durch zahlreiche unpolitische, allein Aspekte seiner angeblichen Empathie für Mitmenschen herausstellenden Anekdoten und erbaulichen Erzählungen sowie von rasch verfertigten »historischen« Romanen. Charakteristisch für diese Literaturgattung sind Erzählungen, die den Tod des Helden auf St. Helena in Abrede stellen und seine geglückte Flucht von der Insel zum Ausgangspunkt phantastischer Spekulationen nehmen. Ein schönes Beispiel dafür ist Adolph von Schadens Roman mit dem wahrhaft barocken Titel *Jussuph Pascha, oder Geschichte der an seinem vermeintlichen Todestage erfolgten Flucht Napoleon's aus Sanct Helena, dann: der geheimen Aufnahme des Ex-Kaisers am constantinopolitanischen Hofe, seines Glaubensübertrittes und ferneren höchst merkwürdigen und seltsamen Schicksale zu Wasser und zu Lande, nebst charakteristischen Anekdoten aus der Geschichte des gegenwärtigen Kampfes Rußlands mit der Pforte und wichtigen Weissagungen Napoleons*, der in drei Bändchen 1829 in Stuttgart erschien. Dieses als »Romantisches Originalgemälde« angepriesene Werk walzte im Wesentlichen den Inhalt einer Broschüre aus, die 1828 in Leipzig mit dem Titel *Zehn sehr wichtige Gründe für die Vermuthung, dass Hussein Pascha, Oberbefehlshaber der ottomanischen Heere, der wiederauferstandene zurückgekehrte Napoleon sey* publiziert wurde..

Als Kontrast zu diesem neuen und strahlenden Bild Napoleons wurde der Schreckensort seiner Leidensgeschichte in düsteren Farben gemalt, erfand die Romantik ein St. Helena, das mit der wirklichen Insel kaum mehr als den Namen gemein hatte. Damit wurde diesem Krümel des britischen Weltreichs eine Bedeutung verschafft, für die es kaum einen Vergleich gibt. Dank der immensen Resonanz der napoleonischen Leidensgeschichte wurde die Insel zu einem Schnittpunkt von Sinnstiftungen, die sich nach Geschmack und Vorlieben wahlweise der Vorsehung oder den großen Gesetzen, die Ursache sind für den Fortschritt der Menschheit, dem Willen und Walten Gottes, der Mechanik des Universums oder dem Sinn der Geschichte zuweisen lassen. St. Helena wurde gleichsam als archimedischer Punkt ausgewiesen, der das Schicksal der »Weltseele« Napoleon determinierte, wie ihn Hegel einmal bezeichnete. Ohne diesen in den Weiten des Ozeans verlorenen Schicksalsort, an dessen felsigen Gestaden sein Traum endgültig zerschellte, der damit aber auch als immerwährende Herausforderung verewigt wurde, war der Held im Sinne des *Mémorial* nicht zu begreifen. St. Helena wurde zum Brennpunkt, der den Sinn der Weltgeschichte konzentrierte und reflektierte.

Eine derartige Sinn- und Bedeutungsüberfrachtung der fernen Insel, die nach dem Tode Napoleons mit Macht einsetzte, hat die Vorstellung von St. Helena nachhaltig beeinflusst. Die Fülle von Bildern, die den einsamen Helden im stummen Dialog mit den unablässig an die bizarren Gestade anbrandenden Wellen des Ozeans zeigen, die ihn als Adler allegorisieren, der an einen schroffen Felsen angekettet ist, seine Gestalt als einsamen Schattenriss vor einer von der untergehenden Sonne ausgeleuchteten Unendlichkeit entwerfen oder die Napoleon als Prometheus versinnbildlichen, malen die Insel in einem durchweg melancholischen Kolorit. Verglichen damit muten die gängigen Imaginationen von Hölle und ewiger Verdammnis geradezu lebenslustig an. Die Schilderungen des napoleonischen St. Helena künden vom Anfang und Ende der Welt. *Nec ultra*. Von hier geht es nicht weiter, wie die Inschrift an den Säulen des Herkules im Atlantik angeblich verkündete.

Der Napoleon-Kult der Romantik machte St. Helena zur Toteninsel schlechthin. Das erhellt, warum sehr früh, bereits unmittelbar nach seinem Ableben, das Verlangen geäußert wurde, seine sterbliche Hülle aus diesem feindlichen Hades zu bergen und sie an einen Ort zu überführen, an dem ihr alle Ehren bezeugt werden konnten. Diese Forderung berief sich auf den letzten Willen Napoleons, der in seinem am 15. April 1821 eigenhändig aufgesetzten Testament bestimmt hatte:

»Ich wünsche, dass meine sterblichen Reste am Ufer der Seine ruhen, inmitten dieses französischen Volks, das ich so sehr geliebt habe.«[5] Im Zusammenhang damit diktierte Napoleon Montholon ein Schreiben, das nach seinem Tod Gouverneur Sir Hudson Lowe übergeben werden sollte und in dem es hieß:»Ich möchte Sie ersuchen, mich wissen zu lassen, welches die Vorschriften Ihrer Regierung hinsichtlich des Transports von Napoleons sterblicher Hülle nach Europa sind.«[6] Da Hudson Lowe keine einschlägigen Weisungen der Regierung hatte, musste er umständehalber auf einer Beisetzung Napoleons auf St. Helena bestehen. Das war aber nur das eine Hindernis, das der Erfüllung von Napoleons letztem Wunsch,»an den Ufern der Seine« seine letzte Ruhe zu finden, entgegenstand. Ein anderes, weit größeres, war die Zustimmung des bourbonischen Regimes. Für den Fall, dass dieses Napoleon eine Grablege verweigerte, hatten Napoleons Testamentsvollstrecker den Auftrag, seine Beisetzung im Grab der Väter auf dem Friedhof von Ajaccio auf Korsika zu fordern.[7]

Da sich diese Frage wegen der Entfernungen und der dadurch bedingten Langsamkeit der Nachrichtenverbindungen kaum von St. Helena aus regeln lassen würde, richteten Montholon und Bertrand, kaum dass sie im September 1821 in London eingetroffen waren, ein entsprechendes Gesuch an die englische Krone. Die Antwort darauf war eine mündliche Unterrichtung durch den englischen Botschafter in Paris Anfang Dezember 1821, dass sich seine Regierung lediglich als Treuhänder der sterblichen Überreste des Kaisers verstehe und dass sie diese sofort an Frankreich übergeben werde, sollte dessen Regierung einen entsprechenden Wunsch äußern. Die einschlägigen Demarchen, die von den Testamentsvollstreckern jetzt bei Ludwig XVIII. unternommen wurden, scheiterten jedoch schon daran, dass dieser sich weigerte, sie überhaupt zur Kenntnis zu nehmen.[8] Damit kam der letzte Wunsch Napoleons nach der Julirevolution von 1830 zur Wiedervorlage.

Bezeichnenderweise waren es aber nicht mehr die einstigen Testamentsvollstrecker Napoleons, die sich nach Abwicklung des Nachlasses ihrer Pflichten ledig sahen, als vielmehr die öffentliche Meinung, die sich dafür stark machte, die sterblichen Reste Napoleons nach Frankreich zu überführen. Eine entsprechende Petition wurde am 2. Oktober 1830 der Abgeordnetenkammer vorgelegt. Sie wurde jedoch trotz lebhafter Unterstützung durch einige Redner nicht zur Abstimmung gestellt.[9] Ähnlich erging es auch anderen Versuchen, den toten Kaiser seinem Wunsch gemäß zurückzuholen. Das verwundert umso mehr, als nach der Beobachtung Balzacs galt: »Aus Bonapartisten wurden Liberale, denn dank einer der seltsamsten Metamorphosen verwandelten sich beinahe ausnahmslos alle Soldaten Napoleons in glühende Anhänger der konstitutionellen Ordnung.«[10] Diese Liberalen waren mit der Julirevolution zur Macht gelangt, weshalb die einstigen Bonapartisten jetzt als »Orleanisten« firmierten und sich als unbedingte Anhänger der von Louis-Philippe d'Orléans repräsentierten konstitutionellen Monarchie gerierten.

Darin verbirgt sich die Pointe, die jene vermeintliche Paradoxie auflöst: Als Liberale waren sie allenfalls »Napoleonisten«, aber keine Bonapartisten, d. h. sie bekannten sich durchaus mit Stolz zu dem Mann, dem sie Titel, Orden oder Wohlstand verdankten, aber sie waren andererseits auch mehr als zufrieden damit, ihn im Heldenhimmel zu wissen. Mit anderen Worten: Sie mussten nicht fürchten, dass er ihnen die Macht entrisse, die sie jetzt in Händen hielten und die auszuüben sie Louis-Philippe gewähren ließ. Allein schon deshalb lag ihnen nichts ferner, als einer irgendwie gearteten Wiederaufnahme der napoleonischen Epopöe Vorschub zu leisten. Die war Geschichte und sollte es auch bleiben. Diese Haltung gab auch den Ausschlag für die Meinung, dass die sterbliche Hülle des Kaisers auf St. Helena gut aufgehoben sei. Sie der Familie zu überlassen oder gar nach Paris zu überführen erschien wenig ratsam, weil das eine politische Symbolik evozieren konnte, die leicht Irritationen oder Missverständnisse provozierte.

Diese ängstlichen Rücksichten wurden von den Künstlern nicht geteilt. Die Julirevolution erlaubte es ihnen, sich mit Sujets zu befassen, die zuvor von der bourbonischen Restauration strikt tabuisiert worden waren. Daher schwelgten sie jetzt umso mehr in einem napoleonischen Messianismus, weil der ihnen eine verschwenderische Fülle von Motiven verschaffte, die überdies bei einem breiten Publikum auf großen Anklang stießen. Die Folge war eine wahre Flut von Lithographien und anderen in Ätztechnik verfertigten Ansichten, die sich in vergleichsweise großer Zahl kostengünstig anfertigen und vertreiben ließen. Im höchsten Maße charakteristisch für diese Schöpfungen war eine Ikonographie, die alle jenseitigen Bezüge mit einem sehr diesseitigen Realismus darstellte, die Napoleon und die ihn als Staffage begleitenden Offiziere stets zusammen mit antiken Gottheiten in einer Umgebung zeigt, die bar christlicher Symbolik war. Das Jenseits, in dem Napoleon seinen Auftritt hatte, war eine rein irdische Angelegenheit. Das Elysium oder das Paradies bevölkerten nur die Heroen der Geschichte, die eine konsequente Humanisierung der jenseitigen Lebenswelt repräsentierten, wie sie in der radikalen Phase der Französischen Revolution propagiert worden war.[11] Die Wirkung dieser Blätter scheint, so darf man vermuten, in einem erheblichen Maße bedeutsam dafür, den laizistischen Heiligenkult des napoleonischen Messianismus der breiten Öffentlichkeit zu vermitteln.

Der anhaltende Erfolg beim Publikum, den diese Darstellungen einer antikisch verklärten Apotheose Napoleons hatten, konterkarierte auf Dauer die Zuversicht Louis-Philippes, mit der Installierung der Napoleon-Statue auf der Vendôme-Säule oder der Vollendung des Arc de Triomphe den Beweis für seinen Legitimationsanspruch erbracht zu haben, die Prinzipien der Revolution von 1789 und den liberalen Napoleon mit der monarchischen Idee zu vermitteln. Die immer wieder vermiedene Entscheidung über den vielfach geäußerten Wunsch, die sterblichen Reste Napoleons nach Paris zu überführen, wurde jetzt von Adolphe Thiers energisch betrieben, der seit dem Frühjahr 1840 nach dem Sturz der Regierung des Marschall Soult Ministerpräsident der neuen Regierung war.

Thiers war der Verfasser einer mehrbändigen Geschichte der Französischen Revolution und schickte sich jetzt an, eine noch viel umfangreicher angelegte Darstellung des Consulat und des Empire zu schreiben, deren Rechte er an den Verleger Paulin für den horrenden Vorschuss von einer halben Million *francs* verkauft hatte. Das alles war

bekannt, weshalb böse Zungen schnell zu dem Schluss kamen, Thiers'
Eintreten für die Überführung der sterblichen Reste Napoleons sei als
ein riesiges Reklamemanöver zu verstehen, um den Absatz dieses
Werks zu steigern, das in zwanzig Bänden in den Jahren 1845 bis 1862
erschien.

Außer der großen Wertschätzung, die Thiers für Napoleon hegte
und die durch die monumentale Darstellung von dessen Herrschaft
ausgiebig dokumentiert wurde, dürften jedoch andere Überlegungen
den Ausschlag dafür gegeben haben, dass Louis-Philippe seine Haltung revidierte. Damit folgte er, so scheint es, einem klugen Instinkt,
denn ihm ging es vor allem darum, den fatalen Eindruck zu vermeiden, seine Zustimmung sei erst unter dem Druck einer wachsenden
Zahl von einschlägigen Petitionen erzwungen worden.[12] Also wurde
der französische Botschafter in London Anfang Mai 1840 angewiesen,
das Interesse von Paris an der Heimholung des Sargs zu bekunden und
eine entsprechende Vereinbarung zu erzielen. Die kam umso schneller zustande, als die englische Regierung keinerlei Interesse daran
hatte, auch den Leichnam des Kaisers weiterhin gefangenzuhalten;
zum weiteren war ihr das französische Verlangen hochwillkommen,
um mit einer Geste des guten Willens dazu beizutragen, die großen
Spannungen zu mäßigen, die zwischen beiden Staaten wegen des Aus-
bruchs einer Orientkrise bestanden, die an die Großmachtinteressen
beider rührte. Diese Krise wurde schließlich im Herbst 1840 dadurch
beigelegt, dass das schwächere Frankreich klein beigab, um einen
Krieg zu vermeiden, den es nur hätte verlieren können und dem vermutlich auch die Julimonarchie zum Opfer gefallen wäre. Dieser Preis
war Louis-Philippe verständlicherweise für eine patriotische Demonstration von *bella figura* bei weitem zu hoch, weshalb er sich lieber in die
Rolle eines kampflosen Verlierers schickte. Die Schmach, die er deshalb in den Augen einer wild zum Krieg entschlossenen Öffentlichkeit
erlebte, hätte ihn zwar auch den Thron kosten können, allein dies ließ
sich durch die patriotischen Weihen und Feiern vermeiden, die beim
Eintreffen der Gebeine Napoleons in Paris Mitte Dezember 1840 für
gehörige Ablenkung sorgten.

Bei nüchterner Betrachtung kann es schon sehr verwundern, dass die feierliche Umbettung eines vor fast zwanzig Jahren Verstorbenen und in fremder Erde Beigesetzen an den Ort seines Waltens zu Lebzeiten eine derartige kollektive Hysterie auslöste. Daran zeigte es sich jedoch, welche Dynamik die Renaissance Napoleons und die Neubewertung seines politischen Erbes freisetzte, die ganz wesentlich durch den *Mémorial* von Las Cases angestoßen worden war. Aber auch in diesem Fall gilt: Bücher machen keine Geschichte.

Vom *Mémorial* wurde lediglich ein Napoleon-Bild entworfen, das diesen als eine Ausnahmegestalt auswies, das die große Leere zu schließen versprach, als welche der Sturz aus der »Sattelzeit« von Revolution und Empire in das Nichts der bourbonischen Restauration von vielen Franzosen erlebt worden war. Die Julirevolution, die sich mit der durch Louis-Philippe idealtypisch personifizierten Harmlosigkeit einer Monarchie der Bürger beschied, vermochte dieses Empfinden nicht zu dämpfen, sondern hat es erheblich verstärkt. Das hing nicht zuletzt damit zusammen, dass das neue Regime die Verklärung jener Ausnahmeepoche und der sie prägenden Gestalt nicht nur tolerierte, sondern auch im eigenen Interesse beförderte, um das Erlebnis der eigenen Belanglosigkeit oder Beliebigkeit durch deren Glanz zu überstrahlen.

Dieses Treiben weckte ein Verlangen, das es danach drängte, durch Taten befriedigt zu werden. Dafür genügten zunächst symbolische Gesten wie die Komplettierung der Vendôme-Säule mit der Figur Napoleons oder die Vollendung des Arc de Triomphe, der nichts anderes als napoleonische Schlachtensiege feierte. Auf die Dauer war das aber unzulänglich, wie schon der Unmut zeigte, auf den der Bau des dem damaligen Pariser Stadtgebiet weit vorgelagerten Festungsgürtels stieß. Die Kritik daran stützte sich gern auf den Verweis, dass Napoleon Paris und Frankreich weit vor den Landesgrenzen verteidigt habe. Das war eine Kritik, die sich der angehende Historiograph Napoleons sehr zu Herzen nehmen musste, der zu jenen gehört hatte, die sich energisch für den Bau der Festungen eingesetzt hatten. Nach dem Rücktritt des Ministeriums Soult, sah sich Louis-Philippe genötigt,

Adolphe Thiers, der von den Liberalen gestützt wurde, am 1. März 1840 zum neuen Regierungschef zu berufen.

Das Revirement drohte nun, die seit längerem schwelende Orientkrise zu einem kriegerischen Konflikt zu entfachen, in dem die Mächte der anti-napoleonischen Koalition von England, Russland, Preußen und Österreich erneut Frankreich gegenüberstanden. Für diese Konstellation trug vor allem die französische Politik die Verantwortung. Sie widersetzte sich der in London tagenden Konferenz der europäischen Großmächte, die diese Orientkrise auf friedlichem Wege zu entschärfen suchte. Anlass zu diesem französischen Eigensinn gaben letztlich napoleonische Reminiszenzen: Unter der Herrschaft von Pascha Mohammed Ali strebte Ägypten, zu dessen Verwaltungsgebiet auch Syrien gehörte, danach, die letzten Bindungen an das Osmanische Reich zu kappen. Dem widersetzte sich Mahmud II., der Sultan von Konstantinopel, der dabei von der europäischen Mächtekoalition unterstützt wurde, die vernünftigerweise verhindern wollte, dass der dann drohende völlige Zerfall des Osmanischen Reichs Anlass für Streitereien um Einfluss und Besitz im Vorderen Orient geben würde. Diese Sicht wurde zwar auch von Paris geteilt, aber die napoleonische Nostalgie gewann hier die Oberhand. Frankreich hatte Mohammed Ali nicht zuletzt dieser Erinnerungen wegen erhebliche Hilfe für die Modernisierung und Liberalisierung Ägyptens geleistet. Das verpflichtete nun dazu, auch die ägyptischen Unabhängigkeitsbestrebungen zu unterstützen.

Eine Folge davon war, dass sich die Mächte der einstmals anti-napoleonischen Mächtekoalition hinsichtlich ihrer Orientpolitik darauf verständigten, die Auflösung des Osmanischen Reichs nach Kräften zu unterbinden. Kaum wurde dieser Beschluss in Paris bekannt, setzte in Presse und Öffentlichkeit ein Sturm der Empörung ein: Das »perfide Albion« schicke sich gemeinsam mit den Mächten der Heiligen Allianz an, den Schützling Frankreichs und orientalischen Musterliberalen Mohammed Ali an das rückständige und dem sicheren Untergang geweihte Osmanische Reich zu fesseln! Da Frankreich aber der britischen Flotte nichts entgegenzusetzen hatte, die Alexandria blockierte und allein dadurch Ägypten in die Knie zu zwingen drohte, musste man die chauvinistische Aufwallung sich anderweitig austoben lassen. Ein Ausweg aus dem Dilemma war schnell gefunden, denn wie zu Zeiten der Revolution und Napoleons – jedenfalls nach dessen Darstellung – schickte sich erneut eine europäische Koalition an, Frankreich zu demütigen und zu schwächen. Wie damals galt es dieser Koalition auf dem Lande beizukommen, indem man über den Rhein vorstieß und die Eroberungen wiederholte, die Frankreich unbegreiflicherweise nach 1814 abhanden gekommen waren.

Das wüste Lärmen, das sich deshalb im Sommer 1840 in Paris erhob und dem flammende Reden, die zu Kampf und Krieg aufriefen, die Richtung wiesen, fand östlich des Rheins ein nicht minder großes Echo, wo die »Rheinkrise von 1840« einen wahren »Sängerkrieg« auslöste. Nikolaus Becker etwa traf mit dem von ihm gedichteten *Rheinlied*, das über zweihundert Mal in Musik gesetzt wurde, den Nerv der Zeit:

> »Sie sollen ihn nicht haben,
> den freien deutschen Rhein,
> Ob sie wie gier'ge Raben
> sich heiser darnach schrei'n,
> So lang er ruhig wallend
> sein grünes Kleid noch trägt,
> So lang ein Ruder schallend
> in seine Wogen schlägt.«

In Köln, wo man sich noch gut der »Franzosenzeit« erinnerte, wurde angeregt, das *Rheinlied* in Analogie zur *Marseillaise* die *Colognaise* zu nennen.

Die Orientkrise, zu der viele Ungeschicklichkeiten der französischen wie der britischen Politik beitrugen und die sogar die Gefahr eines Krieges mit Deutschland heraufbeschwor, wurde schließlich durch den Rücktritt der im Ausland als besonders chauvinistisch geltenden Regierung Thiers im Oktober 1840 beigelegt. Damit setzte sich Louis-Philippe endgültig durch, der einen Krieg Frankreichs gegen

Europa stets abgelehnt hatte, der nicht zu gewinnen war. Zwar ließ der nationalistische Fieberwahn nach dem Rücktritt Thiers' schnell nach, aber Frankreich litt an den Nachwehen der Krise, die als demütigend empfunden wurden und die damit ihrerseits den Bestand der Julimonarchie bedrohten. Diese Gefahr wurde jedoch glücklicherweise durch die Aussicht auf das bevorstehende Eintreffen der Gebeine Napoleons in Frankreich gebannt, die der Nation das Erlebnis eines hochsymbolischen Mysteriums verhießen, das sie als eine Wiederauferstehung gewärtigte.

Die Frohbotschaft, dass man mit der britischen Regierung Übereinkunft über die Heimführung der Gebeine Napoleons erzielt habe, wurde der Öffentlichkeit von Innenminister Charles de Rémusat bewusst beiläufig eröffnet. Auf diese Weise sollte allen Diskussionen in der Abgeordnetenkammer vorgebeugt werden, die nur zu geeignet schienen, Meinungsverschiedenheiten auszudrücken, wenn es darum ging, nationale Einheit zu demonstrieren. Die Methode hatte Erfolg, denn der Antrag auf Bewilligung von einer Million *francs* zur Finanzierung der geplanten Operation, den er am 12. Mai 1840 stellte, überraschte die Abgeordneten völlig.[13] Der *Journal des Débats*, der in seiner Ausgabe vom 13. Mai 1840 die Rede des Innenministers zur Begründung des Antrags in extenso zitierte, leitete dies mit der redaktionellen Bemerkung ein, es sei »ein Gesetzesvorhaben von wahrhaft nationaler Bedeutung« vorgelegt worden. Eingangs seiner Ausführungen ließ Rémusat auch durchblicken, dass man sich redlich den Kopf darüber zerbrochen habe, wo Napoleon in Paris seine letzte Ruhestätte finden solle. Die Säule auf der Place Vendôme war ebenso dafür ins Spiel gebracht worden wie das Panthéon, die Gruft der Könige in der Kathedrale von Saint Denis oder die auf Geheiß von Napoleon errichtete Madeleine und schließlich auch der Arc de Triomphe.

Place Vendôme, Arc de Triomphe und auch Madeleine schieden aus, denn, so Rémusat, das Grab dürfe nicht auf einem öffentlichen Platz inmitten einer lärmenden Menge vorgesehen werden, sondern an einem »stillen und heiligen Ort«. Dieser Hinweis war auch eine Absage an den Panthéon, denn dabei handelte es sich um eine von der

Revolution profanierte Kirche, die als »l'école normale des morts« (Mona Ozouf), als Elitehochschule der Toten, apostrophiert wurde. »Napoleon war,« so fuhr Rémusat in seinen Ausführungen fort, »Kaiser und König; er war der legitime Souverän unseres Landes. Das rechtfertigte es, ihn in St. Denis beizusetzen. Allein für einen Napoleon ziemt sich nicht die gewöhnliche Grablege eines Königs. Ihm gebührt es, dass er immer noch herrscht und befiehlt in einer Umgebung, in der die Soldaten des Vaterlandes ihre Ruhe finden.[14] (...) Die Kunst wird ihm im Invalidendom (...) ein aufwendiges Grab errichten. Dieses Denkmal muss von einfacher Schönheit und grandioser Anmutung sein wie auch den Anschein unüberwindlicher Solidität besitzen, die selbst den Zeitläuften widersteht. Napoleon muss ein Denkmal errichtet werden, das sich als so dauerhaft erweist wie die Erinnerung an ihn.« Zum Beschluss seiner Ausführungen vollzog Rémusat eine geschickte rhetorische Volte, mit der er die Julimonarchie als die legitime Erbin Napoleons vorführte: »Frankreich und Frankreich ganz allein wird dann alles, was von Napoleon bleibt, besitzen. Sein Grab wie seine Erinnerung gehören niemandem anderen als seinem Land. Die Monarchie von 1830 ist tatsächlich die einzige und legitime Erbin jener Erinnerungen, auf die Frankreich so stolz ist. Ohne jeden Zweifel steht es deshalb dieser Monarchie zu, die als erste alle Bewegungskräfte und alle Meinungen der Revolution versammelt und miteinander ausgesöhnt hat, furchtlos die Statue und das Grab eines Volkshelden zu errichten und in Ehren zu halten; denn es gibt nur eine Sache, eine einzige, die nicht den Vergleich mit dem Ruhm fürchten muss, und das ist die Freiheit.« – Was mit diesem letzten Satz gesagt werden sollte, blieb das Geheimnis des Redners.

Für den Invalidendom sprach auch, dass Napoleon diesen »Temple de Mars« zeit seiner Herrschaft verschiedentlich mit hochsymbolischen Handlungen beehrt hatte. Hier waren am 1 *Vendémiaire an IX* (23. September 1800) die sterblichen Reste des Marschalls Turenne beigesetzt worden, wurden zum ersten Mal die Insignien der 1804 gestifteten *Légion d'honneur* verliehen und die Herzen berühmter Militärs von Vauban bis Marschall Lannes deponiert. Am 11. Mai 1815 hatte

Napoleon dem Invalidendom einen letzten Besuch abgestattet, der nach seinen Vorstellungen ein Ort sein sollte, an dem sich die Protagonisten der französischen Geschichte, die Soldaten Ludwigs XIV. wie jene der Revolution und des Empire ein Stelldichein gaben. Der damit verknüpfte Gedanke war, dass sie solchermaßen eine kontinuierliche Verbundenheit zum Ausdruck brachten, dank der die Invaliden ein Wallfahrtsort aller Franzosen werden sollten, der durch die hier vorgesehene letzte Ruhestätte Napoleons seine endgültige Weihe erhielt.

Die Beisetzung Napoleons im Invalidendom war als der Höhe- und Schlusspunkt seiner Kanonisation angelegt, mit der man gewährleisten wollte, dass sein Ruhm nimmerwelker Bestandteil des historischen Sinnzusammenhangs war, als der Frankreich ausgewiesen war.

Drittes Kapitel

»Das große Leichenbegängnis des Jahrhunderts«

A m Nachmittag des 7. Juli 1840 lichtete die Fregatte mit dem in französischen Ohren klangvollen Namen *La Belle Poule* unter dem Kommando des Prinz von Joinville, des dritten und jüngsten Sohnes von Louis-Philippe, in Toulon den Anker, um nach St. Helena abzusegeln. Als gehorsamer Sohn hatte Joinville diese Mission übernommen, die ihm zutiefst widerstrebte, mit der er sich, wie er in seinen *Memoiren* schrieb, als »Leichenbestatter in einer anderen Hemisphäre« beauftragt sah. Was ihn damit halbwegs versöhnte, war die Gewissheit, dass es ihm gelinge, »die Fahne des besiegten Frankreich wieder siegreich zu hissen«.[1]

Zum Leichenzug, dem noch die Korvette *La Favorite* das Geleit gab, gehörten als königlicher Kommissar der junge Diplomat Philippe de Rohan-Chabot, der als Prediger an der einschlägig bekannten Pariser Kirche Saint-Roch geschätzte Abbé Félix Coquereau, ein Arzt, ein Schlosser, um die diversen Särge, in denen Napoleon beigesetzt worden war, sachkundig zu öffnen, sowie ein Zeichner, der die Exhumierung in ihren Einzelheiten im Bild festhalten sollte. Das Ehrengeleit bildeten die Genossen aus den Tagen der Verbannung, Bertrand, der von seinem auf St. Helena geborenen Sohn begleitet wurde, sowie Marchand. Der dritte Testamentsvollstrecker, Montholon, war nicht gebeten worden, weil er Louis-Napoléon zu nahestand. Stattdessen war Gourgaud mit von der Partie, der unterdessen zum königlichen Adjutanten im Rang eines Generalleutnants avanciert war. Las Cases scheute wegen altersbedingter Gebrechlichkeit die weite Reise und ließ sich durch seinen Sohn Emmanuel vertreten, der ihn weiland nach St. Helena begleitet hatte. Die einstige Dienerschaft von *Longwood House* war durch den Leibdiener Saint-Denis genannt »le Mamelouck Ali«, den früheren Küchenchef Pierron, den Diener Noverraz und den Kutscher Archambault vertreten. Außerdem bestand Gourgaud noch auf der Mitnahme von Jacques Coursot, der ab 1819 als Koch tätig gewesen war.

Wie nicht anders zu erwarten, wurde die Harmonie der Trauergemeinde von Anfang an durch Eifersüchteleien und Rangstreitigkeiten in Frage gestellt. Bertrand, Gourgaud und Las Cases junior waren, *noblesse oblige*, auf der *Belle Poule* in eigens für sie eingerichteten Kabinen untergebracht, die sie auch von der Dienerschaft räumlich trennten. Marchand jedoch wollte sich in diese Ordnung nicht fügen und machte geltend, er sci von Napoleon auf dem Sterbebett in den Grafenstand erhoben worden. Das wurde ihm jedoch von seinen einstigen Schicksalsgenossen bestritten. Das Problem wurde dadurch gelöst, dass Marchand als Einziger der Trauergemeinde auf der *La Favorite* die Reise antrat. Unterwegs kam es zu weiteren Reibereien, für die vor allem Gourgaud verantwortlich war, der sich unablässig mit Emmanuel de Las Cases katzbalgte, der in seiner Eigenschaft als Abgeordneter und Angehöriger eines alten Grafengeschlechts auf seinem protokollarischen Vorrang beharrte.

Der ärgste Schlag, den Gourgaud verkraften musste, war, dass er sich in seiner Erwartung enttäuscht sah, ihm falle als Adjutant des Königs die Rolle eines Chefs der Delegation zu. Umso größer folglich seine Empörung, als Rohan-Chabot ihm diesen Rang streitig machte, der seine Beauftragung einem versiegelten Schreiben von Thiers entnahm, das er weisungsgemäß erst öffnete, als das Schiff den Hafen des spanischen Cadiz verlassen hatte. Nicht weniger empört war darüber aber auch der Prinz von Joinville, der ebenfalls erwartet hatte, *Chef de Mission* zu sein, und seine einschlägige Zuversicht darauf gründete, dass er nicht nur der Kapitän des Schiffes, sondern auch der Sohn des Königs war. Für Joinville war das umso delikater, als diese Regelung, wie er in den *Memoiren* andeutet, im Widerspruch zu den ihm zuvor erteilten Instruktionen stand, er aber wegen der von Thiers angewandten Arglist seinen Protest dagegen nicht mehr wirksam geltend machen konnte.[2]

Thiers, so muss man daraus folgern, hatte sich über die Charaktere der *dramatis personae* seine Gedanken gemacht, auch wenn seine Entscheidung vermutlich von diplomatischen Rücksichten beeinflusst worden war: Angesichts der wegen der schwärenden Orientkrise bestehenden Spannungen zwischen beiden Ländern sollte bei der Überführung Napoleons alles vermieden werden, was England irritieren könnte. Ausdrücklich wurden deshalb auch die Schicksalsgenossen von Napoleons Exil dazu verpflichtet, lediglich »als stumme und unnahbare Zeugen der Exhumierung und Überführung« beizuwohnen. Einen Eklat, der sich etwa in lauten Verwünschungen Sir Hudson Lowes oder des »perfiden Albion« Luft machte, galt es unter allen Umständen zu vermeiden. Das war gewiss keine übertriebene Klugheit, denn selbst der fromme und elegante Abbé Coquereau sparte in seinen 1841 erschienenen *Souvenirs du Voyage à Sainte-Hélène* nicht mit wahrhaft wenig christlichen Verwünschungen, die dem einstigen Kerkermeister Napoleons zugedacht waren, dem er »die Unsterblichkeit in Schande« verhieß. Offenkundig konvertierte der gute Abbé aber erst während der langen Überfahrt zur Offenbarung des »Evangeliums« von St. Helena.

Fast auf den Tag genau fünfundzwanzig Jahre nachdem Napoleon an Bord der *Northumberland* auf der Reede von St. Helena angelangt war, ging die *Belle Poule* hier am Morgen des 9. Oktober 1840 vor Anker. Für die einstigen Genossen Napoleons im Exil war dies ein sie tief bewegendes Wiedersehen mit jenem Felseneiland, das ihnen einst so viel Abscheu und Schrecken eingeflößt hatte und über das sie sich so oft bitter beklagten. Jetzt erschien ihnen die Szenerie mit einem Mal wie verzaubert, war sie in ein neues, viel freundlicheres Licht getaucht. Der auf St. Helena geborene Arthur Bertrand äußerte etwa, er habe mit Freuden die von der Zeit geschwärzten Felsen gewahrt, die ihm majestätisch und schön zu sein schienen. Und Gourgaud, der sich einbildete, die ganze Unternehmung sei wesentlich seiner Initiative zu verdanken, rühmte jetzt die gute Luft, die man auf St. Helena atme.

Der genaue Ablauf der Exhumierung, für deren Beginn man sich auf die Nacht des 14. Oktober verständigte, wurde in einem Protokoll, das Rohan-Chabot mit dem britischen Gouverneur Middlemore ausarbeitete, in allen Einzelheiten geregelt. Nachdem britische Soldaten die vier verschiedenen und ineinandergeschachtelten Särge Napoleons geborgen hatten, sollten das Vorhandensein wie die Identität des Leichnams durch Inaugenscheinnahme in Gegenwart von Zeugen zweifelsfrei festgestellt werden. War dies geschehen, sollten die Särge wieder verschlossen und in einem neuen, entsprechend groß dimensionierten Sarkophag, den man aus Frankreich mitgebracht hatte, untergebracht und auf die *Belle Poule* geschafft werden. Nachdem kurz vor ein Uhr in der Frühe des 15. Oktober der letzte, aus Zink gefertigte Sarg geöffnet worden war, entfernte Doktor Guillard vorsichtig das weiße Leichentuch aus Satin, das den Körper des Toten bedeckte. Man erkannte, wie Gourgaud in einem Brief nach seiner Rückkehr schrieb, »den Kaiser in der Uniform seiner Gardejäger, mit seinen Orden. Es war, als schliefe er. Sein Hut lag auf seinen Schenkeln. (...) Der schöne Kopf des Kaisers war mit Ausnahme der Nase, die durch den Druck des auf ihr lastenden Sargkissens etwas deformiert zu sein schien, in perfektem Zustand. Seinen Mund schien sogar das sardonische Lächeln zu umspielen, das auch seine Totenmaske zeigt. Die Hände waren von rosiger Farbe. Der Arzt erklärte, nachdem er die Haut des Toten befühlt hatte, dass der Körper mumifiziert sei.«[3]

Von seiner Grablege auf der Talsohle einer kleinen Senke unweit von *Hutt's Gate*, der einstigen Wohnstätte Bertrands, in der eine von Trauerweiden umstandene Quelle sprudelte, mussten dreiundvierzig Männer den gewaltigen, eintausendzweihundert Kilogramm schweren Sarkophag bei strömendem Regen über einen glitschigen Pfad bis zur Straße schaffen, wo er auf einen Wagen geladen werden konnte. Hier bedeckte man ihn mit einem großen, violetten Bahrtuch, das mit goldenen Bienen, dem Emblem des Kaisers, bestickt und mit Hermelin gesäumt war. Die vier Ecken dieses Tuchs, die mit einem gekrönten »N« geschmückt waren, wurden von Bertrand, Gourgaud, Emmanuel Las Cases und Marchand gehalten. So ging es im feierlichen Zug, dem britische Soldaten und Bewohner von St. Helena das Geleit gaben, über *Alarm Hill* hinunter nach Jamestown. Als der Kondukt gegen halb sechs Uhr an der Anlegestelle eintraf, schossen die Kanonen der über die Insel verteilten Forts und der auf Reede liegenden Schiffe aus allen Rohren Salut. Gegen sechs Uhr wurde der Sarg, den man auf eine Schaluppe verladen hatte, zur *Belle Poule* geschafft. Drei Tage später, am 18. Oktober, wurde der Anker gelichtet, kehrte Napoleon nach Frankreich, nach Paris zurück.

Damit hätte St. Helena in den verdienten Dornröschenschlaf sinken können, zumal damals nichts dafür sprach, dass die in Frankreich

grassierende Napoleon-Nostalgie auch noch weiterhin brennendes Interesse an der im Südatlantik verlorenen Insel haben würde. Diese
Vermutung erwies sich jedoch als Irrtum, denn acht Jahre später, nach
der Februarrevolution des Jahres 1848, von der die Julimonarchie des
Louis-Philippe beseitigt und die II. Republik in Frankreich ausgerufen
wurde, schien sich die Geschichte zu wiederholen: Bei den entsprechend der im November 1848 verkündeten Verfassung der Zweiten
Republik nach dem allgemeinen Wahlrecht abgehaltenen Wahlen
wurde der Neffe Napoleons I., der zweimal mit Putschversuchen ge-
scheiterte Louis-Napoléon, am 10. Dezember mit riesiger Mehrheit
zum Präsidenten der Republik gekürt. Dessen »Consulat« währte
aber nur drei Jahre, denn mit dem Putsch vom 2. Dezember 1851 pro-
klamierte sich Louis-Napoléon als Napoleon III. zum Kaiser der Franzosen. Ein für die Legitimation dieses Regimes unverzichtbares Ele-
ment war die tätige Pflege der durch die »Evangelien von St. Helena«
verklärten Erinnerung an Napoleon I. Das machte es dem Zweiten
Kaiserreich geradezu zur Pflicht, die »heiligen Stätten«, die vom Leiden und Sterben des Gründers der Dynastie zeugten, seinen Peinigern
zu entwinden. Nachdem Napoleon III. mit dem Versuch durch einen
aus Mitteln seiner Privatschatulle finanzierten diskreten Erwerb der
Gedenkstätten auf St. Helena daran gescheitert war, dass, wie der
Colonial Office im Dezember 1852 wissen ließ, die Liegenschaften als
Krondomäne unveräußerlich seien, blieben nur noch diplomatische
Verhandlungen, um zum Ziel zu gelangen.

Jetzt begann eine in vielen Facetten funkelnde Komödie, die man-
che Bezüge aufwies, die das französische Bild vom »perfiden Albion«
auffrischen mussten. Zwar agierte der französische Botschafter in London, Alexandre Comte Walewski, ein illegitimer Sohn Napoleons I.
und der polnischen Gräfin Maria Walewska, so geschickt, dass man
sich in London sehr schnell dazu bereitfand, dem Verkauf prinzipiell
zuzustimmen. Trotzdem zog sich die Angelegenheit noch mehr als
ein Jahr hin, ehe die Verkaufsverhandlungen aufgenommen werden
konnten. Der Grund dafür war, dass Pritchard, der Pächter der längst
Napoleon's Vale genannten Senke, in der sich das leere Grab befand,

die exorbitante Summe von eintausendsechshundert Pfund Sterling für die Ablöse seines Pachtvertrags verlangte. Seinem französischen Geschäftspartner gab er überdies zu verstehen, dass er an einem raschen Abschluss des Geschäfts interessiert und mit ihm auch nicht über die geforderte Summe zu verhandeln sei, da sich unterdessen andere potente Interessenten gemeldet hätten wie etwa der amerikanische Zirkusunternehmer Phineas Taylor Barnum! St. Helena, man ahnt es, hatte dank Napoleon viel von seiner Weltabgeschiedenheit eingebüßt.

Die erpresserische Forderung von Pritchard lieferte auch Isaac Moss, dem Pächter von *Longwood House*, den Maßstab dafür, welche Ablöse er verlangen solle. Die belief sich auf insgesamt dreitausendfünfhundert Pfund Sterling! Allein für das als Viehstall genutzte *Longwood House* veranschlagte Moss zweitausendfünfhundert Pfund. Angesichts des großen und zustimmenden Echos, den die unterdessen bekannt gewordenen Kaufverhandlungen in der französischen Presse gefunden hatten, sah sich die Regierung genötigt, den geforderten exorbitanten Preisen zuzustimmen. Nachdem die erforderlichen Mittel von einhundertachtzigtausend *francs*, wie zu erwarten, bewilligt worden waren, konnte der Verkauf im Juli 1857 endgültig besiegelt werden. Seither sind *Longwood House* und *Napoleon's Vale* Domänenbesitz des französischen Staates und haben den Status eines exterritorialen Gebiets, der dadurch ausgewiesen ist, dass hier eine Trikolore in der vom Südatlantik wehenden Brise flattert und ein französischer Verwalter im Rang eines Konsuls ansässig ist.[4]

Der Anblick, den Napoleons einstiger Wohnsitz dem Besucher bietet, verdankt sich aufwendigen Rekonstruktionen und Renovierungen. Was man heute zu sehen bekommt, ist lediglich der von Napoleon bewohnte Gebäudeteil, während die zumeist aus Holz gefertigten Anbauten, in denen die Dienerschaft und das Gefolge untergebracht waren, schon 1859 im Zuge der ersten Baumaßnahmen abgerissen wurden. Über den damaligen Zustand von *Longwood House* gibt die Schilderung des Abbé Félix Coquereau einen markanten Eindruck: Die Wände, die Napoleons Arbeits- und Schlafzimmer von dem dahinter liegenden Bade- und Dienerzimmer trennten, waren eingerissen worden, und der so gewonnene Raum diente als Viehstall, während in Napoleons einstigem Salon und Sterbezimmer eine Dreschmaschine aufgestellt war. Flankiert wurde dieser Raum auf beiden Außenseiten von einem Kuh-, einem Schweine- und einem Hühnerstall.[5]

Was trotz mustergültiger Rekonstruktion und Restauration den heutigen Eindruck des Gebäudes im Gegensatz zu seinem Aspekt, als Napoleon hier lebte, denkbar ungünstig beeinflusst, ist, dass die Schatten spendenden Bäume, die nach zeitgenössischen Schilderungen *Longwood House* umstanden, verschwunden sind. Dies gilt auch für das dichte, dekorative Inseln bildende Buschwerk und die Gartenanlagen, die ein Aquarell Marchands von 1819 zeigt. Ohne dieses Dekor mutet *Longwood House* heute wie ein Fertighaus an, das als Hauptpreis einer Fernsehlotterie auf einer öden Studiofläche vorübergehend abgestellt worden ist. Dessen ungeachtet bietet heutigen Napoleon-Enthusiasten, die als Pilger die nicht nur zeitaufwendige Fahrt zum Ort seines Martyriums auf sich genommen haben, *Longwood House* den unwiderleglichen materiellen Beweis für die Richtigkeit all dessen, was im »Evangelium« und sonstigen »Heiligen Schriften« über die Leiden, Nöte und Entbehrungen des Helden geschrieben steht.

Den Nachweis dafür verdankte der Autor, der als einsamer Besucher im Jahr 2000 auf St. Helena weilte, der Lektüre des Komplexionenbuchs des Pilgers Jean-Paul Kauffmann.[6] Der buchhändlerische Erfolg, den das Werk bei seinem Erscheinen in Frankreich drei Jahre zuvor hatte, barg das Versprechen, die Insel warte mit Eindrücken auf, die mit Napoleon verbundene Erinnerungen lebendig werden ließen. Mit Kauffmann als Cicerone erstieg der Verfasser also zagenden Herzens jene steinernen Stufen, die vom Garten zu einer kleinen Veranda führen, über die der Besucher *Longwood House* betritt. Seinen ersten Eindruck von der Eingangshalle, in die man so gelangt, fasste Kauffmann in die Worte: »Was mich sofort überwältigte, war nicht das Billard – es füllt beinahe den ganzen Raum aus –, sondern der Geruch.« Es folgt ein Absatz, in dem die einzelnen Duftnoten, aus denen sich dieser Geruch zusammensetzt, kennerisch differenziert werden, was verrät, dass sich Kauffmann als Journalist auf die Beurteilung von Weinen spezialisiert hat.

Die Schilderung ist erhellend, denn die Behauptung, der massiv wirkende Billardtisch fülle beinahe den ganzen Raum aus, lässt sich auch als poetische Übertreibung kaum erklären. Damit wird jedoch ein Grundton angeschlagen, der alle Eindrücke im Sinne des mächtigen Chors der überlieferten Klagen und Beschwerden fassoniert. Kauffmanns Beitrag zur Klärung der napoleonischen Leidensgeschichte ist jedoch seine Geruchsobsession. Angesichts der im Zusammenhang mit *Longwood House* gut dokumentierten Geruchssensibilität Napoleons ist das ein Pfund, mit dem sich wuchern lässt. Kauffmanns Tagebuch seiner Pilgerreise nach St. Helena liefert eine hübsche Illustration dafür, welche Folgen es hat, wenn eine *déformation professionelle* sich mit Glaubensinbrunst verschwistert. Diese Verbindung gebiert dann eine Hyperbolik, die vom »Geruch der Langeweile« spricht oder vom »Weihrauch der Melancholie, dem Moschus nachtschwarzer Gedanken«, die das Innere des Hauses imprägnieren. Schwer, sich der Suggestion einer derartigen olfaktorischen Empathie zu entziehen, allein der Geruch, der den Besucher in *Longwood House* umfing, war ernüchternd: Was ihn anwehte, war der fade Hauch eines seit langem leer stehenden, alten Kleiderschranks.

Ein selten besuchtes Provinzmuseum eben, dessen Verwalter viel Spürsinn darauf verwandt haben müssen, die auf der Insel verstreuten Einrichtungsgegenstände, derer sich Napoleon bedient hatte, wieder einzusammeln und sie in alter Anordnung aufzustellen. Manches davon hatte Verwendung in *Plantation House,* der weitläufigen Residenz des Gouverneurs, gefunden, wie beispielsweise der Billardtisch oder eine Etagere, Stühle und Sessel. Andere Möbel waren seit Generationen im Besitz der auf St. Helena ansässigen Familien. Tapeten, Teppiche und Vorhänge, von denen sich, wenn überhaupt, nur Fetzen erhalten hatten, wurden in Frankreich neu angefertigt. Auch die Dielen, die Fensterrahmen und Balken, die von Termiten zerfressen waren, wurden rekonstruiert.

Anderes hingegen, auf dessen ausgewiesene, gewissermaßen zertifizierte Authentizität der Pilger gerade hier besonderen Wert legt, erweist sich nur als schnöde Replik. Das gilt etwa für die beiden zusammenklappbaren eisernen Feldbetten mit den grünseidenen Vorhängen, die von Napoleon als Ruhelager und Schlafstätte bevorzugt wurden. Beide, das Sterbebett, das im Salon von *Longwood House* aufgestellt war, wie das andere aus seinem Schlafzimmer, stehen heute im *Musée de l'Armée* in Paris. Am historischen Ort befinden sich dagegen zwei baugleiche Modelle vermutlich zeitgenössischer Produktion, denn diese praktischen, leichten und doch bequemen Bettstellen erfreuten sich zu Napoleons Lebzeiten großer Beliebtheit. Die Annonce in einer Pariser Zeitung vom August 1811 macht davon Mitteilung: »Eisenbetten, patentierte Erfindung, die sich wie Regenschirme zusammenfalten lassen, auf Reisen wie auch für die Aufstellung zu Hause sehr bequem, deren elastische Federung Matratzen überflüssig macht und so Insekten vermeiden lässt, erhältlich bei Desarches, Schlosser, Hoflieferant Seiner Majestät, des Kaisers und Königs, rue de Verneuil No. 18.«

Als die *Belle Poule* am 30. November 1840 vor Cherbourg anlangte, hatte in Frankreich niemand mit ihrem so zeitigen Eintreffen gerechnet, war nichts für einen würdigen Empfang vorbereitet. Auch hatte sich die schwärende orientalische Krise zwischenzeitlich erheblich verschärft, war der Ausbruch eines Krieges nur dadurch zu verhindern gewesen, dass die Regierung Thiers eine diplomatische Demütigung einsteckte, die den nationalen Stolz in Wallung brachte. Im Zusammenhang mit der Überführung Napoleons aber weitaus fataler war, dass am 6. August Louis-Napoléon mit einer Schar von Anhängern, unter denen sich auch Montholon befand, von England kommend in Boulogne-sur-Mer gelandet war, um mittels eines neuerlichen Putschversuchs die Macht in Frankreich zu erobern. Zwar war auch dieser Desperadostreich schnell gescheitert, aber an die von Thiers geplanten grandiosen Zeremonien anlässlich der Heimholung Napoleons war jetzt nicht mehr zu denken. Louis-Philippe musste nun erkennen, dass es ein Irrtum gewesen war, dieses Ereignis zum Anlass eines großen nationalen Festakts machen zu wollen, der dazu beitragen sollte, die Legitimität seiner Herrschaft endgültig zu sichern. Angesichts des gescheiterten Gewaltstreichs von Boulogne drohte daraus nun eine gleichermaßen große wie unerwünschte bonapartistische Demonstration zu werden.

Aus dieser Verlegenheit flüchtete man sich in die nächste: Der Sarkophag sollte jetzt nicht mehr, wie ursprünglich geplant, in feierlichem Zug auf dem Landweg, sondern zu Schiff über die Seine nach Paris geschafft werden. Das hatte den großen Vorteil, dass unterwegs nirgendwo Halt gemacht werden musste. Ein Erlass des Innenministers schärfte den Präfekten auch ein, dass der Konvoi vor seiner Ankunft in Paris nicht anlegen werde, denn es dürfe nur eine einzige Zeremonie geben, die für Paris geplant sei.[7] Dadurch ließen sich die befürchteten landesweiten bonapartistischen Demonstrationen von vornherein vereiteln. Außerdem wurden die Kommunen, die entlang der Seine lagen, angewiesen, lediglich die Uferpartien für die Passage des Konvois zu schmücken. Um aber auch für diesen minimalen Aufwand gerüstet zu sein, blieb der Sarkophag eine Woche auf der Reede von Cherbourg. Am 8. Dezember schließlich sollte die Passage nach Le Havre erfolgen. Nach einer feierlichen Messe, die bei strömendem Regen auf der *Belle Poule* gelesen wurde, schaffte man den Sarkophag an Bord des Dampfschiffs *Normandie*, dessen Kommando ebenfalls der Prinz von Joinville übernahm. Am nächsten Morgen langte die *Normandie* in Le Havre an, wo sie von einer großen Menschenmenge erwartet wurde, die in laute Hochrufe auf Napoleon ausbrach, dessen Sarkophag auf dem hinteren Deck gut sichtbar und verschwenderisch geschmückt aufgebaut war.

Als die *Normandie* die Seinemündung erreichte, eilte ihr von Paris eine ganze Flotille kleinerer Dampfschiffe entgegen, darunter die *Dorade*, die ein speziell zugerüstetes »bateau catafalque« im Schlepp mit sich führte, auf dem der Sarkophag bis Paris geschafft werden sollte. Dieses flache »bateau catafalque« war mit einer wahren Orgie schlechten Geschmacks ausgestattet worden: Auf den Planken hatte man einen Tempel aus Bronze errichtet, zwischen dessen Säulen schwarze, mit Silber bordierte Draperien angebracht waren. Auf dem

Dach des Tempels hockten vier überdimensionierte vergoldete Adler, die in ihren mächtigen Schnäbeln Girlanden von Immortellen hielten, während dessen Fassade vier vergoldete Karyatiden schmückten, die Donau, Nil, Weichsel und Elbe symbolisierten. In dem Tempel sollte der Sarkophag Platz finden, der mit dem aufwendig bestickten Bahrtuch bedeckt war. Dahinter war ein Wald von Fahnen derart arrangiert, dass man aber die Schlachten, die ihnen aufgestickt waren, nicht lesen konnte, galt es doch, Rücksicht auf eventuelle Empfindlichkeiten der Siegermächte zu nehmen. Um den Tempel herum, der beim Passieren von Brücken durch einen ausgeklügelten Mechanismus abgesenkt werden konnte, waren auf Gestellen große Schalen aufgestellt, in denen Weihrauch verbrannt wurde. An den Bordseiten des »bateau catafalque« befanden sich außerdem zwanzig vergoldete Pilaster, zwischen denen ebenso viele Schilde standen, auf denen die wichtigsten Taten Napoleons verzeichnet waren. Ein am Bug des Schiffes angebrachter riesiger vergoldeter Adler komplettierte diese wahnwitzige Theaterdekoration.

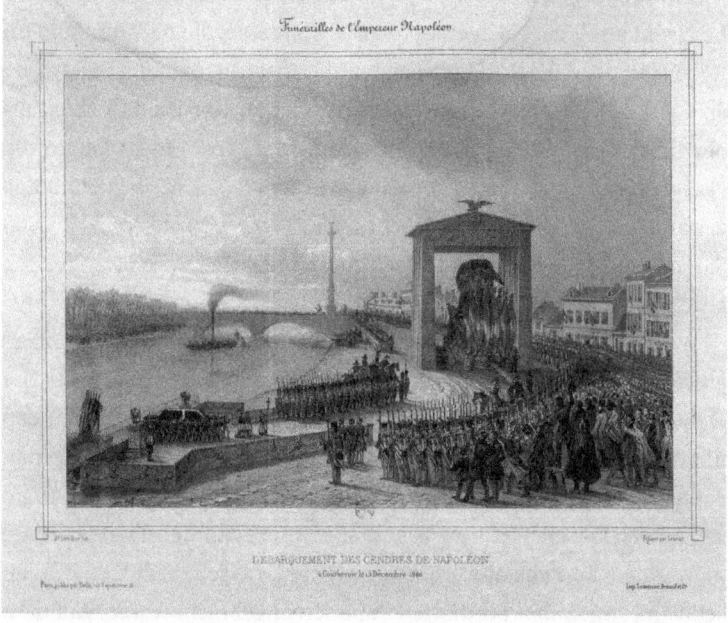

Funérailles de l'Empereur Napoléon

DÉBARQUEMENT DES CENDRES DE NAPOLÉON
à Courbevoie le 15 Décembre 1840

Auf der Höhe von Saint-Denis trat ein, was unschwer vorherzusehen gewesen wäre: Gegen die Strömung und auch wegen der erheblichen Luftwiderstand bietenden Last des Bronzetempels vermochte
die *Dorade* den Prahm nicht mehr von der Stelle zu bringen. Also entschloss man sich, das Trauerschiff zurückzulassen und stattdessen die
Dorade für den Transport des Sarkophags zuzurüsten. In aller Hast
wurde deshalb auf deren Deck ein Katafalk errichtet, den man mit
allerhand Draperien notdürftig kaschierte. Außerdem wurden über
den ganzen Schlepper verteilt vierzig Trikoloren aufgepflanzt, die mit
Immortellenkränzen dekoriert wurden. Aber auch auf diesem Deko-
rationsbehelf ruhte kein Segen, denn der Prinz von Joinville verwies
darauf, dass alle diese Zurüstungen ihm beim Navigieren höchst hinderlich seien, weshalb diese wieder entfernt wurden und man sich damit beschied, den Rumpf des Schleppers schwarz anzustreichen und
den jetzt schmucklosen Sarkophag auf dem Hinterdeck abzustellen. –
Weder bei Inseln noch bei der Schifffahrt war Napoleon das Glück
hold.

Am Morgen des 10. Dezember setzte sich dieser Trauerkondukt,
der acht Dampfschiffe umfasste, Seine aufwärts wieder in Bewegung.
Für die Teilnehmer war dies vermutlich der beschwerlichste Teil der
langen Reise, denn da das Eintreffen der sterblichen Reste Napoleons
auf den 15. Dezember terminiert war, musste die Fahrstrecke auf der
Seine, die in einem Tag zu bewältigen gewesen wäre, auf vier gestreckt
werden. Da die kleinen Schiffe, die bei dem anhaltend nasskalten
Winterwetter ihren Passagieren – u.a. reiste die gesamte Besatzung
der *Belle Poule* nach Paris – keinen ausreichenden Schutz bieten konnten, musste man sich mit ausgiebigem Schnapskonsum zu wärmen suchen. Kurz, was so feierlich geplant war, drohte in trunkene Heiterkeit
umzuschlagen, die ihren lärmenden Höhepunkt erreichte, sobald man
vor Asnières den dort vertäuten »bateau catafalque« passierte.

Als die Flotille am 14. Dezember Courbevoie erreichte, wurde der
Sarkophag an Land geschafft, und der Trauerzug erhielt endlich wie-
der die ihm angemessene Würde. Bei Einbruch der Nacht entstand in
Courbevoie ein großes Feldlager, in dem sich zahlreiche Größen der

Grande Armée ein Stelldichein gaben. Besonders bewegend war der Anblick des Marschalls Soult, der sich, auf den Arm des alten Las Cases gestützt, lange vor dem Sarg verneigte. Wer nicht erschien, war Louis-Philippe, der sich damit beschied, seine Söhne, die Herzöge d'Aumale und de Nemours zu entsenden. Aber auch die großen Institutionen der Monarchie, die Kammern oder die Regierung, waren nicht durch Abordnungen vertreten. Das zeigte die anhaltende Verlegenheit des Regimes, das andererseits Sorge dafür getragen hatte, dass rund 100 000 Mann der regulären Armee um Paris zusammengezogen worden waren, um für alle Fälle gerüstet zu sein.

Am Morgen des 15. Dezember setzte sich der Kondukt erneut in Bewegung. Der Sarg wurde auf einem Wagen transportiert, dessen Aufbauten über zehn Meter hoch waren und der von sechzehn Rappen gezogen wurde. So ging es langsam voran über den Pont de Neuilly zum *Arc de Triomphe*, eine Wegstrecke, die beiderseits von einer dichten Menschenmenge flankiert war. Aber auch jetzt gab keine offizielle Delegation dem Wagen das Geleit. Was diesem folgte, waren neben Einheiten der Bürgerwehr und der regulären Armee Abordnungen von Schülern der *Écoles militaires*, Wagen mit dem Abbé Coquereau sowie der nach Sankt Helena entsandten Delegation, der sich ein Aufgebot an Marschällen anschloss, auf die Fahnenträger mit den Flaggen der sechsundachtzig Départements folgten, der Prinz von Joinville hoch zu Ross, der die Besatzung der *Belle Poule* anführte, schließlich der *char funèbre* mit dem Sarg Napoleons, dem die Veteranen das Geleit gaben, alte Männer verschiedener Nationen, Franzosen, Belgier, Polen oder Sarden, die ihre Uniformen angelegt hatten, deren Farben verblichen und deren Epauletten stumpf geworden waren. Ein seltsames, ein bewegendes, in gewisser Weise aber auch makabres Schauspiel, dem die herbeigeströmten Zuschauermassen jene Würde gaben, die durch die Dekorationen des *Arc de Triomphe* oder denen auf den sich daran anschließenden *Champs-Elysées* unschwer ins Lächerliche hätte abgleiten können: Auf dem Triumphbogen hatte man sich nicht entblödet, die *Apothéose de Napoléon* zu versinnbildlichen. Auf einem gewaltigen Piedestal stand vor einem Thronsessel der Kaiser im Krönungsornat mit dem Zepter in der einen und der *Main de Justice* in der anderen Hand, rechts und links flankiert von zwei Genien, die Krieg und Frieden symbolisierten. Das Ensemble erinnerte entschieden an eine Rummelplatzattraktion, ein Eindruck, den die vier großen Becken, die an jeder Ecke aufragten und farbige Flammen spien, noch unterstrichen. Diese Dekoration war eine wüste Mischung aus schlechten Kulissen, Gips, Pappmaché und vielen echten Emotionen.

Der *Arc de Triomphe*, unter dem der Wagen mit dem Sarkophag Halt machte, war die erste Etappe von Courbevoie zum Invalidendom. Batterien, die rechts und links des Bogens aufgefahren waren, feuerten Salutschüsse ab, und von ringsum aufgestellten Masten flatterten die Trikoloren. Die *Champs-Elysées* waren in den Wochen zuvor zu einer *Via triumphalis* gestaltet worden, die beiderseits auf der ganzen Länge bis zur *Place de la Concorde* mit Fahnen und Trophäen sowie sechsunddreißig großen Statuen – achtzehn auf jeder Seite – geschmückt waren, ausnahmslos Siegesgöttinnen, die in ihren ausgestreckten Händen Palmen und Kronen hielten. Zwischen diesen Statuen waren jeweils

Säulen aufgestellt, die eine große Kugel trugen, auf der ein vergoldeter Adler mit weit ausgebreiteten Schwingen saß. Jede dieser Säulen trug außerdem ein Schild, auf dem in chronologischer Abfolge der Name einer Schlacht, die Napoleon geschlagen hatte, aufgeführt war – von Millesimo-Montenotte bis Champaubert und Montmirail.

Auf der *Place de la Concorde*, auf der Besuchertribünen errichtet worden waren, die mehreren tausend Schaulustigen Platz boten, bog der Kondukt nach rechts ab, passierte über den *Pont de la Concorde* die Seine, die mit weiteren allegorischen Figuren geschmückt war, und zog vom *Quai d'Orsay* geradeaus weiter zur *Esplanade des Invalides*. Auf dieser letzten Wegstrecke waren ebenfalls auf jeder Seite je achtzehn Gipsfiguren von fünf Meter Größe aufgestellt, die ein Panoptikum der französischen Geschichte waren und deren Figurenauswahl nach den nämlichen Kriterien erfolgt sein dürfte, die schon für das Bildprogramm des *Musée historique de Versailles* bestimmend gewesen war und die als repräsentativ für die einzelnen Epochen der französischen Geschichte gelten konnten: Hier wie dort waren es Jeanne d'Arc, Heinrich IV. oder Ludwig XIV. sowie der eine oder andere napoleonische General, wie etwa Mortier, für den insbesondere sprach, dass er fünf Jahre zuvor bei einem Attentat auf Louis-Philippe getötet worden war. Nichts bestätigte jedoch die naheliegende Vermutung, die Auswahl dieser Figuren sei als eine Hommage an Napoleon zu verstehen. Das wurde sogar ausdrücklich durch das Standbild des Grand Condé, des Großvaters des Duc d'Enghien, dementiert, der 1804 aus Baden entführt wurde, angeblich weil er ein Komplott gegen den Ersten Consul plante, und der nach einem hastigen Standgerichtsurteil im Festungsgraben von Vincennes erschossen wurde. Dieser politische Mord, für den Napoleon verantwortlich war, haftete ihm seither wie ein Kainsmal an. Also war dieser dekorativen Parade von Gipsfiguren lediglich die Botschaft angesonnen, Napoleon eben nicht als historische Ausnahmefigur zu feiern, sondern ihn in den Ablauf der französischen Geschichte als eine bemerkenswerte Gestalt unter anderen einzureihen.

Als gegen zwei Uhr nachmittags einundzwanzig Salutschüsse abgefeuert wurden, signalisierte das, dass der Sarkophag unmittelbar vor den Invaliden angelangt war. Hier wurde der Sarg vom Wagen abgeladen und in den *Cour d'honneur* getragen, wo der Erzbischof von Paris das Weiheritual vollzog und ein stimmgewaltiger Chor das *De profundis* schmetterte. Jetzt gab es keinen Zweifel mehr: Das war »la grande mort du siècle«, wie Charles de Rémusat in seinen *Memoiren* das Eintreffen der Nachricht vom Ableben Napoleons im Juli 1821 kommentiert hatte.[8]

Zu den Klängen eines Trauermarschs trugen Matrosen den Sarg zum Invalidendom. Hier hatte Louis-Philippe mit seiner Familie Aufstellung genommen, und hier endete auch die Mission des Prinz von Joinville, allerdings mit einer Panne in der Regie. So schildert es Joinville in seinen *Memoiren*: »Allem Anschein nach hatte man im Kronrat eine kleine Rede vorbereitet, die ich, als ich meines Vaters ansichtig wurde, hätte halten sollen, der mir darauf dann antwortete. Allerdings hatte man vergessen, mich davon in Kenntnis zu setzen, weshalb ich mich bei meiner Ankunft damit beschied, mit meinem Degen zu grüßen und zu verschwinden. Ich bemerkte sofort, dass dieser stumme Gruß, gefolgt von meinem Abgang, für eine gewisse Verwirrung sorgte, allein mein Vater murmelte nach kurzem Zögern irgendeinen Satz, weshalb man die ganze Sache anschließend im *Moniteur* wie geplant darstellte.«[9] Danach hätte der Prinz dem König mit den Worten Meldung machen sollen: »Sire, ich überbringe Ihnen die Gebeine des Kaisers Napoleon, die ich gemäß Ihren Befehlen nach Frankreich geschafft habe.« Darauf hätte der König antworten sollen: »Im Namen Frankreichs nehme ich sie an.«

Es folgte als letzter Akt eine feierliche Totenmesse, bei der das Requiem Mozarts erklang, das vom Orchester und den Sängern der Pariser Oper dargebracht wurde und dem die königliche Familie und die Abgeordneten beiwohnten. Die Mitglieder des diplomatischen Corps waren jedoch nicht zugegen, denn sie hatten sich bei einem Treffen in der britischen Botschaft darauf verständigt, nicht einer Trauerfeier beizuwohnen, die ein Usurpator [i. e. Louis-Philippe] einem anderen Usurpator [i. e. Napoleon] ausrichtete.[10] Derart endete das sehr aufwendig inszenierte Zeremoniell, das von der Julimonarchie aus Anlass der Überführung der Leiche Napoleons angeordnet worden war und von der sich das Regime eine mächtige Demonstration versprach, die seine schwankende Basis festigte und die innerfranzösischen Gegensätze überwinde, die das Land nach wie vor in Republikaner, Legitimisten und Bonapartisten spaltete. Das jedoch erwies sich, kaum dass die aufwendigen Dekorationen abgeräumt waren, als Illusion. Diese Feststellung steht jedoch im Widerspruch zu dem Umstand, dass von keinem Ereignis, das sich in Paris während des 19. Jahrhunderts zutrug, so viele ausführliche Schilderungen von Augenzeugen überliefert sind, die ausnahmslos alle von tiefer Bewegtheit zeugen. Das gilt für die ausführlichen und glänzenden Darstellungen der großen Literaten, wie Victor Hugo oder William Makepeace Thackeray,[11] wie für die zahlreichen Zeugnisse von Notabeln, die der Nachwelt ihre Memoiren hinterließen. Fast einhellig wird das Spektakel als triumphal, als tief beeindruckend bezeichnet, und nicht wenige betonen, die Überführung der sterblichen Überreste von Napoleon habe die Schmach von Waterloo getilgt.

Der Glaube an solche Magie, die alte Wunden und den beschädigten Stolz der Nation zu heilen vermag, ist mit Napoleon in Frankreich bis heute verbunden. Das erhellt auch, dass St. Helena dem französischen Bewusstsein nicht irgendeine ferne Insel ist, sondern ein *lieu de mémoire*, ein Ort, der Identität stiftet.

Auf die Wirkung dieser Magie glaubte auch ein ausgewiesener Kenner Frankreichs wie Hitlers Botschafter im besetzen Frankreich, Otto Abetz, mit Erfolg spekulieren zu können. Um die französische Öffentlichkeit für eine engere Kollaboration mit den Besatzern zu gewinnen, verfiel er auf die Idee, die sterblichen Überreste des »Aiglon«, des einzigen legitimen Sohns von Napoleon, des 1832 in Wien gestorbenen und dort in der Kapuzinergruft beigesetzten Herzogs von Reichstadt, in den Invalidendom zu überführen. Entsprechende Vorbereitungen waren auf Weisung Hitlers seit Oktober 1940 in Gang. Die im Rahmen eines strikt militärischen Zeremoniells erfolgende Übergabe und Beisetzung wurde auf die Mitternacht vom 14. auf den 15. Dezember, also auf den Tag genau einhundert Jahre nach der Inhumation Napoleons im Invalidendom, terminiert. Dort nahm lediglich ein Ehrenbataillon der Wehrmacht gegen 23.00 Uhr Aufstellung, um den Sarkophag des »Aiglon«, der am Abend in der *Gare de l'Est* per Bahn eintraf, mit militärischen Ehrbezeugungen zu empfangen. Das gesamte Zeremoniell sollte unter Ausschluss der Öffentlichkeit stattfinden, und allein dem Stadtkommandanten von Paris, General von Stülpnagel, war es gestattet, einen Kranz ohne Schleife niederzulegen. Die propagandistische Ausschlachtung der Übergabe, in die sich Abetz und der Stellvertreter von Staatschef Marschall Pétain, Pierre Laval, teilten, erfolgte erst danach über Rundfunk und Presse.

Das erwies sich im Unterschied zu den von Abetz gehegten Erwartungen als kompletter Fehlschlag, denn die französische Öffentlichkeit nahm von dieser Propagandainszenierung einer »Familienzusammenführung« im Hause Napoleon keinerlei Notiz, was auch erklären mag, dass heute noch in Wien zu Besuch weilende Franzosen wie einst Bernard-Henri Lévy die Kapuzinergruft aufsuchen, um dort des »Aiglon« zu gedenken.

Napoleonische Dogmatik

F ür die Julimonarchie blieb Napoleon selbst nach der feierlichen Überführung seiner sterblichen Reste in den Invalidendom eine fortwährende Verlegenheit, auch wenn sich diese Entscheidung, wie die *Memoiren* Rémusats zeigen, sehr einleuchtend rechtfertigen ließ: »Wir profitierten damit von einem bereits bekannten und berühmten Monument, das nicht ohne große Schönheit war, und wir verschafften ihm damit das, was ihm bislang abging: eine Bestimmung. Tatsächlich hatte man es nicht vermocht, mit dem Kuppelbau der Invaliden etwas anzufangen; das war nur ein großer leerer Kreis.«[1] Zunächst wurde der Sarkophag in der Seitenkapelle Saint-Jérôme abgestellt, bis über dessen endgültige Unterbringung in der klassizistischen Barockkirche entschieden worden war, die Jules Hardouin-Mansart 1679–1708 im Auftrag Ludwigs XIV. errichtet hatte. Das sollte jedoch eine gute Weile dauern.

Es verstand sich von selbst, dass das Grab Napoleons eine seiner Bedeutung entsprechende Monumentalität und gleichzeitig auch eine zentrale Lage innerhalb des Kircheninneren haben müsse. Für beide Maßgaben galt aber auch, dass durch die Ausführung weder die Raumwirkung des Kuppelbaus noch dessen sakrale Funktionen beeinträchtigt werden sollten. Um sich einer Lösung dieses kniffligen Problems wenigstens anzunähern, wurde ein Wettbewerb veranstaltet, den Innenminister Charles Marie Tanneguy Duchâtel am 13. April 1841 in der Abgeordnetenkammer ankündigte. »Das Grab Napoleons«, spezifizierte der Minister, »muss ein Monument von strenger und beeindruckender Einfachheit sein. Was seine *Grandeur*, seine Großartigkeit ausmacht, das ist der Name, der darauf eingraviert wird. Werden aber nicht alle Anstrengungen der Kunst sich als machtlos erweisen, die schiere Höhe dieses großen Namens zu erreichen?« Auch wenn diese Frage nur rhetorisch gemeint war, konnte sie kaum als Ermutigung an die Künstler verstanden werden, trotz der Versicherung, dass »deren ausgewiesenes Talent der Verwaltung die Gewähr einer guten Ausführung bietet.«[2]

Insgesamt wurden einundachtzig Entwürfe eingereicht, die im *Palais des Beaux-Arts* der Öffentlichkeit vorgestellt wurden. Die allermeisten davon waren, wie nicht anders zu erwarten, monströse Schauerlichkeiten, deren Verwirklichung die ästhetische Wirkung von Hardouin-Mansarts Kirchenraum unrettbar beeinträchtigt hätten. Zwei in dieser Hinsicht extreme Beispiele seien genannt: Der Vorschlag Nr. 33, den Hauptmann Théophile Bidon machte, ein Militär also, der weder als Künstler noch als Architekt ausgewiesen war, sah einen riesigen Adler aus Bronze vor, der mit ausgebreiteten Schwingen von der Kirchenkuppel herabhängen sollte und der in seinen Fängen Napoleons Sarg umkrallte, den er vom Boden aufgehoben hatte. Ein anderer Vorschlag, Nr. 56, den ein gewisser P. F. Geslin, ein Plakatmaler, einreichte, brachte einen bronzenen Sarkophag in Vorschlag, der außer den Gebeinen des Kaisers auch einen Mechanismus bergen sollte, der an den Außenseiten des Grabes ständig die Lebensgeschichte Napoleons in bunten, auf Leinwand gemalten Bildern abspulte. Dieser Uhrwerksmechanismus sollte von mehreren großen Rollen kontinuierlich in Bewegung gehalten werden, von denen die Leinwandbahnen mit den Darstellungen transportiert wurden. Seinen Entwurf versah Geslin mit der Begründung, es gelte zum einen ein Grabmonument zu schaffen, das der Person, die damit erinnert werde, angemessen sei, wie zum anderen auch einen Beitrag für die Herausforderungen der

Moderne zu leisten, für die Bewegung als ein ganz herausragendes und prägendes Kennzeichen gelten könne.[3]

Auch wenn es einer vom Innenminister berufenen Kommission aus Künstlern und Architekten relativ zügig gelang, die Fülle der Vorschläge auf zwei zu reduzieren, konnte sie sich nicht für einen Vorschlag entscheiden und überließ damit dem Minister die Aufgabe, den Wettbewerbssieger zu verkünden. Allerdings gab der Abschlussbericht der Kommission eindeutige Präferenzen zu erkennen, zumal das Grabmal vor allem zwei Bedingungen erfüllen sollte: stets sichtbar, gleichzeitig aber auch der Menge und dem Getriebe so entrückt zu sein, dass nichts den ehrwürdigen und religiösen Charakter störe. »Eine offene Krypta analog jener von St. Peter in Rom (...) weist diese beiden Vorteile auf. Die Absenkung verschafft ihr ein gedämpftes Licht, einen feierlichen Effekt und gestattet es gleichzeitig, den Sarkophag im Inneren des Kuppelbaus vom Rand einer Balustrade aus zu gewahren. Der um den Sarkophag herum belassene Raum, die Tiefe der Krypta wie die Mächtigkeit der Rampe halten die Besucher zum Grabmal derart auf Distanz, dass dessen imposanter und heiliger Aspekt gewahrt bleibt. (...) Außer diesen Vorzügen hat die Krypta vor allem auch den Vorteil, dass sie in keinerlei Hinsicht die architektonische Harmonie des Kuppelbaus stört. (...) Ein Sarkophag von Granit oder Porphyr, der ebenso nobel wie streng modelliert ist und auf einem unzerstörbaren Sockel aufruht, scheint der Kommission das Denkmal zu sein, das am besten geeignet ist, es zu Ehren des Kaisers zu errichten.«[4]

Nach diesen Überlegungen überraschte es nicht, dass der Minister sich für den Vorschlag Louis Viscontis aussprach.[5] Er hatte einen Entwurf eingereicht, der als Einziger die Gewähr bot, weder die Proportionen noch die Harmonien des Kircheninneren nachdrücklich zu stören. Visconti nutzte den Grundriss des Kirchenraums, der ein griechisches Kreuz darstellt, um genau in dessen Mitte, und damit unter der Kuppel, eine nach oben offene, runde Krypta vorzuschlagen, die nur durch eine niedrige Balustrade vom übrigen Raum separiert werden würde. In der Mitte dieser Krypta sollte der Sarkophag aufgestellt werden, der damit das durch die zweistöckigen Fensterbänder im

Kuppelbau von oben einfallende Tageslicht empfing und sich auch den Blicken von Besuchern darbot, die an der ringsum laufenden Balustrade im Inneren der Kirche stehend nach unten schauten.

Am 22. März 1842 erteilte die Regierung Visconti den Auftrag, das Grabmal Napoleons im Invalidendom nach diesen Vorschlägen auszuführen. Ungeachtet aller Schwierigkeiten während der Bauarbeiten, die zum Teil sogar unterbrochen werden mussten – letzteres galt zumal für die Februarrevolution von 1848 und die sich unmittelbar daran anschließenden Wirren –, waren diese zu Beginn des Jahres 1853 so weit abgeschlossen, dass die Vorbereitungen für die feierliche Inauguration des Grabes von Napoleon I. beginnen konnten, die von dem unterdessen zur Macht gelangten Kaiser Napoleon III. für den Todestag des Onkels am 5. Mai ins Auge gefasst worden waren. Allein, dazu kam es nicht, denn Napoleon III. begann zu zaudern und zu zögern, seinen illustren Verwandten an jenem Platz beizusetzen, der ihm von der Julimonarchie zugewiesen worden war. Allem Anschein nach war Napoleon III. unter dem Einfluss der Ohrenbläser, die um ihn herumwimmelten, wie auch aus dynastischen Rücksichten wieder dem Gedanken nähergetreten, den Gründer der IV. Dynastie gekrönter Häupter von Frankreich in deren traditioneller Grablege in der Kathedrale von Saint-Denis beizusetzen. Aber dazu kam es nicht. Über die Gründe lässt sich nur spekulieren. Vermutlich hatte sich Napoleon III. unterdessen dazu entschlossen, dem Vorbild des großen Onkels auch in der Hinsicht zu folgen, der auf St. Helena Las Cases vermeintlich anvertraut hatte, sich künftig als liberaler Herrscher gerieren zu wollen. Jedenfalls gab Napoleon III. im Herbst 1860 zu erkennen, die bisherige autoritäre Phase seines Regimes sei Vergangenheit und er wolle sich von nun an einer liberalen Herrschaftspraxis befleißigen. Für die Glaubwürdigkeit dieses Paradigmenwechsel wäre es aber untunlich gewesen, den insgeheim verfolgten Plan zu realisieren und Napoleon I. in Saint-Denis beizusetzen, auch wenn Viollet-le-Duc, der Chefarchitekt des Regimes, bereits 1858 damit begonnen hatte, eine napoleonische Familienkrypta unter dem Hauptaltar der Kathedrale von Saint-Denis auszubauen.[6]

Das erklärt es, dass mit einer Verzögerung von acht Jahren die sterblichen Reste Napoleons am frühen Nachmittag des 2. April 1861 von der Seitenkapelle in den nur wenige Meter entfernt und seit neun Jahren bereitstehenden würdigen Sarkophag aus poliertem Porphyr in der eigens dafür gebauten Krypta überführt wurden. Napoleons Leichnam, der im Winter 1840 mit über alle Maßen aufwendigen *Pompes funèbres*, Kosten und Mühen von St. Helena herbeigeschafft worden war, hatte damit einundzwanzig Jahre in einer unspektakulären Seitenkapelle gelegen. Diese Frist übertraf noch um rund zwei Jahre die Totenruhe auf jener fernen Insel! Das war nichts weniger als schändlich, weshalb der letzte Akt dieser sehr französischen Tragikomödie ohne größeres Brimborium und nur in Anwesenheit der kaiserlichen Familie, einiger Minister und höchster Militärs abgewickelt wurde.[7]

In dieser groben Vernachlässigung kam natürlich auch zum Vorschein, dass die Erinnerung an Napoleon dem Regime des Neffen längst zu einer bloß dekorativen Routine geworden war. Auch war es nicht mehr möglich, unter Berufung auf das Beispiel des Onkels Kritik am Tun und Lassen des Neffen zu formulieren. Außerdem hatte der Neffe bereits 1839 die Programmschrift *Des Idées Napoléoniennes* publiziert, mit der er die von Napoleon Las Cases angeblich anvertrauten Visionen und Absichten insbesondere in sozial- und wirtschaftspolitischer Hinsicht bereichert und den gewandelten Erwartungen angepasst hatte. Schließlich wurde vom Regime des Neffen auch alles unternommen, um die Erinnerung an Napoleons Herrschaft und Erfolge immer wieder neu erstrahlen zu lassen. Die Straßendurchbrüche, die im Zusammenhang mit der *Transformation de Paris*, der umfassenden Modernisierung der Kapitale, unternommen wurden, erhielten meist Namen napoleonischer Schlachtensiege oder von Soldaten. Schließlich war es ein besonderes Anliegen des Neffen, die literarische Hinterlassenschaft Napoleons I., die auf St. Helena den Begleitern diktierten Erinnerungen an seine Feldzüge so gut wie dessen riesigen Briefwechsel zu edieren und der Öffentlichkeit zugänglich zu machen.

Zugleich setzte auch der Strom von Erinnerungen der Zeitgenossen an die napoleonischen Herrlichkeiten ein, die aus politischen Rücksichten bislang in Kladden und Schubladen geblieben waren und die nun von deren Nachfahren der Öffentlichkeit vorgelegt wurden. Ähnlich groß war auch die Konjunktur napoleonischer Sujets in den Bildenden Künsten, die zwar schon unter der Julimonarchie aufgeblüht war, aber die jetzt noch einmal einen neuen Schub erlebte, zumal es eine beträchtliche offizielle oder offiziöse Nachfrage gab, repräsentative Räume mit repräsentativen Historienbildern zu schmücken.

Das alles trug dazu bei, das Publikum mit einer wahren Flut von napoleonischen Reminiszenzen zu überschwemmen, die schnell dessen Aufnahmefähigkeit übersteigen musste. Die schiere Fülle der napoleonischen Erinnerungsbruchstücke hatte unterdessen auch längst die rege Neugier jener Nachgeborenen erschöpft, welche die napoleonische Epopöe nur vom Hörensagen kannten, umso mehr deshalb aber wähnten, an der vermeintlichen Leere der je eigenen Zeit leiden zu müssen. Abhilfe für diesen *Spleen* konnte nur der verschaffen, dem es gelänge, alle diese Bruchstücke zu einer Konfession zusammenzufügen, die als wahrer *roman national* die Vergangenheit übersichtlich darstellte und gleichzeitig Perspektiven entwarf, von denen sich die Gegenwart anregen ließ.

Als Magier, dem jene Konfession gelang, erwies sich Adolphe Thiers, der seine erzwungene Muße als vom Zweiten Kaiserreich Napoleons III. kaltgestellter Politiker dazu nutzte, eine zwanzig Bände mit jeweils wenigstens fünfhundert Druckseiten Umfang umfassende Darstellung der *Histoire du Consulat et de l'Empire* vorzulegen, die in den Jahren 1845 und 1862 erschienen. Bereits am 30. November 1844 schrieb Prosper Mérimée der Comtesse de Montijo, der späteren Frau Napoleons III.: »M. Thiers arbeitet mit großem Eifer an seiner Geschichte von Napoleon. So hält er es immer, sobald er weder Lust noch Hoffnung hat, ein Ministerium zu übernehmen.«[8] Das riesige Werk, von dem über eine Million Exemplare verkauft wurden, bedeutete für das zeitgeschichtliche Wissen des französischen Bürgertums im 19. Jahrhundert und noch darüber hinaus gewissermaßen den Gold-standard. Thiers schöpfte für seine Arbeit aus der weitgehend noch nicht gesichteten, geschweige geordneten Masse der Korrespondenz Napoleons, seiner Minister und Generäle sowie aus den zu großen Teilen noch nicht veröffentlichten Memoiren seiner Zeitgenossen.[9] Allein schon diese umfassende und systematische Durchforstung der Quellen nötigt Respekt ab.

Um eine solche Herausforderung zu bemeistern, einen derart vielgestaltigen Erfahrungsraum erstmals ebenso detailliert wie umfassend zu kartieren, brauchte es neben politischer Erfahrung, über die der liberal-konservative Thiers als einer der führenden Politiker der Julimonarchie verfügte, auch Fleiß und eine stupende Arbeitskraft. Allein ihrem schieren Umfang nach reicht die schriftstellerische Produktivität Thiers' an die von Honoré de Balzac, Alexandre Dumas oder Victor Hugo heran. Das gilt nicht weniger für die literarische Qualität seiner historischen Erzählung, die umso rühmenswerter ist, als sich Thiers mit einer geradezu überwältigenden Vielfalt von Themen, Konstellationen und Szenerien konfrontiert sah, die vielfältig miteinander verschränkt waren. Darin spiegelte sich ein Geschehen wider, das vordem Jahrzehnte gebraucht hätte, um sich zu entwickeln. Der Beschleunigung der Geschehensabläufe durch die Revolution war es jedoch zuzuschreiben, dass diese Fülle sich in einer Spanne von gerade einmal fünfzehn Jahren abspielte, der Zeit einer halben Generation. Das macht es einsichtig, dass das Werk von Thiers für das Genre der historiographischen Erzählung in Frankreich Maßstäbe setzte: Trotz seiner wahrhaft epischen Anlage besticht es durch die Klarheit der Darstellung und eine einleuchtende Gliederung des Stoffs. Damit gelang es ihm, die Aufmerksamkeit der Leser zu fesseln, was angesichts des schieren Umfangs dieses Werks als eine der wichtigsten Voraussetzungen für dessen Erfolg angesehen werden darf.

Als Verfasser großer zeitgeschichtlicher Darstellungen verfügte Thiers über einschlägige Erfahrung und Routine. 1823–1827 hatte er eine zehnbändige *Histoire de la Révolution Française* vorgelegt. Auch wenn er es vermied, seine Sympathien für eine der Revolutionsparteien allzu deutlich zu erkennen zu geben, galt Thiers allein schon

wegen seiner Befassung mit dem Thema als Revolutionär. Die bürgerliche Leserschaft, die ihm den geschäftlichen Erfolg dieses Werks sicherte – 1845 waren von der zehnbändigen Ausgabe bereits mehr als
fünfundachtzigtausend Exemplare verkauft worden –, hielt ihm mut-
maßlich zugute, dass Thiers den Wohlfahrtsausschuss dafür lobte,
Frankreichs territoriale Integrität verteidigt zu haben. Bei seinem anderen, doppelt so umfangreichen historischen Hauptwerk, der *Histoire
du Consulat et de l'Empire*, das Thiers ursprünglich auch auf einen
Umfang von zehn Bänden konzipiert hatte, für die er bei Vertrags-
unterzeichnung 1839 die wahrhaft exorbitante Summe von fünfhun-
derttausend *francs* als Vorschuss sowie noch zusätzlich zehntausend
francs für den Kauf von neuen Büchern, Recherchen und Kopierarbei-
ten einstrich,[10] legte er sich solche Zurückhaltung nicht auf, sondern
gab von Anfang an zu erkennen, dass dem Protagonisten dieser Erzählung seine Sympathie gehöre.

   Diese Tendenz gab Thiers sehr diskret dadurch zu erkennen, dass
er eloquent alle ungelösten Probleme oder Widersprüche, die Napoleons Handeln und Wollen aufwarf, umschiffte. Damit ließ er durchblicken, dass er sich im Urteil über den Protagonisten wie dessen Handeln an den stets deutlich propagandistisch eingefärbten Aussagen
Napoleons orientierte. Dessen ungeachtet beharrte Thiers auf Urteils-
freiheit, die sich darin äußerte, dass er deutliche Kritik an Napoleons
auf unstillbarem Eroberungsdrang basierender Politik übte, die seinen
wie den Untergang Frankreichs heraufbeschwor. Diese Sicht war aber
nicht zuletzt auch der Opposition geschuldet, mit der Thiers der erra-
tischen Politik von dessen Neffen Napoleon III. gegenüberstand.

   Auf das Scheitern der machtversessenen Hybris folgte die Kathar-
sis, die Napoleon mit der »Hundert-Tage-Herrschaft« erlebte, bei de-
ren Deutung sich Thiers wieder kritiklos auf dessen propagandistische
Vorgaben stützt: Die Niederlage von 1814 und die Verbannung nach
Elba hatten Napoleon angeblich geläutert und erneut seine vermeint-
lich wahre Natur als Wohltäter der Franzosen wie der gesamten
Menschheit zur Geltung gebracht. Das entwarf eine Perspektive, die
Napoleons Scheitern am geschlossenen Widerstand Europas in Wa-

terloo am 18. Juni 1815 als »défaite glorieuse« in den Rang einer großen menschlichen Tragödie erhob, die den Verlierer in einen Sieger
verwandelte.

Dieser Ausgang verrät unschwer, was Thiers zu dieser Interpretation veranlasste: Las Cases *Mémorial*, dessen wichtigste Botschaft war,
dass Napoleons tatsächliches Handeln keineswegs übereinstimmte
mit seinen wahren Absichten, bei deren Verwirklichung ihm nach ei-
genem Bekunden immer eine Fülle von Imponderabilien in die Quere
kam. Das war die Tragik seines Lebens, dass er von den Umständen
dazu gezwungen wurde, sich *malgre lui* als Despot zu gerieren, obwohl
er zutiefst liberal gesinnt war, wie er sich Benjamin Constant gegenüber in der berühmten Unterredung von Mitte April 1815 offenbart
hatte. Mit dieser Deutung gelang es Thiers wie vor ihm schon Las Cases, die gesamte Herrschaft Napoleons, also seine Tätigkeit als Erster
Consul so gut wie sein Walten als Kaiser, über den Leisten der Revolution von 1789 zu schlagen. Wie aber erst ganz am Ende seines Wirkens
offenbar wurde, gehörte Napoleon auch zu den Handlungsträgern von
deren freiheitlichen Tendenzen. Der Beweis dafür war nicht zuletzt,
dass seine Herrschaft stets die aus Sicht des Bürgertums beiden zentralen Errungenschaften der Revolution gewahrt hatte: die Beseitigung
des Feudalismus und die Gleichheit der Bürger.

Nicht zuletzt das garantierte den anhaltenden Erfolg von Thiers'
Werk beim Publikum. Als der erste Band Mitte März 1845 erschien,
meldete der *Journal des Débats*: »Die erste Auflage der *Histoire du
Consulat et de l'Empire* von M. Thiers, die sich auf zehntausend Exemplare belief, war bereits gestern nach wenigen Stunden des Verkaufs
vergriffen. Um vier Uhr nachmittags konnte der Verleger die Nachfrage der Buchhändler schon nicht mehr befriedigen, die seinen Ver-
lag dicht belagerten. Mehr als sechstausend Exemplare einer neuen
Auflage, die gerade gedruckt wird und die in wenigen Tagen ausgeliefert werden kann, sind, wie zu hören war, bereits vorbestellt.« In
diesem Zusammenhang schrieb Prosper Mérimée am 22. März 1845
seiner vertrauten Freundin, der Comtesse de Montijo: »Es ist nur noch
von dem Buch von M. Thiers die Rede. Es hat alle Vorzüge und alle

Nachteile seines Autors. Es besitzt sehr viel Klarheit, Methode und Tempo, andererseits jedoch einen etwas nachlässigen Stil, keine sonderliche Ausgewogenheit in den Urteilen oder gedankliche Tiefe. Der Erfolg jedoch ist riesig. Der Verleger, der 500 000 *francs* an Vorschuss dafür hinblätterte, hat ein exzellentes Geschäft gemacht.«[11]

Die große liberale Synthese, die Thiers von Napoleon in enger Anlehnung an das Vorbild des *Mémorial* entwarf, konnte ihre volle Wirkung aber erst nach 1870, dem Untergang des Zweiten Kaiserreichs und dem traumatischen Erlebnis des Verlusts von Elsass und Lothringen, entfalten. Das erkannte Albert Sorel, der ein auf acht Bände angelegtes Standardwerk *L'Europe et la Révolution Française*, das zwischen 1885 und 1904 erschien, vorlegte und das die Außenpolitik von Revolution, Consulat und Empire als einen Zusammenhang vorstellte. Sorel erweiterte damit um die napoleonische Episode den Geltungsbereich des Dogmas, das George Clemenceau 1891 dem Geschichtsverständnis der Dritten Republik dekretiert hatte, als er sagte, die Revolution von 1789 ff. sei ein Block, den man nur im Ganzen akzeptieren oder ablehnen könne. Damit ließ sich auch überspielen, dass die Revolution von 1789 nicht in Blut, Schrecken und Korruption versumpft war, wie ihre Gegner behaupteten, sondern dass ihr ursprünglicher Auftrag vielmehr dank Napoleon verwirklicht wurde. Um die auf historische Identität zielende Stringenz dieser Deutung zu wahren, musste Sorel jedoch Sorge dafür tragen, dass nicht Napoleon für das letztlich eklatante Scheitern dieser Mission verantwortlich gemacht werden konnte.

Diese Entlastung des Protagonisten besorgte Sorels zentrale These, nach der die Revolution lediglich außenpolitische Tendenzen, die schon für das Frankreich des *Ancien Régime* kennzeichnend waren, beschleunigte und verstärkte. Exemplarisch für diese Deutung ist das Mantra von den »natürlichen Grenzen« Frankreichs, das von der Revolution zum Glaubens- und Verfassungsartikel des neuen Regimes gemacht wurde. Sobald Napoleon im November 1799 durch den Putsch des *18 Brumaire* die Regierung der Republik übernommen hatte, blieb ihm angeblich keine Wahl, als dieses durch die vorausgegangenen Revolutionskriege geschaffene *fait accompli* der Annexion Belgiens und des gesamten linken Rheinufers zu akzeptieren und zu verteidigen. Nach Sorel war es dann dieser Zwang, der das ganze Drama von Napoleons weiterer Karriere in Gang brachte, das in die Katastrophe von 1814/15 einmündete.

Die vermeintliche Fatalität, mit der sich Napoleon mit jenem *fait accompli* konfrontiert sah, beschrieb Sorel gegen Ende des vierten Bandes seines Werks mit den Worten: »*La nature des choses* wollte es, dass *la Gaule césarienne* sich nur in einem Europa behaupten konnte, das den Gegebenheiten der Zeit der Caesaren entsprach [i.e. in römischer Zeit umfasste *omnis Gallia* auch die von den »natürlichen Grenzen« umschlossenen Gebiete]. Der einzige mit dieser römischen Konzeption von Gallien kompatible Frieden war das Römische Imperium, d.h. die Unterwerfung Englands und die Suprematie Frankreichs in Europa.«[12] Die Annexion Belgiens wie des Rheinlands durch den Konvent war demnach durch die französische Geschichte ebenso determiniert wie die durch Despotismus, andauernde Kriege und weitere Annexionen gekennzeichnete Entwicklung, die das napoleonische Kaiserreich nahm und die schließlich seinen Untergang unvermeidlich machte.

Ungeachtet der Tatsache, dass die »natürlichen Grenzen« ebenso wie irgendeine Determination der eigenen Geschichte unbeweisbarer Humbug sind, machte sich Sorel diese Behauptung für seine Darstellung zueigen. Das nötigte ihn konsequenterweise auch dazu, den von Napoleon stets behaupteten Anspruch zu übernehmen, immer den Frieden gewollt zu haben, den allein die Gegner hartnäckig verweigerten. Unabdingbare Voraussetzung für einen dauerhaften Frieden war jedoch in der napoleonischen Logik der Besitz der »natürlichen Grenzen«, die ihrerseits durch ein von Frankreich dominiertes Glacis geschützt werden mussten, das auf dem Höhepunkt der napoleonischen Machtentfaltung fast ganz Kontinentaleuropa umfasste.

Die von Thiers und Sorel entwickelten Deutungsmuster liefern bis heute das Gerüst, das den populären Napoleondarstellungen in Frankreich Halt gibt. Das gilt etwa für Frédéric Masson, dessen riesiges

Werk unter allen nur denkbaren Perspektiven der Darstellung von Persönlichkeit und Privatleben Napoleons gewidmet ist. Wenn Thiers seine Verehrung Napoleons allenfalls durchscheinen ließ, legten sich die späteren Autoren der napoleonischen Saga, von denen viele Mitglieder der *Académie française* waren, keinerlei Zügel an, die über jeden Zweifel erhabenen Vorzüge Napoleons herauszustreichen. Ein bis heute nicht wieder erreichter Höhepunkt dieser Panegyrik ist Elie Faures *Napoléon*, der 1921 aus Anlass des 100. Todestags erschien. Der 1928 vorgelegten deutschen Übersetzung dieses Hymnus war die Widmung vorangestellt: »Dem Einen unter den Führern der künftigen Weltrevolution, der göttliche Kraft besitzt, ihr das Gesetz aufzuzwingen, das sie ihm im Herzen schuf.«[13]

Autoren wie Louis Madelin oder Jacques Bainville diente das von ihren Vorgängern entworfene Napoleon-Bild dazu, in den 1930er Jahren die Zustände in der III. Republik zu brandmarken und ihren Protagonisten als Vorbild an Ordnung und Effizienz herauszustellen. Als Napoleon-Historiker unternahm es Madelin sogar, in Konkurrenz zu Thiers zu treten, indem er zwischen 1936 und 1953 in sechzehn Bänden eine *Histoire du Consulat et de l'Empire* veröffentlichte. Wessen Geistes Kind er war, verrät, dass er 1948 als Präsident den *Comité d'Honneur pour la Libération de Philippe Pétain* leitete, der wegen Hochverrats als Staatschef der Vichy-Republik von Hitlers Gnaden zu lebenslanger Haft verurteilt worden war. Nach Pétains Tod in der Haft im Juli 1951 war er auch Mitglied der *Association pour défendre la mémoire du Maréchal Pétain*.

Diese wenigen Andeutungen mögen genügen, um die vorherrschenden Tendenzen des Napoleon-Bildes zu charakterisieren, das die einschlägigen ihm gewidmeten und stets sehr erfolgreichen Werke heutiger Bewunderer wie Max Gallo oder André Castelot prägen und die einen erheblichen Beitrag dazu leisten, das Geschichtsverständnis in Frankreich und damit auch dessen politisches Bewusstsein zu fassonieren. Bewusst oder unbewusst verfolgen diese sehr populären Darstellungen eine Absicht, die eben jener entspricht, die bereits Bonaparte mit dem Consulat verfolgte: das Regierungskonzept, das dem

Chef des Staates alle Gestaltungsmacht zuspricht und das deshalb den Einfluss von Parteien wie den vielstimmigen Chor dissonanter Geltungsansprüche neutralisiert. Dieses Konzept entwirft ein System, das sich unter Berufung auf die nationale Souveränität auf zwei Konstanten stützt, die mit breiter Zustimmung der Öffentlichkeit rechnen können: eine starke Exekutive und das allgemeine Wahlrecht. In diesem Zusammenhang ist der Chef des Staates der alleinige und wahre Repräsentant der Nation, der nicht nur den nationalen Willen, sondern auch das Land als solches verkörpert, wie es Napoleon im Tagesbefehl vom 4. April 1814 für sich mit den Worten, »que la France est en lui«, in Anspruch nahm.[14] Eben das ist das Geschäftsmodell, das auch die V. Republik des General de Gaulle vorstellt.

Anhang

Bildnachweis

akg-images, Berlin: Abb. S. 131. Alle anderen Abbildungen entstam-
men folgender Quelle: Source gallicia.bnf.fr/Biblithèque nationale de
France; © Public Domain (›domaine public‹).

Anmerkungen

VORWORT

1 Pieter Geyl, *Napoleon. For and Against*, London 1949.
2 Johann Wolfgang Goethe, *Maximen und Reflexionen*, Gedenkausgabe der Werke, Brief und Gespräche, (ed.) Ernst Beutler, Zürich und Stuttgart 1962, IX, 527.

ERSTES BUCH: DER MYTHOS
Der Revolutionär

1 *Mémoires et correspondance de Mallet du Pan pour servir à l'histoire de la Révolution Française*, (ed.) A. Sayous, Paris 1851, II, 133.
2 *Réimpression de l'ancien Moniteur*, XXIII, 429–430.
3 Sydney Seymour Biro, *The German Policy of Revolutionary France 1792-1797*, Cambridge, Mass. 1957, I, 312–319.
4 Johannes Willms, *Tugend und Terror. Geschichte der Französischen Revolution*, München 2014, 553–575.
5 George Rudé, *The Crowd in the French Revolution*, Oxford 1959, 145–147.
6 Willms, *Tugend und Terror*, 614–615.
7 Zit. Willms, *Tugend und Terror*, 627.
8 Jacques Godechot, *Les Institutions de la France sous la Révolution et l'Empire*, Paris 1968, 467–468.
9 *Mémoires du maréchal Marmont duc de Raguse de 1792 à 1841*, Paris 1857, I, 82.
10 In seinen *Memoiren* behauptet Barras geradezu, er habe angesichts des Scheiterns von General Menou dem Wohlfahrtsausschuss versichert: »*Il n'y a rien de si facile que de remplacer Menou, j'ai l'homme qui vous manque: c'est un petit offi-*

cier corse qui ne fera pas tant de façons ... Le Comité de Salut public, sur ma pro-position, m'accorda aussitôt de mettre Bonaparte en service actif.« *Mémoires de Barras*, (ed.) George Duruy, Paris 1895, I, 250; noch wesentlich abenteuerlicher ist die Version, die Napoleon in seinen *Memoiren* nennt, die er General Mon-tholon auf St. Helena diktierte. Dort behauptet er, dass nach dem Scheitern von General Menou jedermann im Konvent, um diesen zu ersetzen, einen Ge-neral seines Vertrauens vorgeschlagen habe. »Les thermidoriens proposaient Barras; mais il était peu agréable aux autres partis. Ceux qui avaient été à Toulon, à l'armée d'Italie, et les membres du comité de salut public, qui avaient des relations journalières avec Napoléon, le proposèrent comme plus capable que personne de les tirer de ce pas dangereux, par la promptitude de son coup d'œil, l'énergie et la modération de son caractère.« Schließlich sei aus verfah-renstechnischen Gründen die Beschlussvorlage angenommen worden »de pro-poser, pour général en chef, Barras, en donnant le commandement en second à Napoléon«. *Mémoires pour servir à l'Histoire de France sous Napoléon*, Paris 1823, III, 108–110; Henry Zivy, *Le Treize vendémiaire an IV*, Paris 1898, 70.

11 Comte de Las Cases, *Mémorial de Sainte-Hélène*, (ed.) Marcel Dunan, Paris 1951, I, 819.

12 Napoléon Bonaparte, *Correspondance générale*, Paris 2004, I, No. 345, 268.

13 *Corr.* I, No. 65, 113.

14 Louis-Antoine Fauvelet de Bourrienne, *Mémoires sur Napoléon, le Directoire, le Consulat, l'Empire et la Restauration*, Paris 1831, I, 49.

15 Las Cases, *Mémorial*, II, 114–115.

16 *Corr.*, I, No. 346, 269.

17 Auf St. Helena erzählte Napoleon seinem Protokollanten Las Cases, der Wohl-fahrtsausschuss hätte Barras dem Konvent als Oberbefehlshaber empfohlen »et donna le commandement à Napoléon«. Las Cases, *ebda.*

18 Vgl. dazu seine Schilderung in: *Mémoires pour servir*, III, 116.

19 In diesem Sinne äußerte sich Napoleon im Gespräch mit seinem Arzt Barry O'Meara auf St. Helena. Barry O'Meara, *Napoléon en Exil*, (ed.) Desiré Lacroix, Paris 1897, II, 35–36.

20 Napoléon, *Mémoires*, III, 116–117.

21 Georges Carrot, ›Napoléon Bonaparte et le maintien de l'ordre, d'août 1786 à Vendémiaire an IV‹, *Revue de l'Institut Napoléon*, no. 165, avril 1994, 18.

22 *Réimpression de l'ancien Moniteur*, XXVI, 133.

23 Barras, *Mémoires*, I, 253–258.

24 *Ebda.*, 256.

25 Außer in den *Memoiren* von Barras, die in deutlich apologetischer Hinsicht erst Jahrzehnte später niedergeschrieben wurden, wird die fiktive Kanonade von Saint- Roch ausführlich in den Erinnerungen des späteren General Baron Dieudonné Thiébault geschildert, der als Untergebener des Generaladjutanten

der Inlandsarmee Jouy zwar beim *13 Vendémiaire* in Paris zugegen war, der in seinen *Memoiren* aber deutlich zu verstehen gibt, dass er sehr früh die große Befähigung Bonapartes erkannt habe und diese lobend herausstellt. *Mémoires du Général Baron Thiébault*, (ed.) Fernand Calmettes, Paris 1893, I, 532–537.

26 Dafür spricht auch, dass in dem detaillierten Bericht, den Bonaparte dem Konvent über den *13 Vendémiaire* erstattete, davon mit keiner Andeutung die Rede war. *Correspondance de Napoléon Ier*, Paris 1858, I, No. 73, 91–94.

27 Von dem vermeintlichen Ereignis gibt es mehrere bildliche Darstellungen, deren Urheber meist nicht überliefert sind.

28 Trotzdem die Kanonade an der Kirche von Saint-Roch bereits von Henry Zivy überzeugend als Erfindung entlarvt wurde (Zivy, *Le 13 Vendémiaire*, 90–91), schreibt Thierry Lentz in seiner Monographie über den *18. Brumaire:* »Bonaparte (...) fit mettre ses bouches à feu en batterie, commanda lui-même les premières salves qui défoncèrent les portes de l'église ...« Thierry Lentz, *Le 18 Brumaire*, Paris 2010, 110–11.

29 Philip Dwyer, *Napoleon. The Path to Power 1769-1799*, London 2007, 176, Anm. 24.

30 Zit. Baron de Coston, *Biographie des premières années de Napoléon Bonaparte c'est-à-dire depuis sa naissance jusqu'à l'époque de son commandement en chef de l'Armée d'Italie*, Paris 1840, I, 421.

31 *Ebda.*, 177.

32 Baron Fain, *Manuscrit de l'an III (1794-1795)*, Paris 1828, 373; Fain hat auch eine gute Schilderung der damaligen Erscheinung Bonapartes gegeben: »Il est à peine âgé de vingt-six ans; sa taille est petite et mince; sa figure creuse et pâle; des cheveux longs lui tombent des deux côtés du front, le reste de sa chevelure, sans poudre, se rattache en queue par derrière. L'uniforme de général de brigade dont il est encore revêtu *a vu le feu* plus d'une fois, et se ressent de la fatigue des bivouacs. La broderie du grade s'y trouve représentée dans toute la simplicité militaire par un galon de soie qu'on appelle *système*. Son extérieur n'aurait rien d'imposant, si ce n'était la fierté de son regard!« Fain, *ebda.*

33 *Réimpression de l'ancien Moniteur*, XXV, 222.

34 Marmont hat die einschlägigen Motive Bonapartes detailliert erörtert. Marmont, *Mémoires*, I, 60.

35 »Je ne vois pas d'inconvénient à ce que tu viennes à Paris. J'ai ici logement, table et voiture à ta disposition«, wie Napoleon an Joseph am 1. Januar 1796 schrieb. *Corr.*, I, No. 389, 288.

36 *Corr.*, I, No. 351, 271; No. 352, 272; No. 356, 273; No. 374, 280; No. 377, 281u. No. 398, 291.

37 Jean Tulard, ›Le Recrutement de la Légion de police de Paris sous la Convention et le Directoire‹, *Annales historiques de la Révolution Française*, 36 (1964), 46–50.

38 *Corr.*, I, No. 358, 274–275.
39 Barras, *Mémoires*, II, 27.
40 *Corr.*, I, No. 365, 277.
41 *Corr.*, I, No. 380, 282–283.

Der Heros

1 Bonapartes Ernennung zum Befehlshaber der Italienarmee war Gegenstand einer längeren Erörterung in den Kreisen der Regierung. Jacques Mallet de Pan jedenfalls schrieb dem Wiener Hof bereits am 17. März 1796 von Bern: »L'offensive est également déterminée pour l'Italie; le commandant en chef de cette partie n'est pas encore connu: on parlé de Beurnonville, puis d'un Corse terroriste, nommé Buonaparte, le bras droit de Barras et commandant de la force armée dans Paris et environs.« Jacques Mallet du Pan, *Correspondance inédite avec la Cour de Vienne (1794–1798)*, (ed.) André Michel, Paris 1884, II, 32.
2 Napoleon, *Mémoires*, III, 176–177.
3 Félix Bouvier, *Bonaparte en Italie 1796*, Paris 1899, 184–198.
4 Antonin Debidour (ed.), *Recueil des Actes du Directoire Exécutif*, Paris 1910, I, 717–722.
5 Napoleon, *Mémoires*, III, 178–179.
6 *Souvenirs militaires et intimes du général vicomte de Pelleport de 1793 à 1853*, Paris 1857, I, 36–37.
7 Marcel Reinhard (ed.), *Avec Bonaparte en Italie. D'après les lettres inédites de son aide de camp Joseph Sulkowski*, Paris 1946, 27 u. 150–152.
8 *Correspondance de Napoléon Ier*, I, No. 234, 187–188; zu Beginn des Italienfeldzugs reagierte Bonaparte besonders sensibel auf die Ausschreitungen der Soldaten, wie der Tagesbefehl vom 22. April 1796 zeigt: *ebda.*, No. 214, 175–176; und zwei Tage später, am 24. April schrieb er ans *Directoire Exécutif*: »Le soldat sans pain se porte à des excès de fureur qui font rougir d'être homme. La prise de Ceva et de Mondovi peut donner des moyens, et je vais faire des exemples terribles. Je ramènerai l'ordre, ou je cesserai de commander à ces brigands.« *Ebda.*, No. 220, 179.
9 *Ebda.*, No. 233, 186–187.
10 Général Bertrand, *Cahiers de Sainte-Hélène. Journal 1818–1819*, (ed.) Paul Fleuriot de Langle, Paris 1959, 289.
11 Vgl. das Schreiben Bonapartes an den Artilleriebefehlshaber General Lespinasse vom 26. Dezember 1796: *Correspondance de Napoléon Ier*, II, No. 1252, 193–194.
12 Diese Frohbotschaft verkündete Bonaparte aus eigener Machtvollkommenheit, die in der Armee mit umso größerem Jubel aufgenommen wurde, als der

Sold in dem Maße kontinuierlich erhöht worden war, wie die Assignaten an Wert verloren. Dass jetzt die Hälfte der Löhnung in Münzgeld ausgezahlt wurde, bedeutete folglich eine beträchtliche Soldsteigerung. Mit dieser eigenmächtigen Entscheidung verstieß Bonaparte gegen die Absichten des Direktoriums. Auch entfremdete er sich damit seinem korsischen Landsmann und Zivilkommissar Saliceti, mit dem er bislang gut ausgekommen war. Jacques Godechot, *Les Commissaires aux armées sous le Directoire. Contribution à l'étude des rapports entre les pouvoirs civils et militaires*, Paris 1941, I, 295.

13 Zit. *ebda.*, 298.

14 Marmont, *Mémoires*, I, 152–153.

15 *Mémoires du comte Miot de Melito*, (ed.) Wilhelm-August Fleischmann, Paris 1858, I, 91–92.

16 *Ebda.*, I, 91.

17 *Corr.*, I, No. 541, 368.

18 Die konziseste Darstellung des Gefechts an der Brücke von Lodi gibt Friedrich Wilhelm Rüstow, *Die ersten Feldzüge Napoleon Bonaparte's in Italien und Deutschland 1796 und 1797*, Zürich 1867, 133–137.

19 Zit. Bouvier, *Bonaparte*, 530.

20 Eine Darstellung des Geschehens von geradezu detaillierter Absurdität liefert der Bericht eines angeblichen Augenzeugen, der auf der Seite der österreichischen Armee zu vermuten ist. *Récit historique de la Campagne de Buonaparte en Italie, dans les années 1796 et 1797*, London 1808, 76–89.

21 *Corr.*, I, No. 589, 393–394.

22 *Corr.*, I, No. 590, 394–395.

23 David G. Chandler, *The Campaigns of Napoleon*, New York 1966, 84; nach Rüstow belief sich der Verlust der Österreicher auf 153 Tote, 182 Verwundete und 1701 Gefangene, ferner 14 Geschütze und 30 Munitionskarren. Rüstow, *Die ersten Feldzüge*, 137.

24 *Corr.*, I, No. 592, 395.

25 Debidour (ed.), *Recueil*, II, 328–333.

26 Dieses Argument gebrauchte er im Schreiben, das er in dieser Angelegenheit am 14. Mai 1796 an Carnot richtete. *Corr.*, I, No. 597, 398; dem Direktorium teilte er am nämlichen Tag bündig mit: »Je crois très impolitique de diviser en deux l'armée d'Italie; il est également contraire aux intérêts de la République d'y mettre deux généraux différents. (...) Si vous affaiblissez vos moyens en partageant vos forces, si vous rompez en Italie l'unité de la pensée militaire, je vous le dis avec douleur, vous aurez perdu la plus belle occasion d'imposer des lois à l'Italie.« *Ebda.*, No. 599, 399–400.

27 Debidour (ed.), *Recueil*, II, 415–419.

28 Bertrand, *Cahiers. Janvier 1821 – Mai 1821*, 78.

29 Las Cases, *Mémorial*, I, 117.

30 Général Montholon, *Récits de la Captivité de l'Empereur Napoléon à Sainte-Hélène*, Paris 1847, I, 424.

31 Général Gourgaud, *Journal intégral*, (ed.) Jacques Macé, Paris 2019, 425.

32 Marmont, *Mémoires*, I, 178.

33 Carl von Clausewitz, *Der Feldzug von 1796 in Italien*, Berlin 1858 (2. Aufl.), 76–78.

34 *Corr.*, I, No. 590, 385.

35 Stendhal, *Romans et Nouvelles*, (ed.) Henri Martineau, Paris 1968, II, 25.

36 François Roguet, *Mémoires militaires du lieutenant général Comte Roguet*, Paris 1862, I, 242–243.

37 Christian-Marc Bosséno, ›La Guerre des Estampes. Circulation des images et des thèmes iconographiques dans l'Italie des années 1789–1799‹, in: *Mélanges de l'Ecole Française de Rome. Italie et Méditerranée*, 102, 2, 1990, 370–371.

38 Für eine detaillierte Darstellung dieser erfolgreichen Operationen, die Bonapartes taktische Meisterschaft zeigen, vgl. die Darstellung bei Chandler, *The Campaigns*, 191–201.

39 *Corr.*, I, No. 838, 539.

40 *Ebda.*, No. 1059, 664–666.

41 So die Schilderung des dramatischen Geschehens in einem Brief von Bonapartes Adjutanten Joseph Sulkowski. Reinhard (ed.), *Avec Bonaparte*, 178.

42 Marmont, *Mémoires*, I, 237–238.

43 Clausewitz, *Der Feldzug von 1796*, 180.

44 *Ebda.*, 194.

45 Christian-Marc Bosséno, ›Je me vis dans l'Histoire. Bonaparte, de Lodi à Arcole: Généalogie d'une image de légende‹, in: *Annales Historiques de la Révolution Française. L'Italie du Triennio révolutionnaire 1796-1799*, 1998, No. 5, 449–465; Christian-Marc Bosséno, Bonaparte ad Arcole ovvero come »vedersi nella storia«, in: *1796-1797. Da Montenotte a Campoformio: la rapida marcia di Napoleone Bonaparte*, Roma 1997, 54–57. – Die berühmte Darstellung wurde Gros von Bonaparte in Auftrag gegeben, der dem Künstler im Dezember 1796 deshalb höchst unwillig gelegentlich Modell saß, wie der Künstler seiner Mutter am 27. Dezember 1796 schrieb: »On ne peut même donner le nom de séance au peu de temps qu'il me donne. Je ne puis donc avoir le temps de choisir mes couleurs: il faut que je me résigne à ne peindre que le caractère de sa physionomie, et après cela, de mon mieux, à y donner la tournure du portrait. Mais on me fait avoir courage, étant déjà satisfait du peu qu'il y a sur la toile. Je suis bien inquiet de voir la tête à peu près faite.« Zit. Arsène Alexandre, *Histoire de la peinture militaire*, Paris s.d. (1889), 134.

46 Paul Bailleu (ed.), *Preußen und Frankreich von 1795 bis 1807. Diplomatische Correspondenzen*, Leipzig 1881, I, 112.

47 *Correspondance de Napoléon Ier*, II, No. 1552, 482–483.

Der Politiker

1 Wortlaut dieser Waffenstillstandsvereinbarung in: *Correspondance de Napoléon Ier*, I, No. 676, 426-427.

2 *Corr.*, I, No. 741, 481.

3 *Ebda.*, I, No. 936, 596.

4 Miot de Melito, *Mémoires*, I, 117-121.

5 Raymond Guyot, *Le Directoire et la Paix de l'Europe des traités de Bâle à la deuxième coalition (1795-1799)*, Paris 1911, 188-190.

6 *Corr.*, I, No. 960, 610-612.

7 Debidour (ed.), *Recueil*, IV, 36-37.

8 Bailleu (ed.), *Preußen und Frankreich*, I, 213.

9 Barras, *Mémoires*, II, 239.

10 *Corr.*, I, No. 980, 620-621.

11 *Ebda.*, I, No. 983, 622.

12 *Ebda.*, I, No. 988, 624.

13 Die diversen Instruktionen des Direktoriums für Clarke sind dokumentiert in: *Correspondance inédite officielle et confidentielle de Napoléon Bonaparte avec les cours étrangères, les princes, les ministres et les généraux français et étrangers, en Italie, en Allemagne et en Égypte*, Paris 1819, II, 396-420.

14 Guyot, *Le Directoire*, 320.

15 Godechot, *Les Commissaires*, I, 551.

16 Debidour (ed.), *Recueil*, IV, 430.

17 Hermann Hüffer, *Österreich und Preußen gegenüber der französischen Revolution bis zum Abschluss des Friedens von Campo Formio*, Bonn 1868, I, 227.

18 Zit. Guyot, *Le Directoire*, 327-328.

19 *Corr.*, I, No. 1100, 688-689.

20 Debidour (ed.), *Recueil*, IV, 787-788; für die Direktoren Reubell und Barras dürfte das Motiv vor allem gewesen sein, den Kirchenstaat systematisch auszuplündern. Diese Absicht gestand jedenfalls Reubell dem preußischen Botschafter Sandoz ein. Bailleu (ed.), *Preußen und Frankreich*, I, 117.

21 *Corr.*, I, No. 1023, 647-648.

22 *Ebda.*, I, No. 1315, 802.

23 So Carnot in einem Schreiben an Bonaparte vom 30. November 1796; zit. Guyot, *Le Directoire*, 344.

24 Wortlaut dieses Vertrags in: *Correspondance de Napoléon Ier*, II, No. 1511, 444-449.

25 *Corr.*, I, No. 1391. 846-847.

26 *Ebda.*, I, No. 1455, 877.

27 *Ebda.*, I, No. 1466, 864.

28 *Ebda.*, I, No. 1476, 890.

29 Das hat seit je die Spekulation genährt, Bonaparte sei es vor allem darum zu tun gewesen, seine Verdienste als Sieger noch durch die eines Friedensstifters gewissermaßen unüberbietbar zu machen. Entsprechende Mutmaßungen kursierten damals im Direktorium, wie der preußische Botschafter Sandoz-Rollin am 7. Mai 1797 berichtete. Bailleu (ed.), *Preußen und Frankreich*, I, 126.

30 Clausewitz, *Der Feldzug von 1796*, 265.

31 *Corr.*, I, No. 1484, 894.

32 Vgl. Anmerkung 147.

33 *Ebda.*, I, No. 1495, 902.

34 Im Tausch gegen die Lombardei und Belgien sollte nach Bonapartes Konzept Österreich Mantua und Venedig nebst dessen Festlandsbesitz bis zum Tagliamento sowie Istrien und Dalmatien erhalten. Hüffer, *Diplomatische Verhandlungen*, I, 240–252; hinsichtlich der französischen Grenze auf dem linken Ufer des Rheins besagte Artikel 2 des projektierten Vorfriedens: »A la paix avec l'Empire, l'on fixera tout ce qui est relatif au pays qu'occupe la France jusqu'au Rhin.« *Corr.*, I, No. 1514, 915; dieser Passus und die Debatten, die gelegentlich seiner Formulierung geführt wurden, ließen den sich hartnäckig behauptenden Eindruck entstehen, Bonaparte sei zum Verzicht auf die Forderung nach der französischen Rheingrenze bereit gewesen. Das war ein Missverständnis, das sich mit den notorischen *incertitudes allemandes* erklären lässt: Franz II. konnte diesen Vorfrieden nur in seiner Eigenschaft als Herrscher der Habsburger Monarchie und nicht als Deutscher Kaiser unterzeichnen. Damit verbot es sich ihm, linksrheinische Gebietsverluste deutscher Fürsten gleichsam notariell anzuerkennen und sich zugleich dazu zu verpflichten, diese rechtsrheinisch zu kompensieren. Dazu brauchte es einen entsprechenden Beschluss des Reichstags in Regensburg, der seinerseits diesen Frieden ratifizieren musste, weshalb dieser Handel definitiv erst mit dem eigentlichen Frieden, an dem das Deutsche Reich beteiligt war, geregelt werden konnte.

35 *Ebda.*

36 Wortlaut des Vertrags in: *Correspondance de Napoléon Ier*, II, No. 1743, 648–650 und dessen Geheimklauseln: No. 1744, 651–653.

37 In der von der Fondation Napoléon veranstalteten Neuausgabe der *Correspondance générale* von Napoléon Bonaparte I, No. 1516, 918 wurde der nämliche sinnentstellende Lesefehler übernommen, der zuvor schon den Herausgebern der *Correspondance de Napoléon Ier*, II, No. 1745, 502 unterlief: In beiden Editionen ist zu lesen: »Vous m'avez donné plein pouvoir sur toutes les opérations diplomatiques [recte: militaires]; et, dans la position des choses, les préliminaires de la paix, même avec l'Empereur, sont devenus une opération militaire.« Auf diesen Fehler machte bereits Guyot, *Le Directoire*, 356, Anm. 1 aufmerksam.

38 *Corr.*, I, No. 1516, 917–918.

39 Zit. Guyot, *Le Directoire*, 365.

40 Vgl. die Vereinbarungen des Vorfriedens von Leoben in: Michel Kerautret, *Les Grands Traités du Consulat (1799-1804)*, Paris 2002, 85-91.

41 Dieses Memorandum ist in extenso zitiert in Guglielmo Ferrero, *Aventure. Bonaparte en Italie (1796-1797)*, Paris 1936, 175-181.

42 *Corr.*, I, No. 1525, 926.

43 *Correspondance de Napoléon Ier*, III, No. 1966, 203.

44 Miot de Melito, *Mémoires*, I, 164.

45 *Corr.*, I, No. 1243, 767.

46 Albert Sorel, *L'Europe et la Révolution Française*, Paris 1903, V, 196.

47 *Corr.*, I, No. 1561, 949.

48 *Ebda.*, I, No. 1822, 1081.

49 Georges Lacour-Gayet, *Talleyrand 1754-1838*, Paris 1934, IV, 51.

50 Zit. *Corr.*, I, No. 1822, 1082, Anm. 1.

51 *Ebda.*, I, No. 1822, 1081.

52 *Ebda.*, I, No. 2065, 1197.

53 Comte de Pontécoulant, *Souvenirs historiques et parlementaires*, Paris 1861, II, 474.

54 Miot de Melito, *Mémoires*, I, 15.

55 Pontécoulant, *Souvenirs*, II, 470-472.

56 *Corr.*, I, No. 627, 415. Dieser Brief, der auch in einigen Pariser Zeitungen veröffentlicht wurde, war nicht nur an den Astronomen Oriani gerichtet, sondern an alle Naturwissenschaftler in der Lombardei, Norditaliens und darüber hinaus. Umso größeren Wert legte Bonaparte deshalb darauf, die freundlichen Worte, die er Oriani schrieb, durch entsprechende Taten zu beglaubigen und auch das Direktorium davon zu unterrichten. Vgl. *Corr.*, I, No, 709, 482; auch den Chef der Pariser Sternwarte, Lalande, ließ er mit Schreiben vom 5. Dezember 1796 wissen, dass er dessen Brief an Oriani weiterleiten werde. Lalande versicherte er zum weiteren: »De toutes les sciences, l'astronomie est celle qui a été la plus utile à la raison et au commerce; c'est surtout celle qui a le plus besoin de communications lointaines et de l'existence de la république des lettres.« Den Brief schloss er mit einem Vergleich, der tief blicken lässt: »Partager une nuit entre une jolie femme et un beau ciel, le jour à approcher ses observations et les calculs, me parait être le bonheur sur la terre.« *Corr.*, I, No. 1095, 685; in einem weiteren Schreiben an Lalande vom 10. Juni 1797 teilte er diesem mit, dass er Anweisung gegeben habe, der Naturwissenschaftlichen Vereinigung von Verona alle Verluste zu ersetzen, die sie bei Niederschlagung des Aufstands erlitten habe. »Je saisirais toutes les circonstances pour faire quelque chose qui vous soit agréable, et pour vous convaincre de l'estime et de la haute considération que j'ai pour vous.« *Corr.*, I, No. 1656, 996; in diesem Zusammenhang schrieb Bonaparte am 6. Juli 1797 an den Veroneser Astronomen Antonio Garruchio: »J'ai donné l'ordre, citoyen, (...) de vous faire rembourser la somme

de 4000 francs, pour vous indemniser des pertes que vous avez faites pendant les malheureureux événements de Vérone.« *Corr.*, I, No. 1765, 1048.

57 *Ebda.*, I, No. 1880, 1107.

58 Johann Wolfgang Goethe, *Biographische Einzelschriften*, Gedenkausgabe der Werke, Briefe und Gespräche, (ed.) Ernst Beutler, Zürich u. Stuttgart 1962, XII, 84.

59 Marc Martin, *Les Origines de la Presse militaire en France à la fin de l'Ancien Régime et sous la Révolution (1770-1799)*, Ministère de la Défense. État Major de l'Armée de terre. Service Historique, Château de Vincennes 1975, 351.

60 *Ebda.*, 342-349; für eine ausführliche Erörterung von Inhalten und Charakter der beiden von Bonaparte geschaffenen Blätter vgl. *ebda.*, 309-313.

61 Miot de Melito, *Mémoires*, I, 163-166.

62 *Correspondance de Napoléon Ier*, III, No. 2010, 240.

63 *Corr.*, I, No. 1785, 1068.

64 Miot de Melito, *Mémoires*, I, 178-180.

65 Wortlaut des Friedensvertrags von Campo Formio in: Kerautret, *Les Grands Traités*, 92-105.

66 Hermann Hüffer u. Friedrich Luckwaldt (eds.), *Quellen zur Geschichte des Zeitalters der Französischen Revolution. Zweiter Teil, Erster Band: Der Frieden von Campoformio*, Innsbruck 1907, 187.

67 *Corr.*, I, No. 2092, 1213; seine Rücktrittsabsicht hatte er schon tags zuvor Barras mitgeteilt und mit der hübschen Begründung garniert: »Deux ans dans une campagne près de Paris rétabliront ma santé et redonneront à mon caractère la popularité que la continuité du pouvoir ôte nécessairement.« *Ebda.*, I, No. 2084, 1209.

68 *Ebda.*, I, No. 2150, 1246.

69 Guyot, *Le Directoire*, 333-334.

70 Bailleu (ed.), *Preußen und Frankreich*, I, 156.

71 In den Verträgen von Basel (5. April 1795) und Berlin (5. August 1796) waren der preußischen Krone von Frankreich jeweils üppige Entschädigungen für den Fall zugesagt worden, dass das gesamte linke Rheinufer in französischen Besitz kam. Kerautret, *Les Grands Traités*, 16-23 u. 43-50.

72 *Corr.*, I, No. 1587, 963.

73 *Ebda.*, I, No. 2153, 1248-1249.

Der Spieler

1 Vgl. die höhnische Abfertigung der Proteste des für die *Terra ferma* zuständigen *Proveditore generale* Francesco Battaglia, der sich bei Bonaparte über fortwährende Übergriffe und Misshandlungen der Bevölkerung durch französische Soldaten beschwert hatte. *Corr.*, I, No. 1112, 697 (Schreiben vom 8. Dezember 1796).

2 Jean Landrieux, *Mémoires*, (ed.) Léonce Grasilier, Paris 1893, I, 87–88.
3 André Bonnefons, *La Chute de la République de Venise (1789–1797)*, Paris 1908, 200–205.
4 *Corr.*, I, No. 1497, 905.
5 *Ebda.*, I, No. 1500, 907–908.
6 *Correspondance de Napoléon Ier*, II, No. 1716, 622–623.
7 *Corr.*, I, No. 1521, 923.
8 *Ebda.*, I, No. 1522, 924.
9 *Ebda.*, I, No. 1526, 926–928; vgl. dazu auch Bonapartes Schreiben an das Direktorium vom 3. Mai 1797. *Ebda.*, I, No. 1527, 928–929.
10 *Ebda.*, I, No. 1538, 933.
11 *Ebda.*, I, No. 1547, 939–940.
12 *Ebda.*, I, No. 1549, 941.
13 *Correspondance de Napoléon Ier*, III, No. 1803, 64–67.
14 *Corr.*, I, No. 1561, 948–949.
15 *Correspondance de Napoléon Ier*, III, No. 1832, 91.
16 *Corr.*, I, No. 1774, 1053.
17 *Ebda.*, I, No. 1818, 1078.
18 *Ebda.*, I, No. 2103, 1221.
19 *Ebda.*, I, No. 1587, 963.
20 *Ebda.*, I, No. 1699, 1018–1019.
21 Hüffer, *Österreich und Preußen*, 339–340.
22 *Corr.*, I, No. 1740, 1036.
23 Eine entsprechende Einschätzung hatte auch der preußische Botschafter in Paris Sandoz-Rollin bereits am 19. März 1797 nach Berlin gemeldet: »Les constitutionels et les royalistes sont les vrais partisans de l'Autriche et ne le dissimulent pas. Ce sont eux qui voudraient la paix demain.« Bailleu (ed.), *Preußen und Frankreich*, I, 122.
24 *Corr.*, I, No. 1785, 1058.
25 *Ebda.*, I, No. 1791, 1061.
26 *Ebda.*, I, No. 1970, 1145.
27 *Ebda.*, I, No. 1973, 1147–1148.
28 *Ebda.*, I, No. 2009, 1166.
29 Barras, *Mémoires*, III, 46.
30 Pompeo Molmenti, *Carteggi Casanoviani. Lettere del patrizio Zaguri a Giacomo Casanova*, (ed.) Salvatore di Giacomo, Milano s.d., 370.
31 Miot de Melito, *Mémoires*, I, 195–196.
32 *Réimpression de l'ancien Moniteur*, XXIX, 71.
33 *Corr.*, I, No. 2214, 1278–1279.
34 *Correspondance de Napoléon Ier*, III, No. 2351, 570.
35 *Corr.*, I, No. 1440, 869.

36 Miot de Melito, *Mémoires*, I, 164.

37 *Corr.*, I, No. 2098, 1215.

38 *Ebda.*, I, No. 2149, 1245.

39 *Ebda.*, I, No. 2019, 1171; schon einen Monat zuvor, am 16. August 1797, hatte
Bonaparte dem Direktorium geschrieben: »Les temps ne sont pas éloignés où
nous sentirons que, pour détruire véritablement l'Angleterre, il faut nous
emparer de l'Égypte. Le vaste empire ottoman, qui périt tous les jours, nous
met dans l'obligation de penser de bonne heure à prendre des moyens pour
conserver notre commerce du Levant.« *Ebda.*, I, No. 1908, 1118.

40 Der wie stets gut unterrichtete preußische Botschafter in Paris, Sandoz, teilte
seiner Regierung am 2. Dezember mit: »Le commandement de l'armée
d'Angleterre décerné au général Bonaparte, est envisagé ici comme un moyen
de le faire décheoir de sa puissance, ou comme un moyen de sonner l'alarme
en Angleterre. Sa réponse, qui est attendu encore, décélera l'idée qu'il en aura
prise lui-même.« Bailleu (ed.), *Preußen und Frankreich*, I, 156.

41 Bourrienne, II, 29.

42 Barras, *Mémoires*, III, 141; Louis-Marie de La Révellière-Lépeaux, *Mémoires*,
Paris 1895, II, 345-346.

43 Guyot, *Le Directoire*, 573.

44 Bourrienne, *Mémoires*, II, 32.

45 Mallet du Pan, *Correspondance inédite*, II, 384.

46 *Corr.*, I, No. 2280, 1316.

47 Barras, selber ein Intrigant von hohen Granden, hatte ein feines Gespür, die
Motive, die Bonaparte mit diesem Umgang verfolge, zu durchschauen: »Ce
cortège d'hommes civils et de prétendus savants dont il avait la tactique de
s'environner pour se faire des appuis contre les militaires qui n'étaient pas des
savants, en même temps qu'il dominait ces savants par le prestige militaire.«
Barras, *Mémoires*, IV, 61.

Der Heiland

1 *Corr.*, II, No. 2315, 36-38.

2 *Ebda.*, II, No. 2322, 42-45.

3 Clément de la Jonquière, *L'Expédition d'Égypte (1798-1801)*, Paris 1899, I,
166-168.

4 Dwyer, *Napoleon*, 337.

5 Eine detaillierte Auflistung dieser Begleiter gibt: Philippe de Meulenaere,
Bibliographie raisonnée des témoignages de l'expédition d'Égypte (1798-1801), Paris
1993, 241-244.

6 *Corr.*, II, No. 2870, 299.

7 *Ebda.*, II, No. 2624, 194–195.

8 *Ebda.*, II, No. 3112, 400.

9 *Ebda.*, II, No. 3404, 513–515.

10 *Ebda.*, II, No. 4235, 849–850.

11 Jonquière, *L'Expédition*, III, 266–268.

12 *Copies of Original Letters from the Army of General Bonaparte in Egypt intercepted by the Fleet under the Command of Admiral Lord Nelson*, London 1798, III, 114.

13 *Ebda.*, I, 3–4 (6. Juli 1798).

14 *Ebda.*, I, 105.

15 *Correspondance de Napoléon Ier*, V, No. 3727, 191.

16 Marmont, *Mémoires*, I, 442–443.

17 Bourrienne, *Mémoires*, II, 243–244.

18 *Corr.*, II, No. 4235, 849–850.

19 *Correspondance de Napoléon Ier*, XXX, 67.

20 *Corr.*, II, No. 4346, 912.

21 Bourrienne, *Mémoires*, II, 250–251.

22 *Correspondance de Napoléon Ier*, XXX, 72.

23 *Histoire scientifique et militaire de l'expédition française en Égypte*, (ed.) Louis Reybaud, Paris 1830–1836, VI, 3–7.

24 *Corr.*, II, No. 4633, 1032.

25 *Correspondance de Napoléon Ier*, V, No. 4294, 524.

26 Marmont, *Mémoires*, II, 32–33.

27 *Corr.*, II, No. 4758, 1086–1088.

28 Dominique-Vivant Denon, *Voyage dans la Basse et la Haute-Égypte*, Paris 1990, 290.

29 Marmont, *Mémoires*, II, 35.

30 Pierre-Jean de Béranger, *Ma Biographie. Ouvrage posthume*, Paris 1857, 70; Antoine-Claire Thibaudeau, *Mémoires de A. C. Thibaudeau 1799–1815*, Paris 1913, 1.

31 Paul W. Schroeder, *The Transformation of European Politics 1763–1848*, Oxford 1994, 177–200.

32 Stuart Woolf, *A History of Italy 1700–1860. The social Constraints of political Change*, London 1979, 181–187.

33 Georges Lefebvre, *La France sous le Directoire (1795–1799)*, Paris 1977, 657–669.

34 Bailleu (ed.), *Preußen und Frankreich*, I, 340.

35 *Fête de la Liberté et entrée triomphale des objets des Sciences et des Arts recueillis en Italie*, Paris an IV.

36 Die aufwendige Dekoration der Fuhrwerke findet sich ausführlich geschildert in: Henri Delaborde, *L'Académie des Beaux-Arts depuis la fondation de l'Institut de France*, Paris 1891, 78–83.

37 Am 19. Februar 1797 teilte Bonaparte dem Direktorium mit: »La commission des savants a fait une bonne récolte à Ravenne, Rimini, Pesaro, Ancône, Lorette et Perugia. Cela sera incessament expédié à Paris. Cela joint à ce qui sera envoyé de Rome, nous aurons tout ce qu'il y a de beau en Italie, excepté un petit nombre d'objets qui se tropuvent à Turin et à Naples.« *Corr.*. I, No. 1395, 849; bei seiner Ankunft in Verona am 3. Juni 1796 machte Bonaparte dem Direktorium den Vorschlag, das dortige Amphitheater Stein für Stein abzutragen und es auf dem Pariser Marsfeld neu aufzubauen: »Je viens de voir l'amphi-théâtre; ce reste du peuple romain est digne de lui. Je n'ai pu m'empêcher d'être humilié de la mesquinerie de notre Champ-de-Mars. Ici cent mille spectateurs sont assis, et entendraient facilement l'orateur qui leur parlerait.« *Corr.*, I, No. 651, 428.

38 Die Feierlichkeiten, die den Festzug umrahmten, dauerten vier Tage und endeten erst am 31. Juli 1798 mit dem Einzug der Kunstwerke in den Louvre, der besonders pompös gestaltet wurde. Neben zahlreichen Fahnen, die den Anteil der Italienarmee an der Kunstbeute dokumentierten, waren auch sech-zehn Pyramiden im Hof des Louvre aufgestellt, mit denen auf Bonapartes Ägyptenexpedition angespielt wurde. Marie-Louise Blumer, ›La Commission pour la recherche des objets de Sciences et Arts en Italie (1796–1797)‹, in: *La Révolution Française*, 87, No.1, 1934, 248.

39 Zur Orientierung der Besucher erschienen drei nach Künstlern gegliederte Bestandskataloge, deren erster den Titel führt: *Notice des principaux tableaux recueillis dans la Lombardie*, Paris (1799).

40 Was Bonaparte veranlasste, den Kunstraub als Vertragsgegenstand zu fixieren, erhellt eine Anekdote, die einer der piemontesischen Unterhändler überlieferte, der am Zustandekommen des Waffenstillstands von Cherasco vom 28. April 1796 beteiligt war. Bei den Verhandlungen habe Bonaparte gesagt: »J'avais envie d'exiger, dans le traité que nous venons de conclure, un fort beau tableau de Gérard Dow que possède le Roi [i.e. der König von Sardinien], et qui passe pour un des chefs-d'œuvre de l'école flamande; mais je n'ai su comment placer le tableau dans un armistice, et j'ai craint qu'il n'y parût une nouveauté bizarre, surtout ayant la forteresse de Coni pour pendant.« Henry Joseph marquis Costa de Beuregard, *Un Homme d'autrefois. Souvenirs recueillis par son arrière-petit-fils le marquis Costa de Beauregard*, Paris 1877, 339; diese Verlegenheit konnte Bonaparte aber schnell überwinden, denn in Artikel 4 des zwei Wochen später am 9. Mai geschlossenen Waffenstillstandsabkommens mit dem Herzog von Parma wurde stipuliert: »Il [i.e. der duc de Parme] remettra vingt tableaux, au choix du général en chef, parmi ceux existants aujourd'hui dans le duché.« *Correspondance de Napoléon Ier*, I, No. 368, 303.

41 *Corr.*, I, No. 573, 385 u. *ebda*. No. 584, 391 (Schreiben an das Direktorium vom 9. Mai 1796).

42 Blumer, ›La Commission‹, 223–228.
43 *Notes et Correspondance du Baron Redon de Belleville, Consul de la République française à Livourne et à Gênes*, (ed.) H. du Chanoy, Paris 1892, I, 215–254.
44 Blumer, ›La Commission‹, 232–236.
45 *Réimpression de l'ancien Moniteur*, XXIX, 322.
46 M. E. J. Delécluze, *Louis David. Son école et son temps. Souvenirs*, Paris 1855, 205
47 *Corr.*, II, No. 2870, 297–299.
48 *Ebda.*, No. 4659, 1044–1046.
49 Zit. Nicole Gotteri, ›L'Esprit public à Paris avant le coup d'état de Brumaire an VIII‹, in: Jacques-Olivier Boudon (ed.), *Brumaire. La Prise de pouvoir de Bonaparte*, Paris 2001, 23–24.
50 Jean-François Boulart, der in Avignon weilte, als Bonaparte dort am 11. Oktober 1799 eintraf, schrieb darüber in seinen *Memoiren*: »La foule était immense. A la vue du grand homme, l'enthousiasme fut à son comble, l'air retentit d'acclamations et du cri: *Vive Bonaparte*! et cette foule et ce cri l'accompagnèrent jusqu'à l'hôtel où il descendit. C'était un spectacle électrisant. A peine arrivé, il reçut les autorités et les officiers; c'était la première fois que je voyais cet être prodigieux. Je le contemplai avec une sorte d'avidité, j'étais dans un état extatique. Je ne le trouvai pas ressemblant aux portraits que j'avais vus de lui. Dès cette époque, on le regardait comme appelé à sauver la France de la crise où l'avaient jetée le pitoyable gouvernement du Directoire et les revers de nos armées.« *Mémoires militaires du général Baron Boulart sur les guerres de la République et de l'Empire*, Paris s.d., 67–68.
51 *Corr.*, II, No. 4762, 1089–1090.
52 Barras hat in seinen *Memoiren* den Dialog dokumentiert, den Sieyès und Boulay de la Meurthe wegen dieser Frage hatten: »Sieyès (...) ne dit autre chose que ceci: *Eh bien, c'est un général de plus; mais, avant tout, ce général a-t-il de son gouvernement la permission de revenir?* Cette parole fut comprise des assistants, surtout de Boulay de la Meurthe, qui se trouvait chez Sieyès; il dit seulement: *Eh bien, je me charge de le dénoncer demain à la tribune et de le faire mettre hors la loi. – Mais,* repond Sieyès, *ce n'est pas moins que le fusiller, ce qui est grave, quoiqu'il le mérite! – Ce sont des détails où je n'entre pas,* répondit Boulay: *s'il est mis hors la loi par nous, qu'il soit après guillotiné, fusillé ou pendu, c'est un mode d'exécution: peu m'importe.*« Barras, *Mémoires*, IV, 29.
53 »Je suis surtout dégoûté de Rousseau depuis que j'ai vu l'Orient. L'homme sauvage est un chien.« Pierre-Louis Roederer, *Autour de Bonaparte. Journal du comte P. – L. Roederer*, Paris 1909, 165.

ZWEITES BUCH: DAS EVANGELIUM
Jedem Ende wohnt ein Anfang inne

1 Baron Ernouf, *Maret Duc de Bassano*, Paris 1884, 620.

2 Napoleon wies Maret an: »Eh bien, messieurs, faites la paix! ... que Caulaincourt la fasse; qu'il signe tout ce qu'il faut pour l'obtenir! Je pourrai en supporter la honte; mais n'attendez pas que je dicte ma propre humiliation!« *Ebda.*, 621.

3 *Correspondance de Napoléon Ier*, XXVII, No. 21315, 205–206.

4 *Ebda.*, No. 21293, 190–191.

5 *Ebda.*, No. 21343, 223–224.

6 *Ebda.*, No. 21344, 224–227.

7 Natalie Petiteau, *Napoléon Bonaparte. La Nation incarnée*, Paris 2015, 225.

8 Caulaincourt, *Mémoires*, III, 56–57.

9 *Ebda.*, 59.

10 Talleyrand, der an den Beratungen der Alliierten teilnahm, nutzte die Gunst der Stunde, den Zaren dazu zu überreden, sich mit aller Entschiedenheit gegen weitere Verhandlungen mit Napoleon auszusprechen und stattdessen für eine Restauration der Bourbonen einzutreten. Lacour-Gayet, *Talleyrand*, II, 368–372.

11 *Mémoires du Chancelier Pasquier*, (ed.) Duc d'Audiffret-Pasquier, Paris 1893, II, 278.

12 *Ebda.*, 284.

13 Caulaincourt, *Mémoires*, III, 180–181.

14 *Ebda.*, 182.

15 *Ebda.*, 190, Anm.

16 *Ebda.*, 207–230.

17 *Correspondance de Napoléon Ier*, XXVII, No. 21557.

18 Caulaincourt, *Mémoires*, III, 257.

19 *Ebda.*, 239.

20 Abel-François Villemain, *Souvenirs contemporains d'histoire et de littérature*, Paris 1855, II, 75–76.

21 *Aus Metternich's nachgelassenenen Papieren*, II, 472.

22 Thierry Lentz, *Les Cent-Jours 1815*, Paris 2010, 172–173.

23 François-René de Chateaubriand, *Mémoires d'Outre-Tombe*, (eds.) Maurice Levaillant u. Georges Moulinier, Paris 1951, I, 915.

24 Comte de Las Cases, *Le Mémorial de Sainte-Hélène*, (ed.) Marcel Dunan, Paris 1951, I, 511.

25 Général Gourgaud, *Journal intégral*, (ed.) Jacques Macé, Paris 2019, 585.

26 Napoleon hatte sich deshalb verschiedentlich gegenüber dem britischen Kommissar auf Elba, Sir Neil Campbell, beschwert, der im November 1814 Außenminister Castlereagh schrieb: »If pecuniary difficulties press upon him

much longer, so as to prevent his vanity from being satisfied by the ridiculous establishment of a court which he has hitherto supported in Elba, and if his doubts are not removed, I think he is capable of crossing over to Piombino with his troops, or of any other eccentricity.« Neil Campbell, *Napoleon at Fontainebleau and Elba being a Journal of Occurences in 1814–1815*, London 1869, 185.

27 Pierre Branda, *Le Prix de la gloire. Napoléon et l'argent*, Paris 2007, 64.

28 *Mémorial*, I, 510.

29 *Ebda.*, 201 Im Original lautet das Zitat: »Moi qui ne pouvais régner précisément que par le principe qui les faisait exclure, celui de la souveraineté du peuple.«

30 *Ebda.*, 142.

31 *Correspondance de Napoléon Ier*, XXVIII, No. 21681, 2.

32 Benjamin Constant, *Mémoires sur les Cent-Jours*, (eds.) Kurt Kloocke u. André Cabanis, Tübingen 1993, 131–132.

33 Johannes Willms, *Waterloo. Napoleons letzte Schlacht*, München 2015, 85–87.

34 *Correspondance de Napoléon Ier*, XXXI, 128–129.

35 *Mémoires, correspondance et manuscrits du général Lafayette*, Paris 1838, V, 499 (Schreiben vom 15. Mai 1815).

36 August-François de Frénilly, *Mémoires 1768–1828. Souvenirs d'un ultra-royaliste*, Paris 1987, 295.

37 *Correspondance de Napoléon Ier*, XXVIII, No. 21716.

38 Comte d'Angeberg, *Le Congrès de Vienne et les traités de 1815. Depuis le retour de l'île d'Elbe jusqu'à l'acte final du 9 juin 1815*, Paris 1864, IV, 1016–1017.

39 *Ebda.*, 1181–1188.

40 Zit. Louis Pierre Edouard Bignon, *Histoire de France sous Napoléon*, Paris 1850, XIV, 393–394.

41 *Mémorial*, II, 548.

42 Mme de Staël, *Considérations sur les principaux événemens de la Révolution Françoise (sic)*, Paris 1818, III, 141–142.

43 Marquis de Noailles (ed.), *Le Comte Molé 1781–1855. Sa vie – ses mémoires*, Paris 1922, I, 209.

44 Jacques Godechot (ed.), *Les Constitutions de la France depuis 1789*, Paris 1970, 231–232.

45 Constant, *Mémoires*, 227.

46 In der *Charte* bestimmte Artikel 10: »L'État peut exiger le sacrifice d'une propriété, pour cause d'intérêt public légalement constaté, mais avec une indemnité préalable.« Godechot (ed.), *Les Constitutions*, 219.

47 *Mémoires sur Carnot*, Paris 1863, II, 430; Benjamin Constant, der Mitglied jener Kommission war und erheblichen Anteil an der Formulierung des *Acte additionnel* hatte, bemerkte zu Napoleons Ausbruch: »La violence qu'il avait apportée à maintenir la confiscation, son appel répété au vieux bras de l'Empereur, à ce bras qui avait si long-temps pesé sur la France, m'avaient

profondément affligé. J'y voyais pour la première fois les symptômes d'une révolte contre le joug constitutionnel, révolte ridicule dans un prince faible, mais terrible dans un homme doué d'un vaste génie et d'immenses facultés. Cette disposition était menaçante et paraissait, pour se développer, n'attendre que la victoire.« Constant, *Mémoires*, 231.

48 *Souvenirs d'un préfet de la Monarchie. Mémoires du baron Sers, 1786–1862*, (eds.) Baron Henri Sers u. Raymond Guyot, Paris 1906, 129.

49 François Nicolas Mollien, *Mémoires d'un ministre du Trésor Public 1780–1815*, Paris 1898, III, 426–427.

50 (John Cam Hobhouse), *The Substance of some Letters written by an English Resident at Paris during the last Reign of the Emperor Napoleon*, London 1816, I, 188.

51 Zit. *Mémoires de Madame de Chastenay 1771–1815*, (ed.) Alphonse Roserot, Paris 1897, II, 497.

52 Gourgaud, *Journal*, II, 241.

53 Constant, *Mémoires*, 164.

54 Lafayette, *Mémoires*, V, 423.

55 *Ebda.*, 413.

56 Villemain, *Souvenirs contemporains*, II, 75–76.

57 Vgl. Emile Le Gallo, *Les Cent-Jours. Essais sur l'histoire intérieure de la France depuis le retour de l'Ile d'Elbe jusqu'à la nouvelle de Waterloo*, Paris 1924, 252–269.

58 *Mémoires du Chancelier Pasquier*, III, 195.

59 Le Gallo, *Les Cent-Jours*, 427–432.

60 Lafayette, *Mémoires*, V, 441–442.

61 Pierre François Léonard Fontaine, der Architekt und Bühnenbildner dieser Feierlichkeit, hat in seinem *Tagebuch* ein luzides Urteil über deren Eindruck gegeben: »Cette cérémonie s'est assez bien passée (...) Cependant malgré les serments et les bruyantes acclamations des assistants (...) on n'a pu s'empêcher de reconnaître que le but de la fête, qui était de prouver à l'Europe que la majorité des Français préfère le gouvernement de l'Empereur à celui des Bourbons, n'a pas été complètement atteint car la proclamation des votes n'a pu présenter un nombre de quatre millions, quoique toutes les classes indistinctement aient été provoquées, par des moyens d'intérêt personnel, à donner leur adhésion, quoique plusieurs aient figuré en double emploi selon la multiplicité de leurs fonctions, et que l'on ait exigé la signature de tous les employés, de leurs subordonnés, des salariés, même des domestiques. Cependant il ne faut pas croire que tous ceux qui ont gardé le silence sur l'adhésion demandée lui soient opposés. Une prudence prévoyante, des doutes sur l'issue des grands événements qui se préparent, et surtout la crainte des persécutions auxquelles dans nos troubles les signatures ont donné lieu, doivent les avoir arrêtés beaucoup plus qu'une opinion prononcée. Ce que l'on peut dire c'est qu'il y aurait compte mal fait, et que l'on se tromperait si l'on reconnaissait, dans tout ceci que les Français,

intérêt à part, aiment le changement qu'ils ont mis au jeu dans la circonstance présente et que tous, les plus passionnés eux-mêmes, en redoutent la fin.« Pierre François Léonard Fontaine, *Journal 1799-1853*, Paris 1987, I, 457-458.

62 Fleury de Chaboulon, *Les Cent Jours. Mémoires pour servir à l'histoire de la vie privée, du retour et du règne de Napoléon en 1815*, London 1820, II, 103-104.

63 Lucien Bonaparte, *La Vérité sur les Cent-Jours*, Paris 1835, 34.

64 *Les Mémoires de Fouché*, (ed.) Louis Madelin, Paris 1954, 490.

65 Chaboulon, *Les Cent Jours*, II, 105.

66 Hobhouse, *The Substance*, I, 413.

Die Leidensgenossen

1 Léon Lecestre (ed.), *Lettres inédites de Napoléon (1810-1815)*, Paris 1897, II, No. 1225.

2 Villemain, *Souvenirs contemporains*, II, 259.

3 *Correspondance de Napoléon Ier*, XXVIII, No. 22063.

4 Villemain, *Souvenirs contemporains*, II, 395.

5 *Correspondance de Napoléon Ier*, XXVIII, No. 22066.

6 Christopher Lloyd (ed.) *The Keith Papers. Selected from the Papers of Admiral Viscount Keith*, London 1955, III, 365.

7 *Supplementary Despatches, Correspondence and Memoria of Field Marshal Arthur Duke of Wellington*, London 1864, XI, 47.

8 *Ebda.*, 51.

9 *Ebda.*, 55.

10 H. G. Bunbury, ›Memorandum of what passed at the Conference between Admiral Lord Keith and myself with Napoleon Bonaparte on 31st July 1815‹, *The Keith Papers*, III, 376-380.

11 Barry O'Meara, *Napoléon en Exil*, (ed.) Désiré Lacroix, Paris 1897, I, 2-6.

12 *The Keith Papers*, III, 397-398 u. 400-401; Michael John Thornton, *Napoleon after Waterloo. England and the St. Helena Decision*, Stanford, Cal. 1968, 220-221.

13 Général Baron Gourgaud, *Journal de Sainte-Hélène 1815-1818*, (ed.) Octave Aubry, Paris 1944, I, 156.

14 Zit. Philippe Gonnard, *Les Origines de la Légende Napoléonienne. L'Œuvre historique de Napoléon à Sainte-Hélène*, Paris 1906, 346.

15 Frédéric Masson, *Autour de Sainte-Hélène*, Paris 1909, I, ›Le Cas du Général Gourgaud‹, 80-99.

16 *Mémorial*, I, 469.

17 *Ebda.*, 9.

18 Stendhal, *Correspondance 1821-1834*, (eds.) V. del Litto u. Henri Martineau, Paris 1967, II, 447 (Schreiben an Domenico Fiore, 12. Juni 1832).

19 *Mémoires d'Emmanuel-Auguste-Dieudonné Comte de Las Cases, communiqués par lui-même contenant l'histoire de sa vie, une lettre écrite par lui, de Ste.-Hélène, à Lucien Bonaparte, laquelle donne les détails circonstanciés du voyage de Napoléon à cette île, de la manière d'y vivre et des traitements qu'il y éprouve, ainsi qu'une lettre adressée à Lord Bathurst, par le Cte. de Las Cases, à son Arrivée à Francfort*, Paris 1819, 59.

20 *Vie de Planat de la Faye. Souvenirs, Lettres et Dictées*, (ed.) René Vallery-Radot, Paris 1895, 198–202.

21 Frederick Lewis Maitland, *The Surrender of Napoleon. The Capture of the Emperor after Waterloo*, s.l. 2013, 102.

22 Planat de la Faye erfuhr erst 1818, als Las Cases von St. Helena nach Europa zurückgekehrt war, warum er nicht zu den Begleitern Napoleons gehörte. *Vie de Planat*, 245.

23 Général Baron Gourgaud, *Journal de Sainte-Hélène 1815–1818*, (ed.) Octave Aubry, Paris 1944, I 242.

24 *Ebda.*, II, 301.

25 Général Bertrand, *Cahiers de Sainte-Hélène 1816–1817*, (ed.) Paul Fleuriot de Langle, Paris 1951, 300.

26 Gourgaud, *Journal*, II, 349–352.

27 Bertrand, *Cahiers 1818–1819*, 233.

28 *Mémorial*, I, XVI–XVII.

29 Le Général Montholon, *Récits de la Captivité de l'Empereur Napoléon à Sainte-Hélène*, Paris 1847, I, LXXV–LXXVII.

30 *Mémoires (du) Comte de Las Casas*, 47–48.

31 Blanchard Jerrold, *The Life of Napoleon III.*, London 1875, II, 385.

Der Messias der Revolution

1 *Mémorial*, I, 495–496 (9.–10. April 1816).

2 Barry O'Meara, *Napoleon in Exile or a Voice from St. Helena. The Opinions and Reflections of Napoleon on the most important Events in his Life and Government, in his own Words*, New York 1853, II, 116–117.

3 Montholon, *Récits*, II, 425–427.

4 *Ebda.*, I, 142.

5 O'Meara, *Napoleon in Exile*, II, 227 (18. Februar 1818).

6 *Mémorial*, I, 271 (29.–30. November 1815).

7 Montholon, *Récits*, II, 427–428.

8 *Mémorial*, II, 43 (18. Juli 1816).

9 *Ebda.*

10 Montholon, *Récits*, I, 348–349.

11 O'Meara, *Napoleon in Exile*, I, 102 (16. Oktober 1816).

12 Montholon, *Récits*, II, 521.

13 *Mémorial*, I, 472 (27. März 1816).

14 *Mémorial*, I, 452 (17. März 1816).

15 Gourgaud, *Journal*, I, 271; nach Las Cases stimmte Napoleon am 3. Juni 1816 und am 23. September 1816 sogar ein Loblied auf die Polygamie an. *Mémorial*, I, 676–677 und *Mémorial*, II, 372–373.

16 »Aussi Napoléon a-t-il vraiment été et doit-il demeurer, avec le temps, le type, l'étendard et le principe des idées libérales: elles sont dans son cœur, dans ses principes, dans sa logique. Si parfois ses actions semblent s'en être écartées, c'est que les circonstances l'ont impérieusement maîtrisé.« *Mémorial*, I, 311 (18.–19. Dezember 1815).

17 O'Meara, *Napoleon in Exile*, II, 226–227 (18. Februar 1818).

18 *Mémorial*, I, 272 (29.–30. November 1815).

19 Montholon, *Récits*, II, 420.

20 Montholon, *Récits*, I, 346.

21 *Mémorial*, II, 541 (11. November 1816).

22 *Mémorial*, II, 313–314 (7. September 1816).

23 Montholon, *Récits*, II, 377–378.

24 Montholon, *Récits*, I, 346.

25 Montholon, *Récits*, II, 426–427.

26 *Mémorial*, I, 441 (10.–12. März 1816).

27 *Mémorial*, I, 492 (3. April 1816).

28 Montholon, *Récits*, I, 302.

29 *Mémorial*, II, 233.

30 O'Meara, *Napoleon in Exile*, I, 298 (4. April 1817).

31 *Mémorial*, I, 442 (10.–12. März 1816).

32 Zit. Frédéric Bluche, *Le Bonapartisme. Aux origines de la droite autoritaire (1800–1850)*, Paris 1980, 180.

33 Montholon, *Récits*, II, 380–400.

34 *Mémorial*, I, 311 (18.–19. Dezember 1815).

35 Constant, *Mémoires*, 198–200.

36 *Ebda.*, 209.

37 *Ebda.*, 211; Benjamin Constant veröffentlichte den Bericht über seine Unterredung mit Napoleon als zweiten Brief des zweiten Teils seiner in Form von Briefen verfassten *Memoiren* über die »Hundert-Tage-Herrschaft« Napoleons, die erstmals ab August 1819 in der monatlich erscheinenden Zeitschrift *Minerve française* erschienen.

38 *Ebda.*, 212–213.

39 Gourgaud, *Journal*, I, 86.

40 *Ebda.*, 230.

41 *Ebda.*, 79–80.

42 *Ebda.*, 83; Las Cases, der ja ebenfalls zugegen war, überliefert davon kein Wort, sondern offeriert stattdessen langatmige Äußerungen Napoleons zu dem gegen Marschall Ney geführten Prozess, der wegen Hochverrats angeklagt war. *Mémorial*, I, 286–288.

43 »Je n'aurais pas dû créer de Chambres; il m'aurait fallu me déclarer dictateur, mais on pouvait espérer que les Alliés, me voyant appeler les Chambres, prendraient confiance en moi. Si j'avais été vainqueur, je me serais bien moqué des Chambres.« Gourgaud, *Journal*, II, 259.

44 Montholon, *Récits*, II, 204.

45 Bertrand, *Cahiers Janvier 1821 – Mai 1821*, 102–103.

46 P.-J.-B. Buchez u. P.-C. Roux, *Histoire parlementaire de la Révolution française ou journal des Assemblées Nationales depuis 1789 jusqu'en 1815*, Paris 1838, XXXVIII, 190.

47 *Correspondance de Napoléon Ier*, VI, No. 4389, 6.

48 Alphonse Aulard (ed.), *Paris sous le Consulat. Recueil des documents pour l'histoire de l'Esprit public à Paris*, Paris 1903, I, 42.

49 *Correspondance de Napoléon Ier*, VI, No. 4422, 25.

50 Aulard (ed.), *Paris sous le Consulat*, I, 55–56.

51 *Dernières vues de Politique et de Finance, offertes à la Nation Française par M. Necker*, s. l. 1802, 1.

52 Helmut Berding, ›Das Königreich Westphalen als napoleonischer Modellstaat‹, in: *Napoleon und das Königreich Westphalen. Herrschaftssystem und Modellstaatspolitik*, (eds.) Andreas Hedwig, Klaus Malettke u. Karl Murk, Marburg 2008, 101–114.

53 *Correspondance de Napoléon Ier*, XVI, No. 13361, 166.

Das Evangelium nach Las Cases

1 Dieses Gespräch, von dem Las Cases andere Aspekte erwähnenswert fand, ist bei ihm auf den 7.–8. Juni 1816 datiert. *Mémorial*, I, 688–691; auch Gourgaud erwähnt dieses Gespräch, das in seinem *Tagebuch* jedoch als Eintrag unter dem 12. Januar 1817 zu finden ist. Gourgaud, *Journal*, I, 282–283.

2 Bertrand, *Cahiers*, II, 64–65; diese Passage aus dem Gespräch wird nur von Bertrand wiedergegeben, während Gourgaud sich damit bescheidet, ein Bruchstück ihres Inhalts anzudeuten: »Jésus exista-t-il ou non? Je crois qu'aucun historien n'en fait mention, pas même Josèphe. Les ténèbres qui couvrirent la terre au moment de sa mort, on en parle pas.« Gourgaud, *Journal*, I, 283.

3 Heine, *Sämtliche Schriften*, II, 276.

4 Das hinderte gleichwohl einen Witzbold nicht daran, die Existenz Napoleons infrage zu stellen: Jean-Baptiste Pérès, *Comme quoi Napoléon n'a jamais existé ou grand erratum source d'un nombre infini d'errata à noter dans l'histoire du XIXe siècle*, Paris 1877.

5 Emmanuel de Las Cases, *Le Mémorial de Sainte-Hélène. Le manuscrit retrouvé*, (eds.) Th. Lentz, P. Hicks, F. Houdecek u. Ch. Prévot, Paris 2017.

6 Comte Emmanuel de Las Cases, *Las Cases. Le mémoraliste de Napoléon*, Paris 1959, 265–346.

7 *Mémorial*, II, 122.

8 Las Cases dürfte O'Mearas *Napoleon in Exile* mit großer Aufmerksamkeit studiert haben, wie seine Bemerkung zeigt: »C'est assurément une circonstance bien heureuse pour l'authenticité des récits que le concours singulier de deux narrateurs qui, de position, de nation, d'opinion différentes, sans rapport entre eux, relatent des faits qu'ils ont puisés à la même source. Il devient curieux de les opposer l'un à l'autre. (...) Qu'on parcoure, qu'on compare les deux productions. Si l'on fait la part du génie des deux langues, des préjugés nationaux réciproques, de la différence de position des deux narrateurs, que présente la masse des deux récits? Une similitude parfaite; car les légères différences sont même, en quelque sorte, la garantie de chacun, en ce qu'elles sont inévitables.« *Mémorial*, II, 480; weitere Auskünfte über den Kreis der »Mitarbeiter« von Las Cases gibt die Einleitung, die André Fugier seiner Edition des *Mémorial* voranstellte. Las Cases, *Mémorial de Sainte-Hélène*, (ed.) André Fugier, Paris 1961, I, XXXIV–XXXV.

9 Constant, *Mémoires*, 197–201.

10 *Ebda.*, 211; Las Cases hat den gesamten Bericht, den Constant von seiner ersten Begegnung mit Napoleon in den *Lettres du Cent-Jours* veröffentlichte, in extenso auf drei Seiten in der von Marcel Dunan besorgten Ausgabe des *Mémorial* zitiert. *Mémorial*, I, 444–447. Von welch eminenter Bedeutung diese Passage für Las Cases' Darstellung war, in der Constant vermeintlich authentischen Aufschluss gibt über das politische Denken und Wollen Napoleons, zeigt seine diesem langen Zitat vorangestellte Einleitung: »Attaché comme je le suis aux paroles et aux opinions que j'ai recueillis de Napoléon sur son roc, et bien que parfaitement convaincu, persuadé de toute leur sincérité, je n'en éprouve pas moins une jouissance indicible toutes les fois qu'une contre-épreuve vient m'en démontrer [l'exacte] vérité; et je dois dire que je goûte ce bonheur toutes les fois que je rencontre les occasions de ces contre-épreuves. – On vient de lire le morceau remarquable ci-dessus, dans lequel Napoléon exprime ses idées, ses intentions, ses sentiments. Quel prix ces paroles, recueillies à Sainte-Hélène, n'acquièrent-elles pas en les voyant reproduites en Europe, à deux mille lieues par un écrivain célèbre, qui lui-même, avec une nuance différente d'opinion, et dans un tout autre temps, les reçut de la même bouche! Quelle

heureuse circonstance pour l'histoire! Je ne puis m'empêcher, du reste, de
produire ici ce morceau de M. Benjamin Constant, soit à cause du mérite
intrinsèque des paroles, soit à cause du poids qu'elles acquièrent du publiciste
distingué qui nous les donne, et enfin aussi par tout le plaisir que j'éprouve à les
voir coïncider si bien avec ce que j'ai recueilli moi-même sur une autre hémis-
phère. Ce sont les mêmes intentions, le même fond de pensée, les mêmes sentiments.« *Mémorial*, I, 443-444.

11 *Ebda.*, 284.

12 *Ebda.*, 284-285.

13 *Ebda.*, 211.

14 Constant, *Mémoires*, 285-286.

15 *Ebda.*, 212.

16 *Mémorial*, II, 232-233.

17 *Mémorial*, I, 517.

18 *Ebda.*, 539.

19 *Mémorial*, II, 460.

20 *Mémorial*, I, 543.

21 *Mémorial*, II, 544-546.

22 Bertrand, *Cahiers 1818-1819*, 193.

23 *Ebda.*, 420.

24 Bertrand, *Cahiers 1816-1817*, 185.

25 Ein kluger Mann wie der Abbé de Pradt, Napoleons Statthalter im Großherzogtum Warschau, hatte diesen Wahn, an dem der Kaiser litt, schon längst durchschaut, wie sein bekannter Spott verrät: »L'Empereur est tout système, tout
illusion, comme on ne peut manquer d'être quand on est tout imagination. Il
ossianise [i.e. Napoleon war ein begeisterter Leser des angeblichen altgälischen
Versepos der *Gesänge des Ossian*, die episch dargestellte Schlachten und die
Schicksale edler Helden zum Gegenstand haben. Dieser vermeintlich der kelti-
schen Mythologie zugehörige Stoff war in Wirklichkeit ein großer Ulk, den der
Schotte James Macpherson (1736-1796) gedichtet hatte.] en affaires, s'il est
permis de parler ainsi. Qui a voulu suivre sa marche, l'a vu se créer une
Espagne imaginaire, un catholicisme imaginaire, une Angleterre imaginaire,
une finance imaginaire, une noblesse imaginaire, bien plus, une France imaginaire.« Abbé de Pradt, *Histoire de l'Ambassade dans le Grand Duché de Varsovie
en 1812*, Paris 1815, 94; diesen Spott de Pradts illustriert eine Äußerung Napoleons gegenüber O'Meara vom 11. Juli 1817: »The two grand objects of my
policy were, first to re-establish the kingdom of Poland as a barrier against the
Russians, in order to save Europe from these barbarians of the north; and next,
to expel the Bourbons from Spain, and establish a constitution which would
have rendered the nation free, have driven away the inquisition, superstition,
the friars, feudal rights, and immunities.« O'Meara, *Napoleon*, II, 63.

26 *Mémorial*, II, 460.

27 Montholon, *Récits de la Captivité*, I, 220.

28 »Après les succès d'Eckmühl, je voulais partager la monarchie autrichienne, donner la Bohême au grand-duc de Würzburg, la Hongrie à l'archiduc et l'Autriche à l'Empereur actuel. Au reste cela eût peut-être été de mauvaise politique: c'était ôter une barrière à la Russie qui devenait bien puissante.« Bertrand, *Cahiers 1816-1817*, 230.

29 Bertrand, *Cahiers 1816-1817*, 210.

30 Bertrand, *Cahiers 1818-1819*, 112.

31 *Ebda.*, 180.

32 Bereits auf der winterlichen Rückreise aus Russland, bei der Napoleon zusammen mit Caulaincourt in einem Schlitten saß, bemerkte jener: »Ma famille ne m'a jamais secondé. Mes frères ont autant de prétentions que s'ils pouvaient dire: le Roi, notre père ...« Caulaincourt, *Mémoires*, II, 228.

33 *Mémorial*, II, 377-378.

34 Stendhal, *Voyages en Italie*, (ed.) V. del Litto, Paris 1973, 143.

35 *Mémorial*, I, 435.

36 *Ebda.*, 65; *Manuscrit original*, 77.

37 *Ebda.*, 70; *Manuscrit original*, 81-82.

38 *Recueil des manifestes, proclamations, discours, décrets etc. de Napoléon Buonaparte, comme général en chef des armées républicaines, comme Premier consul et comme empereur et roi. Extraits du Moniteur*, par Lewis Goldsmith, London 1810.

39 *Mémorial*, I, 554; *Manuscrit original*, 422.

40 *Mémorial*, I, 554-555.

41 Zit. Ferdinand Boyer, »Stendhal et les Historiens de Napoléon«, *Editions du Stendhal-Club*, No. 17, Paris 1926, 4; auf den Einband des zweiten Bandes dieser Ausgabe des *Mémorial* schrieb Stendhal: »Vrai book à lire la veille du jour où l'on sera guillotiné. Relu, ému, la plus vive admiration.« *Ebda.*

42 Dem ganz ähnlich das Urteil Chateaubriands, der sich über die Memoiren-Literatur von St. Helena sehr kritisch äußert und sie als Dokumente charakterisierte, mit denen Napoleon nur damit beschäftigt gewesen sei, »qu'à justifier son passé, qu'à bâtir sur des idées nées, des événements accomplis, des choses auxquelles il n'avait jamais songé pendant le cours de ces événements. Dans cette compilation, où le pour et le contre se succèdent, où chaque opinion trouve une autorité favorable et une réfutation péremptoire, il est difficile de démêler ce qui appartient à Napoléon de ce qui appartient à ses secrétaires. Il est probable qu'il avait une version différente pour chacun d'eux, afin que les lecteurs choisissent selon leur goût et se créassent dans l'avenir des Napoléons à leur guise. (...) Le *Mémorial de Sainte-Hélène* est bon, toute part faite à la candeur et à la simplicité de l'admiration.« Chateaubriand, *Mémoires*, I, 999-1000.

43 *Mémorial*, II, 495.

44 Chateaubriand, *Mémoires*, I, 1005.

45 *Ebda.*, 1008.

DRITTES BUCH: DIE APOTHEOSE
Die lange Inkubationszeit

1 Rodolphe Aponnyi, *Vingt-cinq ans à Paris (1826–1830)*. *Journal du Comte Rodolphe Apponyi*, (ed.) Ernest Daudet, Paris 1913, I, 243–244.

2 Johannes Willms, *Paris. Hauptstadt Europas 1789–1915*, München 1988, 17–24 u. 62.

3 Apponyi, *Journal*, I, 259–261.

4 David H. Pinkney, *The French Revolution of 1830*, Princeton N. J. 1972, 143–144.

5 H. A. C. Collingham, *The July Monarchy. A political History of France 1830–1848*, London 1988, 12.

6 *Mémoires de Vitrolles*, (ed.) Pierre Farel, Paris 1951, II, 392–413.

7 Charles de Rémusat, *Mémoires de ma vie*, (ed.) Charles H. Pouthas, Paris 1959, II, 341.

8 Pinkney, *The French Revolution of 1830*, 146–147.

9 Simon Bérard, *Souvenirs historiques sur la Révolution de 1830*, Paris 1834, 114–117.

10 Chateaubriand, *Mémoires*, II, 438.

11 *Aus Metternich's nachgelassenenen Papieren*, V, 277.

12 *Ebda.*, VI, 265.

13 Heine, *Französische Zustände*, Werke, III, 161.

14 Heine, *Über die französische Bühne*, Werke III, 309–310.

15 Pinkney, *The French Revolution of 1830*, 289–292.

16 Louis Blanc, *Histoire de dix ans. 1830–1840*, Paris 1843, II, 195.

17 Henri-Joseph Gisquet, *Mémoires de M. Gisquet, ancien Préfet de Police*, Paris 1840, III, 97.

18 Thomas W. Gaethgens, *Versailles. De la Résidence royale au musée historique*, Paris 1984, 391.

19 *Mémorial*, II, 124–125.

20 Victor Hugo, *Choses vues 1830–1846*, (ed.) Hubert Juin, Paris 1972, I, 153.

Der Prozess der Heiligsprechung

1 Ein Beispiel für diese Machwerke ist *Le Brigand Corse ou crimes, forfaits, attentats et péchés de Nicolas (!) Bonaparte, depuis l'age de treize ans, jusqu'à l'île de Sainte-Hélène*, Paris s. d.

2 Heine, *Sämtliche Schriften*, II, 276.

3 Victor Hugo, *Les Misérables*, (ed.) Maurice Allem, Paris 1951, 645–647.

4 Barabara Beßlich, *Der deutsche Napoleon-Mythos. Literatur und Erinnerung 1800 bis 1945*, Darmstadt 2007.

5 Montholon, *Récits*, II, 509.

6 *Ebda.*, 545.

7 *Ebda.*, 571.

8 *Ebda.*, 571–574.

9 Jean Bourguignon, *Le Retour des Cendres 1840*, Paris 1941, 19–20.

10 Honoré de Balzac, *La Comédie humaine. Études des Mœurs: Scènes de la vie politique, Le Député d'Arcis*, (ed.) Pierre-George Castex, Paris 1977, VIII, 719.

11 Jérémie Benoît, ›Napoléon dans l'Au-Delà‹, in: *Le Retour des Cendres (1840–1990)*, Courbevoie 1990, 56–61.

12 J. Lucas-Dubreton, *Le Culte de Napoléon 1815-1848*, Paris 1960, 354.

13 Rémusat, *Mémoires*, III, 314–315.

14 Das war eine geschickte Vermeidung der wahren Motive, die gegen eine Beisetzung Napoleons in Saint-Denis sprachen, wie Rémusat in seinen *Memoiren* eingesteht: »Porter le chef de la quatrième dynastie à Saint-Denys; c'eût été sans doute rendre hommage à la légitimité de son pouvoir et accomplir un des vœux de sa vanité. Mais depuis lui, ces pastiches de la religion monarchique étaient passés de mode; peu de ses plus fidèles serviteurs le demandèrent: le roi y était visiblement fort opposé, et faisant allusion à son propre exemple, car il s'était choisi à Dreux une sépulture de famille: *Je suppose*, nous dit-il, *que Napoléon se serait pas plus tenté de Saint-Denys que moi.*« *Ebda.*, 315.

»Das große Leichenbegängnis des Jahrhunderts«

1 Prince de Joinville, *Vieux Souvenirs 1818-1848*, Paris 1894, 207–208.

2 *Ebda.*, 210.

3 Zit. Thierry Lentz, ›Le Retour des Cendres (9 mai 1821-15 décembre 1840)‹, in: *Sainte-Hélène. Ile de Mémoire*, (ed.) B. Chevalier, M. Dancoisne-Martineau u. Th. Lentz, Paris 2005, 206.

4 Thierry Lentz, ›L'achat de la maison de Longwood et de la Tombe par la France‹, in: *Sainte-Hélène. Île de Mémoire*, 270-272.

5 Félix Coquereau, *Souvenirs du voyage à Saint-Hélène*, Paris 1841, 71–74.

6 Jean-Paul Kauffmann, *La Chambre noire de Longwood: Le voyage à Sainte-Hélène*, Paris 1997.

7 Jean Boisson, *Le Retour des Cendres*, Paris 1973, 309.

8 Rémusat, *Mémoires*, II, 12.

9 Joinville, *Vieux Souvenirs*, 223.

10 Boisson, *Le Retour*, 402.

11 Hugo, *Choses vues 1830–1846*, 178–199; M. A. Titmarsh (William Makepeace Thackeray), *The Second Funeral of Napoleon: In three Letters to Miss Smith of London and the Chronicle of the Drum*, London 1841.

Napoleonische Dogmatik

1 Rémusat, *Mémoires*, III, 316.

2 *Procès-verbaux des séances de la Chambre des Députés, session 1841*, Paris 1841, V, 407.

3 Michael Paul Driskel, *As Befits a Legend. Building a Tomb for Napoleon, 1840–1861*, Kent, Ohio 1993, 93–97.

4 *Le Moniteur universel*, No. 16, 16 janvier 1842, 78.

5 Das scheint von vornherein auch die Absicht gewesen zu sein, wie der unmittelbare Amtsvorgänger Duchâtels, Charles de Rémusat, in seinen *Memoiren* schreibt. Rémusat, *Mémoires*, III, 320.

6 Driskel, *As Befits a Legend*, 173–176.

7 Die denkbar knappe Beschreibung der Zeremonie in *Le Moniteur universel* vom 3. April 1861 beschränkte sich im Wesentlichen auf die Aufzählung der anwesenden Persönlichkeiten.

8 Prosper Mérimée, *Correspondance générale*, (ed.) Maurice Parturier, Paris 1945, IV, 216.

9 Seine Arbeitsweise hat der Thiers-Biograph Henri Malo eindringlich geschildert. Henri Malo, *Thiers 1797–1877*, Paris 1932, 328–330.

10 *Ebda.*, 327.

11 Mérimée, *Correspondance*, IV, 262.

12 Albert Sorel, *L'Europe et la Révolution Française*, Paris 1905, 469.

13 Elie Faure, *Napoleon*, Dresden 1928.

14 *Œuvres de Napoléon Bonaparte*, Paris 1821, V, 284.

Personenregister

Franz I., Kaiser v. Österreich, König v.
Ungarn u. Böhmen ab 1804 (Franz II.
Kaiser d. Hl. Röm. Reiches Deutscher
Nation, 1792 1806) 170f., 177, 293
Frénilly, François-Auguste, Baron de
183, 365
Fréron, Louis-Stanislas 28
Friedrich II., der Große 102, 267

G
Gaius Iulius Caesar 52, 138, 197
Gaius Marius 257
Gallo, Marzio Mastrilli di 115, 122
Gallo, Max 343
Garrau, Pierre-Anselme 68
Gisquet, Henri-Joseph 291, 374
Goethe, Johann Wolfgang von 8, 93f.,
349, 358
Gohier, Louis Jérôme 155
Goldsmith, Lewis 270, 373
Gourgaud, Gaspard 50, 191, 205 207,
210 214, 227, 238f., 249, 253, 314–317,
354, 364, 366 370
Gros, Antoine-Jean 48, 61, 354
Guillard, Dr. 317
Guizot, François 240

H
Hamelin, Romain 142, 146
Hardouin-Mansart, Jules 332f.
Hegel, Georg Wilhelm Friedrich 302
Heine, Heinrich 220, 249, 287, 298, 370,
374f.
Heinrich IV. 293, 328
Herkules 302
Hitler, Adolf 39, 330, 343
Hobhouse, John Cam 190, 197, 366f.
Hoche, Lazare 75, 77
Homer 269
Hugo, Victor 294, 298, 330, 338, 374
376

J
Jeanne d'Arc 293, 328
Jenkinson, Robert (2nd Earl of
Liverpool) 200
Joubert, Barthélemy 75
Jourdan, Jean-Baptiste, Comte de 154f.
Junot, Andoche, Duc d'Abrantes 40

K
Karl (Erzherzog von Österreich, österr.
Feldherr) 77
Karl II. (Charles II, König v. England,
Schottland u. Irland) 123
Karl X. Philipp (Charles X Philippe,
König v. Frankreich u. Navarra)
277f., 280 282
Kauffmann, Jean-Paul 320f., 375
Keith, George Elphinstone 201, 367
Kellermann, François Étienne 48f.
Kilmaine, Charles Édouard de 110
Kléber, Jean Baptiste 151, 162

L
Lafayette, Gilbert du Mortier, Marquis
de 182, 192 194, 279f., 283f., 365f.
Laffitte, Jacques 279, 281f., 284
Lallemand, François Antoine, Comte de
112
Landrieux, Jean 39, 108, 359
Lannes, Jean, Duc de Montebello 40,
45, 56, 311
La Révellière-Lépeaux, Louis-Marie de
72, 155
Las Cases, Emmanuel jun., Comte de
(»Le Sage«) 22f., 50, 179f., 185f., 207
210, 212f., 215, 217 219, 221f., 229,
233f., 239f., 246 254, 258 261, 264f.,
267 272, 292, 298 300, 307, 314f.,
317, 326, 335f., 340, 350, 353, 364, 368
371
Laugier (Kapitän) 112